[德]阿尔弗雷德·雷肯德雷斯 著

雷开霆 周卫东 董勤文 史静 译

Beiersdorf.

德国拜尔斯道夫百年史

全球品牌妮维雅、德莎和汉莎是如何创立的？

文匯出版社

作者序

我怀着无比激动的心情，向雷开霆先生致以最深切的感谢，是他积极促成《德国拜尔斯道夫百年史》一书在中国的出版。若非他的热忱与坚持，这部作品，或许将无缘与中国的广大读者见面。本书追溯了一家源自德国汉堡的小药店，如何一步步成长为世界知名品牌与全球性企业集团的传奇历程。我希望，这段历史同样能够激起中国读者的浓厚兴趣。

拜尔斯道夫的发展轨迹既非一帆风顺，也非一蹴而就。战争和危机摧毁了许多东西，亦使前行之路更加坎坷；与此同时，文化和全球化则带来了新的机遇。面对变幻莫测的外部环境，拜尔斯道夫的企业家们始终保持着敏锐的洞察力，他们不断地调整战略，摒弃旧观念，接纳新的见解，并绘制出新的发展蓝图。在此过程中，他们也依赖于公司员工的智慧和初步工作，以及一种强烈的拜尔斯道夫"身份"。最睿智的企业家也有犯错的时候，这些故事中的某些方面也许特别具有启发性。拜尔斯道夫总能找到正确的方向，并进行自我修正。

早在第一次世界大战前，拜尔斯道夫的产品便已通过北京、上海和香港等地的商业代理进入中国市场。此后过了十几年，拜尔斯道夫的对外业务才重新蓬勃发展起来。正如公司档案中的中文广告材料所示，公司对中国市场抱有极高的期望。到了二十世纪三十年代中期，为了更好地了解中国市场状况，协调营销活动，并针对当地市场做出相应调整，拜尔斯道夫特地派遣一名员工前往上海。当时，公司通过图文并茂的形式，将妮维雅润肤霜的使用方法和效果做了详细说明，妮维雅的品牌名称也被翻译成中文（能维雅）。

二十世纪七十年代末，中国实行改革开放政策，妮维雅有机会重返中国。时间来到了 1985 年，在拜尔斯道夫的支持下，一家中国的许可证持有者开始生产妮维雅。二十世纪九十年代，拜尔斯道夫通过合资企业的形式，加大了对妮维雅、汉莎以及德莎等品牌在中国市场的投入。由于销售表现强劲，在接下来的十年中，妮维雅和德莎的子公司相继成立。如今，拜尔斯道夫在中国还拥有莱珀妮、香缇卡和优色林等品牌，并在上海、苏州、武汉和香港设有生产基地。拜尔斯道夫中国拥有自己的研究和创新中心，约有 100 名员工。

对于中文版的出版，我要特别感谢拜尔斯道夫中国的雷开霆先生、钱琬婷女士及吴晓宇女士，以及拜尔斯道夫长期执行董事会成员刘峥嵘先生。感谢他们在启动这一项目并在创纪录的短时间内完成它时所展现出的巨大主动性和推动力。周卫东、董勤文和史静组成的是一支非常有能力的翻译团队。尽管我不会说中文，但在合作的过程中，我能感受到文本得到了妥善处理。同时，我也要感谢来自拜尔斯道夫德国总部企业传播部的 Thorsten Finke 和 Daniel Wallburg，他们以丰富的专业知识支持了此次的翻译工作。最后，我要感谢文汇出版社将本书纳入其出版计划，并由其编辑人员完成了最终的校对工作。

Alfred Reckendrees

1922 年在广州举行的 Pebeco 发布会
Pebeco Präsentationin Guangzhou, Südchina 1922.

作者序

二十世纪三十年代的广告资料，拜尔斯道夫照片集
Werbematerial aus den 1930er Jahren, Beiersdorf Fotosammlung.

Prolog

Ich freue mich außerordentlich und bin Herrn Keitin Lei sehr dankbar dafür, dass er die Initiative ergriffen hat, meine Geschichte der Beiersdorf AG in China zu veröffentlichen. Ohne ihn und seinen Enthusiasmus wäre das Buch wohl nie zustande gekommen. Es erzählt die Geschichte eines kleinen Unternehmens, einer Apotheke in Hamburg, aus dem ein weltbekanntes Markenunternehmen und ein globaler Konzern geworden ist. Ich hoffe, dass diese Geschichte auch für chinesische Leserinnen und Leser spannend ist. Der Weg, den Beiersdorf eingeschlagen hat, war weder einfach, noch vorbestimmt. Kriege und Krisen zerstörten oder erschwerten vieles, kulturelle und globale Veränderungen eröffneten neue Möglichkeiten. Die strategischen Köpfe des Unternehmens mußten sich immer wieder an neue Bedingungen anpassen, alte Vorstellungen über Bord werfen, neue Einsichten zulassen und neue Pläne entwerfen. Sie stützten sich dabei auch auf Ideen und Vorarbeiten der Beschäftigten des Unternehmens und auf eine starke Beiersdorf „Identität ". Doch auch die klügsten Strategen liegen nicht immer richtig. Diese Aspekte der Geschichte sind vielleicht besonders lehrreich. Beiersdorf zog meistens die richtigen Schlüsse und korrigierte sich.

Bereits vor dem Ersten Weltkrieg wurden Beiersdorfs Produkte über Handelsvertretungen in Peking, Shanghai und Hongkong verkauft. Dann dauerte es eineinhalb Jahrzehnte, bis das Auslandsgeschäft wieder florierte. Für den chinesischen Markt hatte das Unternehmen hohe Erwartungen, wie chinesischsprachiges Werbematerial aus dem Unternehmensarchiv zeigt. Mitte der 1930er Jahre schickte Beiersdorf einen Angestellten nach Shanghai, der lokale Marktkenntnisse erwerben, das Marketing koordinieren und auf den chinesischen Markt zuschneiden sollte. Damals erklärten Bildgeschichten und kurze Texte, wie die Allzweck- und Allwettercreme Nivea verwendet werden und wie sie wirken sollte und der Markenname Nivea wurde ins Chinesische übersetzt (妮维雅).

Ende der 1970er Jahre hatte Nivea die Möglichkeit, im Zuge der Reform- und Öffnungspolitik des Landes nach China zurückzukehren. 1985 war es so weit. Ein chinesischer Lizenznehmer nahm die Nivea-Herstellung unterstützt durch Beiersdorf auf. In den 1990er Jahren verstärkte Beiersdorf sein Engagement durch Joint Ventures für Nivea-, Hansaplast- und Tesa-Produkte. Wegen des außerordentlich starken Umsatzwachstums wurden im nächsten Jahrzehnt Tochtergesellschaften für Nivea und Tesa gegründet. Heute ist Beiersdorf auch mit La Prairie, Chantecaille und Eucerin in China vertreten und produziert in Shanghai, Suzhou, Wuhan und Hongkong. Die NIVEA (Shanghai) Co., Ltd. betreibt ein eigenes Forschungs- und Innovationszentrum mit etwa 100 Beschäftigen.

Für die chinesische Ausgabe möchte ich mich besonders bei Herrn Keitin Lei, Rayee Qian und Amelia Wu von der Nivea (Shanghai) Co., Ltd. sowie dem langjährigen Beiersdorf-Vorstandsmitglied Herrn Zhengrong Liu bedanken, die dieses Projekt mit großer Initiative und Tatkraft auf den Weg gebracht und es in einer rekordschnellen Zeit abgeschlossen haben. Sie haben mit Herrn Weidong Zhou, Frau Qinwen Dong und Frau Jing Shi ein außergewöhnlich kompetentes Übersetzerteam gefunden. Ich bin zwar der chinesischen Sprache nicht mächtig, doch bei der Zusammenarbeit hatte ich das Gefühl, den Text in sehr guten Händen zu wissen. Dankenswerterweise haben Thorsten Finke und Daniel Wallburg (Corporate & Brand History Beiersdorf AG Hamburg) auch diese Übersetzung mit ihrer großen Fachkompetenz begleitet. Mein Dank gilt schließlich dem Wenhui Publishing House, das das Buch in sein Programm aufgenommen und dessen Lektoren das Endkorrektorat übernommen haben.

Alfred Reckendrees

译者序

从 1882 年拜尔斯道夫公司成立，到今天 2024 年，拜尔斯道夫走过 142 个春秋，其间经历了世界各大事件。从 1981 年开始与当时的上海日化二厂接触洽谈补偿贸易，到 2024 年，拜尔斯道夫全程参与了中国的改革开放，历经了中外合作、中外合资、外商独资，是中国加入世贸组织的见证者和受益者。

我于 2010 年 5 月 10 日加入拜尔斯道夫在华的子公司——妮维雅（上海）有限公司。当时，拜尔斯道夫刚收购丝宝集团旗下的舒蕾、美涛、风影、顺爽等品牌，正筹划两大业务单元的合并。转眼间，已经 14 年过去了。如今，拜尔斯道夫在华已经聚焦护肤领域，旗下有莱珀妮、香缇卡、优色林、妮维雅、汉莎等品牌，也有受益于中国汽车、消费电子产品蓬勃发展的工业板块德莎（tesa）。在企业里，我就像一个档案室主任，凡是公司在华的历史，我或者是亲历者，或者是链接者。

一个个时间的齿轮转动，直到我看到本书的英文版出版。这本书填补了我对 1981 年之前以及中国之外的拜尔斯道夫的理解。我之所以有这样的执着，与我的个人经历也有关。

1997 年，我在上海大学文学院涉外经济法系读书。一眨眼，我从法学本科毕业已经 23 年、MBA 毕业 10 年了。可以说，什么样的企业是现代企业，如何持续发展现代企业，这些问题是我自己研究并参与了27年的课题。

其间，我工作过的机构都是我探究的样本，比如重庆长安汽车、一汽轿车、美国福特汽车、日本马自达汽车，但我考察最久的样本还是德国拜尔斯道夫。

任何企业的发展都脱离不了时空和关键人物。这一点，在德国拜尔斯道夫的发展史上也是如此。时代巨变之下，管理层的决策影响着企业的发展和生死。

随着Temu、Tiktok的发展，国内品牌出海也日益增多。而此时，我和上海理工大学德国文化交流中心翻译团队的老师们共同翻译《德国拜尔斯道夫百年史》，期望这项工作能给中国企业家带来一些借鉴。

本书是拜尔斯道夫成长轨迹的历史记录，深入剖析了拜尔斯道夫是如何在一个多世纪的风雨历程中，在瞬息万变的商业环境中持续保持进化与转型的。本书不仅展现了拜尔斯道夫在全球化、技术创新和品牌建设等方面的探索与成就，也坦诚回顾了公司在特定历史阶段，如二战期间的复杂决策与应对，引导读者思考企业社会责任与道德决策的重要性。

这不仅是一部关于拜尔斯道夫的专史，书中提出的议题和思考框架，对理解任何企业如何在历史进程中自我塑造与适应，都具有普遍的启发意义。它不仅记录了商业历史，更是对商业智慧与社会变迁互动关系的深刻省思。对学术研究者而言，本书不仅提供了拜尔斯道夫的个案研究，更是关于企业在变革中寻找方向、塑造未来的普遍性讨论，希望能激发更多关于企业战略、历史文化影响和企业社会责任的深度探讨。

当我们将目光转向中国，拜尔斯道夫的故事尤其引人深思。从二十世纪八十年代与上海日化二厂的中外合作经营，到九十年代妮维雅（上海）有限公司作为德国拜尔斯道夫在华投资实体正式落户上海，乃至德莎事业部的亚洲布局，这些举措不仅体现了拜尔斯道夫对全球市场特别是新兴市场的深刻洞察，也反映了其在全球化浪潮中寻求机遇、应对挑战的智慧与决心。尽管这一过程中不乏困难与挑战，如在华合资企业的初期困境、市场适应性问题，以及全球市场波动对策略的影响，但拜尔斯道夫的每一步尝试都为后来者提供了宝贵的经验与教训。

这些历史片段，是中国对外开放与国际合作的缩影，也是拜尔斯道夫全球化战略中不可或缺的一环。它们提醒我们，在全球化的今天，企业的成功不仅在于产品与市场的开拓，更在于对不同文化背景的理解、对社会责任的承担，以及在不断变化的市场环境中持续创新与适应的能力。希望本书的出版能够为中国读者提供一个深入了解跨国企业成长逻辑与全球市场互动的窗口，促进更多关于跨国经营、企业战略与社会责任的深入思考与学术交流。

雷开霆

Beiersdorf.
德国拜尔斯道夫百年史

全球品牌妮维雅、德莎和汉莎是如何创立的？

Contents 目录

前言

　　拜尔斯道夫是一家神奇的公司，她可以让人们每天早晨拥有美好的感觉，因为全世界有以百万计的人以使用拜尔斯道夫肌肤护理产品开启他们的一天。妮维雅早已是全球性的知名品牌，然而一百多年以来生产妮维雅产品的拜尔斯道夫就不那么广为人知了。许多国家的消费者甚至认为妮维雅是本土的品牌，比如意大利人说妮维雅是意大利的，法国人说是法国的，美国人说是美国的，瑞士人却说妮维雅是瑞士的品牌。这，本身说明妮维雅品牌取得了成功。除了妮维雅，拜尔斯道夫还有许多其他产品，每天同样也有以百万计的人在使用。同样，人们还是只对产品的品牌熟悉。除了质量和可及性，品牌认知也是终端零售中最重要的因素之一。正是出于这些原因，越来越多的全球范围的消费者日复一日地决定选择拜尔斯道夫旗下品牌的各类产品。

　　公司于 1882 年由药剂师保罗·拜尔斯道夫创立，并以他的姓氏冠名。当时他获得了一项医用膏药生产工艺的专利，公司开始也只专注营销这款医用膏药。1890 年，奥斯卡·特罗普洛维茨从保罗·拜尔斯道夫手里买下了这家总部位于汉堡、员工人数扳扳手指头就数得清的小公司，并继续进行膏药生产和销售。然而，最重要的是，他推出了新的身体护理产品，并使 Leukoplast（氧化锌胶布）和 Pebeco（1910 年左右美国最畅销的牙膏）两个品牌闻名世界。妮维雅（1911 年，润肤霜）和拉贝罗（Labello，1909 年，唇膏）两个品牌的面世也可以追溯到他。特罗普洛维茨专注于产品的品牌性和化妆品这个行业，直至今日这也定义着拜尔斯道夫。例如，公司的化妆品也仅限于面部和身体护理，"彩妆类"化妆品在拜尔斯道夫的产品目录中几乎看不到。除了膏药和化妆品，从自粘膏药和 1936 年引入的 tesafilm® 自粘胶技术为基础，拜尔斯道夫逐步开发了粘合剂技术，并以"德莎（tesa）"品牌运营。早在第一次世界大战爆发之前，拜尔斯道夫就已经拥有了 500 多名员工，从事旗下各类产品的研发、制造、营销和销售。二十世纪五十年代，拜尔斯道夫的员工已有约 1500人。到 1972 年，拜尔斯道夫的员工数超过了 10000 名。2018 年 8 月，拜尔斯道夫的员工数已达约 19000 名，产品在世界各地都有，在 69 个国家和地区有子公司，与世界各地的商业合作伙伴开展合作。拜尔斯道夫公司的股票是目前德国市场上最有价值的股票之一。

本书将聚焦拜尔斯道夫公司，紧密结合十九世纪末以来经济和社会的变革以及德国历史上的政治动荡，讲述公司如何从汉堡的一家小药店发展成为一家全球性的品牌集团的历程。

只有少数德国消费品制造商创建了像妮维雅这样的世界品牌，并且能够在市场竞争中保持地位这么长时间。拜尔斯道夫的长期成功也并非理所当然。相反，公司的生存曾一再受到威胁。第一次世界大战期间，拜尔斯道夫失去了在美国的 Pebeco 业务，因此几乎减少了一半的营业收入。之后不久，公司的所有者和战略规划师奥斯卡·特罗普洛维茨于 1918 年去世。他去世后，在威利·雅各布森的领导（1922—1933）和沃伯格银行（也称为华宝银行）的帮助下，拜尔斯道夫重新组建成一家股份公司。从那时起，拜尔斯道夫股份公司执行董事会——尤其是执行董事会主席——以及在某些情况下监事会主席和大股东设定了企业的发展方向，并经常做出艰难的决定。这些决定，有时是有远见的，有时也是令人遗憾的。1933 年，面对纳粹独裁统治，为了保住拜尔斯道夫公司，"犹太人"管理层和"犹太人"沃伯格银行不得不退出。此后，雅各布森在荷兰一直管理着拜尔斯道夫的海外子公司，直至 1938 年；在德国，卡尔·克劳森（1933—1954 年担任执行董事会主席）和汉斯·克鲁泽（1934—1965 年担任监事会主席）带领公司度过了纳粹统治时期和战争，并在任上让公司取得了商业成功。但第二次世界大战后，除了德国之外，拜尔斯道夫第二次失去了在海外的品牌所有权，不得不一步步重建其国际业务。直至 1997 年收购了在波兰的品牌所有权后，拜尔斯道夫才再次在全球范围内拥有妮维雅品牌所有权。

回顾拜尔斯道夫的发展历史，历经多事之秋，重大事件层出不穷，本书的讲述直至 2004 年初。在此之前不久，奇堡（Tchibo）控股公司（如今的马克辛投资集团 maxingvest，自 1974 年以来一直是拜尔斯道夫的主要股东）通过从安联股份公司收购股份，成为拜尔斯道夫公司的控股股东。本次收购也了结了拜尔斯道夫公司一段不确定时期。因为安联股份公司自 1938 年以来一直是拜尔斯道夫公司的主要股东，但它于 2001 年宣布计划剥离出售其在拜尔斯道夫的股份，此后许多拜尔斯道夫公司人士担心公司被国际竞争对手收购。在拜尔斯道夫执行董事会，没有人对外国大股东入主提出异议，但他们不愿意看到外国大股东入主后，把妮维雅品牌接管，但把拜尔斯道夫旗下其余品牌——挂牌出售。

　　讲述以这个引人入胜的故事结尾。如果有人问拜尔斯道夫长期成功的前提条件和原因是什么，要想给出一个简洁明了的答案并非易事。拜尔斯道夫活跃于四个具有不同经济周期的独立业务板块，即：化妆品；膏药和绷带；胶带、家用和工业粘合剂技术；制药（拜尔斯道夫生产心脏药和感冒药等约 60 年）。正是出于这一原因，直至二十世纪八十年代末，各业务板块相互支持并保持公司稳定的想法一直占据主导地位。不同的业务板块有助于更好地应对经济危机和工业领域的结构变化。然而，经济状况和外部因素使人们更加关注挑战和机遇，而不是解释成功。在以下的章节中，我将尝试对成功原因的可能解释进行概述，并希望读者从阅读中得出自己的结论。

　　回顾历史，拜尔斯道夫似乎在正确的时间拥有了正确的产品。奥斯卡·特罗普洛维茨在推出 Leukoplast 时抓住了当时的时代精神，那是第一款可以在家里进行存储的自粘膏药，它被用于治疗创伤，并在家庭环境得到广泛使用场景。他面向市场推出了一款牙膏，属第一批管装牙膏之一，并将 Pebeco 发展成一个极具吸引力的品牌。二十世纪初，这些产品的前提条件不错：当时许多职员的收入已经足够高，他们不再只能勉强糊口，而是越来越多地买得起护理和卫生用品。此外，越来越多的人生活在有商店的城市里，可以通过广告触达他们。妮维雅润肤霜也是一款神奇的产品；在第一次世界大战之前，这样的一种始终有着同样香味的润肤霜可以在任何一家药店或生活用品商店里买到，市面上还看不到。当时，产品价格相当高，最初是由"高端客户"购买的，或许也是被当作礼物。

　　后来当竞争越来越激烈，许多客户已经知道拜尔斯道夫的产品，并有了良好的产品体验。例如，妮维雅在二十世纪二十年代中期已成功地将其定位为每天和全家使用的润肤霜，当时，推出了直至今日仍颇具特色的小蓝罐，最重要的是，妮维雅成功做到了从此以后成为许多人从小开始就陪伴身旁的护肤品。

拜尔斯道夫还推行了富有远见的定价政策。以妮维雅润肤霜（NIVEA Creme）为例，在人们可支配收入仍然较低的时候，产品最初是面向高档中产顾客，并作为奢侈品采用小罐和小管装出售，也相应地对品牌做了广告。当人们收入提高时，拜尔斯道夫并没有为了在奢侈品行业获得高利润率而提价，与之相反，他们保持了价格稳定，并加大了广告投入，因为潜在客户在增加，以前对许多人而言太过昂贵的产品变成了支付得起的"奢侈品"，后来成为他们的日常生活产品，人们不想错过这样的产品。拜尔斯道夫专注于大众消费，并与市场共同发展。类似的定位在德国以外市场也取得了成功。二十世纪二十年代，拜尔斯道夫在许多欧洲国家都是最早进入该国市场的公司之一。起初，生意并不是特别大，但随着第二次世界大战后的数十年里人们购买力的增强，例如在意大利，妮维雅在市场上是作为优质产品，越来越多的人希望购买它们，希望每天都能享受一点奢华。后来，类似的过程在世界范围的其他地区一再出现。

拜尔斯道夫始终不断开发新品牌。当这些品牌不是推出效仿产品，而是开发了一个新市场时，它们就取得了成功。创口护理药膏品牌汉莎 Hansaplast（1922 年）、德莎透明胶带 tesa（1936 年）或二十世纪五十年代的 Deo 止汗除臭香皂和 8×4 Deo 止汗除臭喷雾的推出都是开拓新市场的极好例子。当时，因为 Deo 止汗除臭剂作为品牌产品在德国市场几乎看不到。然而，专门为妮维雅制定的持续不断的市场扩张和"逐步渗透"到更广泛客户圈层的过程对其他品牌而言并不是可以简单复制的，因为到了二十世纪六十年代，在已有强大竞争对手开展业务的市场上，推出新品牌的成本也极其昂贵。

拜尔斯道夫若干次在正确的时间出现在正确的地点。然而，这不仅仅简单归结于"运气"。成功基于对社会和文化变革的及早认识，并用有吸引力的、好用的和值得拥有的品牌产品来应对变化。谈到化妆品领域，如果产品令人喜欢的话，就不会简单地被其他产品所取代。对社会变革的认知和理解并不是一次性的行为，否则拜尔斯道夫就不会在如此多的动荡中幸存下来。拜尔斯道夫一直密切关注着市场，并在需要调适时尽早做出反应，至少从不会太迟。例如，当妮维雅品牌在二十世纪七十年代开始进入综合性超市和生活用品超市时，当妮维雅产品在零售业中占据越来越大的市场份额时，抑或在二十世纪九十年代初坚定不移地执行在全球范围锚定妮维雅作为跨品类母品牌的品牌策略时。因为在全球经济中，只有一个真正的全球品牌才能在这一领域取得长期的成功。

在简短的前言中本不应涉及所有业务领域的各自特色，但至少需要指出的是，德莎的产品十分多样化，其产品的开发、生产制造和销售与化妆品业务有很大差异。自二十世纪五十年代以来，德莎的业务主要面向大型工业客户。在德国和一些欧洲国家，是无法通过价格竞争来维持市场领导地位的。快速的技术变革，例如生产自动化，一次次地提出新的产品规格和应用解决方案要求。例如，近几十年来，拜尔斯道夫（德莎业务板块）在印刷行业提供了新的粘接技术、开发了无溶剂生产技术（热熔技术）和用于手机的超薄模切胶带，并取得了成功。

长期以来，在所有领域，无论是皮肤和身体护理、膏药和绷带，还是工业胶带，如果没有大规模研发投入，想要推出能够在市场上生存并立足的新产品是不可想象的。如果说工艺技术对德莎是起决定性作用的，那么在化妆品业务领域则是拜尔斯道夫皮肤研究中心，如果没有研究中心，妮维雅旗下的 Deo 止汗除臭剂或 Q10 面霜就不可能被开发出来。二十一世纪初以来，拜尔斯道夫皮肤研究中心是世界上最大、设备最先进的皮肤研究中心之一。

上述所提到的成功因素，即能够为正在形成的市场挖掘产品、定义品牌产品和开发市场，生产可以赢得消费者信心的优质产品，及早认识并理解社会和文化变革，并且规划合适的组织架构，这些成功因素均基于组织的成就，只有通过许多人的共同努力才可以取得。但是，这些组织并不是自己产生的，相应的前提条件必须由公司管理层创造，首先是执行董事会，还有任命执行董事会成员的监事会。

继保罗·拜尔斯道夫和奥斯卡·特罗普洛维茨之后，拜尔斯道夫的历届执行董事会及其历任执行董事会主席在他们所处的时代都做了"正确的事"。面对第一次世界大战后的政治挑战，威利·雅各布森的应对措施是在欧洲和美国建立一个外国公司网络，这些公司在财务上很大程度独立于汉堡总部，仅通过信托协议与母公司保持关联，因为雅各布森想以此避免第一次世界大战期间在美国发生的损失重演，这一决定成为许多国家认可妮维雅为一个本国所属品牌的基础。

格奥尔格·克劳森能够凭借自己的个人威望对公司进行整合。这样的一个快速增长可不是一个小要求，公司人数从 1954 年他执行董事会主席任期开始时的 2300 名增长到 1979 年任期结束时的近 13000 名。二十世纪七十年代初，他还实施了一种新的组织形式，使化妆品、膏药、制药和工业胶带业务部门获得了更大的独立性。赫尔穆特·克鲁泽认识到，拜尔斯道夫的未来成败将取决于是否能够收回在第二次世界大战中失去的品牌所有权，并且在世界范围所有的重要市场都有品牌代理。他具有与众不同的能力，可以在完全不同的、有时甚至是错综复杂的外交局势下找到务实的解决方案，这最终也使拜尔斯道夫成功获得妮维雅品牌所有权。

汉斯-奥托·沃普克为公司打造了一种全新的销售文化，从药店和专业贸易转向进入超市和生活用品连锁店的竞争领域，他知道，满足日常需求的品牌产品必须随处可以购得。后来，他摒弃了拜尔斯道夫将收入增长视为最重要目标的理念，取而代之的是二十世纪八十年代末的竞争力和利润导向，当时东欧的经济和政治开放以及全球化的加速进程还不明显，仅仅数年后，事实便证明这一转变恰逢其时。罗尔夫·库尼施认识到，拜尔斯道夫最重要的资产是妮维雅品牌，在二十世纪九十年代初，面对全球化经济条件下的国际竞争，品牌规模还太小。当时并非所有人都认同这一观点。沃普克成为支持库尼施的同行者，努力将拜尔斯道夫打造成"妮维雅公司"，加上德莎品牌。

对当时的公司来说，起重要作用的并不总是某一时期"正确"的重大战略方案，有时涉及的是必须要做的事，有时涉及的是具备可能性的事。以上所提到的公司领导人往往具有"良好的判断力"，但他们也会犯错误。英国经济学家马克·卡森将"良好的判断力"理解为在"不确定"的情况下做出决定的能力，在这些情况下，还不可能计算出结果，也还没有相应规则或者行之有效的经验。他将这些决定称为"企业决定"；这些决定往往是有争议的决定，因为它们会和冒险行为相伴。拜尔斯道夫公司总是有愿意做出这些决定的人，不仅仅是执行董事会主席。然而，在"不确定"的条件下，所做出的决定是否正确，直到后来才得出结论。

在拜尔斯道夫，执行董事会之所以具备为公司做出"正确"决定的能力，在于拜尔斯道夫拥有强大的企业文化。根本性的变革必须考虑到这种文化；这延缓了一些流程，也摒弃了一些明智的想法，但它确保了公司能够真正走上新的道路。这种企业文化基于一个近百年历史的传承：创始人奥斯卡·特罗普洛维茨的形象、他的品牌产品以及二十世纪初特罗普洛维茨面对员工承担的社会责任。尽管这些措施是家长制管理方式的，而且主要有助于招聘员工，但这些措施也有助于员工留在公司并且认同公司。拜尔斯道夫公司原则上严格遵守了这一义务，尽管自二十世纪八十年代以来增加了其他因素，它们涉及劳动报酬、分散决策、参与塑造的可能性以及相互尊重的相处。同样非常重要的还有公司的产品,这些产品是实用的,而且做得很好,没有人会对此有异议。

设定成为一家"家族企业"(曾经是),促成了这种文化,它基于奥斯卡·特罗普洛维茨和克劳森家族之间的亲缘关系——卡尔·克劳森在1933年至1954年期间担任公司执行董事会主席;其子格奥尔格·克劳森担任执行董事会发言人,随后在1954年至1979年期间担任执行董事会主席,之后担任监事会主席(2013年去世前一直担任名誉主席)。除此之外,格特鲁德·特罗普洛维茨和奥斯卡·特罗普洛维茨(克劳森和韦斯特贝格家族)的继承人是公司的股东。然而,拜尔斯道夫自1922年起就已经成为一家股份公司,不受特罗普洛维茨家族继承人的控制。

本书篇幅有限,许多方面无法一一考虑顾及。讲述更多地关注执行董事会管理层面的历程、重大挑战、战略和组织领域的问题,而不是聚焦营销、研究、生产或销售。尽管许多国内外子公司也可以回顾同样激动人心的过往,并对拜尔斯道夫集团品牌的成功起到非常重要的作用,但是本书首要关注的对象是集团和汉堡总部。

本书文稿基于自由进入拜尔斯道夫股份公司档案室(公司和品牌历史部门)进行查阅,基于瓦尔堡基金会档案室的资料和其他私人与公共档案资料以及可公开访问的材料,基于与重要决策者的深入细致的访谈。2004年3月之前的拜尔斯道夫股份公司执行董事会的会议记录均可供查阅,超过了德国档案的通常限制期限。如果您对档案材料进行更详细的描述和评估感兴趣,请参阅本书末尾的"后记"。在后记中,我还阐述了撰写本书的基本理念和历史考虑,并简要说明了迄今为止的研究状况。最后,我介绍了出版项目的决策过程以及与委托撰写本书的拜尔斯道夫股份公司的合作。我设想大多数读者对叙事讲述会比对方法论的考虑更感兴趣,因此决定在叙事讲述之外只在后记中涉及这些议题。出于类似的原因,您可以在书的末尾找到大量的注释。

致谢

我不想将对众多参与者的感谢放到最后,如果没有他们,这本书就不会面世。特别要感谢赫尔穆特·克鲁泽,是他发起了本书的出版项目,并竭尽全力推动项目的进展。虽然已是90多岁高龄,他依然一页页地阅读书稿,并且凭借其渊博的知识进行指点,提出修改意见,为书稿质量的提升做出了贡献。令人感到遗憾的是，赫尔穆特·克鲁泽没有等到本书的排印，他于2018年1月25日去世，享年91岁。

我要感谢伯格哈特·布雷德、温弗里德·格吕茨纳、英肯·霍尔曼-彼得斯、赫尔穆特·克鲁泽、罗尔夫·库尼施、乌尔里希·纳夫、于尔根·佩丁豪斯、彼得·舍费尔、乌尔里希·施密特、约亨·魏兰德、克劳斯-彼得·维特恩和拉尔夫·沃伯格的无私奉献，感谢他们不仅愿意接受长达数小时的采访，而且也乐意阅读相应的文本段落，他们的回忆和解释有助于理解那些仅仅靠书面记载几乎无法领会的发展历程和矛盾冲突。对于本书最后一章的"60余年后的分手"一节，与罗尔夫·库尼施和拉尔夫·沃伯格的访谈特别重要，前者不幸于2018年9月20日突然去世。令人遗憾的是，计划中的与汉斯-奥托·沃普克的深度访谈由于其健康状况无法进行，他于2017年去世，享年87岁，但是，他依然为我们提供了他的讲话稿。值得庆幸的是，其他采访伙伴也提供了重要文件资料，这些文件资料如今保存在拜尔斯道夫档案室。迪尔克·阿勒特、沃尔克·霍勒和集团企业职工委员会委员托尔斯滕·伊尔茨提供了珍贵的背景信息。

我得到了来自瓦尔堡基金会档案室多罗特娅·豪泽的大力支持，不仅是珍贵的藏品，还有与众不同的热情好客也是一种美妙的体验。我要感谢汉高集团档案室主任本杰明·奥伯穆勒以及诺因加默集中营纪念馆的卡佳-赫兹·艾兴里德、艾琳·贝斯曼和赖马尔·默勒及时提供所需文件。我的同事克里斯蒂娜·鲁宾斯基提供了她收集的用于论文写作的资料，迪特马尔·达尔曼提供了有关在俄罗斯的德国移民的信息，史特凡·施瓦茨科普夫提供了营销和市场研究的意见，马克·施波雷尔提供了他关于强迫劳动的文稿。还要感谢卡勒·威尔尼希，他在最初的数月中在拜尔斯道夫档案室四处搜索。在丹麦哥本哈根商学院商业史中心和法兰克福大学经济和社会史教席举行的多场座谈会也有助于书稿最后的加工润色。

我要感谢乌尔里希·施密特和刘峥嵘在项目实施过程中提出的宝贵意见、批评性的询问和持续不断的支持，他们两位都深入研究了书稿，并作为讨论伙伴和思想启迪者提供了帮助。梅拉妮·史瑞弗在法律知识、积极提供信息的意愿和精心的阅读材料方面提供了重要帮助。拜尔斯道夫承担最大工作量的是托尔斯滕·芬克和丹尼尔·瓦尔博格（公司和品牌历史部门），我十分感谢他们两人全方位的支持，他们提供了大量的档案材料，一次次将信息资料从汉堡带到我位于丹麦的办公桌上，他们阅读了两个版本的书稿，并通过专业评论和深入询问为文本的改进做出了贡献，两位还参与了图片选择工作，并且在本书的设计中发挥了非常有建设性的作用。大量的我不知姓名的拜尔斯道夫员工，也同样通过采购材料、安排预约和许多其他工作为项目的成功做出了贡献。公司里始终保持的非常有建设性和友好的氛围使工作变得容易多了。

我还要感谢史料办公室的塞韦林·罗瑟林和托马斯·普吕弗的仔细阅读和有益的意见。布丽塔·施蒂克协调了整个项目，并为最终成书做出了无法估量的贡献，她进行了重要的采访，收集档案文件和文献资料，并且负责图片的选择和设计，她的精心编辑使本书的文本十分易于阅读。我们大家都感到十分高兴，塞巴斯蒂安·乌尔里希和 C. H. Beck 出版社将这本讲述拜尔斯道夫公司史的书纳入了他们的出版计划。

尼古劳斯·鲁勒花费了大量的耐心，并且运用了众多的设计技巧，从电子文本制作出两本漂亮的书。拜尔斯道夫引人入胜的企业历史得以同时以德语和英语两个版本出版。我希望众多读者现在会对这本书和阅读感到高兴。

2018 年 9 月，于丹麦腓特烈堡

第一章 1880—1890

保罗・拜尔斯道夫

"皮肤治疗制剂实验室"与公司创始时期

　　"作为商人的拜尔斯道夫运气并不怎么好。"[1]《德国药剂师传记》用这样一句简单的话来描述保罗・拜尔斯道夫。这句话也是后世对这位传奇人物印象的佐证：拜尔斯道夫似乎算不得是一位值得标榜的成功企业家。然而，人们对保罗・拜尔斯道夫（1836—1896）知之甚少。他的商务信函仅有半打传世，个人生平的重构也并不完整，许多地方存疑。在其继任者奥斯卡・特罗普洛维茨成功管理公司二十五年后，拜尔斯道夫公司内部才有人对保罗・拜尔斯道夫表现出浓厚的兴趣。[2]而此时，保罗・拜尔斯道夫早已辞世，他的家人也搬离了汉堡，二十多年来与保罗・拜尔斯道夫公司（P. Beiersdorf & Co.）毫无瓜葛。

　　1880年秋，保罗・拜尔斯道夫在汉堡购置了一家药店，与当时的皮肤科名医保罗・格尔森・乌纳合作。拜尔斯道夫与乌纳经过多次实验，共同开发了古塔胶膏药，并为其申请了专利。专利说明书记录的日期为1882年3月28日，这一天自此被认定为拜尔斯道夫公司的成立日期。乌纳留下了亲近之人对拜尔斯道夫唯一的只言片语的描述，这位与拜尔斯道夫共事过的皮肤科名医称，其好友的杰出才干在于开发医药产品的卓越能力。拜尔斯道夫去世多年

保罗·卡尔·拜尔斯道夫，
照片拍摄于 1890 年左右

后，乌纳写文章怀念这位银发老友时，称拜尔斯道夫"热爱经过艰苦试验而制成的完美无瑕的制剂"，只有"对所有未完成或有缺陷的产品的蔑视"才能超越这份爱。乌纳回忆道，他具备"坚定的决心"，不惧为科研成果"做出任何牺牲"。因此，在乌纳看来，"拜尔斯道夫便是'完美无瑕'的代名词"。乌纳描述的这位老友似乎并非满脑子装着成本效益分析、精打细算的企业家，也并不以销售产品赚取利润为最终目标。尽管如此，拜尔斯道夫也算取得了一定的商业成功。专利申请获批八年后，拜尔斯道夫的企业员工数量达到了十一人；他研发的膏药广受青睐，引得许多欧洲国家争相订购。他将"坐落于穆伦大街的药店简易实验室发展为一家繁忙的小工厂"。[3]

保罗·拜尔斯道夫——药剂师和制药技师

1836 年 3 月 26 日，保罗·拜尔斯道夫出生于勃兰登堡诺伊鲁宾的一个富商家庭，在家里六个孩子中排行第五。保罗在高中毕业考试前两年辍学，踏上了药剂师的学徒之路，后在柏林大学学习药剂学，并于 1862 年获得了药剂师执业执照。[4] 后来，他在莫斯科工作了几年。据早期的公司年鉴记载，拜尔斯道夫曾在莫斯科管理过一家镍银工厂。[5] 因缺少这段时期的史料，许多细节不得而知。他妻子的娘家人和拜尔斯道夫的不少亲戚都住在俄国的这座大都市里。当时不少德国人在莫斯科安了家，当地有德国教堂、商店、企业、俱乐部和餐馆，还有拜尔斯道夫可能特别感兴趣的东西："所有主干道上都设有药店；到处都讲德语。"[6] 目前仅有一份提到莫斯科的史料，那就是保罗·拜尔斯道夫与安东尼娅·玛丽·毛斯（1850—1933）于 1871 年刊登的结婚公告。[7]

其后，拜尔斯道夫回到柏林居住，并成为 J. F. Luhme & Co. 公司的授权代理人，这是一家著名的工程仪器制造企业，主要负责为药店和实验室提供设备。[8] 在获得授权之前，想必拜尔斯道夫在这家企业工作过一段时间。公司的所有人罗尔贝克自 1869 年开始同时拥有另一家柏林企业 Schmidt & Haensch 公司，后者成立于 1864 年，是一家精密光学仪器的小生产商。[9] 1870 年，罗尔贝克去世后，其遗孀继承了两家公司，并立即撤销了 Luhme & Co. 公司授权代

Alt-Hamburg   Schaarmarkt, Ostseite.

1890 年前后，汉堡的沙马克广场和圣米歇尔教堂（明信片，1907 年）。1880 年，
保罗·拜尔斯道夫在汉堡最贫穷的街区之一、圣米歇尔教堂附近开设了一家药店

理人保罗·拜尔斯道夫和阿加松·利普卡的签字权。此后，利普卡再次获得授
权，而拜尔斯道夫却没有。[10] 至于拜尔斯道夫是否仍受雇于这家企业，是否也
负责 Schmidt & Haensch 公司的业务，我们尚无法确定。据称，拜尔斯道夫曾
参战，上过普法战争的战场（1870/1871 年）。[11] 1872 年，Schmidt & Haensch
公司的创始人赫尔曼·豪恩施和弗朗茨·施密特从罗尔贝克遗孀手中回购了自
己创办的企业。拜尔斯道夫作为合伙人加入。据推测，保罗·拜尔斯道夫筹集
了大部分的公司回购资金，因为他是三位股东中唯一拥有公司签字权的人。这
家企业销售"制药用具"、显微镜及物理化学仪器。[12] 然而，拜尔斯道夫并没
有在这家企业任职很长时间，他在 1873 年左右退出了这家公司，个中缘由不
得而知。

　　1874 年 1 月，想必当时的拜尔斯道夫手握足够的资金，有能力在拜尔瓦
尔德（当时隶属于纽马克地区柯尼斯堡县，现为波兰的梅什科维采）开一家
药店。他与妻子和女儿埃米·海德薇希·路易丝（1872 年出生）在这个地方
定居了下来。两个儿子卡尔·阿尔伯特·阿图尔（1874 年出生）和汉斯·奥
托·威廉（1875 年出生）就出生在拜尔瓦尔德。仅过了三年，拜尔斯道夫便

卖掉了当地的店铺，用所获资金于 1877 年在格吕恩贝格（下西里西亚，现为波兰的绿山城）又买下了一家新药店。1880 年底，拜尔斯道夫一家搬到了汉堡。[13] 快速变化与间或的无业游民生活，两者成为他人生的主旋律。从卖掉拜尔瓦尔德的产业到买下格吕恩贝格的药房之间相隔了一年，而从卖掉格吕恩贝格的产业到搬迁至汉堡，隔了一年半的时间。

我们可以将拜尔斯道夫想象成一个充满创意、奇思妙想不断的人。他不断变换着脚步，或许因为他很快对新项目失去了兴趣，或许药店没有如他所愿取得成功，或许他被新事物所吸引，又或许存在其他支持他另起炉灶的原因。我们不清楚拜尔斯道夫是否在拜尔瓦尔德和格吕恩贝格两地取得了成功，抑或是商业成功让他有财力前往更大的城镇开设药店。无论如何，他拥有足够的财力，允许他做较长时间的职业生涯调整。这一次，人生之路将他带到了一座大都市——汉堡。

药店与实验室

1880 年 10 月 22 日，保罗在汉堡警察局办理了户口迁入登记，正式搬到了汉堡市。一个月前，他在圣米歇尔教堂附近买下了一家药店。[14] 药店位于人口稠密的新城南部，离港口不远。这个地区是当时汉堡最贫穷的居民区，此地居民的人均收入仅为全市平均水平的一半，而城郊富人区的人均收入则是全市平均收入的八倍。[15] 拜尔斯道夫购置药店时，似乎并不熟悉这个地区的情况：新城居民很少能负担得起医疗费用。因此，新开药店的日营业额较低，无法保证家庭有稳定充足的收入。1881 年 4 月，拜尔斯道夫住所附近有一家新药店拿到了营业执照，这让拜尔斯道夫的经济状况雪上加霜。他向主管部门医学委员会抗议申诉，认为新药店损害了原有药店的经济利益，且该药店店主的岳父是附近一位颇受欢迎的医生，他在此行医，以此为女婿招揽生意。但拜尔斯道夫的申诉最终无果而终。[16]

困境中，保罗·拜尔斯道夫开辟了第二战场——实验室业务。虽然他初到汉堡，人生地不熟，但在专业上却不是新手，而是一位持药剂师执照二十多年的专家。为了展示自身所长和渊博的专业知识，他当时应该拜会了不少汉堡的医生。或许在拜会医生时，保罗提出可以向他们提供实验室服务，从而扩大自身的业务基础，因为他自己的药店还配备了一个小型实验室。所有关于保罗·拜尔斯道夫的信息均表明，实验室工作比在药店耐心接待顾客更合他的心意。无论如何，随着时间推移，拜尔斯道夫的实验室产品取得了巨大成功。药店业务收入却仍然微乎其微。即便在开业的第二年，药店有些日子接到的处方仍不足十张。[17] 这也使得拜尔斯道夫愈发专注于实验室业务。

在拜尔斯道夫的这次职业转型中，保罗·格尔森·乌纳[18]（1850—1929）起到了至关重要的推动作用，他是一位皮肤科医生，曾在达姆托大街行医多年。两人建立起深厚的合作关系与友谊。[19] 一开始，保罗·拜尔斯道夫负责为乌纳生产乙醚和酒精喷雾。不久，一个新想法成了两人合作的核心。乌纳在遇到拜尔斯道夫之前，曾与另一位药剂师共同做过药用

位于汉堡新城穆伦大街 22 号的药店，照片拍摄于 1900 年左右

纱布（即所谓的软膏纱布）实验，但这位药剂师随后放弃了自己的生意。[20] 拜尔斯道夫抓住这个机会，潜心改良这种软膏纱布，同时开发医用膏药。他在很大程度上需要依仗乌纳的专业知识。乌纳后来在讲述中称自己与拜尔斯道夫每周日下午都会在药店一同工作。这种说法可能有些夸张，但软膏纱布的改良和古塔胶膏药的应用的确是两人共同致力的项目。

研发需要解决的关键挑战在于：膏药必须保证很好的疗效。与此同时，所用的粘合剂须保持长久有效，且不会与皮肤或药物发生任何反应。其他药剂师也受邀出谋划策、交流经验。乌纳的建议结合拜尔斯道夫的物理与工程技术知识，最终为此找到了全新的解决方案。史料未提及拜尔斯道夫对新型膏药做了多少次的实验室测试。显然，研发工作持续了多月。乌纳在应用实践中对发展前景广阔的原型产品做了进一步的测试和改进[21]。最终，拜尔斯道夫选择用纱布加固的古塔纸（gutta-percha paper，一种天然橡胶物质，此处是指作为药膏的载体，材料的优点是不溶于水）[22] 作为载体材料，在上面涂抹了猪油、牛油、凡士林、溶解橡胶和所需的医疗活性成分的混合物。待溶剂挥发后，在橡胶的作用下，混合物即便在冷却后仍能牢牢黏附在皮肤上。这种天然材料的优点是不会与医用制剂发生任何反应。采用橡胶制作膏药的创意源于美国。1879 年，

一位汉堡商人首次在汉诺威展示了一款类似的膏药。[23] 不过，拜尔斯道夫的决定性创新并不在于原材料，而在于医疗活性成分的制备与应用。保罗·拜尔斯道夫因其生产"涂层膏药"的工艺而获得了第 20057 号德意志帝国专利，他自己称之为"gutta-percha plaster（古塔胶膏药纱布）"，有效期自 1882 年 3 月 28 日起。[24] 这项发明使得拜尔斯道夫的声誉驰名海外。

繁忙的小工厂

拜尔斯道夫随货物寄出或应订货要求寄出的第一份产品清单见于 1882 年，这份清单并非用于广告宣传的产品手册。不过，拜尔斯道夫在其中详细说明了膏药的质量。他表示可以提供任意浓度、针对各类皮肤病的药物。客户只需说明"所需的药物含量（按每 1/5 平方米的重量计算）"。所列产品"几乎均有库存。新产品只需几小时便能生产出来"。[25] 由此可见，拜尔斯道夫提供药店产品服务。新膏药主要通过保罗·格尔森·乌纳发表在医学参考文献上的文章做宣传。拜尔斯道夫于 1890 年写道："我不打任何广告，这才是产品价值的试金石。"[26] 他只在《医学周刊》和《皮肤病学报》上刊登了自己的地址。[27] 这些刊物在世界各地拥有广泛的读者群，医生们也常在刊物上分享自己使用新药的心得体会。不久，拜尔斯道夫就收到了来自德意志帝国大部分地区和欧洲各国的订单。1887 年，美国强生公司首次推出了橡胶膏药，但质量似乎还未达拜尔斯道夫产品的水平。十九世纪九十年代初，《医药报》甚至报道了俄国和法国进行的仿制试验。[28]

与此同时，药店的实际经营状况并未改善。1882 年 10 月和 12 月，拜尔斯道夫再次尝试将药店从穆伦大街搬到交通更便利的处所。可申请再次遭到医学委员会的驳回。1883 年夏天，他决定卖掉三年前为之风尘仆仆来到汉堡的药店。此前 1882 年 3 月申请的专利于同年 11 月 8 日获得了批准，这有助于拜尔斯道夫售卖药店。然而，获得专利的好消息并没有促使他设立一家新"公司"。[29]

1884 年夏初，拜尔斯道夫搬到了邻近的阿尔托纳，家庭住址为沃勒斯大道 40 号。他在住宅底楼和地下室建立了"皮肤治疗制剂实验室"[30]。从出售药店到建立实验室之间只有短短数月的时间，一如他惯常的行事作风。在此期间，拜尔斯道夫是否继续生产产品以及在哪里生产，对此没有明确的史料记载。据推测，他可能在药剂师朋友的实验室里工作了一段时间。拜尔斯道夫搬

KAISERLICHES PATENTAMT.

PATENTSCHRIFT

— № 20057 —

KLASSE 30: GESUNDHEITSPFLEGE.

P. BEIERSDORF in HAMBURG.

Herstellung von gestrichenen Pflastern.

Patentirt im Deutschen Reiche vom 28. März 1882 ab.

AUSGEGEBEN DEN 8. NOVEMBER 1882.

Auf eine zarte Guttaperchaschicht, welche | von Fetten und Gummi, z. B. Jodbleipflaster:
auf Mull entweder durch Handarbeit mittelst | 10 g Jodblei werden mit 10 g Vaselin fein

1882 年的专利说明书被视为今日的
拜尔斯道夫股份公司的"出生证明"

到阿尔托纳后，立即发行了《乌纳博士皮肤治疗制剂和设备目录》的新版增订本，同时也广而告之自己的新地址。

拜尔斯道夫扩大了古塔胶膏药和软膏纱布的标准产品范围，增加生产定制膏药的业务。此外，他提供了一系列改良配方并销售诊所日常所需产品，如"加臭棉絮""碘针""最高温度计"和"用于喉、鼻、耳和子宫的带有或不带通气装置的喷雾器"。他还经营超脂药用肥皂的业务，这些肥皂"根据乌纳医生的指示、由肥皂制造商 Th. Douglas 先生生产，其间得到了我作为药剂师的协助"。[31] 拜尔斯道夫在对外宣传时并未强调自己的制造品牌，而始终只提及皮肤科专家的名号，用医生姓名作为品牌名称："根据乌纳医生的指示"或"根据保罗·格尔森·乌纳医生的意见"。那几年里，拜尔斯道夫与专科医生同伴的合作不断加强。新产品在上市销售前都要在乌纳医生的皮肤科诊所进行一番试用。[32]

史料并未提及拜尔斯道夫如何管理企业，也不清楚他何时雇用了第一批工人。在接下来的几年里，他的企业生产力强劲增长，客户群不断扩大。1890年，拜尔斯道夫计划出售产业时，他已经拥有了一家获得盈利的公司。他告诉潜在买家，1884 年至 1889 年期间，企业的膏药和软膏纱布的产量从原先的

6900 米增加到 31000 米。要知道，他一直到 1884 年夏天才在阿尔托纳正式开展业务。1885 年是企业第一个完整的财政年度，当年的产量为 11800 米。四年后，这家小企业的产量几乎达到了第一个完整财政年度水平的三倍。1886 年和 1888 年的产量呈现大幅增长。拜尔斯道夫很可能在这两年雇用了新工人。1890 年春，公司总共雇用了八名工人、一名实验室助理和两名"销售发货员"。[33]

十九世纪八十年代末，拜尔斯道夫的公司走上了正轨，他生产的医用膏药在欧洲全域颇受欢迎，需求量非常大。这位企业家认为有必要将生产基地从自己的住宅迁出，另寻一栋独立的建筑作为厂房。早在 1888 年，拜尔斯道夫一家就已经搬到邻近的房子里，大概是为了躲避同一栋楼里生产膏药所产生的难闻气味。拜尔斯道夫夫妇在前一年迎来了他们的第四个孩子。[34]1889 年，企业家在毗邻的奥尔科斯大道觅得了一处合适的地皮。有一位投资商希望在这里兴造一栋住宅楼和一间厂房，并租给拜尔斯道夫使用。拜尔斯道夫似乎亲自委托了建筑承包商。他规划的新厂房面积并不大，总建筑面积不到 200 平方米，工作区约 100 平方米。[35] 这么大的空间对于他与十一名雇员而言绰绰有余。但这一建筑规划同样也造成了未来扩建的局限性。

无论拜尔斯道夫对企业的未来有怎样的畅想，事情的发展却与设想大相径庭。1890 年 3 月 29 日，他年仅 16 岁的儿子卡尔自杀身亡。这个孩子在文理高中留了级，为此在家门口用父亲的手枪结束了自己的生命。[36] 这一巨大的打击使得拜尔斯道夫陷入了崩溃。几周后，他刊登了出售产业的广告。1890 年 5 月 21 日，拜尔斯道夫在《制药报》上刊登了一则广告，出售"工厂和仓库、化学制药设备和器皿，限批发销售"，售价"大约为 7 万马克"。[37]

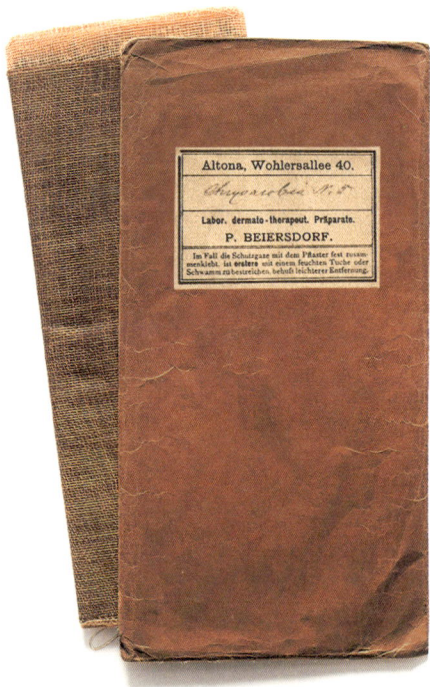

古塔膏药（gutta-percha plaster）原物，1886 年

企业新主人：奥斯卡·特罗普洛维茨

来自布雷斯劳的年轻药剂师奥斯卡·特罗普洛维茨（1863—1918）对拜尔斯道夫的出售邀约表示出兴趣。后者用一封简短的信做了回复：他愿意按照 7 万马克的价格出售企业；3 万马克应立即支付，其余部分按八年分期支付，按照 4% 的年利率计算。除了售价之外，拜尔斯道夫提到了目前企业雇用的十一名员工以及国际客户，强调了年营业额的大幅提高，其中五分之四的营业额归功于专利膏药的贡献。27 岁的特罗普洛维茨觉得这是一个自主创业的好机会，他要求拜尔斯道夫提供更多详细的信息。后者在回信中介绍了 1884 年以来膏药产量节节攀升的情况，并称，预计 1890 年的净利润约为 15000 马克。他还提到了自己与乌纳医生之间的密切往来，这种关系建立在信任之上，与盈利无关。[38] 除了上述信息，拜尔斯道夫无法或不愿讲述更多的细节。他似乎并没有编制什么资产负债表，对成本计算也不感兴趣。"离开了净利润，所有的支出、营业额、租金等各式各样的报表又有什么用处呢？最重要的就是出纳账簿和收银记录。"[39] 拜尔斯道夫的言语中充满了自信，强调了自己研发产品的质量与过硬的技术能力。"迄今为止，我一直遥遥领先，若我继续与皮肤科医生合作下去，与时俱进，我将继续保持行业领先的地位，即便在专利到期后也是一样，几乎没有药剂师或医生知道这项专利的存在。"他称自己为药剂师或药剂技师，而非药物学家或发明家。"若离开了医学权威，药剂师凭一己之力是无法胜任此类工作的。"[40] 这些信件字里行间刻画的拜尔斯道夫并非唯利是图的商人，他将自己定位为"皮肤科学的服务商"。

进一步的询问显得没有任何意义，拜尔斯道夫请求道，"请别再给我任何书面信函"，他也没有安装电话。此外，他还施加压力，暗示有两位同事表示也有兴趣收购这家药店。[41] 于是，特罗普洛维茨和他的叔叔古斯塔夫·曼基维茨（1833—1905）立刻启程赶往汉堡。曼基维茨是一位经验丰富的药剂师，也是特罗普洛维茨后来的岳父。在与拜尔斯道夫谈判前，至少在签订购买合同之前，两人肯定拜访过乌纳。乌纳在 1919 年的纪念演讲中回忆说：一位"非常聪明、和蔼可亲的先生"来到他的诊室，"向我介绍了自己的女婿特罗普洛维茨博士，这位年轻人打算购买拜尔斯道夫的工厂。请我就拜尔斯道夫药剂产品的质量和盈利能力给出评估"。[42]

拜尔斯道夫和特罗普洛维茨很快便达成了协议。1890 年 6 月 14 日，双方签订了公司购买协议，协议待公证确认后即可生效。拜尔斯道夫以 6 万马克的价格出售了自己的"皮肤治剂工厂和所有的用具、仪器、动产、客户群,以及现有的、必要的和适当的货物库存",出售对象还包括"第 20057 号德意志帝国专利"。售价的一半应于 1891 年 7 月 1 日业务转让时支付完毕,余款分十年支付,外加 4% 的利息。公司名称为 P. Beiersdorf & Co.。双方计划共同经营到 1891 年 7 月,拜尔斯道夫作为唯一的总经理将优先获得净利润中的 1 万马克,特罗普洛维茨获得 1900 马克,剩余利润将在合伙人之间分配。[43]

然而,这段合作的时间十分短暂。特罗普洛维茨与这位合作伙伴一起在汉堡待了一周后,便提出希望立即接管公司。他愿意为此支付 7 万马克,拜尔斯道夫则须承担将企业搬迁至新楼和实验室筹建的费用。特罗普洛维茨于 1891 年 1 月与表妹格特鲁德·曼基维茨(1869—1920)结婚,女方的嫁妆或许令他有了资本能够支付提前收购企业的费用。[44] 拜尔斯道夫立即同意了该提议。[45] 我们推测,特罗普洛维茨 8 月初返回汉堡之前,一定又重新考虑了快速达成的有些不同寻常的第一份合同。他肯定意识到,这份合同限制了他对财产的处置权。因为合同第 6 条规定,1891 年 7 月 1 日"交接之前,卖方可以自由处置企业"。[46] 这一合同条件意味着,27 岁的企业新所有人很难在收购公司的第一年就大展宏图,落实自己的想法。雄心勃勃的新主人与年龄是其两倍的拜尔斯道夫之间由此存在着潜在的冲突,而尽早分道扬镳、分割财产的做法能够避免这种冲突。特罗普洛维茨曾请求拜尔斯道夫一同参加柏林的一场贸易展会,却遭到了后者的拒绝。[47] 这让企业的新主人意识到,要说服拜尔斯道夫进行创新并非易事。企业迁至新楼,这件事情必须告知客户,这是重新开始的一个好机会。然而,两人的私交似乎并不那么剑拔弩张。特罗普洛维茨一直租住在拜尔斯道夫家宅底楼的出租公寓里,直至 1893 年的复活节。[48]

公司出售后,拜尔斯道夫继续在家中开展实验室工作,他参与了"吸汗防臭鞋垫生产工艺"专利的开发。[49] 与此同时,他的财务状况日渐恶化,尤其是他在柏林的一个投资项目遭遇了滑铁卢。拜尔斯道夫是一位柏林药剂师的抵押债权人之一,而这位药剂师后来负债累累,于 1893 年宣告破产。拜尔斯道夫重新购置了土地、房屋和家具,以为如此就能获得经营药店的执照。可之后的好几年,他面对着代价高昂的诉讼,与多个政府部门发生过激烈的争执。这些部门一方面拒绝向拜尔斯道夫签发经营执照,另一方面始终没有做出任何决定,拜尔斯道夫也因此无法起诉。1896 年 11 月,他的律师再次紧急呼吁当地上级主管单位做出裁定。若能有一份裁定,必要时,拜尔斯道夫至少能采取法律手段。律师如此写道:"多年来,他一直徒劳地等待着一个决定,这让他正

保罗·拜尔斯道夫收到越来越多来自欧洲各地的订单，订单量逐年递增。
图为从意大利（1886 年）和比利时（1888 年）寄来的明信片

缓慢地——却注定地——走向经济上的崩溃。"经营许可证对他及他的家庭而言是个"事关生死存亡"[50] 的问题。然而，签发经营执照的申请最终被驳回了。保罗·拜尔斯道夫于 1896 年 12 月 17 日亲自前往柏林文化部据理力争，但此行依旧徒劳无功。这位六十岁的老人选择当即在公务员办公室服毒自尽，当场身亡。[51]

　　正因如此，有人说，保罗·拜尔斯道夫作为商人"运气不好"。但我们要问，成功或幸运的判断标准又是什么呢？他一生拥有过多家药店，尽管在汉堡的起步阶段困难重重，但他成功经营一家小企业长达六年之久。他当时的收入在汉堡数一数二。[52] 儿子的自杀让他脱离了人生的轨道，陷入困境。那时的拜尔斯道夫已经 54 岁了，家里有妻子和四个孩子，在阿尔托纳拥有一栋房产，按照所有资产阶级的标准，他无疑是一位成功的商人。拜尔斯道夫不幸遭遇抵押贷款欺诈和普鲁士政府的刁难，而其他的一系列生存矛盾原本就已经让他不

特罗普洛维茨，拜尔斯道夫公司的新所有者，
照片拍摄于 1900 年前

堪重负。即使再幸运的商人也无法在命运的重击下幸免于难。

保罗·拜尔斯道夫用他的专利为如今的全球企业——拜尔斯道夫股份公司奠定了基础。但这家企业随后的发展并不完全倚靠前人所栽的这棵大树。倘若保罗·拜尔斯道夫当初没有卖掉公司，或许就没有如今的拜尔斯道夫股份公司。拜尔斯道夫作为制药技术人员，对自己研发的产品充满热情。他有能力凭借产品销售获得丰厚的收入，并成功经营了这家小小的企业。可他似乎对所取得的成就沾沾自喜，对竞争对手的行为和市场变化丝毫不感兴趣。他所规划的工厂勉强能够容纳当时的员工人数。然而，拜尔斯道夫的企业若要取得长远发展，必须转换视角，引入崭新的经营理念。他的继任者奥斯卡·特罗普洛维茨为此制定了合适的企业发展战略。

面向全球的品牌产品

Leukoplast，Pebeco 和妮维雅

　　保罗·格尔森·乌纳用"谦逊和内敛"来形容 1890 年 6 月就拜尔斯道夫制剂商业前景向他咨询的奥斯卡·特罗普洛维茨，奥斯卡·特罗普洛维茨当时 27 岁。乌纳说，特罗普洛维茨很有勇气，"接手一家资本微薄的企业，仅仅因为这家公司设计并开发了一些制剂，在科学上令人感兴趣，在实践中还没普及，但前景广阔"。[1]

　　在收购公司直到第一次世界大战爆发的二十四年的时间里，特罗普洛维茨将这家"小工厂"转变为一家在化妆品行业前景被看好的开创性公司。他是最早一批认识到"欧洲和北美中产阶级收入的提高使他们有能力在护肤品和牙齿护理用品上的消费逐渐升级"的人士之一。[2] 为了吸引这些顾客，他需要的前提条件首先是可信赖的产品，其次是低廉的价格。因此，特罗普洛维茨决定扩大生产规模，进行全面销售。保罗·拜尔斯道夫在写给他的接班人的一封信中简洁地表达了他的态度——"我不赞成做广告"[3]，与前者不同，年轻的特罗普洛维茨明白，高销售收入不仅取决于质量和低价，还取决于强大、可信的品牌。在十九世纪末，这还是个新观念。十九世纪八十年代，美国旁氏公司是品

牌营销的先行者；在德国，科隆的慕尔亨斯公司（4711古龙水）和施多威克公司（巧克力）是极少数采用品牌营销的特例。许多今天仍很受欢迎的知名品牌，如美极（调料块）、欧特家博士（发酵粉）和奥德（漱口水），其诞生的时间与拜尔斯道夫的著名大品牌差不多同期。[4]

奥斯卡·特罗普洛维茨通过他的生产和品牌战略对十九世纪最后三十年德国社会发生的深刻变革做出了反应，这场变革是他本人亲身经历过的。越来越多的人从农村地区迁移到城市和大型区域中心，这里为成千上万人创建了工厂和工作岗位。其中一个目的地是汉堡，大部分进出口德国的商品都经过这座"通往世界的门户"被转运。[5] 在这座港口城市，巨大的造船厂和工业企业如雨后春笋般涌现，人口也在不断增加：1871年，这座城市有30万人口，到1890年已增长到57万，到1900年，汉堡的人口超过了70万，而在1913年则达到了100万。[6] 在全德范围，城市人口增长迅猛。为了确保如此多的人口供给，手工作坊和传统的自给自足的生活方式几乎无法满足需求了。因此，越来越多的日用品开始工业化生产，新的商业零售形式也不断涌现，比如百货商店或者消费合作社。

从十九世纪初工业化开始以来，工人阶级的实际收入首次在一个较长的时期内持续增长，那些收入高于最低生活保障的人数也在不断增加。以汉堡为例，该市的人均收入从1881年到1910年增长幅度超过了60%。[7] 新兴的中产阶级成了拜尔斯道夫最重要的客户群。尽管如今保留下来的文件不多，我们无法完全推断奥斯卡·特罗普洛维茨的考量和动机，然而，价格清单和广告资料显示，直到第一次世界大战爆发，公司产品供应和产品展示方式发生了多大的变化。工程文件和销售额统计让我们可以衡量公司规模和产量的增长；与国外销售合作伙伴的合同和不断增长的许可使用费收入证明了公司日益国际化的发展方向。至1913年，拜尔斯道夫公司超过40%的销售额来自国外，由于高额的许可使用费收入，国外市场的利润份额更大。拜尔斯道夫日益关注终端消费者，药物制剂渐渐失去了其对公司的特殊重要性。取而代之的是一系列面向家庭的品牌产品：Leukoplast、妮维雅，以及尤其是Pebeco牙膏。

从实验室到"保罗·拜尔斯道夫化学产品公司"

当特罗普洛维茨在1890年10月1日接手这家"小工厂"时，它距离跻身世界级公司还相去甚远，不过拜尔斯道夫的名字在专业圈子中已经小有名气。

面向全球的品牌产品 Leukoplast，Pebeco和妮维雅公司真正的价值在于其生产古塔胶膏药的专利，与保罗·格尔森·乌纳的联系，以及现有的客户基础。[8] 因此对于特罗普洛维茨而言，当他成为该厂的独资老板时，也没有改变公司名称的理由。

保罗·拜尔斯道夫规划并建造的工厂位于阿尔托纳的奥尔科斯大道的一栋后楼中，工厂只能通过一条狭窄的通道进入，总共 100 平方米的工作空间对于 12 人来说并不宽敞。实验室只有 5 平方米！办公室稍微宽敞一些，40 平方米，生产区域相对占比稍大些。当拜尔斯道夫规划这座建筑时，似乎没有预计到生产会大幅增长。他无法在那里容纳额外的工人，似乎也没有考虑过使用机械辅助设备。特罗普洛维茨后来推测，拜尔斯道夫或许"对公司持续盈利缺乏信心"，他甚至还让员工手写产品目录中的标准产品标签。[9]

企业在这样的空间里运营了不到两年。特罗普洛维茨后来回忆说，"一种自然的本能阻止了我购买这一场地"。[10] 1891 年秋天，房东破产后，特罗普洛维茨开始寻找适合新工厂的地块。他不得不暂时在奥滕森租用场地，但在 1892 年 4 月，他在如今的汉堡艾姆斯比特尔城区找到了一处合适的、更大的地块。特罗普洛维茨精心计划了建设项目，安排进行土壤调查，甚至听取了作为建筑商的父亲的建议，检查了建筑地基的承载能力。原因在于他想建造三层楼，并安装一台小型蒸汽机用于供暖，以此减少火灾风险。此外，产生的蒸汽可以用于加热原料（"蒸煮"）。[11] 因此，他可以避免在需要用于制作膏药的溶剂附近使用明火。虽然奥斯卡·特罗普洛维茨的思维方式与拜尔斯道夫不同，但新工厂的规模并不比他自己规划的住宅大。[12] 比起旧工厂，它也没有明显大多少，但装备设置却更加实用有效；最重要的是，该地块可以容纳未来的工厂扩建。

新的生产场地于 1892 年 11 月投入使用。用于土地、住宅、工厂及相关设备的费用接近 12 万马克。为筹措这笔巨款，年轻的特罗普洛维茨与十九世纪大多数企业主一样，不得不依靠家族资助。[13] 任何一家银行都不会愿意承担这样的风险。近 21000 马克来自他妻子嫁妆的最后一笔。此外，他的岳父和叔叔阿道夫·曼基维茨（1830—1894）分别向他提供了每笔 3 万马克的抵押贷款。另外一笔大约 1 万马克的借款来自弗里茨·克拉姆巴赫（1850—1928），他是奥斯卡和格特鲁德·特罗普洛维茨的叔叔。剩余 3 万马克金额的来源尚不清楚。[14]

起初，特罗普洛维茨依旧按照拜尔斯道夫的方式继续经营。他需要先熟悉生产工艺，当然，他还要确保持续为客户供货。但是，他尝试简化销售流程，

1892 年上梁庆典。厂区内还建造了
特罗普洛维茨夫妇（前排中）的住宅

比如为标准产品系列的商品引入了印刷标签。[15] 正如特罗普洛维茨在 1893 年产品目录前言中介绍的那样，为加快生产速度，更快完成订单，承接更大的订单，工厂开始引入第一批"机械设备"。这些设备包括一台"药膏研磨机"，可能用于卷绕和放卷胶布材料，因为特罗普洛维茨之前向建设主管部门描述的是手工操作的生产过程。1895 年，在工厂扩建时，他保证不会安装"噪声大的机器"。[16] 在最初两年，奥斯卡·特罗普洛维茨并没有急于扩大产品范围。产品目录上唯一增加的新品是一款用锡做成的可随着使用量变化，推动膏体到管口的医用药膏棒，这也就是十六年后推出的拉贝罗"润唇膏"的原型。[17]

特罗普洛维茨首先提升公司在客户和公众间的知名度，并且增强其可达性；为此他立即安装了电话线。[18] 为了被皮肤科医师认可为专业的药剂师，他偶尔也会像保罗·拜尔斯道夫以前一样在保罗·格尔森·乌纳主编的《实用皮肤病学月刊》[19] 上发表文章。然而，与拜尔斯道夫几乎将公司隐身在乌纳背后不同，特罗普洛维茨逐步将公司推向前台。一个例子就是当时作为公司最重要广告媒介的产品目录，1890 年之前，它一直以"根据皮肤病治疗机构主任保罗·格尔森·乌纳博士建议的保罗·拜尔斯道夫公司药剂师皮肤治疗制剂和设备清单"为标题出版。1895 年起，特罗普洛维茨将其直接简化，改名为"化学工厂保罗·拜尔斯道夫公司价目表"。[20]

新商业模式：终端用户即客户

当时，保罗·拜尔斯道夫公司出品的产品已经成为质量的象征，其声誉几乎与乌纳的专业建议不相上下。为了更好地保护其产品免遭仿冒，从 1891 年起，特罗普洛维茨在目录和产品上都打上了一根蛇杖和一个"Schutzmarke"（商标）字样作为标记。为了应对十五年后古塔胶膏药专利到期的问题，特罗普洛维茨将制造商作为质量保证者的作用放在了更核心的位置。这并不意味着特罗普洛维茨想放弃皮肤科医生乌纳的声誉。相反，事实上两人于 1896 年签订了一份合同，允许保罗·拜尔斯道夫公司在基于"乌纳博士的科研成果"的产品上标注相应的"商标"，并对其进行注册保护。特罗普洛维茨的行为是对 1894 年商标法修正案的响应，新法不仅保护制造商名称，也保护商品标志（或产品名称）。乌纳出借其声誉给该公司，不求经济上的回报，但享有随时检查产品及其成分的权利。[21]

和拜尔斯道夫一样，特罗普洛维茨也想改进医疗辅助材料，研发新产品和新工艺。有时他自己独自工作，有时也与乌纳合作。例如通过与这位皮肤病学家的合作，特罗普洛维茨改进了干酪蛋白膏的生产工艺，并且在 1894 年获得了他的第一项自主专利。[22] 此外，他还研发了一些新产品：医用药膏、鸡眼环以及以丝绸作为载体材料的"英国膏药"。[23] 然而，这些新产品的商业价值不如古塔膏药或膏药纱布——这些产品在二十世纪初为公司贡献了超过一半的销售额和可能超过一半的利润。[24] 鉴于其重要性，这些产品在最初几年一直是产品研发的重点。由于材料的特性限制了生产和销售的扩大，因此特罗普洛维茨积极致力于膏药的改进。经过加工的橡胶会在数月后分解，这些膏药也变得无法使用，[25] 因此，每个药店都只会进货一定数量的某种膏药。出于这一原因，新的产品规格使业务得以拓展，而通过提高产量和更高效的生产效率来增加利润则比较困难。为此，提高这种古塔膏药的耐久性变成了一个非常重要的目标。

特罗普洛维茨无法完全防止天然橡胶的老化分解，但他的许多尝试成就了开拓新市场的产品。其中最重要的是"美式橡胶膏药"（1895/1896 年）。当特罗普洛维茨发现添加氧化锌可以使膏药对皮肤更加温和时，一个非常有价值的产品创新的突破得以实现：不含药剂有效成分的胶布。1901 年，他以"Leukoplast"品牌名将其推向市场。这项创新是特罗普洛维茨的第一个重大商业成功。Leukoplast 胶布很快成为公司最畅销的产品，并成为许多家庭的标配。与任何一款其他的拜尔斯道夫产品相比，这款膏药都更加面向最终用户。对于拜尔斯道夫而言，这标志着向一种基于大规模生产和广告的变革型商业模式过渡的开始。[26]

品牌产品和出口导向

产品范围的扩大和生产的增长要求扩建生产设施、增加人员和机器设备，以提高生产率。特罗普洛维茨不仅表现得比拜尔斯道夫更加乐观，而且他意识到，销售和收入的进一步增加需要更合理和更低成本的生产。在迁入新址三年后，他于 1895 年建造了第二座工厂大楼，也是为了雇用更多的工人。直到那时，他也只比保罗·拜尔斯道夫多雇用了三名工人。两年后，他又建造了一座专门用于制造膏药的建筑，到 1900 年，工厂大楼和办公室占地面积达到了十年前的四倍。工厂获得了一台发电机，并改用电灯，实验室也得以扩大并改善了设备。[27]

面向全球的品牌产品　Leukoplast，Pebeco 和妮维雅

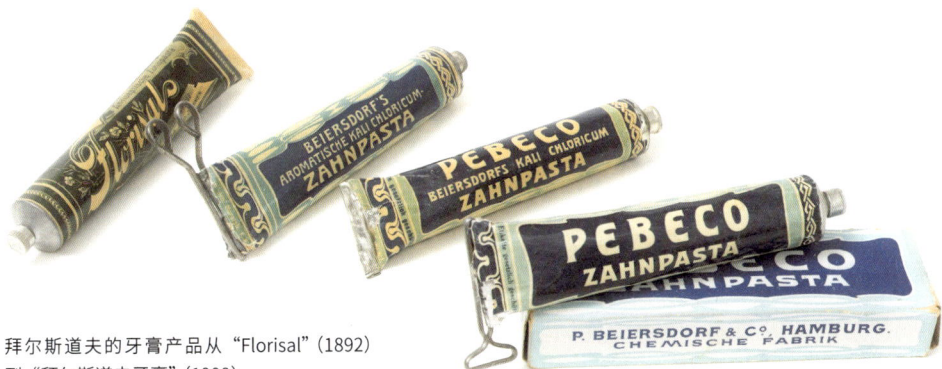

拜尔斯道夫的牙膏产品从"Florisal"（1892）
到"拜尔斯道夫牙膏"（1900），
再到品牌产品"Pebeco"（1905）

    保罗·拜尔斯道夫公司在 1900 年雇用的员工人数是十年前的四倍有余。
36 名工人和 11 名职员（当时的说法是"公务员"）生产出了五倍数量的膏药
和一系列新产品。公司实现了 40 万马克的销售额和 4.7 万马克的利润：是保
罗·拜尔斯道夫在 1890 财年预期的三倍。[28] 这一成就得益于他研发并申请了
专利的古塔膏药；它们在世纪之交仍占据着总销售额一半以上的份额。直到那
时，保罗·拜尔斯道夫公司专注于药物制剂，并且赢得了卓越的声誉。回顾起
来，Leukoplast 胶布的推出标志着公司迈进了一个新的阶段。公司树立起了一
个全新的形象，并用品牌产品取得了前所未有的成功。

    而另一种早在 Leukoplast 胶布面世前近十年就开发出来的产品，却没有得
到积极的市场推广，它对拜尔斯道夫公司在第一次世界大战之前的发展有着更
大的影响：牙膏。1892 年，特罗普洛维茨为他的牙医制作了第一款牙膏，他
的牙医之前一直给他的病人开一种特殊的牙粉用于清洁牙齿。特罗普洛维茨
随即想到了把牙粉和一种柔软的膏体混合起来，并把混合物装在锡制的管子
里。至于他是否知道由维也纳萨格公司[29] 于 1887 年开始生产的第一款管状牙
膏"Kalodont"，这一点不得而知。在德国，这绝对是一个绝妙的全新想法。
在保罗·格尔森·乌纳的建议下，他在这种膏体中加入了氯化钾。乌纳用这种
有抗菌作用的盐来治疗口腔黏膜的炎症。结果这一产品成为世界首批管状牙膏
之一。基于它的成分，拜尔斯道夫公司从 1893 年开始以"芳香型氯化钾牙膏"
（根据保罗·格尔森·乌纳博士的建议）为名销售该产品，三年之后，高露洁
公司在美国推出了一款名为"缎带似牙膏"的管状牙膏。[30]

    特罗普洛维茨似乎直到世纪之交才认识到这种新产品的全部潜力，从
1900 年开始，他便用制造商的名字"拜尔斯道夫的芳香型氯化钾牙膏"来代

替中性的制造商名称。新品牌产品的推出时机几乎是最佳的。1900 年左右，发行量很大的刷牙指南清楚地表明，口腔护理越来越成为热议的话题。不久后，甚至还出现了一本专门为"学校牙齿护理"而开办的杂志。[31] 对于口腔护理而言，强大的品牌是一种名为奥德的漱口水，但它不是牙齿护理产品。因此，对于大家而言，一种可以在任何地方购买的牙膏再合适不过了。当牙膏在 1905 年获得了更有吸引力的品牌名称"Pebeco"（P. Beiersdorf & Co.）时，它的广告效应也得到了显著的提升。从 1900 年到 1914 年，拜尔斯道夫的销售额大约每四年翻一番，而利润在同一时期增长到初始水平的五十倍（见图 2.1 和附录表 1）。[32] 这一增长要归功于两款新的品牌产品 Pebeco 牙膏和 Leukoplast 胶布。自 1907 年以来，它们占据了总销售额一半以上的份额。到 1912 年，Leukoplast 胶布占公司销售额的 31%，Pebeco 牙膏占 38%。Pebeco 牙膏已成为公司在所有重要市场上最畅销的产品和最大的摇钱树，特别是在美国市场上表现出了极高的盈利潜能。

早在 1893 年，特罗普洛维茨就已经与美国纽约的一家大型药品和化学

图 2.1 保罗·拜尔斯道夫公司 1900 年至 1915 年的销售额（以 1000 马克为单位）*

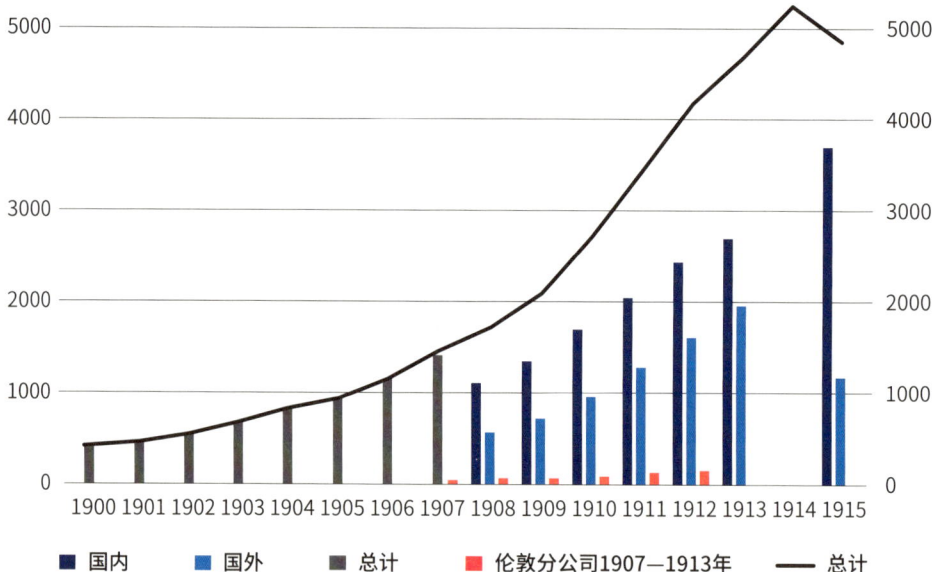

* 授权许可生产的产品（主要是美国）没有出现在该销售额统计数据中；1914 年没有详细的数据
资料来源：1901—1915 年的年度销售额，拜尔斯道夫档案 St I；1901—1917 年的销售额和净利润［无日期，1918 年］，拜尔斯道夫档案 241，1901 年至 1970 年的销售额。销售。总销售额

面向全球的品牌产品　Leukoplast，Pebeco 和妮维雅

品批发商 Lehn & Fink 公司签订了合同，后者获得了在美国独家代理销售拜尔斯道夫产品的权利。特罗普洛维茨或许是通过汉堡的舒美公司（Schülke & Mayr）注意到了这家贸易公司，1890 年起，舒美公司开始通过 Lehn & Fink 公司在美国代理其消毒产品品牌莱苏（Lysolin）。[33] 在欧洲，拜尔斯道夫仍能直接从汉堡供应其客户，在美国则不同，由于巨大的运输成本和广阔的市场，代理中间商的设立就显得非常必要。Lehn & Fink 公司以非常优惠的价格获得产品，负责所有的广告营销和产品分销费用，并承诺不代理竞争对手的类似产品。[34] 十年后，这一合同通过一项授权生产许可进行了扩展，Lehn & Fink 公司有权按照拜尔斯道夫的配方生产牙膏，并严格遵守配方规定的成分，且只能使用拜尔斯道夫确定的产品名称进行销售。拜尔斯道夫将从"每支出售的牙膏"中获得 35 芬尼的许可使用费。给予授权生产许可很可能与美国对成品征收高额关税有关，因为软管和标签仍从汉堡运进来。六年后，由于数量巨大，最终软管也改在美国生产，拜尔斯道夫只提供软管样品。[35]

通过与 Lehn & Fink 公司的代理许可协议，特罗普洛维茨获得了进入巨大的美国市场的渠道，这里的城市中产阶级在护肤品和化妆品上的消费已经远超德国。年轻的美国口腔护理市场前景广阔，这也引发了 Lehn & Fink 公司对授权许可生产的兴趣。然而在美国，这需要大量的广告投入。一方面，牙膏的益处和功效对美国消费者来说和对欧洲消费者一样，都比较陌生；另一方面，竞争也非常激烈。像高露洁这样原本以肥皂生产著称的公司也开始大力推广他们的缎带似牙膏；1911 年，高露洁公司向美国的学校分发了 200 万支牙膏和牙刷，并聘请卫生专家讲解刷牙方法。与之相对应的是，Lehn & Fink 公司也采取了大规模的营销活动，在一段时期内，Pebeco 成了美国最畅销的牙膏品牌。[36] 这个市场竞争激烈，但同样利润丰厚：1915 年和 1916 年，Lehn & Fink 公司向拜尔斯道夫支付的许可使用费总额高达 230 万马克，相当于拜尔斯道夫公司在这两年经营利润的一半。[37]

国际化与海外生产

拜尔斯道夫的产品，尤其是 Leukoplast 胶布和 Pebeco 牙膏在许多国家都赢得了新的客户群体，国外业务的增长速度甚至超过了德国国内。一战爆发前，海外市场约占公司全部销售额的 40%（参见图 2.1）。[38] 单单依靠汉堡总部的管理很快就难以满足迅速增长的销量，需要建立一个国际化的销售网络。汉

在第一次世界大战之前，大规模的广告营销使 Pebeco 成为美国最畅销的牙膏品牌。1916 年，美国新泽西州纽瓦克市的街景

堡作为港口城市的强大贸易网络为拜尔斯道夫在这一方面提供了很大便利。像十年前在美国的做法一样，在许多国家都由代理商负责产品销售（部分代理商甚至负责整个地区的代理）；而挪威和中美洲国家的供货则是通过汉堡的贸易公司。通常情况下，公司与当地的经销商签订合同，这些经销商的所有者一般有着德国的家族根源。到 1914 年，拜尔斯道夫公司为十三个欧洲国家，九个南美和中美洲国家以及五个亚洲国家签订了相应的销售合同。[39] 经销商获得了高额的折扣或者销售提成，八个经销商获得了所在国家的独家销售权。在一些国家，关税和其他贸易壁垒阻碍了市场准入。[40] 因此，在墨西哥和阿根廷，合同经销商接管了运送过来的牙膏的装管工作，以避免支付成品的关税。[41] 除了英国以外，在第一次世界大战爆发之前，拜尔斯道夫公司没有在国外开设过自己的生产场所。[42]

　　出口、给予授权生产许可和在国外的首批自营业务使拜尔斯道夫公司在第一次世界大战之前成为一家国际化的企业。这一发展始于 1906 年在伦敦建立了第一家小型分公司，可能是想要在引领时尚的伦敦更好地观察或许是欧洲最大、最有购买力的化妆品市场。人们已经在美国感受过这类市场竞争有多么激烈。伦敦分公司起初的功能是作为一个中转仓库，后来可能也成为 Pebeco 牙膏在英伦群岛的生产商。Leukoplast 胶布和 Pebeco 牙膏在这里也是畅销产品。尽管收益远远落后于在美国的利润，但是在国外市场的收入中，英国占了十分之一。[43] 只有在早已形成庞大客户群的奥匈帝国，生意才更加有利可图。

早在 1901 年，拜尔斯道夫公司就在奥地利和匈牙利开设了自己的邮政银行账户，以便帮客户节省昂贵的国际汇款费用。[44] 由于成品的运输成本较高，奥地利业务进一步发展的支撑也采用达到一定销量后的授权许可生产，就像在美国一样。作为销售合作伙伴的维也纳药店和生活用品批发商布雷迪公司（C. Brady），于 1909 年设立了一个工厂生产点，用于制造 Pebeco 牙膏和后来的妮维雅润肤霜。几年后，销售额达到了一个很高的水平，这使得自己的生产显得有意义。于是保罗·拜尔斯道夫公司在 1914 年成立了第一个海外子公司。拜尔斯道夫公司后来的执行董事会主席威利·雅各布森（1884—1963），于 1914 年 10 月 1 日作为奥地利公司总经理动身前往维也纳，但是受第一次世界大战的影响，奥地利公司的业务并没有真正开展起来。直到几乎十年后，公司才活跃起来。[45]

企业家和员工

自 1900 年以来，公司的实力增强明显高于以往。销售额每四年左右翻一番的节奏对企业提出了增加生产能力、建造新厂房、购买新机器等方面的要求。1900 年到 1913 年之间，工厂的建造面积又增加了六倍。为了给新设备的购置和厂区的扩大提供足够的空间，公司购买了周围的建筑和土地。1906 年，建成了一个中央锅炉和设备房；1910 年，牙膏生产部门有了自己的楼；次年，一个用于制造牙膏、软膏和护肤霜软管的"工厂"建设完成。但是，实际的生产过程并无太大的变化，机器的投入使用也只限于少数领域。如同销售额一样，员工人数也几乎每四年翻一番，越来越多的人在拜尔斯道夫公司找到了生计。

到 1914 年，这家"小工厂"变成了一家拥有 500 多名员工的大公司（见图 2.2 和附录表 1）。企业里工人的比例略有增加，他们在维修车间（钳工车间、木工车间、电工车间）、蒸汽机操作或者制作产品目录和印刷包装的印刷厂工作。运输原材料、半成品和成品也需要越来越多的劳动力。生产部门的管理交由一位药剂师负责,实验室和车间里也有了药店职员以及两位男化学家和两位女化学家,负责书信往来、业务结算或广告营销的商业职员越来越多。销售外勤人员也越来越重要,他们走遍德国各地,向批发商和药店职员介绍和销售产品。[46]

特罗普洛维茨乐意被描述为一个社会福利企业家的原型,他缩短了工作时间,改善了工作条件,而且早在十九世纪就提供了许多今天常见的社会福利保障和机构设施。[47]但是这个形象与特罗普洛维茨所处时代的工人待遇不太相符,他们的工资收入最多也就达到平均水平,而且直到第一次世界大战结束,他们也只拿日薪。他们可以在以周为单位的期限内被解雇。1890年前后,一个工人的收入估计为每小时40芬尼。1913年,妮维雅生产部门的一名男性工人每小时可以挣68芬尼,一名女性工人仅30芬尼——一块妮维雅肥皂至少还卖50芬尼。[48]由于低收入女性在生产部门的比例增加,1900年至1915年间,生产部门的平均工资甚至有所下降。与此不同的是,工厂和办公室公务员的月薪明显更高,并且在这些年里持续上涨。[49]

一位只支付平均工资的企业家可以被称为社会福利企业家?有几个不同因素可以解释这一悖论。首先,根据流传的说法,工人和"公务员"没有区分。后者除了每月的工资外,还能在圣诞节和每个财政年度的年底获得额外的奖金,这些奖金加起来可能相当于两到三个月的工资。据说,直至1918年,工人在工作满一年后,也能获得25马克的圣诞节奖金,每多工作一年,奖金就增加5马克。[50]这些支付都是记录在工资和薪金中的部分。公司的社会福利形象主要通过非货币形式的待遇建立,这些福利待遇使员工得到了更好的保障,同时也增强了他们对公司的黏性。例如,在搬迁到新工厂后的几年内,特罗普洛维茨将工作时间从每周60小时减少到54小时。据说,总工资维持原来水平不变。1908年,每周的工作时间为50.5小时,周一至周五从早上8点到下午6点,周六从早上7点30分到下午5点,每天中午有1.5小时的休息时间。1920年,工作规章制度进行了修改,规定了每周48小时的工作制。但是,这一制度之前早已进行了实施。[51]

1897年,特罗普洛维茨为"拜尔斯道夫化学产品公司工人和低级别职员"设立了一项补助基金,宗旨是在员工特别困难的情况下为其提供援助金,并且支付保险金,例如当会员去世、结婚、孩子出生或坚信礼时。基金虽然是基于自愿原则的会员制,但在1906年的月度会费只占当时工资的1%,公司支付

图 2.2　1900 年至 1917 年的销售额、净利润（以 1000 马克为单位）和员工人数

员工人数

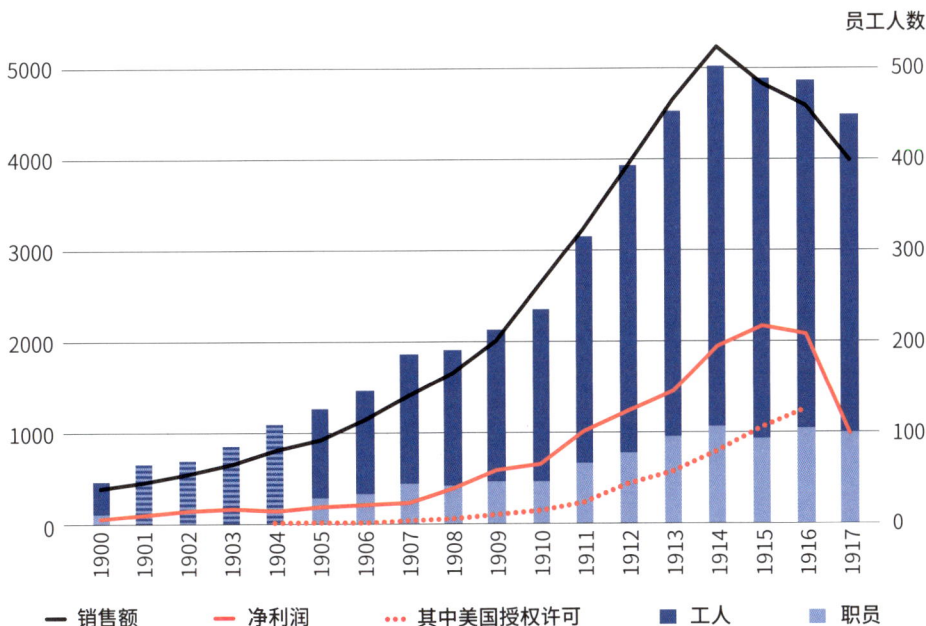

—— 销售额　　—— 净利润　　••••• 其中美国授权许可　　■ 工人　　■ 职员

资料来源：《发展》（1938），第 9—10 页；格拉登维茨：《发展》（1915），第 33 页；年度销售额 1901—1915，秘密账簿。私人［特罗普洛维茨私人资产负债表］1899—1919，秘密账簿［分类账户，资产负债表］1909—1919，拜尔斯多夫档案 St I；销售额和净利润 1901—1917［无日期，1918］，国内和国外年度销售额（净额），1913，1924—1949［无日期，1950］，拜尔斯多夫档案 241 销售额 1901—1970。销售。总销售额；利洁时公司迄今为止获得的许可证清单，1921 年 6 月，拜尔斯多夫档案 122 书信往来。雅各布森博士 1921 年美国之行

同等金额，而且特罗普洛维茨还承诺在业务状况良好时会支付特别款项；违反工作规章制度的罚款也归于该基金。基金提供的福利是相当可观的：二十世纪开启时，会员死亡的最高补助金可以达到 1000 马克，几乎相当于整整一年的工资总额。[52]

1902 年，女性工人也获得了一项援助基金。此外，公司还为她们设立了一个由护士负责照料的"哺乳室"。[53] 这一举措旨在帮助成为母亲的女工在生产后很快就能恢复工作。对于许多家庭来说，这是一种很大的支持，因为生孩子不再会导致较长时间的收入损失。当时还没有法定的产妇权益保护，而且那时的哺乳期通常也比今天的更长。

而公司食堂——直至今日仍是公司身份认同的重要组成部分，这也要归功

质量控制和研发是一家公司品牌产品的根本保证。
1914 年，拜尔斯道夫公司的化学家在实验室工作

于特罗普洛维茨。1912 年，公司食堂开业，并开始提供免费午餐。它最初只对职员开放，但从 1937 年起便面向所有人开放。[54] 这些福利措施使拜尔斯道夫公司成为一个有吸引力的雇主，因为这为解决工人家庭的日常问题做出了贡献。同时，它们加强了员工和公司之间的纽带，公司通过这些措施也树立了一个社会福利形象。但是这些措施并不是无私的，这是就由于低工资、恶劣的工作条件和缺乏劳动者权利而普遍增加的劳资冲突做出的反应。在特罗普洛维茨于 1897 年推行第一批自愿的社会福利措施之前的几个月，也就是 1896 年的秋天，一起局部地区的劳资冲突升级为汉堡港的大罢工，结果工人们失败了。[55] 虽然事件并未波及保罗·拜尔斯道夫公司，但是像其他汉堡的企业一样，公司也必须对这起劳资冲突的原因做出回应。特罗普洛维茨应对沉着，为工人们提供社会福利，以此改善了他们的处境，并且增强了他们对企业的认同感。

　　另一项必定会得到广泛认可的措施是明确规定每个工人有三天的带薪假期。据说这项措施是在 1898 年实施的，但是只找到了 1902 年的相关证据。[56]

根据 1908 年的工作规章制度，工人签字后劳动关系生效，但是没有休假的权利；休假权可能是由厂长"给予"的。在 1911 年，职员可以享有两周的年假。[57]

共同所有者和管理层

随着公司规模的扩大，产品种类的增多和工作分工的日益细化，也需要进行组织架构上的调整。特罗普洛维茨还能够纵览全局，做出重要的决策，但他已经无法再关注全部的业务细节或不同的市场情况，公司管理层需要进行工作分工。1904 年，三位资深的公务员获得了代理人授权：自 1891 年就在公司工作的商人赫尔曼·汉森，[58]1897 年开始在拜尔斯道夫公司任职的药剂师塔德乌斯·斯米耶洛夫斯基，他是特罗普洛维茨在布雷斯劳的学徒时期认识的，以及保罗·布雷辛，关于他的情况不得而知。几年过后，代理人的圈子扩大了，还包括了商人克里斯托夫·贝伦斯，化学博士汉斯·格拉登维茨和负责生产的药剂师马克斯·欧姆。[59]

然而，最重要的人事变动发生在公司的领导层。1906 年，特罗普洛维茨让他的内弟、获得法律博士学位的律师奥托·汉斯·曼基维茨（1871—1918），成为合伙人。曼基维茨曾是阿尔托纳地方法院的候补法官，也曾作为法律顾问为公司服务，直到 1903 年成为公司的律师。在这个职位上，他可能参与了十年前与 Lehn & Fink 公司在纽约签订的代理许可协议的修订。1905 年，他在美国的合作伙伴那里工作了半年，之后便进入了拜尔斯道夫公司的商业管理层。[60]

1906 年 3 月 26 日，特罗普洛维茨和曼基维茨成立了保罗·拜尔斯道夫无限贸易公司。曼基维茨最初持有 10% 的股份；他的股份每年将增加 1%，直至达到 20%。公司合同规定了公司的平等管理，没有拟定任何冲突情况的规则。在"设备技术和专业科学问题"上，应由特罗普洛维茨说了算。他们双方都可以解除合同；如果发生这种情况，特罗普洛维茨将独自继续经营公司。如果特罗普洛维茨解除合同，曼基维茨仍应获得本年度的全部利润份额；在合同履行三年后，他可以得到的赔偿增加到接下来三年的利润份额。只要财务状况允许，他们俩可以每年从公司提取 10 万马克。但是由于公司的巨大成功，这个限制在实际中并不重要。[61]合同以此表达了共同管理公司的目标，同时又确保了特罗普洛维茨的全权处置权。

曼基维茨主要作为拜尔斯道夫公司在各个工业协会的代表。他多年来担任

奥托·汉斯·曼基维茨，
照片拍摄于 1903 年

"制药厂协会"领导，这是一个成立于 1907 年，由中小型企业组成的组织，这些企业认为"大型化学制药工业协会"不能很好地代表它们的利益。[62] 行业游说协会在第一次世界大战期间发挥了更重要的作用，因为通过协调行动可以更好获取原材料的供应。1911 年，曼基维茨当选为品牌协会（"品牌商品制造商协会"）的理事会成员，这个协会具有不同的职能，成立于 1903 年，旨在防止剽窃和零售商的倾销行为，为品牌商品及其生产商进行游说，并为品牌商品的法律保护而奔走呼号。然而，最重要的是，品牌协会充当了品牌制造商的垄断组织（卡特尔），以实现他们所希望的销售价格。十九世纪末，百货公司开始在其广告宣传中将特定产品，尤其是化妆品的高额折扣放在中心位置。价格竞争不仅给传统零售商带来了压力，也给制造商带来了压力。为了抵御这种压力，药品和化妆品生产商针对批发商推出了所谓的"协会保证书"：分销商必须承诺遵守固定价格，并将其强加给零售商。如若零售商以低于制造商的价格出售商品，就会遭到所有协会成员的抵制。当时，只要这些协议是合同约定的，就是合法的。[63] 事实上，即使是大型百货公司也很难经受得起全面抵制，但是无论如何，售价低于制造商价格的行为明显减少了。

强势品牌

对汉堡托马斯·道格拉斯肥皂厂的收购是具有长期影响的一步。十九世纪八十年代，在保罗·拜尔斯道夫的帮助下，道格拉斯开始生产"保罗·格尔森·乌纳"药用肥皂[64]，并主要通过拜尔斯道夫公司销售。1904 年的一次货物检查发现，年事已高的道格拉斯没有遵守质量规定，于是特罗普洛维茨提出接管工厂。最重要的是，他不想让乌纳博士的声誉受损。道格拉斯和特罗普洛维茨同意出售工厂和公司名称，以换取肥皂的销售分成。1906 年，他们用一笔高达近 4.8 万马克的一次性付款代替了之前的销售分成。[65] 同年，在拜尔斯道夫公司的厂区内建造了一座专门生产肥皂的独立厂房。

特罗普洛维茨早在前一年就注册了"妮维雅"（NIVEA 源自拉丁语，"雪白、白雪覆盖"之意）商标。收购肥皂生产厂后，之前的白色基础款肥皂于

1906 年作为妮维雅牌肥皂投放市场，由于不含药用成分，因此也被称为"儿童皂"。公司独自的生产大楼是一个明确的迹象，表明肥皂的生产和销售都将扩大。考虑到公司的业务量，对道格拉斯慷慨支付的一次性报酬可能是为了避免他分享这项投资的长期回报。肥皂，尤其是妮维雅肥皂，在第一次世界大战之前一直是公司最重要的产品之一。[66]

　　特罗普洛维茨一直追寻的战略是，从合适的药品系列中开发日常化妆品。尽管保罗·拜尔斯道夫公司继续开发医药产品，并不断向市场推出新产品，[67]但由于医药产品的生产成本较高，其对财务业绩的贡献落后于护理产品。然而，业务部门之间的联系加强了牙齿和皮肤护理产品在药剂师和药商中的信誉。据推测，药品生产所要求的卫生标准也有利于护理产品。Leukoplast 胶布、Pebeco 牙膏和妮维雅香皂的推出就是遵循了这一战略。该战略也在其他情况下尝试过，但结果不一。1907 年推出的带有滑盖的盒装润唇膏在 1909 年被命名为"Labello"，至今已成为德国的知名品牌，而几乎在同一时期推出的"发蜡"却没有取得类似的成功[68]。

　　大多数皮肤护理产品还是相当简单的，开发成本也相对较低。新产品很快就能上市。如果没有足够的利润，产品就会被修改或下架。为了保护自己的品牌产品不被仿冒，特罗普洛维茨从 1905 年开始不再使用蛇杖来表明他的权利，而是使用一个不太普遍的标志，即"飞行员"图案，一个戴着防雨帽的男人的形象。更重要的是，他将许多名称注册为商标，以便在竞争对手使用这些名称时对其采取法律行动。拜尔斯道夫公司与竞争对手一样，很少开展产品推广活动，只有二十世纪初的奥德漱口水广告是个例外。

我们今天如何来认识这些广告，相关的市场调研还完全未知。美国的 Lehn & Fink 公司在智威汤逊公司设计的广告活动加持下比拜尔斯道夫公司更加领先。[69]尽管特罗普洛维茨早就设计了图文并茂的价目表，并从二十世纪初开始就在其中加入了产品插图，但这些目录主要面向药剂师和药商。最重要的广告推广员和"市场调查员"是走访药房、药店和香水店的跑外勤的推销员，特罗普洛维茨为此雇用了一批严肃、外表稳重和有正式劳动关系

第一个妮维雅润肤霜罐。1911 年底，拜尔斯道夫公司研出一种稳定的含有绵羊油醇的油脂霜：妮维雅润肤霜

拜尔斯道夫公司的标志
1905 年至 1930 年

的男士。在药店和生活用品商店，必要时可以通过张贴的海报直接向顾客推送广告信息。[70]

品牌产品开创了新的可能性。从根本上说其优点在于为消费者提供了统一的质量，不会因为制作方式的不同而有所变化；此外，例如想要买到看中的肥皂，也不需要去特定的药店和生活用品商店。品牌让消费者能够准确地表达自己的需求，如果这些需求得到满足，就会产生对产品的信任。Labello 产品之所以能够立足就是这个原因，滑动管装的润唇膏既实用又好用，可以放在任何口袋里，易于涂抹。它的形状和包装有别于普通的膏剂罐，也让产品更具美感。妮维雅肥皂作为儿童肥皂，以一种护理敏感肌肤的"过脂"肥皂在市场上推出。二十世纪初，普通家庭的可支配收入不断增加，但仍不宽裕，因此对具有这种特性的产品的需求日益增长。对于生产商来说，品牌产品是向大规模生产迈进的一个重要前提。对于拜尔斯道夫公司来说，只有达到一定的销售量时，更大的生产设备才能带来回报：1910 年，公司建造了一座生产牙膏的厂房，1911 年又建造了一座生产膏药和软膏软管的独立工厂。[71]

品牌产品也需要新的传播方式。拜尔斯道夫公司以前的广告主要面向药店和生活用品商店，并试图通过包装和产品设计说服终端用户，而从 1911/1912 年开始，拜尔斯道夫选择了一种新的战略。品牌传播现在更加注重终端用户，并依靠更广泛全面的广告活动。传统的文案广告越来越多地被视觉语言所取代。著名的版画家如约瑟夫·洛文斯丹、汉斯·鲁迪·埃尔特和卢西安·伯恩哈德等为 Pebeco 和拜尔斯道夫的最新产品——妮维雅润肤霜设计了艺术海报和吸引人的报纸广告。公司开始使用现代广告媒体，如大城市的公共汽车或电影新媒体：拜尔斯道夫公司的第一部动画广告片《牙魔》(Der Zahnteufel) 于 1915 年制作完成，由广告片先驱尤里乌斯·平舍韦尔设计。[72]

对于 Pebeco 这个在国际上大获成功的品牌，在每个主要市场上都有特定的营销活动，各地都采用不同的方式吸引消费者。在英国和美国，宣传的重点是医疗和化妆品的品质，并对这些品质进行了内容翔实的解释，感兴趣的消费者可以收集广告优惠券以换取免费样品。在澳大利亚，品牌展示时以科研产品亮相。在法国，人们选择了与山、运动和徒步相关的联想。在德国，受青春艺术风格启发的艺术设计发挥了特殊作用。[73] 由于采取了这些措施，广告费用自然大幅增加，但以今天的标准来看，仍处于相对较低的水平。1906 年至 1909 年间，"广告" 费用的支出增加了两倍，在 1913 年占总销售额的约 16%，暂时达到高峰。[74]

与当时所有在这个新兴化妆品行业中的大型制造商一样，拜尔斯道夫的肥皂、护肤霜和牙膏广告也越来越以女性为主要受众群体。尽管这些产品并非专为女性设计，但通常女性负责家庭的采购。这一发展趋势在拜尔斯道夫如今最著名的产品——妮维雅润肤霜上表现得最为明显，该产品于 1911 年底首次开始生产。[75]

膏霜基质的护肤品：优色林和妮维雅

护肤霜通过保持皮肤水分、增加新的水分、保护和软化皮肤来发挥作用。几乎所有的护肤霜都是以油或脂肪、蜡和水、香料、香精和护理物质以及乳化剂的混合物为基础，乳化剂能使水和油稳定结合。[76] 十九世纪末，主要将羊毛蜡或羊毛脂用作软膏和面霜的乳化剂。然而，化学家伊萨克·利夫舒茨（1852/1853—1938）发现，起乳化作用的并不是羊毛脂，而是其中含有的游离醇。他于 1902 年取得了蒸馏这类醇的复杂工艺的专利。他将自己的产品命名为优色林（Eucerit，"美丽的蜡"）；例如，如果在凡士林中加入 1% 的羊毛脂，就能使软膏基质的吸水能力加倍。[77]

保罗·格尔森·乌纳对这些乳化剂非常感兴趣，并请药剂师伦格进行进一步的试验。当伦格成功地提高了软膏的吸水能力时，乌纳在 1906 年安排了利夫舒茨和特罗普洛维茨的一次会谈，他想说服后者使用绵羊油醇作为乳化剂来制造软膏。但是这次会谈没有取得任何结果。相反，利夫舒茨把他的专利带到了位于奥蒙德（现不来梅市的一个城区）的海格勒 & 布吕宁斯油脂和肥皂厂股份有限公司（Hegeler & Brünings Fett- und Seifenwerke A.-G.）。公司使用这种新型乳化剂生产了软膏，但未能成功将其推向市场。失败后，利夫舒茨又一次找到了特罗普洛维茨。经过紧张密集的谈判，拜尔斯道夫公司于 1911 年 4 月 1 日以 75000 马克的价格从海格勒 & 布吕宁斯公司收购了生产设备和工艺的所有使用权，并承担了正在进行的专利侵权诉讼的风险。然而，更昂贵的是要获得利夫舒茨的知识。为了确保他今后的发明权，他被聘为科研人员，而且在涉及绵羊油醇相关的方面，他被任命为 "首席技术员"。在二十年的时间里，他将从所有基于绵羊油醇产品的销售额中获得高达 10% 的收益。他的"工资"确保为 10200 马克。然而，产品的定义并不精确，因此利夫舒茨也从罐头采购成本的上涨中获益，例如在 1918 年，利夫舒茨获得了 8.2 万马克高额收入，占拜尔斯道夫公司净利润的四分之一。[78] 之后，他们重新制订了合同。

拜尔斯道夫在绵羊油醇的基础上取得了巨大成功，也使利夫舒茨成为富翁，这是因为特罗普洛维茨希望将这种新型乳化剂用于护肤产品，而不是像海格勒 & 布吕宁斯那样仅仅用于药用软膏。他相信为大众市场生产高品质产品的战略会取得成功。拜尔斯道夫的化学家们（据说特罗普洛维茨本人也曾在实验室工作过）的成果是第一款以油包水乳液为基础、含有绵羊油醇的稳定油脂霜：妮维雅润肤霜。产品于 1911 年 12 月首次装入当时为黄绿色的罐中。随后，产品通过当时大规模的广告营销正式推向市场。事实证明，特罗普洛维茨的策略在妮维雅润肤霜上取得了丰硕成果。在接下来的几年中，作为软膏基质出售给药店的优色林的销售数字保持相对稳定，而妮维雅润肤霜的销售额却在短时间内上升到 10 万马克以上。1915 年，这一数字还不到 Leukoplast 胶布销售额的十分之一、Pebeco 产品销售额的二十分之一，然而，仅用了三年时间，妮维雅润肤霜就在公司 18 个有统计记录的产品组中排名第六。[79]

硕果累累的 25 年

奥斯卡·特罗普洛维茨在 1915 年公司周年庆典时，回顾了这 25 年来的丰硕成果。1914 年 8 月爆发的战争，即后来为人所知的第一次世界大战，还未对企业经营造成负面影响。每个员工都收到了一份战争债券形式的现金礼物，除此之外，特罗普洛维茨还宣布成立企业养老基金。基金于 1916 年初成立，基金总额为 40 万马克，当时必须投资于战争债券。基金计划"用于我们的职员和工人的退休保障以及照顾战争中的伤员"。应全体员工的要求，基金会结合了创始人特罗普洛维茨和曼基维茨的名字，取名为"特罗曼"（"TROMA"）基金。这一想法是受到一些已经为员工设立了养老基金的大企业的启发，比如位于埃森的克虏伯股份公司。不过，在拜尔斯道夫，受益人的范围也扩大到了基层工人：在"工作满 10 年且年满 35 岁"后，每个人都有权"领取退休金和伤残津贴"。当时的"养老金"金额为最后收入的 20%，每增加一年增加 1.5%，支付的金额不超过最后收入的 75%。养老金最低为每年 300 马克，最高为 4800 马克，基金还为寡妇和孤儿提供补助。基金会的大部分管理工作由

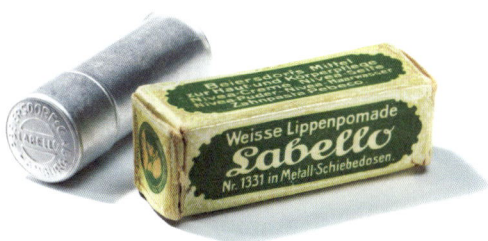

直至二十世纪二十年代末，Pebeco 品牌始终是拜尔斯道夫公司最大的销售担当，其他化妆品品牌的地位无法与其相提并论。Pebeco 广告牌，1909 年，瑞士。拉贝罗润唇膏，1922 年，德国。妮维雅管状润肤霜，1914 年前，荷兰

在德国各大城市的公共汽车或有轨电车上都有妮维雅的广告。
1913 年柏林市中心的弗里德里希大街

职员负责。理事会由特罗普洛维茨和两名代理人、两名男性职员和两名女性职员以及两名男性工人和两名女性工人组成。[80]

TROMA 基金与 1897 年成立的补助基金有着显著的不同。该基金不用于支付应对紧急情况的补助，这些补助由法定养老保险提供，保险机构于 1911 年将职员的退休年龄以及在 1916 年也将工人的退休年龄降至 65 岁。TROMA 基金为所有连续受雇于公司的员工提供了极为优厚的养老金计划（即使以今天的标准来看也是如此），这对于员工留在公司工作无疑是很大的激励。由于公司的利润非常可观，40 万马克的基金金额并没有给两位公司所有者带来过重的经济负担。在 1911 年到 1915 年之间，特罗普洛维茨平均每年提取了 126 万马克，而曼基维茨平均每年提取了 26.5 万马克。他们的利润总和是约 420 名员工平均工资总额的三倍之多（见图 2.3）。[81]

战争：原材料匮乏、物价上涨和品牌所有权丧失

第一次世界大战结束了公司的良好发展势头，这种发展主要是建立在出口增长和授权许可生产的基础上。拜尔斯道夫公司一半以上的利润来自国外（见图 2.1 和附录表 1）。因此，美国 1917 年 4 月参战产生了严重后果。正如英国政府在 1914 年所做的那样，美国政府现在将所有"敌方资产"交由外侨财产保管人托管。没收行动还影响到了 Pebeco 合同中的许可权，这占了拜尔斯道夫 1915 年净利润的一半。因此，公司损失了大部分收入。战争结束后，美国政府没收了德国的财产，美国财政部出售了品牌所有权。就这样，拜尔斯道夫失去了整个北美市场。拜尔斯道夫花了十多年的时间才从这次挫折中恢复过来。

战争给所有公司都带来了巨大的挑战。虽然拜尔斯道夫起初的生意不错，前几年的销售增长在 1914 年甚至还在延续，据推测，这可能是由于军需品的供应和绷带销售的增加，但没有单个产品的数据。战争爆发的第二年，情况进一步恶化。出口崩溃导致 1915 年的业务首次下降了 10%。更重要的是，越来越多的员工应征入伍，这影响到了工厂工人、办公室职员和销售人员，1916 年还影响到了管理层成员。[82] 具有专业资质的人员尤其难以替代，因此大量的临时调整迫在眉睫，拜尔斯道夫也聘用了越来越多的女性。此外，随着战争的进行，原材料的采购也变得越来越困难，供应问题对产品质量和销售产生了负面影响。早在 1915 年，许多材料和有效成分就不得不进行替代或稀释。几乎

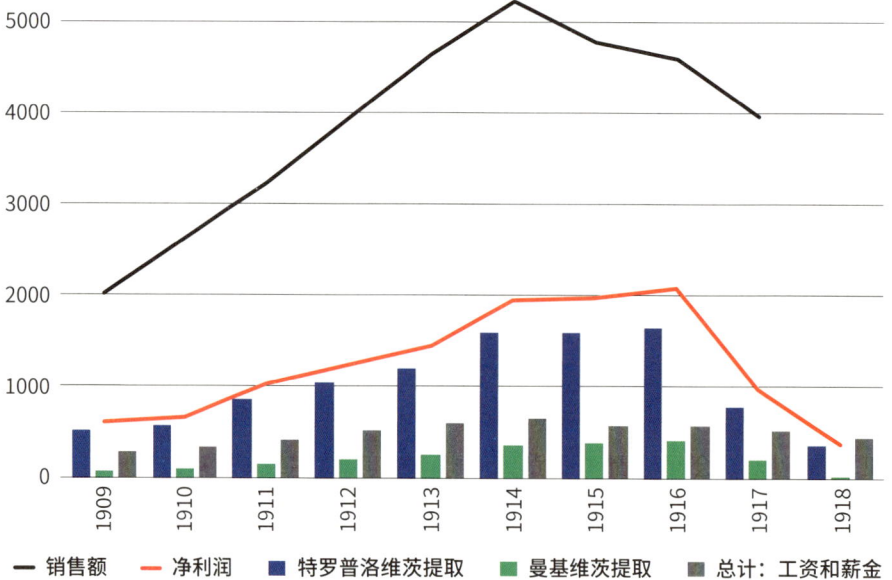

图 2.3　1909 年至 1917 年企业所有者利润、工资和薪金总额（以 1000 马克为单位）

图例：── 销售额　── 净利润　■ 特罗普洛维茨提取　■ 曼基维茨提取　■ 总计：工资和薪金

资料来源：秘密账簿［分类账户，资产负债表］1909—1919，拜尔斯道夫档案 St l，第 100—111 页

所有重要材料的获取都需要战时经济主管当局的批准。橡胶、树脂和丝绸等原材料以及生产牙膏管所需的汞和锡的进口都处于严格配给供应。曼基维茨花费了大量精力拜访柏林采购办公室或国防部的医疗部门，以获得原材料和替代品或者由中立国供货的许可证。[83]

随着战时经济管控的加强，供应短缺从 1916 年秋开始进一步凸显，拜尔斯道夫的销售额又下降了 15%（见附录表 1）。替代品的使用很快就影响到了产品的质量。例如，必须找到一种不使用溶剂的膏药胶布的生产工艺。Alboplast 作为一种特殊的"战争配制品"代替了 Leukoplast 胶布，而当优色林的原料用完时，拜尔斯道夫公司使用了煮沸的羊毛脂来制作妮维雅润肤霜。[84] 在战争的最后几个月，由于无法获得更多的橡胶，公司不得不完全停止膏药的生产。[85] 文献资料记载最多的是对于公司而言经济性最重要的产品 Pebeco 所面临的采购问题和所受到的影响。对于牙膏本身，简单的解决办法是减少氯化钾的含量。但对于牙膏管，公司不得不使用各种替代品。锡的库存用完后，拜尔斯道夫又购买了 75 万支"玻璃管"来灌装牙膏。后来又使用了铝管，但从瑞士进口的材料质量太差，以至于膏体有时会在易碎的铝管中变干。1918年10月，拜尔斯道夫考虑使用锡涂层铅管包装，当时有竞争对手已经开始使用这种材料。不过，只有在卫生部认为安全的情况下予以放行，才计划实施这一想法，但这个申请直到战后才得到批准。因此，拜尔斯道夫从1919年1月起也开始使用镀锡铅管。[86] 之后，所有生产商都不得不使用替代材料。克里斯托夫·贝伦斯曾介绍过一家竞争对手使用甘油来保持牙膏的柔软，拜尔斯道夫在战后也采用了这一工艺。[87]

由于供应困难，原材料和食品价格迅速上涨，生产成本也随之上升。战时的通货膨胀也对销售造成了影响。如作为妮维雅润肤霜价值含量高的成分，凡士林和石蜡的价格在1913年至1917年间翻了两番，罐子的价格也翻了一番。[88] 与此同时，由于家中挣钱的主力军都在前线参战，大多数家庭的收入都在下降。出口业务不景气之后，国内销售也出现了萎缩。

因此，战争大大限制了公司的经营。销售额和利润都出现下降，但利润的下降在1917年之前是有限的（见图2.3）。这一年，拜尔斯道夫公司仍实现了近100万马克的净利润，另有30万马克作为特别储备金，近10万马克作为战争债券认购。1918年，公司利润缩水至45万马克，其中近8万马克被战争债券抵消。[89] 尽管如此，公司仍能保持员工人数的相对稳定，到1918年仅减少了约20%（见图2.2和附录表1）。但是，因为大部分正式员工都在前线，使得同样的产量现在需要更多的劳动力。然而，战争给拜尔斯道夫造成的最大经济损失并不是经营利润的减少，而是失去了在美国的Pebeco品牌所有权。

企业所有者去世和继任者

1918年4月27日，奥斯卡·特罗普洛维茨因中风去世。公司主要所有者的突然去世是一个无法估量的损失，因为公司是建立在他的想法和愿景之上的。特罗普洛维茨和曼基维茨签订的合同规定，如果其中一位合伙人去世，幸存者将继续经营公司，且死者的妻子将作为有限责任合伙人加入公司，她将获得其股份的10%作为"抚恤金"，但不承担可能产生的任何损失。12个月的期限过后，她可以从公司提取她的部分或全部资产。该规定显然旨在确保公司在转变为股份制公司之前继续存在——这是合同明确规定的一种前瞻性看法。[90]

在这种情况下，公司的日常运作主要由代理人负责，这让公司得益不少。

格特鲁德·特罗普洛维茨，
1910 年左右的肖像画

诚然，1916 年当管理层成员应征入伍时，特罗普洛维茨和曼基维茨重新接管了公司的一般业务。不过，日常运营显然不需要公司所有者每天都在场：在他们长期疗养的这段时间，格拉登维茨作为唯一留在汉堡的代理人，在公司内部充当了企业主的代表。[91]

奥斯卡·特罗普洛维茨去世后，他的妻子格特鲁德（1869—1920）根据 1906 年丈夫和弟弟签订的合同，与弟弟一起成立了一家有限合伙公司。格特鲁德·特罗普洛维茨是有限合伙人，奥托·曼基维茨是承担个人责任的合伙人。威利·雅各布森获得总代理人的权利，可以与另一位代理人为公司办理法律事务。[92] 曼基维茨似乎有意让雅各布森担任一个特殊的角色，而他的姐姐则希望雅各布森能够进行合议管理。无论如何，健康状况不佳的曼基维茨在做出重要决定前都会咨询雅各布森的意见，而雅各布森的指导方针与奥斯卡·特罗普洛维茨非常相似。[93] 两人都对制药和技术非常感兴趣，但最重要的是他们都以商业为导向，而且非常务实。与同事们相比，雅各布森拥有非同寻常的分析和战略能力，并且非常自信。他很快就代表公司参与了重要的政治和协会事务。[94] 1918 年 9 月，格拉登维茨和斯米耶洛夫斯基受命制定新的业务分配计划时，他们指定雅各布森负责战略领域（"新制剂和新工艺"及"在海外生产"），并将所有其他领域列为行政职责。1918 年 10 月 1 日，曼基维茨同意了所拟议的分工计划。[95]

此时，曼基维茨似乎与银行家马克斯·沃伯格（1867—1946）一起准备成立一家有限责任公司，马克斯曾在奥斯卡·特罗普洛维茨去世后为格特鲁德·特罗普洛维茨在财产方面提供咨询意见。沃伯格让他的秘书在 1918 年 10 月记录，曼基维茨原则上同意将他的公司转为一家有限责任公司，并表示他将"在不久的将来提出建议"。[96] 由于健康状况糟糕，曼基维茨无法经常来汉堡，他多次召集管理层成员到家中召开为期两天的会议。尽管他在 11 月又主持召开了一次管理层会议，但他可能非常希望对自己的个人责任加以限制。

当公司还在处理奥斯卡·特罗普洛维茨的后事，探讨新的决策途径，并且在战争最后数月过后的混乱动荡中继续维持生产时，奥托·曼基维茨也于 1918 年 12 月去世。

重大事件与纪念

奥斯卡·特罗普洛维茨作为拜尔斯道夫的第二位创始人被载入了拜尔斯道夫的企业记忆文化史册：他是企业文化的塑造者、创新导向的先驱、长期社会机构的创始人和"品牌缔造者"。事实上，奥斯卡·特罗普洛维茨曾将"小工厂"发展成为一家拥有 500 多名员工的国际化大型企业。他重组了保罗·拜尔斯道夫公司，使其成为一家声名显赫的世界知名品牌制造商。与拜尔斯道夫一样，他也对医药产品和医疗辅助材料的持续开发很感兴趣。但是，特罗普洛维茨并不满足于创造产品，他希望有更多的人购买和使用它们。他在药品开发的基础上为最终用户制造的新产品为他带来了利润和创业的成功。[97]Leukoplast、Pebeco 和妮维雅产品以及 Lassoband（一种工艺胶带，被视为 1936 年推出的德莎胶带的前身）长期保持丰厚利润。特罗普洛维茨认识到二十世纪初深刻的社会和经济变革，当时经济增长伴随着实际收入的增加，使欧洲和美国中产阶级的家庭能够在护理产品上花费更多的钱。这就需要大量生产并以低廉的价格

第一次世界大战期间，许多妇女从事生产工作；战后，她们大多重新被解雇。
1917 年的钳工车间

提供值得信赖的品牌产品，他是最先意识到这一点的人士之一。

奥斯卡·特罗普洛维茨凭借自己的企业获得了巨额财富。他致力于支持社会福利事业和各种宗教机构。他热衷于艺术品收藏，与妻子一起将知名的绘画作品遗赠给汉堡美术馆。与拜尔斯道夫不同，特罗普洛维茨已成为汉堡"社会"的一部分；他甚至受聘在市政府的建筑和财政委员会中任职。[98] 因此，在这座汉萨城市，他比保罗·拜尔斯道夫更被人所铭记，人们通过举办展览向他致敬，他的故居是一座位于外阿尔斯特河畔的大型别墅，也是人们纪念他的场所。

1918 年，奥斯卡·特罗普洛维茨的离世成了保罗·拜尔斯道夫公司历史上的重大事件。然而，第一次世界大战的后果给公司带来众多巨大的挑战。公司失去了海外市场，在美国的品牌所有权也被没收。这意味着公司失去了大部分收入。此时此刻，格特鲁德·特罗普洛维茨必须找到一个解决方案，以确保公司在战后动荡不安的政治局势中得以生存和发展，因为根据曼基维茨继承人的意愿，希望由她继续经营公司。

公司重组和再次出发

商标所有权纷争、新产品与新危机

　　1918 年 12 月，格特鲁德·特罗普洛维茨的兄弟辞世。突然间，她成了公司的唯一所有人。彼时的格特鲁德·特罗普洛维茨没有任何商场经验，不得不寻求马克斯·沃伯格的支持，请他为自己提供财务方面的建议。格特鲁德·特罗普洛维茨决心保住公司，她没有接受沃伯格银行在奥托·曼基维茨去世后发出的收购邀约。[1] 马克斯·沃伯格及其合伙人卡尔·梅尔基奥尔（1871—1933）承担起了监督公司运营和确保所有者利益的任务。公司的实际业务由授权代理人负责管理。按照当时的惯例，授权代理人被要求提供大量抵押。[2]

　　当时社会的经济政治局势一片混乱。一战后，原先的政治体制瓦解。德国皇帝宣布退位。1918 年 11 月 9 日，社会民主党人菲利普·谢德曼在柏林宣布成立“德意志共和国”。几乎同时，共产主义斯巴达克同盟的创始人之一卡尔·李卜克内西宣布建立“自由社会主义共和国”。数十万士兵从战场上归来，各地的工人和士兵委员会接管了行政机构，积极筹备德国历史上首次基于自由选举制度的全国制宪议会。汉堡的工人和士兵委员会在 1919 年 3 月将权力移交给了赢得选举的新一任市议会。

德国经济与世界贸易的纽带被切断了，企业急需原材料和生产资料，以及为机器提供动力的天然气、电和煤炭。国内需安民生，支付民众的工资薪水。归国的士兵重新回到工作岗位，而战时多年负责生产的女性员工却不得不下岗。拜尔斯道夫公司的情况亦是如此。[3]1933 年 9 月，威利·雅各布森回忆往事时这样写道："革命和通货膨胀摧毁了战火中仅存的东西。由于缺乏原材料，战后最初几年供应的皆是劣质商品。拜尔斯道夫品牌的良好声誉因此有所折损。"[4]

战后的最初两年，公司勉强维持营生，直到两年后才得以恢复正常的生产节奏。除了原材料紧缺之外，资金上出现的瓶颈也是巨大的挑战。首先，自美国参战以来，Lehn & Fink 公司不再支付许可费用。其次，出口业务颗粒无收。最后，通货膨胀的加剧使得公司原本就举步维艰的经营雪上加霜。1919 年 3 月，美国政府收回了 Pebeco 的商标所有权，并将之卖给了拜尔斯道夫之前的合作伙伴。[5]公司管理层花费了大量时间和精力追讨欠款，重新打开国际市场的大门。国际市场对于拜尔斯道夫而言十分重要，在第一次世界大战前，公司超半数的利润来自德国以外的海外产品销售。仅靠德国国内市场，根本无法确保公司的生存基础。

在战后动荡的岁月里，保罗·拜尔斯道夫公司改制为有限责任公司，后又转轨成为股份有限公司。1920 年 8 月，在丈夫和兄弟去世后不久，格特鲁德·特罗普洛维茨也撒手人寰。令人惊讶的是，即便在这种波澜曲折的情况下，这家企业竟存活了下来。尽管所有权结构发生了变化，但奥托·曼基维茨和格特鲁德·特罗普洛维茨在世时指定的授权代理人确保了公司发展的连续性。在长达十五年的时间里，这些代理人始终坚守在公司执行董事会的岗位上。沃伯格银行也起到了稳定锚的作用。

经过十年的艰苦奋斗，保罗·拜尔斯道夫股份公司基本克服了一战带来的灾难性影响。公司依靠战前大获成功的产品占领市场份额，以妮维雅作为销售主力军，并创建了汉莎创可贴和心脏药 Pandigal 等新的实力品牌。关税和其他贸易壁垒以及民族主义的经济政策，给战前的国际分工造成永久性的破坏，面对第一次世界大战后政局上的变化，企业必须制定新的发展战略。拜尔斯道夫无法延续其先前以出口和授权生产为导向的成功策略。于是，威利·雅各布森以战前的企业成功作为基石，在欧美地区成立了十几家新公司。

当拜尔斯道夫 1931 年遭受全球经济危机影响时，集团德国分公司的销售额比战前业绩最好的一年还要高出三倍。公司总共雇用了 1100 多名员工，其收入较一战前有了大幅提高，但与特罗普洛维茨执掌公司的时代相比，利润分配额仍相对微薄。尽管如此，拜尔斯道夫面对经济危机，仍取得了骄人的业绩。1933 年 4 月，新的民族主义、反犹太的纳粹政府强迫所有执行董事会成员辞职，因为依据纳粹的种族主义定义，他们都是"犹太人"。

回归和平时期的生产转型

战后第一年，拜尔斯道夫公司的管理层无力制定新的发展战略。政局混乱，让人无法洞穿发展态势，原材料采购、劳资关系和产品质量不合格等一系列日常问题亟待解决。1919 年 1 月，管理层在给格特鲁德·特罗普洛维茨和马克斯·沃伯格的信中这样写道："只有化妆品部门的工厂在正常运转，制药部门因缺少原材料（橡胶、织物等）依旧处于停滞状态。"即便在这种情况下，公司仍须向工人支付"相对较高的薪酬"。[6]妮维雅品牌制造部门的原材料只够勉强应付接到的订单。公司计划通过荷兰和丹麦的代理机构采购橡胶，采取物物交换的方式，将膏药作为货款，换取橡胶产品。然而，出口限制让实物交换的计划最终落空。三个月后，"妮维雅润肤霜的进口情况"似乎有了很大的改善，公司希望很快能满足市场需求。拜尔斯道夫向客户发出通知："我们又开始用橡胶生产橡胶膏药了。"[7]

1919 年夏天，罐装润肤霜依旧存在供应短缺的问题，经济主管当局配额供给的油脂也不够用。虽然有了橡胶原料，却缺少汽油[8]，工厂连续几周无法生产膏药。在这样的条件下，要"重塑客户之前的好感"并非易事。为了获取订单，拜尔斯道夫向药剂师和生活用品商店的店主提供变质牙膏的替换装和部分"战时用膏药"。退货的主要原因在于 Pebeco 低质量的牙膏铝管。[9]与此同时，公司的竞争对手采用了一套营销策略，鼓励顾客"用战时用品换取和平物资"。受此影响，拜尔斯道夫很快不得不收回"战时用膏药"。[10]尽管公司的产量和供货量很低，但为了不被"更有魄力、更大胆的竞争对手"甩在身后，拜尔斯道夫坚持做广告宣传，希望让消费者重新认识 Pebeco 这个品牌。他们在柏林专门选择了一些地铁站，在那里张贴公司产品的广告。[11]

"和平物资刚刚到货！"卢西安·伯恩哈德于 1919 年创作的海报。
原材料采购是战后的一大挑战

很长一段时间里，原材料问题

始终困扰着企业的经营日常，这种状态一直持续到 1920 年。这一年的年度报告提到，几乎所有部门都恢复了生产。管理层"努力逐步回归到原先的经营理念，即生产和供应优质产品，以质量取胜，不屑于与竞争商家打价格战"。[12]工人们的境况在短期内也略有改善，但好景不长，工资的增长幅度很快就跟不上迅速上涨的通货膨胀了。

"美国国旗下的庇护"

战争带来的原材料及供应问题众所周知，战后最初几个月的政局不确定性则是一系列新问题的源头。当时，战后的德国无宪法、无议会、无民选政府。最让威利·雅各布森担心的是私营公司可能面临的法律限制，医疗保健系统也可能经历社会化改造。奥托·曼基维茨去世后，雅各布森获得了公司的实际管理权，他是这家企业的战略负责人和大家眼中的主席。执行董事会在 1921 年重组后，他"被任命为理事长，实则相当于执行董事会主席"。[13]大家发现，拥有同等权力的董事总经理们并不具备同等的领导能力。

1919 年 4 月，威利·雅各布森向沃伯格银行（M. M. Warburg & Co.）呈递了一份题为《关于拜尔斯道夫公司的发展》的备忘录，在文中袒露了自己的一些想法[14]。雅各布森认为，德国企业整体正受到"社会化思想"的威胁。未来，企业主不再"是唯一拥有管理权和经营利润的人"，"在公司工作的全体员工"都将参与企业管理和利润分配。他推测，今后的工人会在"雇用、解雇、薪酬、工作时间、假期等问题上"拥有发言权，这项发言权还将扩展到"检查账目的权利、在公司执行董事会和监事会中履行代表权等"许多方面。雅各布森的担心之所以加剧，并非源于他在拜尔斯道夫的管理经历。拜尔斯道夫的工人们只关心涨薪，而管理层也不反对他们的加薪要求，反而先于员工诉求，提前满足类似的薪酬待遇要求。即便战后的经营条件十分困难，"企业仍推行由特罗普洛维茨建立的一系列社会福利机制（八小时工作制、救济资助基金、带薪休假、提供午餐、设立小厨房）"。这些举措也体现了其重要价值，使得员工与企业之间建立了良好的关系。雅各布森特别提到了 1918/1919 年革命后关于社会化的普遍讨论，以及关于通过企业职工委员会实现共决权的种种讨论。实际上，1920 年颁布的《企业职工委员会法》[15]引入了上述共同决策机制，拜尔斯道夫也在不久后设立了企业职工委员会。

当时，雅各布森认为拜尔斯道夫最重要的客户——药店——受到了最大的冲击。政府计划对"公共卫生系统进行社会化改造，涉及医生、牙医、药店、化学制药厂"。自由贸易的停摆、管制经济的延续、"避无可避的沉重税收负担"，这一系列的框架条件使得德国企业在国际竞争中如履薄冰。此外，"德国巨大的债务负担""敌人的不妥协"和"政府的软弱"也让企业苦不堪言。因此，拜尔斯道大公司认为应"将业务重心转移到德国之外的地区"。拜尔斯道夫"自当竭尽全力"促进德国业务的发展，但公司的发展不应受到德国国内条件的制约。

雅各布森一心希望与美国 Lehn & Fink 公司开展密切合作。战前，美国市场的收入很可观。他不确定 Lehn & Fink 公司是否愿受合同约束。但在当前情况下，他认为最好的做法是以上述业务关系为基础，注册一家美国的股份公司，此外还需"在汉堡建立工厂，并设立另外两处生产基地。生产基地须设在瑞士和荷兰"。倘若瑞士和荷兰由共产主义执政，美国的股份公司便是托底保险。按照雅各布森的想法，这家新设立的股份公司应"以美元、荷兰盾、法郎和马克货币积累资本，为德国股东谋取福利"。或许拜尔斯道夫的名字将"随着德国国旗从世界市场上消失，但我们制备的产品能够用昔日的名号再次征服世界"。拜尔斯道夫拥有久经考验的新型消费品、生产研发经验、汉堡工厂、德国企业和海外机构组织。美国的合作伙伴将给予公司"美国国旗下的庇护，确保其无阻碍地顺畅运营"。在确定计划能否落实之前，他建议必须全力发展德国国内业务，尤其是出口业务，以便"尽可能积累外汇"。为此，雅各布森前往荷兰和瑞士，创办新公司或盘活既有企业的业务。[16]

雅各布森在撰写备忘录时，还未知晓美国政府已没收了 Pebeco 的商标所有权。直到 1919 年 5 月底，他才从哥本哈根的一位商人那儿得知这一消息。[17]无论如何，这份备忘录充分折射了德意志帝国崩溃后德国经济精英的不安全感。与许多人一样，雅各布森感到旧的真理被颠覆了。为了避免产生他所预见的更大损失，雅各布森全力以赴，务实经营。1919 年 7 月，德国国民议会决议通过了民主制度的宪法，德国首次建立了合法的民主政府，政坛的波澜逐渐平息，不确定性降低。

公司的长治久安

1919 年到 1920 年期间，企业的收入刚刚够支付原材料与薪酬，出口业务的收入很少，因为那些与德国打过仗的国家不喜购买德国产品，尤其是英国、法国和东欧国家。只有北欧国家、意大利和南美市场的生意好些。[18] 拜尔斯道夫第一次觉得有申请大额银行贷款的必要。格特鲁德·特罗普洛维茨忧虑地问卡尔·梅尔基奥尔："真有这个必要吗？我的丈夫从不允许从事汇票业务。倘若生意上的债务如此滚雪球下去，我无法安心，心情也会变得格外沉重！我们怎么才能将这些钱赚回来呢？如果您同意这样做，我就放心了，毕竟公司管理层的四位先生都不是金融专家。"身为沃伯格银行合伙人的卡尔·梅尔基奥尔向她保证，贷款是"商业活动回暖"的标志。[19] 银行也为拜尔斯道夫牵线搭桥，安排了荷兰盾货币的贷款，用于为原材料和海外分支公司的设立提供融资。[20]

格特鲁德·特罗普洛维茨的担心并非完全没有道理。随着公司债务的不断增加，这位企业所有人不得已用个人名义向沃伯格银行和德累斯顿银行抵押资产，以换取大笔贷款。[21] 她的兄弟去世后，保罗·拜尔斯道夫公司变回了合伙企业，格特鲁德·特罗普洛维茨必须用全部财产承担责任。另外两位财产继承人，即她的母亲特蕾泽·曼基维茨（1844—1921）和妹妹瓦莱丽·阿尔波特（1874—1960）将自己分得的股份悉数转让给了格特鲁德。作为回报，她们每人每年可获得 2 万马克的终身年金。[22] 为了限制责任，当然也为了在一定程度上增加企业管理层的行动范围，雅各布森计划成立一家有限责任公司。此时，沃伯格正在寻找"公司的一把手"，这家企业当时"缺少一位真正杰出的领导者"。[23] 几周后，事情朝着有利于雅各布森的方向发展。

除企业所有人格特鲁德·特罗普洛维茨以外，授权代理人和沃伯格银行也应成为新成立的有限责任公司的参股人。卡尔·梅尔基奥尔对此只"表现出一定的兴趣，他希望能拥有一定的影响力"，[24] 马克斯·沃伯格却不同，他对这家有限责任公司抱有更大的兴趣："若只是参股这家低息回报的公司，这种做法不免太过荒谬"，而且"这份事业将牵扯很多精力"。他考虑要求获得部分许可收入，但最终只要了一笔咨询费，并提出在特罗普洛维茨夫人去世后取得优先权利，以便"在面对企业的授权代理人时拥有必要的权力地位"。[25]

1920 年 2 月，Lehn & Fink 公司参股谈判失败后，新的有限责任公司正式成立。与原计划不同的是，格特鲁德·特罗普洛维茨并没有将自己拥有的土地、建筑和机器作为有限责任公司的出资，而是以每年 20 万马克的价格租赁给新成立的企业。贝伦斯、格拉登维茨、雅各布森和斯米耶洛夫斯基成为公司的董事总经理。[26] 他们之所以选择这种公司结构，主要是考虑到当时商业形势的不确定性，以及日益加剧的通货膨胀。这一做法保护了格特鲁德·特罗普洛维茨的资产，使其免受公司破产的潜在威胁。此外，这位遗孀还能获得一笔额

二十世纪二十年代，拜尔斯道夫在全球范围推出 Pebeco 品牌。

1922 年，中国南方城市广州展示 Pebeco 品牌产品

1931 年，委内瑞拉的生活用品商店也开始销售该品牌的商品

外的租金收入。然而，由于企业自身不拥有固定资产，自然也无法申请抵押贷款。因此，新成立的有限责任公司在财务上依赖于企业所有人的信贷支持。

有限责任公司的成立，以及应马克斯·沃伯格的提议而与银行签署的补充协议，是格特鲁德·特罗普洛维茨为保证拜尔斯道夫公司的长治久安所采取的决定性措施。有限责任公司注资 242 万马克，共有两种公司股份。其中，格特鲁德·特罗普洛维茨获得 20 万马克的"Lit.A"股。这一类股份享有相较于普通股 25 倍的投票权，旨在维系对公司的控制。其余的"Lit.B"股则享有基本的投票权。特罗普洛维茨拥有 200 万马克，沃伯格银行有 10 万马克；董事总经理须再提供 11 万马克的保证金。[27]

公司成立后不久，格特鲁德·特罗普洛维茨立即将她"本人及其法定继承人"的多重投票权转让给沃伯格银行的受托管理人，确保在她去世后，"在她丈夫和兄弟的经营下，这家如今业绩辉煌、经改制后成为有限责任公司的保罗·拜尔斯道夫公司能尽可能长久地发展下去，延续其丈夫与兄弟两位奠基人的经营理念"。[28]沃伯格只允许在她去世后处置公司，她本人则可以随时撤销合同。[29]数十年来，沃伯格银行一直恪守该合同的理念，此举在纳粹当权时期为稳定公司做出了根本性的贡献。雅各布森在 1925 年写给梅尔基奥尔的信中说，奥斯卡·特罗普洛维茨、奥托·曼基维茨和格特鲁德·特罗普洛维茨打算借助沃伯格的管理控制权力，确保"工厂能够独立于非专业的特殊利益集团"。"如您所知，公司创始人根本不想让这个企业成为一个'家族基金会'！"[30]

复杂的遗产继承

格特鲁德·特罗普洛维茨于 1920 年 8 月辞世，并指定卡尔·梅尔基奥尔、克里斯托夫·贝伦斯和律师利奥为其遗嘱执行人。鉴于有限责任公司的结构，她的继承人别无选择，只能继续经营公司。格特鲁德通过经营用的不动产为有限责任公司注资，以改善企业的财务状况，助力公司的资本翻了一番，否则这家企业根本无法采购新的生产设施。为了让继承人参与公司的管理，有限责任公司专门成立了监事会。[31]

这是短短几年内的第三位公司所有人辞世，也引发了复杂的问题。格特鲁德·特罗普洛维茨的遗产由三部分组成：第一部分是其丈夫的遗产，其中一半归丈夫的姐姐索菲·普尔弗马赫（1859—1942）所有；第二部分是兄弟奥托的遗产，归母亲和妹妹瓦莱丽·阿尔波特所有；第三部分是她自己的财产。一份特别遗嘱对遗产做了明确规定："我和我丈夫的遗产构成了公司"，保罗·拜尔斯道夫公司应"由授权代理人按此前的方式继续经营下去"。[32] 从形式上讲，这份遗嘱并不具有法律约束力。[33] 继承人花了一年时间才找到一个折中方案，在兼顾各方不同利益的同时，也尊重了先人保留公司的愿望。

争论焦点之一是遭没收的 Pebeco 在美国的商标所有权。1920 年夏，沃伯格银行的法务工作者发现，美国没收商标所有权一事是在奥托·曼基维茨去世后发生的，这也就意味着美国剥夺权利的行为所涉及的法律对象是格特鲁德·特罗普洛维茨。根据《凡尔赛条约》和 1919 年 6 月 28 日的《少数民族条约》，她有权获得德国和波兰国籍，并且最终准备接受波兰国籍，以便能够针对非法没收的波兰资产采取相应的行动。一份法律意见书表明，格特鲁德·特罗普洛维茨之后能够很容易地再次获得德国公民身份。[34] 因她在世时无法递交声明，宣布自己加入波兰国籍，妹妹瓦莱丽和妹夫利奥·阿尔波特（1863—1935）竭力帮助她获取波兰国籍的证明，最终也只能向波兰驻汉堡领事做出相关的声明。[35] 为了主张所有权利，各继承人不得不最终达成协议，将格特鲁德·特罗普洛维茨对共有企业的出资视为被动的有限合伙人出资，而奥托·曼基维茨才是当时唯一的公司所有人，因为继承人的波兰国籍是"唯一有效的王牌"。[36]

依据上述解释，索菲·普尔弗马赫无法定继承权。她不得已，只能与瓦莱丽·阿尔波特和弗里茨·克拉姆巴赫（1850—1928）签订合同，来确保自己的权益。后者是格特鲁德和奥斯卡·特罗普洛维茨的叔父。考虑到德国国内的高通胀率，所涉巨额财产的金额达到 150 万美元。选择信任是一件很困难的事。然而，对于拜尔斯道夫来说，这是重新获得 Pebeco 美国商标所有权的唯一途径。

协议最终规定，瓦莱丽·阿尔波特获得一半股份，索菲·普尔弗马赫获得 40% 的股份；10% 的股份归弗里茨·克拉姆巴赫的子女所有，克拉姆巴赫曾贷款支持侄子购买保罗·拜尔斯道夫的实验室。[37] 自此之后，三个家族集团掌握着拜尔斯道夫公司的所有权：以利奥·阿尔波特为代表的阿尔波特家族、以卡尔·克劳森（1878—1954）和古斯塔夫·韦斯特贝格（1872—1956）为代表的普尔弗马赫家族，以及以弗里茨·克拉姆巴赫为代表的克拉姆巴赫家族。[38] 一旦他们在美国的诉讼获得成功，拜尔斯道夫公司将获得 Pebeco 的商标所有权，应收的许可费归继承人所有。继承人则需支付公司放弃权利的补偿金，并提供长期贷款，以重建美国业务。[39]

美国政府于 1923 年 7 月决定将 Lehn & Fink 公司支付的购买款转让给 "Pebeco 制造商"[40] 的继承人，因为继承人拥有波兰国籍。次年，美国最高法院裁定 Lehn & Fink 公司有权履行 1909 年的合同，但无权获得商标所有权。[41] 尽管如此，所有款项直到 1932 年才结清。遗产税的评估和认定尤其费时。美国财政部起初希望以一战期间的高额特别税率作为计算基础，时任美国苏利文·克伦威尔律师事务所（Sullivan & Cromwell）律师约翰·福斯特·杜勒斯最终运用外交技巧，让双方达成了协议，同意将税率定在 16% 左右。[42] 律师费和其他费用总计 115000 美元。拜尔斯道夫总共获得 48 万美元，用于在美国和其他国家建立新业务。其中约一半是继承人提供的有息贷款。近 87 万美元归继承人所有。遗产税和律师诉讼费用从这笔收入中支付。[43]

旷日持久的激烈冲突：Lehn & Fink 公司与 Pebeco 商标所有权

在就格特鲁德·特罗普洛维茨的继承权进行谈判期间，威利·雅各布森和沃伯格银行始终秉承着与 Lehn & Fink 公司成立合资企业的宗旨。[44] 后者起初提议成立一家美国控股公司，集团旗下合并几家欧洲公司。但格特鲁德·特罗普洛维茨毅然决然地拒绝了这项有损其独立性的提议。她认为，其毕生事业是"在奠基之地德国继续经营好已故丈夫一手从小企业逐步做大的公司，同时兼顾职员和工人的利益"。[45] 1919 年底，谈判双方达成协议，决定成立一家德国有限公司，Lehn & Fink 公司持股 40%，格特鲁德·特罗普洛维茨持股 48%，沃伯格持股 12%，如此也确保了德国股东的多数股权，美国方面的利益则通过公司章程得到有效的保护。[46] 可就在协议达成后不久，Lehn & Fink 公司的首席执行官爱德华·普劳特却打了退堂鼓。

但谈判仍在继续进行。拜尔斯道夫公司提议，退还 Lehn & Fink 公司就商标权向外国财产监管官支付的部分购买费用，并在美国共同成立一家 Pebeco 公司。[47] 这家合资企业计划在美国、加拿大、墨西哥和日本销售该品牌的产品。从 1921 年到 1926 年，雅各布森曾四次远赴美国。Lehn & Fink 公司也多次派代表前往汉堡。美国律师约翰·福斯特·杜勒斯（1953—1959 年任美国国务卿）花费数年时间，试图说服双方就许可问题达成妥协，从而为与 Lehn & Fink 公司的合作奠定基础。从那时留存的笔记、信件和合同草案来看，参股 Lehn & Fink 公司的雷曼兄弟公司（Lehman Bros）和高盛集团（Goldman, Sachs & Co.）赞成达成谅解，爱德华·普劳特却意不在此。他在另外一些国

Pebeco "漂浮牙膏管"参加了德国海滨度假胜地的摄影比赛，时间为 1926 年左右

家注册了 Pebeco 品牌，企图阻挠谈判。拜尔斯道夫公司在这些国家恰恰是
Pebeco 商标权的合法所有者，不过这一所有权必须首先得到法律上的确认。
另一方面，拜尔斯道夫公司在美国销售自己的 Pebeco 产品，以期"从 Pebeco
牙膏广告中获利"。[48] 由此可以料想，尽管雅各布森和梅尔基奥尔直至 1925 年
仍在为合资企业而努力，但谈判最终定然无果而终这一点并不那么令人惊讶。
公司积极寻求合作是为了积累发展所急需的外汇，拜尔斯道夫公司"希望借助
合资公司和 Lehn & Fink 公司的资本实力，迅速复苏海外业务"。[49]

　　即便双方对簿公堂之时，拜尔斯道夫公司仍在努力解决分歧。外国财产监
管官最终认定，剥夺拥有波兰国籍的格特鲁德·特罗普洛维茨的商标权是不
合法的行为，Lehn & Fink 公司只拥有 1909 年商定的二十五年的商标使用权。
Lehn & Fink 公司不服判决，向法院提起上诉，但最终于 1924 年 3 月撤回了
诉讼。[50] 随后几个月里，拜尔斯道夫公司与 Lehn & Fink 公司达成协议，双方
决定继续履行此前的合同。美国方面还获得了 Pebeco 在加拿大十年的经销权，

拜尔斯道夫为此将获得25000美元的预支费用和一半的净利润。[51] 尽管如此，双方的相互攻击并没有偃旗息鼓。雅各布森也不想让"Lehn & Fink公司的日子好过"，于是，拜尔斯道夫注册了"Pebeco-Plast"商标，并推出了"Pebeco冷霜"。[52] 这激怒了普劳特，他决定终止合同。

1927年秋，两家公司最终达成和解，拜尔斯道夫放弃了Pebeco牙膏的商标权，Lehn & Fink公司则支付了5.8万美元的应付许可费用。[53] 现在只剩下遗产税的问题有待解决。同期，Pebeco在美国和其他国家失去了大量市场份额，究其原因，主要是战时德国采购的原料供应量不足导致产品质量下降，牙膏本身的酸涩味、药味也是相关因素。在此期间，其他生产商对牙膏进行了改良，推出了加入香精的口味清新的牙膏，深受消费者的青睐。[54] 公司在德国市场上也同样面临着类似的挑战。

股份公司

1922年6月，在与Lehn & Fink公司谈判期间，股东们将保罗·拜尔斯道夫有限责任公司改制为股份公司，以便简化融资过程，也让公司更容易收购其他企业。[55] 公司股本定为1100万马克，其中260万马克归属于"公司管理部门"（执行董事会和监事会），并通过向商业伙伴出售股份来充实生产资料和营运资金。TROMA养老基金获得了超过2%的股份（见表3.1）。卡尔·梅尔基奥尔担任监事会主席，利奥·阿尔波特担任监事会副主席，初期还兼任公司执行董事会的监事会代表一职，[56] 古斯塔夫·韦斯特贝格担任执行董事会秘书。因美国及其他一些国家的商标权问题悬而未决，有一些商标保留在了有限责任公司，并重新进行了注册，以便能"在国外合法处理商业产权"。[57]

沃伯格在保罗·拜尔斯道夫公司也拥有相较于普通股二十五倍的表决权。因此，执行董事会若要形成决议，必须首先征得银行的同意。这种结构为执行董事会重构公司提供了相当大的回旋余地。其他股东无法影响企业经营的决策。对于沃伯格银行而言，拜尔斯道夫是他们一大重要的收入来源。这导致银行与执行董事会之间的持续冲突，后者一开始最关心的是公司如何确保必要的流动资金，股东们则强烈要求在长期通货膨胀结束后能分配高额利润。不过，在经济态势向好的年份，执行董事会也在努力筹集资金，用于扩大公司的海外业务。他们还将红利分配限制在8%至9%之内。执行董事会得到了沃伯格银行的支持。[58] 直到1930年9月，雅各布森才转变思维，"两年后，他认为是时

表3.1　保罗·拜尔斯道夫股份公司的创始股东，以及直到1930年的持股情况

合伙人或股东	1922.6.1	1925.9.1	1930秋
沃伯格公司多重表决权股份	*480	*144	*216
沃伯格公司自有股份	840	614	481
沃伯格公司库存股		332	
沃伯格控制的表决权总票数	**12000**	**4546**	**5881**
沃伯格公司，管理备选方案	2600		
特罗普洛茨遗产，贝伦斯为拜尔斯道夫代持	1200		
特罗普洛茨遗产，利奥为拜尔斯道夫代持	1200		
保罗·拜尔斯道夫股份公司			311
特罗曼（TROMA）退休和遗属基金会	240	72	423
拜尔斯道夫养老基金			111
董事会控制的表决权总票数	**5240**	**72**	**845**
赫尔曼·梅茨（美国）		300	450
格雷特·多茨公司（瑞士）		60	90
默克勒（捷克斯洛伐克共和国）		30	47
施密特（日本）		30	45
"拜尔斯道夫海外友人"的表决权总票数		**420**	**632**
克里斯托夫·贝伦斯	48	37	78
汉斯·瓦尔特·雅克比·格拉登维茨	240	63	75
赫尔曼·汉森	24	9	14
霍夫曼（代理人）			4
威利·雅各布森	240	72	130
塔德乌斯·斯米耶洛夫斯基	24	9	14
马克斯·欧姆	72	22	45
欧根·乌纳	84	29	45
董事会的表决权总票数	**732**	**241**	**360**
瓦莱丽·阿尔波特	654		
利奥·阿尔波特	600		
阿尔波特集团的总数	**1254**	**738**	**1122**
索菲·普尔弗马赫	1363		
卡尔·弗里德里希·克劳森	360		560
韦斯特贝格			453
韦斯特贝格集团的总数	**1723**	**777**	**1013**
弗里茨·克拉姆巴赫	600		
莫里茨·克拉姆巴赫	131		
克拉姆巴赫集团的总数	**731**	**276**	**291**
提尔曼		18	
未知			40
发行股票的总数	**11000**	**3300**	**5000**

*这类股票有相较于普通股二十五倍的表决权。

资料来源：保罗·拜尔斯道夫公司档案说明［股份公司成立时的持股情况］（Liebmann，1922年6月1日），SWA C-102004；1925年9月1日的持股情况，SWA C-102016；关于拜尔斯道夫的说明（Liebmann，1930年10月9日）和写给梅尔基奥尔博士的说明（Liebmann，1930年12月3日），SWA C-10205

候该让股东们高兴一下了，让股东从持有的股份中获利，他也不再那么介意我们沃伯格银行是否保留着大宗股份份额了。"[59]

货币稳定成为发展的分水岭

战后头五年，新一届的公司管理层必须稳扎稳打，同时还要应对各类复杂的挑战：恢复正常生产，在政局不稳的情况下维持公司的生计，争取美国 Pebeco 商标所有权和 150 万美元的许可费，以及应对通货膨胀。

1924 年，新帝国马克货币的引入在很多方面标志着拜尔斯道夫公司迎来发展的转折点。这是企业多年来首次有机会认真评估和审视自身的经营成果。此前，严重的通货膨胀导致经营者根本无法正确评估成本和收入，每周都必须调整销售价格和工资。例如，1922 年 1 月至 9 月期间，一管大容量 Pebeco 的价格从 7 马克涨到了 60 马克，11 月的价格为 180 马克；1923 年 1 月初为 500 马克，1 月底为 800 马克，3 月 2 日，一管牙膏的价格涨到了 1500 马克。[60] 倘若公司在此期间有盈利，也多为外汇交易获利。拜尔斯道夫公司开始关注日常消费品。雅各布森和贝伦斯在给卡尔·梅尔基奥尔的信中写道："肥皂就属于这类日常消费品。"于是，他们在限制优色林生产的同时扩大了肥皂的产量。但"成千上万的小肥皂厂也无法筹集到必要的生产资金"。因此，除了妮维雅香皂之外，公司希望生产更多的"杂牌洁手皂"。[61]

其次，货币稳定有助于促进工薪阶层消费的正常化，这也是企业重新专注品牌业务的先决条件。这方面的正常化使得拜尔斯道夫公司的业务变得可预测，企业也有针对性地投放了广告。第三个标志着战后时期结束的因素是：公司基本解决了 1924 年 3 月对美国商标所有权和许可费的诉求问题。

"公司运营应远离政治"——工作与薪酬

在通货膨胀的情况好转后，工人们的境遇从 1924 年开始慢慢好转。此前，这一人群几乎没有从新的政治环境中获得任何经济利益。1923 年，公司裁减了 130 名工人。但从 1924 年初开始，就业人数又像一战前那样稳步增长。[62] 这一分水岭到来之前，工资薪金的调整刚刚勉强能与物价保持同步。1924 年是拜尔斯道夫在通货膨胀时期结束后迎来的首个财政年度。与 1913 年相比，工人平均工资增加了 39%，职员工资平均增加了 18%。包括自愿参加的社会福利在内的劳动力成本提高了 32%，正好与生活费用的增长持平。[63] 执行董事会在一份 1924 年业绩报告中指出，工资"在某些情况下大大超过了战前工资。女性员工的工资翻了一番，但须指出的是，战前妇女的工资非常低"。然而，工资仍落后于战前的工资水平。[64] 工人的收入略有提高，职员的情况则相对有所恶化。后者的收入直到 1924 年后才略有起色。特罗普洛维茨在一战前就已引入了 48 小时工作制，该体制受到了许多公司的热烈欢迎。[65]

1924 年 3 月至 1931 年期间，公司的员工人数几乎翻了一番，从 641 人增至 1138 人。以男性员工为主的职员与生产工人的比例保持不变（约为 1：4）。60% 的生产员工为女性。[66] 除汉堡工厂的 1100 多名员工外，配送中心和海外分公司也雇用了一批员工。将所有机构算在一起，拜尔斯道夫公司 1931 年的员工总数约为 1500 人。由于员工人数增加和产量不断提高，扩建厂房和增加生产设施变得迫在眉睫。1924 年，优色林工厂在汉堡比尔布鲁克工业区落成。1927 年到 1931 年，艾姆斯比特尔工厂也进行了大规模的扩建。

1924 年至 1929 年期间，德国国内的生活成本上涨了 20%。与此同时，拜尔斯道夫工人 1929 年的平均收入却增加了近六成，职员的收入增加了差不多 75%。蓝领工人和白领职员之间再次显现出一定的工资差距。此外，TROMA 养老基金的参保费用也有所增加，从 1927 年起，工资薪金的 11% 用于缴纳养老基金的保费。[67] 各经济行业的薪酬水平上升提高了拜尔斯道夫客户的购买力。公司通过"改进设备"和优化生产流程来应对劳动力成本的增加。1925 年和 1926 年，公司"在员工人数不变的情况下，销售额略有增长"。[68] 这一情况一直持续到全球经济危机爆发。1931 年 3 月，拜尔斯道夫监事会的员工代表提出，希望公司在不减少员工收入的情况下继续经营下去，并进一步扩大社会福利部门的规模。[69]

员工与管理层之间的关系并非毫无波澜。历史遗留的冲突并不源于工作条件，而起源于意识形态上的差异。举个例子，1921 年 4 月 19 日，工人罢工。拜尔斯道夫公司管理层"在前德国皇后葬礼之际悬挂了帝国黑白红旗帜，降半旗志哀"，并向新闻界解释说，企业职工委员会称，复工与否取决于是否取下旗帜，而公司管理层"理所当然地"拒绝了这一要求。[70] 对于民主共和国的支持者而言，帝国的黑白红国旗无疑是一个巨大的挑衅。

当身在美国的雅各布森听说了罢工事件后，在给执行董事会的信函中明确表达了自己的愤怒。他认为，大家原本完全可以在"不带任何政治色彩"的情况下聚集在一起，举行纪念活动，本该强调这类纪念活动是"纯粹的人之常情"，然而"你们却通告了所有德国报纸"。他批评执行董事会成员行事缺乏外交技巧，并认为"做生意牵扯政治"是走钢丝的危险行为。一方面，工厂无法容忍"左翼政治宣传"，另一方面，"我们也不能激怒左翼思想的职员和工人"，更不该得罪客户。"公司做买卖不会在意顾客属于哪个党派"。执行董事会的处置方式甚至可能"最终毁掉我为争取医疗保险基金、为膏药产品赢得巨大市场所做的一切努力"。毕竟医疗保险基金会悉数掌握在社会民主党的手中。管理层必须"让政治远离企业经营，无论是右翼思想还是左翼思潮，都该远离业务"。任何人都有权不受限制地参与政治活动，但必须"在工作之余和工作场所之外"。[71]

上述事件本身平淡无奇，但它折射出了一战后政治局势给拜尔斯道夫公司主要"官员"（管理者）带去的重重困难，也清楚地表明了，魏玛共和国更开放和多元化的社会让人们必须重新思考公司在社会中所扮演的角色，公司管理层必须顾及所有"利益相关者"的利益，以便创造营收和利润。

Pebeco 陷入危机

1915 年，拜尔斯道夫的两种产品为公司创造了四分之三的销售额：Pebeco 销售额占 49.1%，Leukoplast 胶布占 26.4%。另外五个产品组及产品占总销售额的五分之一：古塔胶膏药和穿孔透气膏药约占 7.5%，Lassoband 胶带占 5.5%，妮维雅香皂占 4.2%，妮维雅润肤霜占 2.5%。[72] 其他产品所占的销售额份额总计不到 5%。由此可见，公司有理由在战后沿用久经考验的经营模式。不过，公司花了很长时间才回归战前和平时期的产品高质量水平。一直到 1926 年，Pebeco 销售流通的产品才再次采用纯锡包装，用以取代此前的镀锡铅管包装。另外，牙膏的稠度和保质期也令人担忧。[73] Leukoplast 胶布和其他产品存在着类似的问题。当通货膨胀严重时，顾客购买决策究竟基于产品质量还是价格，这方面也存在很大的不确定性。消费者偏好的变化令人难以捉摸。货币稳定暴露了一系列的根本问题，也迫使管理者重新思考拜尔斯道夫的品牌策略。

魏玛共和国期间，公司的年收益均明显低于战前：1924 年的净利润刚刚达到 1905 年的水平（附录表 1 和表 2）。公司很难为低利润率找到合理的解释理由。1924 年 3 月，首席财务官贝伦斯写道："从根本上来看，资金短缺可能归因于 Pebeco 业务的收益损失。"即便公司"目前尚不成功"，也仍要"坚持下去"。除 Pebeco 之外，所有工厂都在满负荷运转。公司提高了用于促销的广告

二十世纪二十年代中期，拜尔斯道夫在一些国家销售知名品牌 Pebeco 的护肤霜。广告海报，英国，1927 年

预算（1924 年的广告支出仍比战前低 60%）。[74]

　　造成"收益损失"的原因是多方面的。就销量而言，拜尔斯道夫的销售额并未低于战前。生产成本上升，公司却无法提高销售价格。相反，拜尔斯道夫不得不降价销售：药房 1914 年支付 70 芬尼购得一管 Pebeco 牙膏，到了 1924 年 4 月，同一产品的采购价仅为 26 芬尼。Leukoplast 胶布的售价是战前的四分之三。建议零售价的变化趋势类似。只有妮维雅润肤霜的价格保持稳定。1924 年 4 月，药房采购妮维雅润肤霜的价格相较于 1914 年甚至提高了 10%，但建议零售价保持不变。[75]

　　通货膨胀对家庭消费和消费习惯产生了不小的影响。此外，城市中产阶级的劳动收入并未随着生活成本的上升而增加。通货膨胀也造成了储蓄与小额资产的贬值。因此，公司很难在通货膨胀期内提高销售价格。尽管如此，拜尔斯道夫仍有信心继续通过 Pebeco 盈利。

　　由于进口关税过高，拜尔斯道夫不得不在海外授权许可生产范围内提高产量，以超过战前的产量水平。1925 年，Pebeco 的生产基地遍布全球 26 个国家。[76] 直到二十世纪二十年代末，拜尔斯道夫才为该品牌成立了专门的公司，并在国外市场上因地制宜地采用了不同的品牌定位策略。例如，在一些"德国宣传广告无法触及"的国家，公司曾听从美国顾问的建议，在这类市场专注推广一个品牌，以 Pebeco 品牌销售"化妆品、牙膏、润肤霜、肥皂等"。[77] 此举也旨在向 Lehn & Fink 公司施加压力，说服他们同意合作，共同开展国际业务。更为关键的问题在于：海外开发新品牌缺乏所需的资金。由于资金短缺，1924 年 3 月，雅各布森甚至担心能否报销赴美出差的费用。[78]

通货膨胀时期结束后，拜尔斯道夫努力将德国市场上 Pebeco 牙膏的价格提至 1914 年的价格水平。1925 年夏，公司在市场上重新推出了纯锡包装的牙膏，售价为 1 马克，并赢得了一场因哄抬价格嫌疑遭指控的官司。1925 年底，拜尔斯道夫执行董事会向股东报告说，涨价是"可行的"。卡尔·梅尔基奥尔却质问道："Pebeco 业绩的显著下滑显而易见。这难道不是因为质量的问题吗？"[79] 他注意到，尽管售价已恢复到战前水平，但品牌的销售额却停滞不前。美国与德国市场上的竞争日趋激烈。其他制造商当时正在推广和销售清爽口味的牙膏。相反，带苦味的 Pebeco 牙膏正逐步失去一大批客户。1927 年，公司推出了针对妇女儿童的 Pebeco-Mild 温和型牙膏，却也没能提高业绩。销售额每年下降幅度约为 10%。[80] 作为应对，公司在二十世纪二十年代引入了更高效的生产方式，可依旧无法弥补销售额下滑的短板。或许是不想失去老客户的缘故，公司没有调整"乌纳医生配方"牙膏的成分，以适应不断变化的时代潮流。1930 年，Pebeco 几乎停止了所有广告宣传。两年后，拜尔斯道夫推出了一款含有薄荷精油的妮维雅牌"经济型牙膏"。[81]

妮维雅的崛起，汉莎创可贴的成功开端

就在 Pebeco 走下坡路的同时，妮维雅的销售占比却在稳步增长。妮维雅的成功得益于睿智的广告宣传和品牌的旧貌换新颜。1925 年，妮维雅换上了新设计与蓝色色调。广告宣传方面的专家胡安·格雷戈里奥·克劳森（1890—1977）亲自操刀，策划了这波全面且持久的广告宣传攻势，被视为德国广告界的一场革命，打破了妮维雅固有的女士面霜的形象，将品牌转变为适合全家使用的润肤霜。[82] 广告宣传选择的时机也非常好。战后的艰难困苦时期似乎彻底画上了句号，消费者又有了消费的欲望，时尚和化妆品大受追捧。拜尔斯道夫顺应新需求，将 1925 年的广告支出翻了一番。从广告支出在销售额或工资总额中的占比来看，却只是战前的一半。随着市场条件趋稳，广告宣传活动不断扩增。1929 年，公司的广告支出达到了营业额的

包豪斯艺术家夏洛特·沃佩尔将妮维雅蓝罐与二十世纪二十年代女性的新形象联系在一起。
海报设计，1928 年

20%，略高于工资薪金的总和（见附录表 2）。得益于上述种种努力，到了 1932 年，妮维雅润肤霜的地位与第一次世界大战前 Pebeco 的地位相当，占总销售额的 46%。[83]

胡安·克劳森后来被誉为"妮维雅的救世主"。[84]1924 年 5 月，执行董事会决定放弃妮维雅品牌，但雅各布森最终还是被说服，决定"让当时名不见经传的'妮维雅'品牌再试水几年"。关于雅各布森的态度，1990 年的一封信提到了二十世纪七十年代中期他与克劳森的一次谈话，同时也基于公司相关回忆录的史料。[85]需要指出的是，1924 年 5 月的决定只涉及在非德语国家使用 Pebeco 名称的问题。公司在德国国内并不打算放弃妮维雅这个名字。即便在通货膨胀时期，妮维雅润肤霜的销售业绩依旧出色。1924 年 4 月，妮维雅润肤霜是拜尔斯道夫公司唯一能够以战前价格出售的明星产品。不久前，执行董事会对妮维雅品牌投放的新广告"妮维雅年轻帅小伙"（Nivea-Jungens）给予了高度评价。雅各布森对《柏林画报》上刊登的一则广告赞不绝口，专门从纽约发来了迄今为止他能给予的最高赞誉：这个创意太出色了，"我几乎想不到还有什么比这更好的创意了"。[86]1924 年，妮维雅的销量已达到 1914 年的

"随时为您提供帮助"：Leukoplast
胶布广告，荷兰，1922 年。
多功能 Leukoplast 胶布是拜尔斯
道夫最重要的产品之一

1922 年，汉莎创可贴成为膏药系
列中的新产品，产品含有纱布垫，
适用于开放性伤口和"轻微伤"，
包装标签，1925 年

公司重组和再次出发　商标所有权纷争、新产品与新危机

四倍多。润肤霜占总销量的 8%。与其他产品相比，妮维雅品牌的产品需求旺盛，几乎不存在任何放弃这个品牌的理由。[87]

随后，新设计和蓝色主色调应运而生。1925 年夏，执行董事会确信，"我们投放的妮维雅广告奏效了"。[88] 1925 年的业绩较上一年增长了 50%。焕然一新的品牌形象很快在各地推广开来，业务飞速增长。1929 年 4 月，汉堡工厂不得不采取两班倒的轮班制，以提高润肤霜的产量。仅仅四年时间，产品的销售额就增长到原先的五倍。从这时候起，"妮维雅"全部使用大写字母 NIVEA 来拼写。[89]

在德国，Leukoplast 仍是公司的第二大支柱品牌产品。在全球经济危机爆发之前，该产品的销售额一直有大幅增长。其后，公司的另一款产品——汉莎创可贴——开始崭露头角，成为前者的竞争对手。最初，这款创可贴（带纱布垫的粘合膏药）是作为 Leukoplast 品牌的系列产品投放市场的。到了 1921 年底，公司决定将汉莎作为独立品牌推向市场，并立即取得了商业成功。二十世纪二十年代后期，汉莎创可贴夺取了一定的市场地位，广告宣传的预算也有所增加，跻身公司十大畅销产品之列。1932 年，汉莎创可贴的销售份额达到 5%，仅次于妮维雅和 Leukoplast 胶布，位居第三。但汉莎创可贴对 Leukoplast 胶布的销售产生了负面影响，因为消费者现在更喜欢用汉莎创可贴来处理伤口和擦伤。[90]

除原有产品外，公司还开发了许多新产品，其中一些在这个时期投放市场，但只有那些与妮维雅或汉莎系列相匹配的产品才最终取得了市场成功。各方提出了不少建议。例如，沃伯格银行的股东们在"领导层会议"上讨论，建议拜尔斯道夫"考虑生产口红"。[91]

三条腿走路的业务模式：膏药、化妆品、药品

威利·雅各布森认为，"拜尔斯道夫公司"所取得的巨大成功基于"化学品加工业务、膏药生产业务、成品药和几乎占一半销售额的化妆品业务"之上。[92] 膏药和护肤品是核心。不过，拜尔斯道夫在第一次世界大战期间就开始涉足制药业。奥斯卡·特罗普洛维茨正是从那时起开始生产 Aolan（一种用于免疫治疗的奶蛋白）。该产品是二十世纪二十年代中期公司最畅销的产品之一，但后来销售额急剧下降。[93] 公司似乎非常重视涉足制药业过程中所获得的化学和技术知识。

Pandigal 以片剂或注射剂的形式给药

化学家伊萨克·利夫舒茨尤其热衷于药品开发。与化妆品相比，药品行业的竞争压力要小得多，收益情况也相对较好。公司与化学家卡尔·曼尼希的合作对拜尔斯道夫制药业务的扩展至关重要。当时，膏药产品归属于制药业务板块。1924 年，这位化学家找到拜尔斯道夫，希望共同开发一种以洋地黄为基础的心脏病治疗药物。[94]1927 年，新产品以 Pandigal 为品牌名（由曼尼希教授取名）投放市场，经过 1931 年的进一步开发，"极有可能"一跃成为"首选的心脏治疗类药物"。[95] 然而，由于开发成本高昂，商业成功仍需假以时日。拜尔斯道夫坚持洋地黄领域的研究，这为公司日后成为研究型制药企业奠定了坚实的基础。为此，公司于 1931 年成立了"有机实验室"，但从事研究工作的人员配备依然少之又少：1937 年，该部门仅雇用了 5 名学者和 15 名其他类别的雇员。[96]Pandigal 很快成为公司最畅销的产品之一，但仍远远落后于妮维雅、Leukoplast 胶布和汉莎创可贴。1931 年，制药业务部门还收购了 Tussipect，该品牌是一种止咳药，后来也成了畅销产品。[97]

公司业务取得的很大一部分利润用于再投资，拜尔斯道夫也因此成为一家财务状况非常稳健的企业。购买新土地、扩建生产设施和购置新机器的资金几乎全部来自公司的自有资金。1928 年，公司股本从 330 万马克增至 500 万马克。这部分的增长只是公司增值的一部分。1928 年 12 月，公司的部分股票在证券交易所上市，这是拜尔斯道夫的股票首次在股票交易所进行交易。[98]

海外业务的新模式

在第一次世界大战爆发前，拜尔斯道夫的海外销售额占总销售额的近四成。1930 年，出口额不足总销售额的 15%。[99] 但这并不意味着海外业务的重要性降低，只不过说明国际市场的业务形式发生了变化。1927 年，执行董事会向大股东报告说，"维也纳、阿姆斯特丹和卡托维兹的独立分公司，以及欧洲其他地区及欧洲以外地区的润肤霜和牙膏生产基地"（润肤霜和牙膏属于海外基地生产的主要产品）的营业额"与德国市场的营业额大致相当"。[100] 1930 年，海外业务（包括从汉堡出口的商品）占总销售额的 36%，1931 年达到 40%，接近 1912 年的水平。[101]

发展模式的转变与第一次世界大战的战火息息相关。战时，多数国家建起了大规模的关税壁垒。在其他国家没有出现像美国那样的商标所有权问题。但伦敦分公司于 1914 年关闭，拜尔斯道夫在英国及英国殖民地的资产遭到没收。战后，只有澳大利亚市场对汉堡母公司能否获取利润一事有疑义。[102] 拜尔斯道夫为顺应形势的风云变化，恢复了海外许可生产，最重要的举措还当属海外公司的设立，这些新建企业既是拜尔斯道夫的子公司，也是法律上的独立企业。它们的业务活动不计入出口统计数据，而应作为许可收入或资本收入入账。但在通货膨胀时期，这些公司的小额资金并没有汇到德国，后来被用于海外业务活动的扩张。1930 年 1 月的一份报告指出，这些公司需要"持续获得用于广告宣传的大笔资金"。[103]

1919 年 5 月，威利·雅各布森对德国政局持怀疑态度，随即大力推动在荷兰和瑞士成立新企业。这两个国家在战争中始终保持中立。于是，大家普遍认为两国也势必不会卷入未来的任何冲突。因此，许多公司通过荷兰和瑞士的公司签订国际合同，借助中立国提高对自身财产的保护。对雅各布森而言，设立新企业的目的还不止于此。他将新公司设计成控股公司，能够联合其他海外公司。海外企业将保持相对于德国"总部"的独立性，不受德国政府直接或间接的控制。

特罗普洛维茨和曼基维茨于 1918 年在瑞士成立了雅克贝特公司（Jacobeit & Co.），以便立足克罗伊茨林根，改善海外供货状况。雅克贝特公司在 1919 年初恢复了 Pebeco 品牌产品的生产。与德国国内的情况不同，人们能在瑞士市场上直接采买当地的锡管。雅各布森报告说："按照现价，我们的利润十分可观。"[104] 为了充分利用汇率方面的优势，公司计划之后在德国和奥地利购买原材料。

1919 年 9 月，雅各布森在当地成立了 Pilot 化学工厂股份公司。[105] 这是一家控股公司，旨在接管雅克贝特公司，与此同时还在瑞士的格拉鲁斯成立了 Secura 融资公司，应对德国局势的跌宕起伏和"未来国际经济政策的走势"。普通信托股份公司（Allgemeine Treuhand AG）的五位高层是 Pilot 股份公司的创始人。这种信托协议旨在帮助实际所有人隐形。信托公司的五位高层通过 Secura 融资公司获得资金。作为回报，Secura 获得 Pilot 公司的股份期权。股份存放在 Secura 的银行托管账户中，只有在保罗·拜尔斯道夫股份公司首肯的情况下，才允许支配这些股份与资金。由同一批高管建立的 Secura 公司基于同样复杂的协议。为此，卡尔·梅尔基奥尔给予雅各布森十分精确的指示，协议内容记录在 29 封信函和合同中。沃伯格银行则提供了必要的资金支持。[106]

膏药生产过程中使用的切割机，汉堡，1932年

　　拜尔斯道夫后来在许多国家选择了类似的信托受托人结构（"稻草人"）。法律通常禁止外国人设立企业或获得多数股权。拜尔斯道夫也不希望给新公司打上德国印记，一旦发生新的政治危机，这样的架构有助于更好地保护公司的海外资产。此外，一些国家的消费者抵制德国货，他们认为，"作为一名称职的爱国者，不应购买任何德国产品"。最后，公司也能借助各种手段减轻税负、允许材料和资本在各关联公司之间流动。[107]

　　1921年，荷兰和美国是拜尔斯道夫早期设立企业的所在地，在与 Lehn & Fink 公司的针锋相对中，公司在当地成立了保罗·拜尔斯道夫公司。两家企业实则都只"存在于纸面上"。[108] 随后几年里，不少国家提高了进口关税，迫使公司不得不建立海外生产中心。拜尔斯道夫通常选择与授权许可伙伴开展合作，后期再将这些工厂转为合资企业，接着获得控股权。拜尔斯道夫最初计划在阿根廷和墨西哥建立合资企业，因为他们在上述两国已经颁发了许可证，并在生产 Pebeco 产品和妮维雅润肤霜。海外公司起到了中间人的作用，能够规避可能出现的政治上的各类挑战。[109]

　　在德国国内，拜尔斯道夫同样未雨绸缪。公司于1923年在法国占领的莱茵兰地区临时设立了一家特别的工厂，先人一步，防止法国设立边境线。科

维也纳工厂的牙膏制备，
二十世纪三十年代

隆附近的朗根费尔德也曾一度建立基地生产化妆品。不久后，盟军撤除了海关边境，拜尔斯道夫解散了上述的工厂，并将机器和材料运回汉堡。[110] 1923 年，一战爆发后不久在维也纳成立的 P. Beiersdorf & Co. Ges. mbH 公司重新启动，并配置了生产设备，成为拜尔斯道夫首家"自有的"海外工厂，负责为捷克斯洛伐克、匈牙利和巴尔干半岛国家供货。[111]

1925 年底，雅各布森在报告中写道："自从公司再次具备能力，我们逐年有的放矢地扩大了海外机构网络，在海关条件不利的地方建立海外生产基地，或由我们的外派人员和员工直接进行加工。"[112] 在市场销售量足够高的国家，拜尔斯道夫从 1928 年起就开始筹划建立自己的子公司，[113] 最初主要选择在波兰建厂。除了借助波兰托管人之外，"出于显而易见的原因"，还要"在一定程度上顾及美国方面的利益"。波兰民族主义政府不允许德国人持有多数股份。1930 年，分公司转制为独立的股份公司。[114]

时至 1931 年，拜尔斯道夫在十三个国家新设企业，首批公司选择建在瑞士、美国、荷兰和奥地利，波兰和南斯拉夫的公司于 1929 年成立，捷克斯洛伐克、拉脱维亚和匈牙利的公司成立于 1930 年，罗马尼亚、意大利、英国和法国的公司建立年份为 1931 年（见图 3.1）。[115] 在法国遇到的问题比较特殊，由于娇兰公司（Guerlain）多年前就已经注册了"妮维雅"商标，拜尔斯道夫须与其达成新的协议。公司在英国必须成立一家独资企业（拜尔斯道夫有限公司，Beiersdorf Ltd.），这是由于拜尔斯道夫与位于英国赫尔的施乐辉公司（Smith & Nephew）就大英帝国地域内的膏药业务达成了协议，只有设立在英国的企业才有权经营这块业务。[116] 1932 年，拜尔斯道夫在法属萨尔州成立了一家销售公司。1933 年，英国子公司在芬兰成立了一家新企业，阿根廷也迎来了一家新建的公司。[117] 除了奥地利的特例，雅各布森在多地采用了信托或中间商公司的形式，兼顾各国的公司法规定，同时也确保了公司的德国背景不被外界察觉。[118] 这些海外机构的资金来源基本独立于汉堡的股份公司，主要由纽约国际承兑银行提供贷款融资。[119] 为此，拜尔斯道夫抵押了海外公司的股份，Pebeco 品牌的补偿金也为此提供了一小部分的资金。

全球经济危机逐步显露端倪，尽管如此，直到 1931 年，几乎所有市场的业务都在增长。这主要得益于拜尔斯道夫在海外市场上投放的有限的、需求量大的产品组合。公司在某些市场专注于化妆品，在另一些国家则主打医药产品。美国的拜尔斯道夫公司从 1928 年底开始试制妮维雅润肤霜和润肤油。1931 年，产品大卖，公司高层认为，如今"年轻群体愈发热爱运动，他们在

图 3.1　拜尔斯道夫的海外公司。1934 年 11 月 1 日的所有权结构

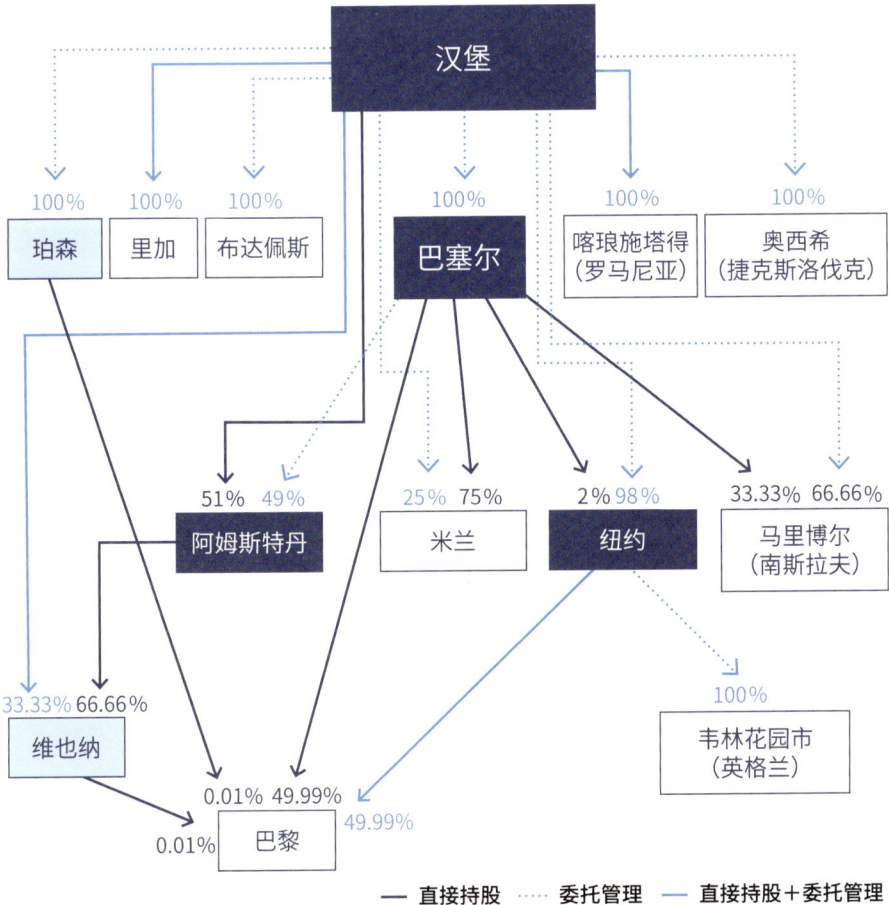

图 3.1　拜尔斯道夫的海外公司。1934 年 11 月 1 日的所有权结构

"委托管理"和"直接持股"表示财产是由信托受托人持有还是股份由母公司直接持有。芬兰和阿根廷的情况未列入资料来源。

资料来源：BA 312 一般信息。DWT 通信，尤其参考了 1933 年至 1945 年马蒂森博士的通信内容

润肤霜等产品上的花费也越来越多"。[120] 公司管理层相信所有的市场需求很快都会跟着上涨。公司投放的广告也有的放矢地瞄准了这一目标。然而，斯堪的纳维亚半岛的销售额很快下降，希腊、土耳其和葡萄牙的销售额甚至出现大幅下滑，公司不得不调整其对市场趋势的判断。虽然许多市场的销售额保持稳定，但拜尔斯道夫认识到自己踏入了一个误区：他们原先认为海外业务不受"德国国内危机"的影响。直到 1931 年春天之前，全球经济危机一直被人们视

为一场"德国国内的危机"。[121]

面对世界经济危机的挑战

1929 年，欧洲和美国的经济形势严重恶化。10 月底，股市崩盘，暴露了"黄金二十年代"的高风险融资模式的弊端：美国强劲的经济增长建立在信贷融资和高投机性投资的基础之上。德国的许多公司在海外借贷，为其业务版图的扩张提供必要的资金。大城市也从美国借贷，筹集资金用以修建医院、道路和游泳池。由于众多银行受到经济危机的波及，股票市场的崩盘打击了整个美国和德国经济。流向德国的资本遭到搁置，美国机构的贷款也不允许延期。

此外，拜尔斯道夫预计，从 1930 年夏天开始，"市场购买力会急剧下降"，拖欠货款的情况也会增加。[122] 当工业产品与奢侈品制造商深受全球经济危机之苦时，拜尔斯道夫在很大程度上可以说是幸免于难。危机时期，妮维雅等产品是人们眼中偶尔可为之的"小"奢侈品，许多高奢品的消费者转而选择购买妮维雅。[123] 即便经济危机重重，Leukoplast 胶布和汉莎创可贴仍是日常必需品。不过，营收受阻和收入损失无法避免。尤其是药剂师和生活用品店主改变了他们的库存策略，政府强制减薪和降价的讨论也导致销售出现波动。拜尔斯道夫并不打算对其重要的品牌产品做真正的降价，而只是增大了产品的包装尺寸。拜尔斯道夫还试图推出价格略低的新产品来保持其品牌产品的价格稳定。比如，公司向市场投放了妮维雅牙膏，其售价仅为 Pebeco 的一半。此外，拜尔斯道夫还大胆上市了一种新的心脏药 Pandigal，并且立即收获了

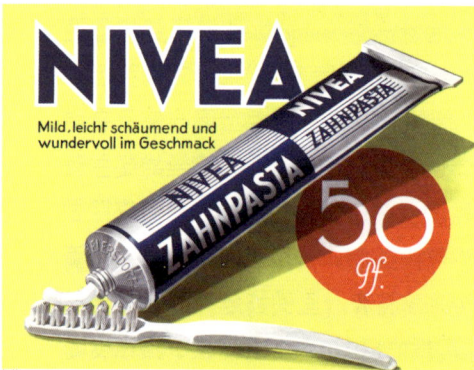

经济危机期间，妮维雅牙膏是价格比较实惠的替代商品，Pebeco 的售价也须很快下调。Pebeco 宣传陈列牌，1931 年。妮维雅海报，1936 年

成功。[124]

然而，帝国总统颁布了紧急法令，旨在降低劳动力成本，同时提高德国经济的国际竞争力。法令也影响到了药品和公司的品牌商品。拜尔斯道夫不得不一再降价。问题在于，其他国家同样采取了类似的做法，故而上述措施最终只能加剧危机。因为顾客预期价格会一降再降，他们只采买最基本的商品。1931年，拜尔斯道夫的国内销售额停止增长，1932年下降了5%。同年，德国的失业率从24%左右上升到超过30%。相比之下，当年的销售额下降幅度还算不上是严重的下滑。[125] 但公司停止在日报上刊登广告，因为他们认为"当前目标人群并不会关注这些广告"。[126]

全球经济危机和国际局势的动荡加剧对仅存的出口业务产生了负面影响。1931年9月，英格兰银行放弃了对英镑的黄金准备。这件事情发生后，当时少数相对"开放"的市场也开始引入保护性关税。拜尔斯道夫被迫于1931年11月在哥本哈根建立了生产基地。[127]

与德国其他地区一样，汉堡的失业率也出现了显著的上升。不少人依靠救助和施舍生活。而拜尔斯道夫在如此艰难的经济环境中脱颖而出。公司甚至不曾因订单不足而大幅缩减工作时间。只有在1932年11月和12月，工人有几个周六不工作。公司总共裁员人数为30人。拜尔斯道夫为周边地区的失业者设立了一个救助厨房，在1931年至1932年期间，每天为大约250名失业者提供食物。[128] 拜尔斯道夫原本计划设立一家制罐工厂，该投资计划起初被搁置，1932年6月，美国财政部因1919年许可没收事件而须支付的最后一笔赔偿款到账，公司于是重启了新厂的建设项目。[129] 总体而言，执行董事会预计，拜尔斯道夫1932年的产品销量比上一年增加了10%到15%，营收大户是化妆品和药品，销量的提高在很大程度上抵消了平均价格下降所造成的收入损失。即便在经济危机席卷德国之际，拜尔斯道夫公司的流动资金及偿付能力情况依旧非常好。1932年夏天，仅沃伯格一家就拥有200万马克的资金。[130] 全球经济危机如同一场暴风雨，与拜尔斯道夫擦肩而过。事实证明，所有海外公司"无一例外"地具有很强的生存能力。1932年底，最严峻的阶段已经过去，1933年1月，公司的销售额再次上升。[131]

纳粹统治初期对公司的攻击

威利·雅各布森在1919年时曾有过预判，他认为，雇员参与企业决策、

拜尔斯道夫公司五十周年庆之际，执行董事会成员和员工齐聚一堂，合影留念。
图片上侧两排左起：阿尔弗雷德·西蒙、伊萨克·利夫舒茨（戴帽）、（?）、克里斯托夫·贝伦斯、汉斯·格拉登维茨（戴帽）、威利·雅各布森、塔德乌斯·斯米耶洛夫斯基、卡尔·霍夫曼、威利·霍恩、（?）照片（截取部分），1932 年

民主制度的调控与社会化举措都将对产业造成威胁。可事实证明，他的担忧毫无根据。魏玛共和国为企业提供了一个秩序框架，[132] 使其整体实现了良好的经营。拜尔斯道夫面临的更大挑战在于通货膨胀和美国没收商标所有权的问题。幸运的是，雅各布森与同事们成功地制定了以欧洲为中心的企业发展策略，逐步弥补了美国市场上的损失。妮维雅的崛起也夺回了 Pebeco 丢失的销售额，Leukoplast 胶布、汉莎创可贴及药品业务逐步扩展，不断充实着公司的业务范围，广泛的产业布局也夯实了业务基础。公司加强了自身的产品组合，减轻了市场景气与否对自身业务的影响，也让企业有能力凭借量体裁衣的产品系列，在各个市场开展国际业务。

1930 年夏天，雅各布森的预言似乎即将成为现实，股东们很快就能享受财富的增值。[133] 他当时还没有意识到全球经济危机即将到来，更不可能预见

到德国政局的湍流涌动。从 1930 年开始，总统内阁按照紧急法令统治国家，反对民主体制的政党赢得了越来越多的国会席位。1933 年 1 月，主要政治和商业团体最终将政府治理权责交予由民族社会主义德国工人党（简称"纳粹党"，NSDAP）和德意志民族人民党组成的反民主联盟。德意志帝国总统兴登堡任命纳粹党"领袖"阿道夫·希特勒为帝国总理。3 月 5 日举行的帝国议会选举只不过是独裁政权伪装的民主合法化手段，而且是在共产主义和社会主义反对派的迫使下才举行的选举。短短三周后，国会通过了《消除人民与国家痛苦法》(即《授权法》)，推翻了此前的民主宪法。

政权刚刚移交给纳粹党人后，拜尔斯道夫立即就遭到了反犹攻击。纳粹党人将拜尔斯道夫视为一家"犹太"企业。公司的第二位创始人奥斯卡·特罗普洛维茨出身犹太家庭，但他本人成了一名新教徒。1933 年，公司有三位"犹太裔"执行董事会成员，分别是威利·雅各布森、汉斯·格拉登维茨和欧根·乌纳。主要股东几乎悉数都是"犹太人"：沃伯格银行的合伙人、瓦莱丽和利奥·阿尔波特、索菲·普尔弗马赫和弗里茨·克拉姆巴恩。公司的竞争对手就拜尔斯道夫执行董事会成员和股东的血统及信仰大做文章，旨在重拳打击这位市场领导者。早在 1933 年 4 月 12 日，执行董事会就已经告知股东，"个别情况下，我们的制剂遭到了抵制"，民族主义倾向的媒体也拒绝刊登公司的广告。[134] 公司高层当时认为，这类攻击很快就会销声匿迹，他们觉得这类攻击幕后的始作俑者是公司的竞争对手，拜尔斯道夫有时会与他们发生法律纠纷。[135]

这是一种盲目的乐观。比竞争对手的炮弹更可怕的是德国纳粹医药协会于 1933 年 3 月 29 日发出的"关于抵制犹太医药化学制剂"的倡议。倡议要求药剂师今后应避免使用列出的"犹太人所有权"公司生产的制剂，这里面也包括拜尔斯道夫的两种药品。这张清单及其他一系列黑名单涉及拜尔斯道夫公司最重要的销售渠道——药店。[136] 4 月 1 日，德国各地的"犹太"商店沦为抵制运动的受害者。[137] 拜尔斯道夫的海外销售业务同样受到了威胁。威利·雅各布森称，海外市场上的竞争者将纳粹的攻击"作为抵制德国商品的有利武器"。[138]

3 月底 4 月初，雅各布森踏上了为期十四天的旅程，途经瑞士、法国、荷兰和英国，此行旨在筹划独立于汉堡母公司的国外业务，启动管理层的换血。[139] 他在阿姆斯特丹撰写了一份意义深远的紧急说明，专门针对 4 月 8 日即将召开的公司监事会会议，而他本人未参加此次会议。雅各布森在信中指出，拜尔斯道夫不得不"让所有犹太教信徒和受洗礼的犹太人离开公司的监事会和执行董事会，否则我们的公司在短时间内就会变成一堆废墟"。4 月的抵制犹太商店活动虽然正式告一段落，但毫无疑问的是，纳粹党将"不停动用'冷酷手段'，'严格依法'迫使德国的最后一名犹太人离开管理岗位"，他们不达目的是绝不会善罢甘休的。雅各布森的提议超出了他迄今为止的要求范畴。雅各布森想拯救"一切还能拯救的事物"，而这部分可挽救的资产"目前还不少"。他认为，当前还有机会挽救大部分的德国产业及全部海外企业。"但前提是你们必须给予我充分的自由和尽可能大的授权"。[140]

雅各布森建议解雇"犹太裔"执行董事会成员。斯米耶洛夫斯基"作为波兰人"也不能继续留在执行董事会。"如果公司被迫解雇为数不多的犹太职员，我认为，照顾他们是公司天经地义的责任"。他要求卡尔·梅尔基奥尔和利奥·阿尔波特辞去监事会主席和副主席的职务，建议由古斯塔夫·韦斯特贝格接任监事会主席一职，建议来自巴塞尔的多茨先生增选为新的监事会成员，他和多茨先生事先也进行了交流。雅各布森还就执行董事会主席一职与保护化学产业利益协会的总经理乌恩格维特先生进行了交谈。[141] 如果乌恩格维特先生离开德国，则由卡尔·克劳森接任执行董事会主席一职。"持有拜尔斯道夫股份的所有犹太股东"都要出售股份。再则，拜尔斯道夫的股东将把公司的全部正式权利转让给一家即将在英国成立的控股公司。

雅各布森要求监事会立即授权他负责海外企业的管理，"实质上"保留他作为执行董事会主席的雇用合同，但要删除工商登记册中的相应条目。他希望得到授权，有权"今后对汉堡母公司的业务发出有约束力的指示"，因为他有意继续掌舵。此外，他还请梅尔基奥尔继续给予个人支持，他不愿失去这方面的支持。"相信您一定能找到合适的方式，使您和我能够完成因形势所迫而不得不做的艰难过渡。"[142]

4月8日和10日的监事会磋商并未能做出以上一系列影响深远的决定。[143] 不过，监事会于4月18日撤销了对执行董事会中"犹太裔"成员的任命。[144] 汉斯·格拉登维茨当时已经病入膏肓，因而未被告知此事。几周后，他便去世了。欧根·乌纳则以化学家的身份继续留在公司工作。[145]

雅各布森将海外企业作为解决方案的基础。他在1933年4月8日留下的笔记揭示了一位极富远见的德国实业家的内心世界。在某种程度上，这个过程可谓是"自我雅利安化"的过程，但此举很有先见之明。从1938年开始，几乎所有"犹太"公司都被迫采取了类似的措施，逐步雅利安化。但在三十年代初期，只有个别德国企业实施了影响深远的同类举措。[146] 这些激进措施为拜尔斯道夫争取了转圜余地，也让企业得以在纳粹德国的统治下存续发展。

第四章　1933—1945

抵制行动，业绩良好和战时经济

　　1933 年 4 月 1 日纳粹政权对"犹太"企业、律师和医生采取的抵制行动主要是受到德国纳粹党冲锋队积极分子的反犹情绪煽动。当时，纳粹党的领导层尚未计划对"犹太"企业采取行动，因为担心正在上升的失业率会危及刚刚获得的统治地位。独裁政权试图通过消除大规模失业来确认自己的合法统治。为此，与威利·雅各布森的担心相反，这些企业最初并没有受到干涉。与这些公告不同的是，1933 年 4 月 7 日颁布的所谓《恢复职业官员法》中规定解雇"犹太裔和政治上不受欢迎的官员"，但起初没有出台针对股份公司的相应法律。[1]

　　然而，威利·雅各布森与马克斯·沃伯格[2]等其他"犹太"企业家不同，他坚信"反犹太主义掌权"（赫伯特·施特劳斯）会导致将犹太人逐出德国经济生活。雅各布森在 1934 年写道，希特勒的《我的奋斗》应该从字面上理解；国家社会主义当然必须做出让步，但只是暂时的，并不会触及实质。[3]雅各布森坚持退出执行董事会，并且从阿姆斯特丹管理国际业务。他向拜尔斯道夫的客户维护人员保证，执行董事会和监事会达成一致，"不会顾及任何个人，做必要做的事情，以确保我们拜尔斯道夫公司不受干扰地进一步向上发展"。[4]在监事会于 4 月 18 日撤销了对"犹太"执行董事会成员的聘任后，"犹太"监事会成员也辞去了他们的职务。此外，1933 年 4 月底，拜尔斯道夫股份公司还通过交换简单的自有股份获取了沃伯格银行的 216 股多重投票表决权股份，沃伯格银行从而交出了对股东大会的控制权。两个月后，卡尔·克劳森辞去监事会职务，成为"执行董事会首席成员"。[5] 尽管实施了这种"自我雅利安化"，公司依然无法摆脱反犹太主义攻击的影响。

威利·雅各布森与监事会达成协议，在退出拜尔斯道夫执行董事会之后于 1933 年 5 月将其工作地点迁往位于阿姆斯特丹的拜尔斯道夫荷兰公司。[6] 协议明确规定，与新任执行董事会负责人卡尔·克劳森相比，雅各布森的经济待遇不会"处于更低的水平"。对于他的新预算计划，他得到了一笔相当于年薪的特殊费用。他的现有养老金被保留并转移给其继承人。[7] 在阿姆斯特丹，雅各布森对形式上独立于位于汉堡的股份公司的海外公司进行协调，这些公司大多由信托受托人所有。因此，公司被分为两部分。尽管按照 1932 年的销售额或资本投入而言，汉堡的公司是较大的部分，然而一些欧洲国家展现出良好的长期增长前景，在这些国家，拜尔斯道夫当时还没有占有很大的市场份额，竞争通常也不那么激烈。

竞争对手发起的反犹太主义运动

第一家在共同客户那里谴责拜尔斯道夫是"犹太"企业的公司是 1933 年 2 月底来自莱茵河畔法尔的罗曼股份公司（Lohmann AG）。[8] 18 个月前，拜尔斯道夫从罗曼公司获得了弹性膏药（"Elastoplast"）的专利和生产所需的价值 10 万帝国马克的机器设备，并在未来十年内每年保证支付相当于 5 万帝国马克的销售收入份额。当罗曼公司继续违反合同销售自己的产品时，拜尔斯道夫起诉要求遵守合同，并收到了退回的已支付的销售额部分。罗曼公司发动了反犹太主义攻击，或许是试图使拜尔斯道夫让步。双方直到 1937 年才达成最终和解。[9]

随之而来的是竞争对手的进一步谴责。1933 年 3 月，总部位于艾姆斯比特尔的奎塞尔公司（Queisser & Co.）发出了一份公开信，声称其为"纯粹雅利安和民族性"企业，并呼吁药剂师"推荐本国而非犹太人的产品"。与此同时，奎塞尔公司将其牙膏价格降到了妮维雅牙膏的水平。由于奎塞尔销售润肤霜和牙膏的包装外观与妮维雅非常相似，竞争对手之间的冲突一触即发。[10]

拜尔斯道夫并没有特别认真对待竞争对手的攻击。雅各布森向销售代表提供了用于客户谈话的详细信息和论据。[11] 但在 1933 年 4 月"犹太"执行董事会成员退出后，人们希望以此已经充分减少了攻击面。此外，为了以防万一，公司还获得了被列入纳粹政府帝国管理体系的"中小工商企业战斗联盟（Kampfbund des gewerblichen Mittelstands）"的专家鉴定意见，根据所有权关系和管理层情况证明拜尔斯道夫是一家"德国企业"。所有业务合作伙伴随即收到了一份鉴定意见的特别印刷件。[12]

尽管如此，竞争对手的敌对行动仍在继续。"请购买德国产品。"罗曼公司要求道。[13] 奎塞尔公司则通过于 1933 年 5 月在民族主义和反犹主义煽动性报刊 *Fridericus* 发表的一篇谴责文章，从而动员了民族主义媒体，文章中指责拜尔斯道夫表里不一：一方面，"执行董事会和监事会的犹太绅士们退居幕后"，收入"仍然一如既往丰厚"；另一方面，在波兰的拜尔斯道夫公司根据客户的不同，作为"犹太"或"天主教"企业亮相，并声称"在德国受到故意刁难"。[14] 与此同时，另一家竞争对手肥皂厂 I.G.MousonCo. 委托位于德累斯顿的名声不佳、本身只为煽动行动而建立的"德国品牌利益共同体（Interessengemeinschaft Deutsche Marke）"，将这篇煽动仇恨的文章印刷成传单，"这对于身为德国商人的您肯定非常值得关注"，并分发了数千份。

拜尔斯道夫聘请了一家侦探机构来调查这一事件的背景，并向法院提出了禁令申请。人们希望通过"德国药品工业联合会"协商，尽可能快速而静悄悄地解决与竞争对手之间的纠纷。在奎塞尔公司的案件中，拜尔斯道夫甚至承担了诉讼费用，并达到了让竞争对手改变其润肤霜罐和牙膏管的色调与外观的目的。针对杂志 *Der deutsche Drogist* 编辑和位于弗罗伊登施塔特的 Wolo 公司的诉讼也是类似的结果，Wolo 公司向市场投放了一款贴纸"谁购买了妮维雅的产品，就是支持一家犹太公司！"[15] 在放弃索赔的同时威胁采取进一步法律行动的策略被证明是成功的。1933 年 7 月，执行董事会向监事会报告，纳粹媒体重新接受拜尔斯道夫刊登广告。[16]

数周后，纳粹党报《冲锋报》（*Der Stürmer*）再次刊登了 *Fridericus*

Wer **Nivea-Artikel** kauft, unterstützt damit **eine Judenfirma!**

竞争对手利用日益增长的反犹太主义来营造反对拜尔斯道夫的氛围，谩骂攻击贴纸，1933 年的攻击，[17] 拜尔斯道夫公司上下变得非常不安。公司法务部门负责人布雷默通过长篇说明向汉堡经济管理局以及帝国经济部和帝国公共启蒙与宣传部求助，介绍了这些事件和所谓的解决方案。卡尔·克劳森和布雷默多次在柏林各部委亲自走访说明，可是没有人宣布对此负责。但是，公司得到了汉堡当局的支持。[18] 政府主管施洛特甚至考虑在汉堡市区域禁止《冲锋报》，拜尔斯道夫认为这不是一个好主意。最终的结果，这件具有威胁性的事件不了了之。[19] 在之后的几年里，反犹太主义攻击主要来自个人。此外，拜尔斯道夫还收到了进一步的提示，《冲锋报》正在寻找搜集对公司采取行动的材料。拜尔斯道夫因此多次求助汉堡经济事务管理局和工商会，并于 1935 年夏天得到正式确认，"公司管理层未受到犹太人的影响"。[20]

回顾这段时期，可以识别出对拜尔斯道夫的攻击事件中的个别参与者，但不能确定这是一场持续的、有组织的运动。尽管这些攻击行为令人讨厌和使人精疲力竭，但它们还是没有掀起大的波澜。1933 年底，执行董事会向监事会报告，90% 的民族主义媒体重新印制公司的广告。因此，调适战略是成功的；也接受为此向民族主义媒体提供相应资金。不太成功的是由于政治时代的推移而开发和营销的新产品，如足部霜，当时由于"体育运动的增加"和"国家协会的行进练习"，预计这款产品会热卖。[21]

所有权结构的变化和新的监事会

1933 年 4 月，由于股份交换，沃伯格银行失去了对拜尔斯道夫的控制地位。此前，曾有人建议用多重表决权股份交换"雅利安人"大股东韦斯特贝格和克劳森的单一表决权股份。然而这样的话，与其他股东相比，他们将会享有特权。与此相对，沃伯格银行的股票与拜尔斯道夫股份公司所拥有的具有单一表决股份的交换不会导致对其他股东的不利，因为这些股东反正都无权在股东大会上投票。原则上，拜尔斯道夫的监事会和执行董事会因此成为沃伯格银行的信托受托人，因为所有人都认为一旦政治局势发生变化，股份交换就可以逆转。然而，沃伯格银行现在只有 639000 帝国马克的股份和大约 13% 的投票权。[22]

1933 年 6 月，公司所有者确认了监事会的变更。卡尔·梅尔基奥尔仍然担任主席，但"由于当前的国内政治形势"，他只是临时代理。[23] 卡尔·克劳森退出监事会，加入执行董事会，汉斯·奥托接替 70 岁的利奥·阿尔波特；

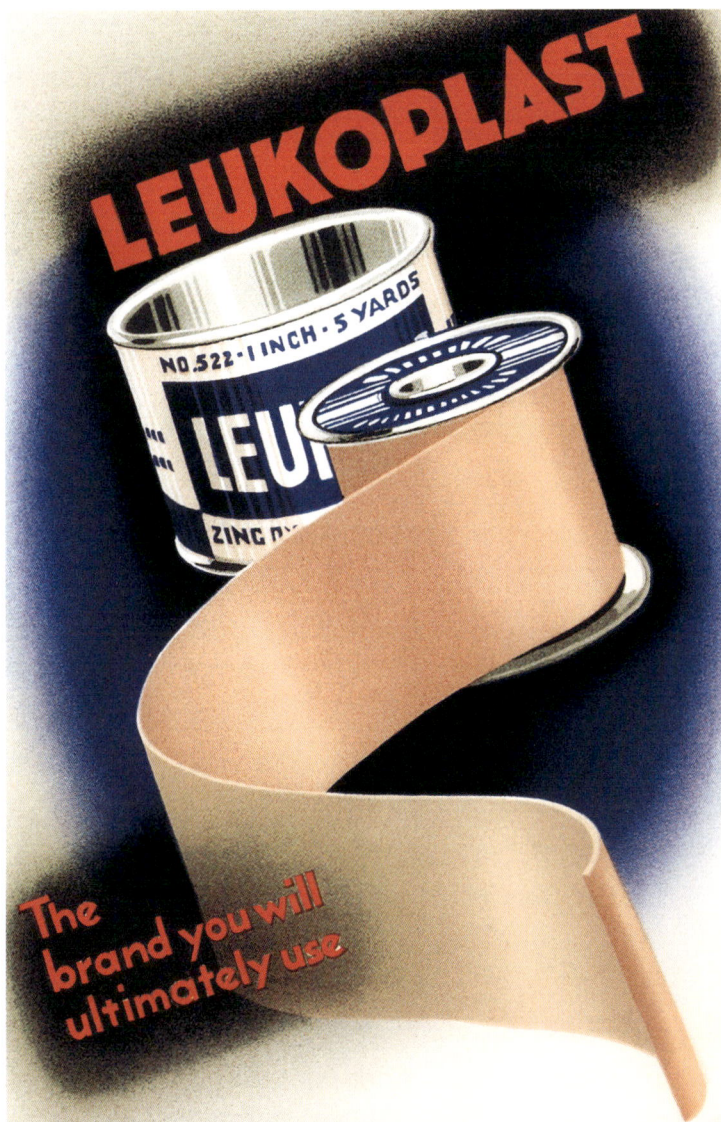

拜尔斯道夫仍然是一家膏药生产商。Leukoplast广告，英国，1939 年。ABC 膏药广告牌，德国，1931 年

荷兰银行 voor Zuid-Afrika 行长今后代表阿尔波特家族的利益。古斯塔夫·韦斯特贝格接任监事会副主席。根据埃里克·沃伯格和卡尔·梅尔基奥尔的提议，汉堡海外商人汉斯·克鲁泽（1891—1968）新当选为监事会成员，药剂师保罗·荣格也同样成为监事会新成员。[24] 通过这种方式，监事会也达到了"雅利安人"占多数席位。1933 年期间，无数德国公司和跨国公司的德国子公司面对纳粹统治做出了与拜尔斯道夫在 1933 年 4 月所做的类似的调适。为此，在德累斯顿银行或联合利华，"犹太"执行董事会或监事会成员也辞职退出。[25] 其中的原因并不全是迫于政治压力，而是也出于一种设想，即采取这些措施会使与国家机构开展业务变得更容易。

卡尔·梅尔基奥尔于 1933 年 12 月 30 日因突发心脏病去世，拜尔斯道夫在奥斯卡·特罗普洛维茨离世后失去了威利·雅各布森之外的最重要的公司领导人。梅尔基奥尔在战后困难时期多次为公司争取到贷款，特别是在监事会中为执行董事会主席雅各布森在公司战略调整方面给予了必要的全力支持。

梅尔基奥尔去世时，拜尔斯道夫很大程度上已经经受住春季的反犹太主义攻击。无论如何，公司都不应再次成为别人的"攻击靶子"。这种权衡考虑也决定了梅尔基奥尔的继任者。1934 年 1 月，雅各布森设想，他很可能会被沃伯格银行的股东鲁道夫·布林克曼取代，"但不是担任主席"。他认为谁来接任主席"并不那么重要"。也许"克鲁泽先生会得到这一职位，因为他与两组继承人中的任何一组都没有任何关系，除此之外似乎对我而言非常适合。今天的一切都与过去截然不同。"[26] 但是，马克斯·沃伯格强烈要求自己的银行代表担任主席一职。然而，韦斯特贝格和克鲁泽担心，一位与沃伯格银行关系密切的主席会成为拜尔斯道夫的负担。[27] 根据韦斯特贝格的说法，执行董事会内出现"极大的担忧"，甚至反对银行代表担任副主席。[28] 沃伯格银行听取了这些反对意见。

马克斯·沃伯格个人承受的压力要比拜尔斯道夫大得多。他的家人积极参与许多宗教和文化的犹太组织活动。他本人是德国犹太人帝国代表机构的成员，并从 1933 年起担任德国犹太人救助协会主席，协会组织向巴勒斯坦移民。1933 年 3 月，他已被纳粹党市长解除了汉堡财政委员会顾问一职，并被逐出商会。他不得不放弃在经济和科学组织中的众多职位，并在回忆时写道："许多熟人都绕着一个大圈走，避免与我打招呼。少数一些朋友依然邀请了我们，但我们无法掩盖这样一个事实，即这些社交是在极其谨慎的情况下召集在一起的。"[29] 事实上，他能够在几年内保持自己的地位，主要是由于沃伯格家族与德国经济之间有着密切的银行关系。此外，与卡尔·梅尔基奥尔一样，在第一次世界大战结束后，马克斯·沃伯格作为德国在国际谈判中的代表获得了巨大的声誉。1938 年，马克斯·沃伯格不得不将他的公司转变为与"雅利安"股东合作的私人有限合伙公司，其中除了工作多年的员工鲁道夫·布林克曼和汉堡商人保罗·维茨之外，还有保持着友好关系的工业公司，如古特霍夫努格炼铁厂和西门子。1941 年起，银行更名为布林克曼维茨公司（Bankhaus Brinckmann，Wirtz Co.），马克斯·沃伯格和他的家人移民美国。[30]

1933 年初，马克斯·沃伯格对关于拜尔斯道夫监事会主席的讨论在没有沃伯格银行参与的情况下进行感到愤怒。雅各布森当时正在将海外公司整合成一家自有的控股公司，他提请沃伯格出售拜尔斯道夫的股份。"为了海外公司的利益和我们自己的利益"，沃伯格应该更好地参与此次控股。[31] 正如雅各布森所设想的那样，起到决定性作用的是汉斯·克鲁泽。他强调了沃伯格银行对于监事会主席职位的要求，并且保证"一旦相关条件适合"，他将会提供这一职位。克鲁泽于 4 月 5 日当选监事会主席，鲁道夫·布林克曼（1889—1974）担任副主席。在当时报纸的报道中，只提及了新任主席。[32]

1937 年秋，拜尔斯道夫完成了"雅利安化"。继拥有超过 20% 公司股份的最大单一股东"犹太"阿尔波特家族 1936 年从德国移民海外之后，加上自 1922 年以来一直是股份公司股东的来自美国的赫尔曼·梅茨的遗孀想出售其在德国的财产，于是几乎三分之一的公司股本转手给了新股东，总计涉及450000 股，数年来一直由威利·雅各布森托管，保存在阿姆斯特丹的一个银行保险箱里。[33] 由于如此大额的股份不容易出售脱手，而且拜尔斯道夫公司内部达成一致意见，不得在监事会不知情的情况下出售，因此为价值超过 100 万帝国马克的股份寻找新所有者，前前后后花了超过一年半的时间。不同的股东群体、执行董事会和股份出售方对合适的买家都有各自的想法。例如，雅各布森不同意将股份出售给高露洁，但同意出售给巴塞尔化学工业公司或美国的曼哈顿银行。[34] 沃伯格银行的鲁道夫·布林克曼"非常不希望执行董事会掌握多数票"。M. M. Warburg Co. 促成了此次股份出售，因为只有银行网络中的一家公司才能够找到潜在买家，并与他们进行必要的保密讨论。梅茨的股份包由拜尔斯道夫股份公司接手，条件是这些股份将在过渡期后进行转售。[35]

经过数次所有权变更，这两个股份包最终归德国麦兹纳[36]（70 万股）、安联（46 万股）和古特霍夫努格炼铁厂股份公司的养老金基金会（16 万股）所有。总部位于汉堡的卷烟制造商 Hermann Reemtsma 和位于奥西希（今拉贝河畔乌斯季）的拜尔斯道夫公司总经理路德维希·默克勒各获得 10 万帝国马克股份，后者的公司在 1938 年波希米亚和摩拉维亚政权占领下成为一家德国公司。麦兹纳属于沃伯格银行的朋友圈，古特霍夫努格炼铁厂的股份也归沃伯格银行保管。通过这种方式，布林克曼获得了大约 160 万股的影响力。公司执行董事会及执行董事会成员（克劳森、韦斯特贝格、默克勒）持有约 110 万股股份。Chrambach 家族、安联和来自汉堡的 Ernst Albrecht 控制着约 90 万股股份。最后，拜尔斯道夫股份公司本身和养老基金会 TROMA 和 Pilot 持有约 90 万股股份，但是这些股份均无投票权。[37] 克劳森、韦斯特贝格、贝伦斯和沃伯格同意，如果准备出售拜尔斯道夫股份，将会互相通知，并尽可能就潜在买家达成一致。"将股份出售给大股东和专门出售给安联"不予考虑。[38]

位于阿姆斯特丹的第二个公司管理层

在 1933 年 3 月卸任执行董事会主席之前，威利·雅各布森就已经开始尽可能地将公司的资产转移至海外，尽可能远离汉堡。为了确保在海外生产的物质基础，他在文件中记载，所有机器设备都是海外公司的财产；这些公司最多欠汉堡公司钱。自 1931 年以来，由于汉堡公司没有按照协议支付海外广告的资金，海外公司一直没有支付授权许可费。[39] 实际情况是，1931 年 6 月，由于德国银行业危机，外汇交易受到限制，并须经授权，以维持帝国银行的国际支付能力。

雅各布森希望确保海外公司的资金流动性。甚至在监事会讨论此事之前，他就于 1933 年 4 月 8 日秘密通知"德国以外拜尔斯道夫公司的所有负责人"，公司总部将海外业务总部已迁至韦林花园城的拜尔斯道夫有限公司。拜尔斯道夫于 1931 年在这个英国小城开设了一家新公司。在同一封信中，雅各布森将与海外的所有生产合同从位于汉堡的股份公司转移到了英国公司。今后，就所有涉及财务和组织方面的问题，海外公司应与韦林花园城联系。只有货物和机器设备的支付由汉堡公司处理。"其余事项请等待我的进一步指示，"雅各布森在信的结尾写道，"不要感到不安，一切都像以前一样。我继续留在领导岗位，我们依旧在一起，一如既往。"[40]

这些规定并没有生效。但几个月后，威利·雅各布森开始在阿姆斯特丹的拜尔斯道夫荷兰公司设立海外总部。变更地点的一个原因可能是从阿姆斯特丹可以更快、更便捷地前往汉堡。设立拜尔斯道夫海外总部的资金由海外公司提供，每月需要筹集共 25000 帝国马克。[41] 监事会决定，海外总部的任务是"监督拜尔斯道夫各种业务的组织，特别是在西欧国家，也包括欧洲其他地区和海外国家"，并负责协调汉堡公司与国外的合作。雅各布森可以通过适当的方法自主决定，并且使用汉堡总部的资源来搭建组织。[42]

"双重领导结构"立即导致了紧张关系，尤其是在财政方面。财务董事贝伦斯不想失去对财务大权的控制，提出必须确定汉堡股份公司管辖的结束界限以及海外总部管辖的开始界限。此外，对于雅各布森而言，发现自己无法担任汉堡执行董事会主席一职时感到颇为困难，因为按照他的理解，他仍然认为自己一直应当是那个角色。他十分注重自己的意见应该在会议记录中得到正确反映，如果他不同意汉堡总部的决定和做法，他就毫不掩饰地表明立场。如果人们"在从汉堡总部与国外的联系沟通中如同从阿姆斯特丹一样"，注重对"口头传达给他们并为此书面记录的东西给予尊重"，他在给克劳森的信中写道，"那么整个组织就会正常运转。"[43]

1933 年 10 月初，雅各布森、梅尔基奥尔、克劳森和贝伦斯同意，计划今后将在英国（包括其在芬兰的子公司）、法国、意大利、南斯拉夫、拉脱维亚、荷兰、奥地利、瑞士、波兰、罗马尼亚、捷克斯洛伐克、匈牙利和美国的 13 家海外公司的"直接和间接股份所有权"整合进英国的一家独立于拜尔斯道夫的控股公司。除此之外的其他海外市场继续由汉堡总部负责运营。外国商业朋友将对控股公司进行"监督"，以便公司在最大程度上摆脱德国政府的影响。为了确保拜尔斯道夫的利益，计划就投票机制达成长期协议。控股公司的"实际领导"将由雅各布森担任。根据这一理念，设想有两个独立的公司在国际市场上相互支持。[44]1931 年在国际承兑银行 / 曼哈顿银行作为贷款担保的海外公司股份于 1934 年被转让给了富国银行与联合信托公司，[45]或许是为了避免股份被沃伯格家族控制的嫌疑。

控股公司董事计划由两位英国人、一位美国人和一位瑞士人担任，都是雅各布森的密友或拜尔斯道夫监事会成员。雅各布森"出于德国公司的利益将另外聘任他们为顾问"。[46]控股公司无权转让商标权。所有人都清楚，海外公司能够分红还需要等上几年时间：东欧和美国市场预计会出现亏损，因为那里的经济危机尚未结束，年轻的公司也需要大量的资金投入用于广告业务和工厂扩建。[47]

1934 年初，拜尔斯道夫向帝国经济部提交了由沃伯格银行法务部门准备的海外公司转让批准申请。随后，申请直接被转至汉堡州财政局，于 1934 年 4 月被拒。[48]监事会主席汉斯·克鲁泽在帝国经济部经过力争，拜尔斯道夫可以向帝国外汇管理局提交新的申请，但新申请最终也被转给了汉堡州财政局。

二十世纪二十年代末之后，在欧洲其他国家诞生了许多现代化工厂。
膏药切割和包装车间，维也纳，二十世纪三十年代

这次主管当局的态度缓和了一些，但仍然要求必须长期确保"德国对控股公司的影响"，不能出现外汇收入的中止，德国的生产不得转移到海外子公司。当局得到了告密者的"提示"，声称拜尔斯道夫计划将公司迁至国外，并且已将机器设备运送到了那里。[49]

　　根据州财政局的这一意见，很显然，无法实现在英国成立控股公司的设想。1934 年夏天，计划成立的控股公司股东之一赫尔曼·梅茨去世，他的遗孀提出出售股份，拜尔斯道夫便以此为契机撤回了申请。[50] 雅各布森此时提出了一种组织形式，保持汉堡和海外公司之间的责任分离，在此期间，阿姆斯特丹海外公司总部已经有了牢固的基础，但不要求任何所有权转让。[51] 然而，通过这种方式无法调动新的资本。为了给海外公司筹措必要的运营资金，减少了以前据称定价"故意过高"[52] 的授权许可费。雅各布森还希望在汉堡总部和海外公司之间重新分配市场。这事关优化，但也事关各自的影响力。汉堡公司和海外公司为雅各布森组成了"一个封闭的阵营"，对抗"世界市场上的共同竞争对手"。他们生产相同的制剂，即使"出于机会的原因，在不同的国家为相同的制剂引入其他品牌"。雅各布森担心公司之间的联系沟通受到德国当局的监控，要求尽量减少通信。协调工作可以在定期会议上，由"少数几个相互了

1937 年在意大利马焦雷湖畔的巴雷诺举行的海外公司负责人年会

后排左起：弗朗茨·迈耶，韦林花园城；鲁道夫·杜玛岑，布达佩斯；格奥尔格·罗斯纳，马里博尔（萨格勒布）；雅克·皮洛尔，巴黎；会议秘书 G·本齐，米兰

中间左起：伯恩哈德·谢尔，里加；亨利·格吕施泰因，巴黎；奥托·施瓦茨，布拉夫（罗马尼亚喀琅施塔得）；马克西米利安·马鲁泽克，珀森；埃米尔·施图尔马赫，阿姆斯特丹；卡尔·赫尔佐格，斯坦福德 / 美国；胡伯特·科洛兹耶，希尔弗瑟姆生产总监；威利·齐默尔曼，米兰

前排左起：路德维希·豪伯斯，维也纳；鲁道夫·布林克曼，汉堡；克里斯托夫·贝伦斯，汉堡；威利·雅各布森，阿姆斯特丹；汉斯·克鲁泽，汉堡；理查德·德奇·本齐格，巴塞尔；阿尔弗雷德·西蒙，汉堡

解并习惯于毫无保留地公开交流的人"进行。[53]

　　1934 年 8 月，这 13 家海外公司整合成一个"联盟"，由来自阿姆斯特丹的雅各布森负责管理，其办公室的运营由海外公司出资。[54] 一个由拜尔斯道夫监事会和执行董事会以及 13 家"联盟公司"代表组成的管理委员会负责协调工作。除了雅各布森之外，克鲁泽、布林克曼、克劳森和贝伦斯也是管理委员会成员。雅各布森希望能够以这种组织形式在一段时间内很好地发展国际业务。监事会确认了管理委员会的目标，但不能放弃自身在公司章程中所规定的义务，并且出于官方原因对管理委员会的任务进行了相应限制。[55]

管理委员会每年大约召开五次会议，还组织一次海外公司负责人的年度会议。因此，委员会为日益统一的国际品牌形象做出了贡献。这些海外公司对广告进行了协调，以妮维雅为例，遵循一个共同的品牌理念："妮维雅润肤霜必须是保持人类全身皮肤健康的产品。"在会议上，公司负责人还就他们想主打哪些产品达成一致。例如，1935 年推出的妮维雅坚果油，其配方起源于意大利，被纳入了国际层面的"流行广告"推广项目；在膏药领域，重点产品是汉莎创可贴，在药品领域中的主打产品则是 Tussifect。大家希望将稀缺的资源用于市场大、利润率高的产品："如果资金短缺，在充分扩大妮维雅和膏药宣传之前，应该不考虑药品的宣传。"[56]

然而，协调工作中提出了新的负责和分配问题。拜尔斯道夫的财务董事贝伦斯希望能够监督实际上独立的公司，而雅各布森和海外公司不同意。贝伦斯和克劳森强调："汉堡公司最大的兴趣在出口商品，以此来维持汉堡工厂的运行。"海外公司希望以世界市场价格供应，而汉堡公司有时会收取高额附加费，以改善自身的盈利状况。[57]拜尔斯道夫的监事会首要任务是代表汉堡公司的利益，并希望加强对雅各布森的监督，雅各布森并不总是能与其他人就自己的行动达成一致。"出于策略原因"，雅各布森并没有被直接告知这一点，而是被要求向监事会通报"基本流程"。[58]马克斯·沃伯格在 1937 年初证实："在拜尔斯道夫，确实在领导层的地点问题上面存在困难。"[59]不过，雅各布森和克鲁泽在前几年加强了他们的关系，并直截了当地就基本问题取得一致。作为拜尔斯道夫监事会主席，克鲁泽主持了联盟公司的年度会议，并保持了密切联系。二十世纪三十年代末，他实际上接管了海外公司的管理工作。[60]

雅各布森继续追求海外公司谋求独立的目标，并于 1936 年 1 月在韦林花园城成立了联合制药有限公司（Consolidated Pharmaceuticals Ltd.），作为 13 家联盟公司的"管理公司"和研发中心。这家公司也负责专利和商标事务。拜尔斯道夫联盟中的五家公司参与组建了联合制药有限公司，[61]公司本应吸纳更多的海外公司参与，并且追求将海外业务与德国公司完全分离的目标。1937 年初，当阿尔波特家族和梅茨的股份包准备出售时，也在讨论外国买家，马克斯·沃伯格也想"抓住时机重新考虑在国外设立控股公司的想法"。[62]但为时已晚。德国财政当局密切关注海外企业的活动。帝国外汇管理局和帝国银行非常仔细地审查了德国公司与其海外公司的金融交易。1937 年 7 月底，拜尔斯道夫收到了帝国银行的一封信，信中要求公司根据帝国外汇管理局颁布的规定，"将所有在国外发生的收益全额转至帝国银行"。[63] 雅各布森表示，根据这一条例解释，虽然海外公司在法律上是独立的，然而"间接通过信托受托人，所有拜尔斯道夫公司都存在着汉堡公司百分之百的影响"。按照这一解释，这意味着他基于战时经验提出的在战时保护德国财产的计划"已经不可挽回地破灭了"。[64]

1938 年 2 月中旬，帝国经济部要求拜尔斯道夫与雅各布森分道扬镳，[65] 为此，监事会不再延长其于 1938 年 6 月 1 日到期的合同。位于英国的联合制药公司被清算。雅各布森早在 3 月给他在美国的朋友卡尔·赫尔佐格的信中写道：

> 你知道，我预计今年会发生这样的情况，因为要彻底清除在德国国内和国外的犹太人；因此，当克鲁泽先生在我们共同访问英国期间也给了我这个令他不快的消息时，我并不感到惊讶，但是如果有人只是在理论上期待这样的事情，或者如果是一个人面对赤裸裸的事实，这还是有区别的。[66]

雅各布森已经将他的一些"犹太"员工介绍到其他公司或帮助他们移民国外。[67] 他自己则计划去英国或者美国。"你觉得加州怎么样？你会推荐哪个城市？"他在同一封信中问赫尔佐格。1938 年 9 月底，雅各布森移居洛杉矶。他从未放弃与"他的"公司的紧密关联。第二次世界大战后，他积极致力于将海外资产重新转让回拜尔斯道夫股份公司的工作。

公司业绩"逆风"上扬

1933 年针对拜尔斯道夫的反犹太主义运动对公司的商业成功仅产生了短期影响。[68] 只是在 1933 年第二季度，公司在德国的销售额才出现小幅下降；直到 1939 年，销售收入总体持续增长（见附录表 2）。即便在 1933 年，总销售额也从 1190 万帝国马克增长到 1240 万帝国马克。经济危机结束后，积极的发展态势仍在延续。到 1939 年，国内销售额翻了一番，达到 2500 多万帝国马克。所有生产领域都为这一发展做出了贡献，但 1939 年 57% 的销售额还是来自化妆品。战争爆发之前，尽管竞争日益激烈，妮维雅润肤霜仍然是公司最重要的产品，至少占销售额的三分之一。另外三种产品也脱颖而出，Leukoplast 和汉莎创可贴合计达到销售额的 25% 至 30%，妮维雅牙膏约占销售额的 10%。在制药行业，Tussifect 和心脏药物 Pandigal 经历了强劲的增长，但利润仍然很低（见图 4.1）。工业胶带当时还不是主要的销售驱动力；1936 年生产的德莎胶带在第二次世界大战期间才显示其重要性。

业绩成功的一部分是基于广告和在销售领域的投资。拜尔斯道夫 1933 年为所有还没有自己车辆的销售代表配备了一辆汽车。销售仓库得到了大力扩建，从 1932 年到 1938 年，仓库员工人数增加了 50%。[69]1932 年 11 月，为了推出妮维雅牙膏，开始了"大规模的宣传推广活动"。当时市场领先的 Chlorodot 是德累斯顿 Leo 工厂的产品，在经济危机期间由于商标因素而遭受了严重损失，因此拜尔斯道夫选择了一种全新的、经济的品牌产品。上市的妮维雅牙膏装在纯锡管中，售价 50 芬尼，而进口品牌 Pebeco 牙膏的售价为 80 芬尼。[70] 从中期来看，由于密集的广告宣传，这一策略取得了成功，因此从 1936 年到 1939 年，牙膏的销量增长超过 50%。而 Pebeco 牙膏则不再做广告，只针对小众目标群体。[71] 获得更大成功的是妮维雅坚果油的推出。消费者在夏天越来越多地使用润肤油而不是润肤霜，拜尔斯道夫为此迅速做出应对，对妮维雅润肤霜和妮维雅润肤油进行共同推广。

图 4.1　1936 年销售最强劲的产品（第二季度）

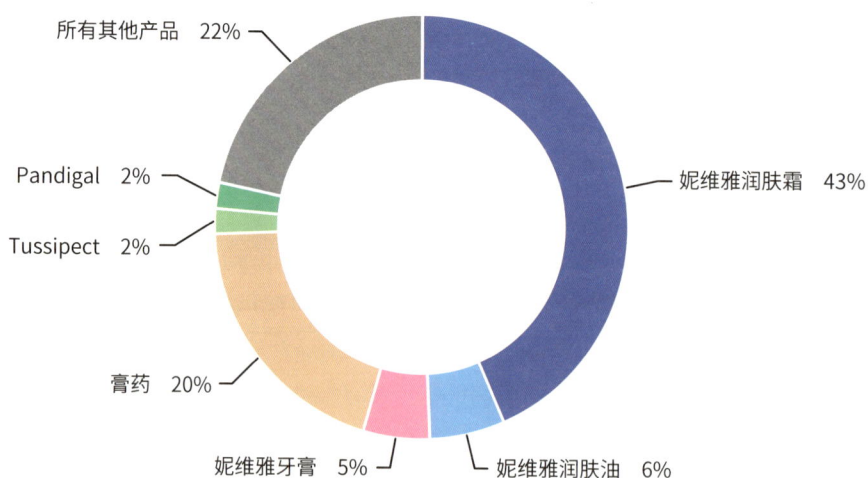

所有其他产品　22%
Pandigal　2%
Tussipect　2%
膏药　20%
妮维雅牙膏　5%
妮维雅润肤油　6%
妮维雅润肤霜　43%

资料来源：呈交监事会的季度报告（1936 年 8 月 12 日），BA 130

销售的成功也建立在价格策略的基础上。拜尔斯道夫没有通过价格调整来应对销售损失，而是通过加强广告宣传和针对目标群体的销售活动。主要品牌妮维雅、Leukoplast 和汉莎的价格必须保持稳定，这样才能维持其价值。偶尔的销售推广活动和有限的特别优惠是针对批发商的，最终售价保持不变。

随着二十世纪三十年代的销售翻番，生产进行了相应的扩大：拜尔斯道夫购买了更多的机器设备，建造了新的工厂，并不断招募新的工人。从 1932 年到 1938 年，汉堡公司和交货仓库的员工人数增加了三分之二，全职雇员超过 2000 名。在行政管理部门约有 250 名男性和 120 名女性员工，在生产部门有 500 名男性工人和 900 多名女性工人，而在交货仓库中，绝大多数是男性员工。[72] 多处新的建筑工地成了厂区的一大景观。机器设备不断更新或购买新机器。化妆品罐厂于 1933 年初投入运营，短短 18 个月后就不得不进行扩建。1936 年底，拜尔斯道夫公司搬进了位于艾德尔施泰特路（今乌纳大街）的一座新的行政大楼。在洛克施泰特新建了一个仓库，在奎克博恩大街拆除了两幢房子，1936 年底开始建造两幢新厂房。然而，建筑材料的采购是一个挑战。为了得到 300 吨铁的配给用于建造膏药生产大楼，拜尔斯道夫与主管部门进行了长达半年的谈判。"铁资源是如此稀缺，以至于只有军工重点企业才能获得供应，而我们还不属于这类企业。"[73]

从 1935 年起，生产的扩大和工厂设施的扩建给公司管理层带来了问题。这并不是因为融资困难，相反，公司盈利颇丰，而是因为纳粹政权旨在自给自足的经济政策导致一次又一次新的原材料短缺。从 1935 年夏天开始，与第一次世界大战时期一样，不得不越来越多地"按照高层的指令"[74] 使用镀锡的铅管和铝管。1936 年，作为纳粹政权经济计划的所谓"四年计划"出台，强调德国工业为第二次世界大战做准备，锡和铅的配给完全停止。拜尔斯道夫只收到了铝材料。妮维雅罐的热浸镀锡铁皮被涂漆铁皮取代；不久就用上了黑铁皮。执行董事会的报告中指出，即便是"用作替代品的材料"也无法确保配给，例如，拜尔斯道夫 1937 年仅仅收到所需黑铁皮量的 40%。[75]

所有企业都受到了自给自足政策的影响。与纳粹党促进小型企业和"中型企业"的承诺相反，恰恰是小型企业经常因经营政策而陷入生存困境，正如 1937 年所发生的一幕那样。事件涉及拜尔斯道夫 1937 年收购的位于万茨贝克的肥皂和香水厂"Alster-Seifenund Parfümerie-Fabrik Gebr. W. & C. Simon"，拜尔斯道夫之前曾通过一位经纪人，帮助寻找有意向出售拥有较大油脂配额的企业。由于主管当局的配给制，企业的原材料是分配的；额外的数量必须申请，手续

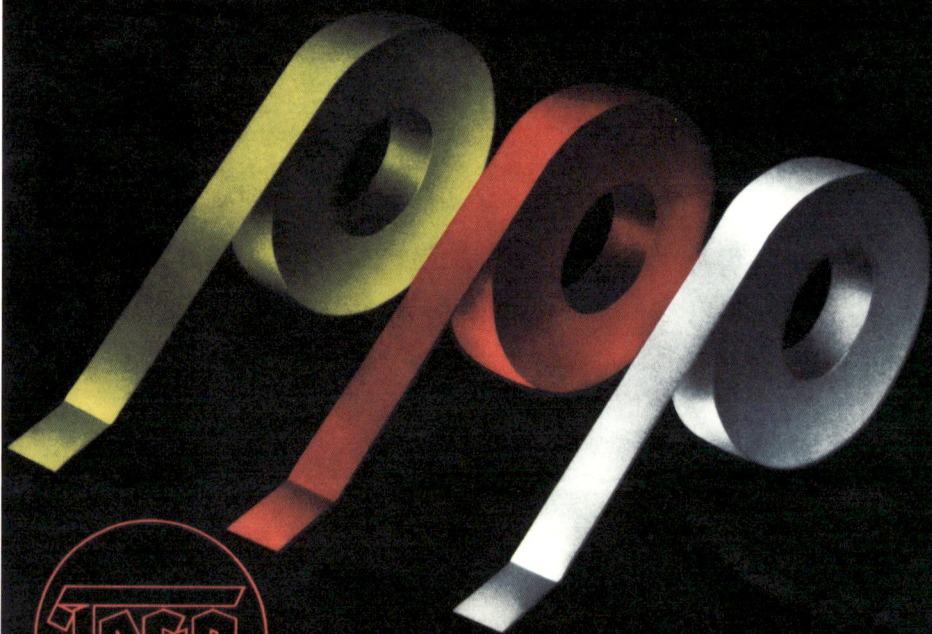

1936 年是德莎（tesa）品牌的诞生之年。用于工业和商业的胶带 Tesakrepp 和 Tesaband 展现出良好的业务
前景，但是在之后的第二次世界大战中，供不应求的是膏药。广告海报，德国，1937 年

抵制行动，业绩良好和战时经济

十分复杂。如果收购一家企业，那么也就获得了这家企业的原材料配额，从而能够扩大自己的生产。部分潜在的卖家是"犹太"企业，但 W. & C. Simon 公司应该不属于这类企业。[76] 来往信件中显示，如果没有油脂配额，Simon 公司也将无法出售，而公司所有者恰恰由于拥有配额而大致达到了所期望的售价。

然而，尽管存在经营管理和采购方面的问题，生产仍在持续增长。公司越来越多地要求加班。为了跟上订单的步伐，膏药部门从 1938 年起实行两班制，周六下午和周日也不休息。

公司的利润大幅增长（见附录表 2）。1938 年，按名义价值计算，报告的利润首次超过特罗普洛维茨领导下的年度最高水平，但是实现这些利润需要三倍的销售额。此外，这些钱款的购买力与以前相比变低了。相对于 500 万帝国马克的股本而言，160 万帝国马克是一个相当可观的金额。实际的利润至少是显示利润的两倍，因为其余的利润流入了未公开储备金。自二十世纪二十年代后期以来，拜尔斯道夫总是立即计算新机器设备的折旧。1938 年涉及 120 万帝国马克；40 万帝国马克被计入特别折旧。留存利润又增加了 100 万帝国马克。总体而言，未公开储备金几乎与收支结算表盈余总额一样高。除此之外，公司自有的股票以 52 帝国马克记账，而在证券交易所的交易价格为 280，海外的公司通常都用标注项目估值为一个帝国马克。[77] 除了传统的"保守"资产负债表估值外，1934 年出台的《债券股票法》也对这一发展负责。法律规定将分红限制在通常情况下的 6%；此外，还必须缴纳高额税款。纳粹政府希望以此迫使公司进行再投资，减少公开的利润提取。[78]

随着国内销售额的持续增加，出口持续下降，直到 1935 年；然后，出口稳定在总销售收入的 8% 左右。这一发展与许多国家增加贸易限制和设定进口配额有关，[79] 对来自纳粹德国产品的谨慎态度和海外公司的扩张同样也在其中起了作用。独立于汉堡开展海外业务经营的策略获得了成效。尽管各国之间存在相当大的差异，海外公司也能够大幅增加销售额和利润，然而，所递交的数据是不一致的，或许是各个国家的货币有时大幅贬值没有被准确列入。此外，海外公司报告尽可能低的销售额，以便向德国转移尽可能少的资金。

雅各布森向联盟公司的管理委员会报告的 1937 年的销售额为 66.6 万英镑。自 1932 年以来，销售额增长了约 50%，雅各布森预计 1938 年的销售额将进一步增长约 20%（见图 4.2）。1937 年的销售额几乎占德国销售额的 40%。从发展趋势而言，海外公司的利润率往往更高。这里几乎没有研发成本，因为产品、生产技术或营销方案都可以直接采用，并且针对各个国家的具体情况

图 4.2 1932—1937 年闭环公司销售额（以英镑为单位）

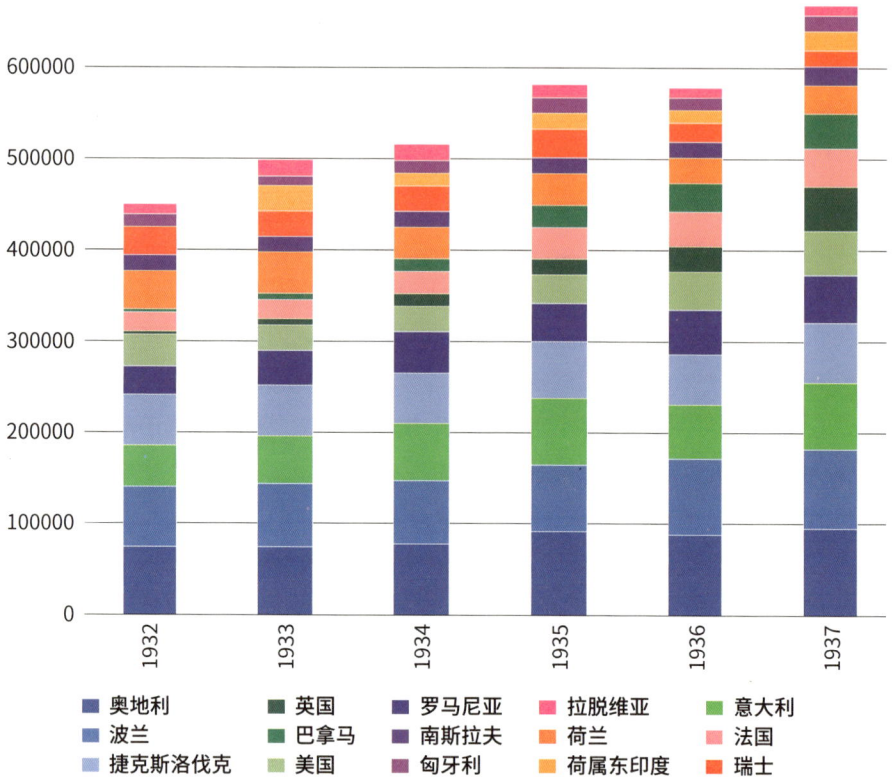

图例：
- 奥地利
- 英国
- 罗马尼亚
- 拉脱维亚
- 意大利
- 波兰
- 巴拿马
- 南斯拉夫
- 荷兰
- 法国
- 捷克斯洛伐克
- 美国
- 匈牙利
- 荷属东印度
- 瑞士

资料来源：各类报表，1932—1935［没有日期，数据有少许不一致，或许由于取整数的原因］，BA 311 闭环公司销售额 1933—1937；"1937 财政年度简单汇总"（附件 II，雅各布森，1937 年 12 月 18 日），BA 311 管理委员会会议记录，1933—1941

进行调整。此外，除瑞士和美国外，劳动力成本降低了 40%—60%。[80] 在拜尔斯道夫产品占据垄断地位的地方，收益尤其高。但是，在个别一些国家，如美国，尽管销售额不断上升，但经济上并没有取得成功。自二十世纪二十年代以来，在美国市场的亏损近 60 万美元。1935 年，记录了第一笔不到 10000 帝国马克的微薄利润，1936 年，利润增加了两倍。[81] 然而，总部位于汉堡的拜尔斯道夫股份公司仅在很小程度上从海外的利润中受益。雅各布森希望扩大海外公司，以加强它们相对汉堡总部的独立性。利润被用于再投资或被转移到其他海外公司，直到德国外汇管理当局施加压力不再允许这样做。

拜尔斯道夫还让员工共享积极良好的利润发展，并且从 1935 年起向"追随者"（"Gefolgschaft"，纳粹语言中对全体员工的称呼）发放不断上涨的奖金。1938 年人均奖金达到 1000 至 1300 帝国马克之间，尽管奖金根据工资等级进行了分档，到手的金额还是可以达到数月工资的标准。因为当时男性非熟练技术工的月工资约为 200 至 220 帝国马克，女性非熟练技术工估计每月赚 140 至 160 帝国马克。[82]

1937 年扩建后的食堂新楼竣工后，所有员工都得到了免费午餐。比尔布鲁克工厂的午餐由总部一并供应，分布在德国各地的交货仓库的员工收到了餐馆的代金券。针对职员，拜尔斯道夫早在 1912 年就已经建立了一个专门食堂。根据 1933 年前担任企业职工委员会委员和监事会企业职工代表的威利·卡斯滕斯的介绍，二十世纪二十年代曾举行过一次投票，结果显示相对于免费午餐，工人们更喜欢加薪。[83]

调适迎合纳粹主义？

在纳粹独裁政府上台掌权时，拜尔斯道夫准备做出让步。首先，威利·雅各布森提议自己退出管理层以保护公司，沃伯格银行亦是如此，自愿放弃了对公司控制权的影响力，也包括新任执行董事会主席卡尔·克劳森。当然，在纳粹的"企业共同体"方案的框架内，克劳森已经自动成为"企业领袖"。每家企业都设立了这一职务，随之带来了相关责任，例如在 5 月 1 日的游行中率领"追随者"。但克劳森对这个独裁政权没有丝毫同情。根据纳粹种族法，他的妻子是"犹太人"，因此他们的四个孩子是"半个犹太人"。他们无法完成大学学业，不可以结婚，资产被控制，克劳森的儿子有时被派去从事重体力劳动。[84]人们难以想象反犹太主义此外对他们的日常生活还产生了怎样的影响，每天面临武断的措施和拒绝意味着什么。马克斯·沃伯格在谈到他的家庭时写道："我们感到越来越被孤立。"[85]

拜尔斯道夫早期的让步并不是出于生意方面的考虑，也不是为了从新的"国家"政策导向中受益。这些让步是为了确保公司的生存。考虑到这一目标，这些决定是正确的；否则公司可能会像几乎所有 1938 年之后的其他"犹太"企业那样被"雅利安化"。但是，维持公司生存和在二战开始前取得巨大商业成功的代价是什么？拜尔斯道夫是否做出调适，以至于公司传播纳粹意识形态，从而甚至支持纳粹政权？

公司最晚在 1933 年 5 月受到政策的影响。虽然雅各布森在二十世纪二十年代初认识到了管理层的任务，即保持"每一项政策，无论是来自右翼还是来自左翼，都远离公司"，[86] 但这条原则却彻底被颠覆了。来自右翼的政治宣传变成了企业日常事务。在几乎所有的企业中，纳粹党都成功地实施贯彻"元首思想"，并且使企业沦为传播纳粹意识形态的工具。为此，工会的统一行动和德国劳工阵线的成立起到了推动作用。向寒冬赈济组织的捐赠和德国经济界所谓的阿道夫·希特勒捐赠成为一种"义务"，同样的义务还有集体参加"国家劳动节"的游行，纳粹分子将 5 月 1 日这一天重新定义为维护工人权利的"战斗日"。拜尔斯道夫也不得不参加这些活动以及"劳动之美"等计划。[87]

调适的目的在于避免与纳粹政权发生潜在冲突。1933 年担任拜尔斯道夫执行董事会副主席的阿尔弗雷德·西蒙（1890—1978）的让步则走得相当远。1946 年，他在所有执行董事会成员和代理人都必须填写的旨在"去纳粹化"的调查表中承认，"鉴于因原犹太管理层和股东而导致的对拜尔斯道夫公司的攻击"，从"1933 年中期到 1938 年或 1939 年"每月向党卫军支付了 5 帝国马克。[88] 西蒙在 1933 年之前一直是自由派德国人民党的成员，没有证据表明他赞同纳粹运动的目标。因此，捐赠可能是经执行董事会商议决定的。为了"保护自己和公司"，雅各布森甚至于 1933 年向社会民主党籍的企业职工委员会主席威利·卡斯滕斯提议，让自己"被纳粹党收买"，卡斯滕斯 30 年后披露了此事。卡斯滕斯不想走这一步，之后不久，他作为工会成员被纳粹冲锋队逮捕，他很快被释放，这要归功于拜尔斯道夫执行董事会成员克里斯托夫·贝伦斯的尽职尽责。[89] 执行董事会中没有人同情纳粹主义。

根据公司的数据，1933 年 5 月，全体员工中有 45 名纳粹党员。尤其是1929 年本人也由于政治原因被辞退的生产总监马克斯·欧姆雇用了一些民族主义组织的成员。[90] 考虑到 1933 年 5 月只有少数女性是纳粹党员，纳粹党员人数占男性员工的比例为 6% 至 8%。[91] 1945 年，约 100 名有组织的以及部分秘密的纳粹党员受雇于拜尔斯道夫公司，鉴于公司员工总人数约为 800 人，这并不是一个特别高的数字；这相当于汉堡人口中纳粹党员的比例。战争结束后，拜尔斯道夫解雇了 36 名纳粹分子；1946 年，另外 30 名纳粹分子因去纳粹化机构的决定而被辞退，其中包括两名代理人。[92]

纳粹主义持续不断地一步一步渗透到公司。最初，拜尔斯道夫通过捐款支持了纳粹党的失业者厨房。为了能够进行政治上所期望的新的人员招聘，公司鼓励结婚，并且解雇"双职工"。[93] 很快，纳粹控制的"企业职工代表委员会"就得到了其前任所没有的物质帮助。这涉及了例如《N. S. 拜尔斯道夫报》——纳粹党拜尔斯道夫企业基层组织信息报",从 1933 年秋季开始,报纸在公司的内部印刷车间印刷。1935 年,德国劳工阵线的报纸《劳动战友》取代了前者的位置;该报在拜尔斯道夫出版印刷,直至 1938 年。这两份报纸都与公司存在一定的联系,因此会报道援助基金的年度收支情况以及体育和文化活动。但从本质上讲,这些报纸专注于传播纳粹意识形态。[94]

1933 年底成立的德国劳工阵线"欢乐中汲取力量"(Kraft durch Freude,简称 KdF)旅游休假组织非常受欢迎,并且赢得了公司的大力支持。1934 年 5 月,第一批拜尔斯道夫的女工参加了为期 5 天的休假组织海上旅行。1934 年,公司资助了大约 300 场休假组织的旅行;1936 年,这一数字增加到 460 场,占公司员工总数的四分之一,这些员工"除了全额工资或薪水外,还获得了旅游津贴,以便舒适无忧地欢度假期"。[95]

三十年代,拜尔斯道夫公司建立了一些新的福利设施,例如从 1937 年开始为所有员工提供免费午餐,以及在 1938 年夏天开设了可容纳 80 个 1 岁到 12 岁儿童的"日间托育之家",[96] 这些措施与特罗普洛维茨在第一次世界大战前就已推行的社会福利措施相呼应。这些措施充其量只能与纳粹意识形态("劳动之美")沾点边,其主要目的是提高工作满意度和增强员工对公司的认同感。公司组建的职工体育队、音乐、舞蹈团和棋艺小组也可能具有同样的效果。足球俱乐部起源于魏玛共和国时期,后来获得了公司提供的体育场地。然而,纳粹分子试图通过其"企业基层组织"对这些团体施加影响。1933 年秋成立的工厂图书馆深受纳粹思想影响,其管理在很大程度上由纳粹党企业基层组织掌控。除了在二十年代就已经为工人、职员和管理层举行的圣诞节庆祝活动外,现在又增加了一个"夏季企业集会",宣称其有助于"使所有共同工作的员工人际关系更加亲近"。[97] 纳粹组织逐步渗透进企业的日常运作,甚至在业余生活中也触及了很大一部分员工。

相反,据说由"80 名年轻的追随者"组成的"穿制服的护厂队"则是一个由冲锋队队长领导的组织,旨在为社会军事化服务。[98] 与所有大型企业一样,拜尔斯道夫公司成为纳粹德国的一个组成部分,他们几乎无法阻止一个日益极权化社会的意识形态渗透。

纳粹主义彻底颠覆了雅各布森"让公司远离政治"的原则。他的第二个原则是"做生意不带政治因素":"我们不问我们买家的党派归属。"[99]

公司继续遵循这一原则。因此,妮维雅广告在整个纳粹统治期间完全拒绝采用纳粹的图像,只有该产品系列得以传播足够丰富的图片资料。仅个别图案和文字可以令人产生相应的联想；至于这些图案和文字具体用于何处，目前还不得而知。一个例子是 1938 年的一张海报，海报上有两个海滩上的男孩，其中一个男孩金发碧眼、体格健壮，与希特勒青年团的理想型相吻合。文字则采用哥特体："妮维雅让您的肌肤更加健康黝黑"。此外，"使用妮维雅，可以在阳光下晒得更久"这句话也允许有不同的解读。在 1933 年的一则广告中，一位女性右臂伸得很直，虽然不是行希特勒礼，但这种联想显而易见。在同时期荷兰的一则广告中，一位女性摆出了类似的姿势，手里拿着一条围巾，也许是为了避免令人产生这种联想。

妮维雅广告不需要进行调整以适应纳粹的图像，因为二十年代开发的新品牌形象本就无意中与之相关联。化妆品广告部负责人胡安·克劳森的基本理念是生产全家皆宜的润肤霜。他在 1924 年和 1925 年创造的妮维雅男孩和女孩形象与纳粹视觉语言相吻合。拜尔斯道夫公司有意识地开始在其广告中塑造"邻家女孩"形象，而不是竞争对手所展示的"东方美人"形象。妮维雅广告中的女性在做运动，躺在海滩上，在水中游泳，在山间或森林中展示形象。她们活泼好动，身姿曼妙，大秀肌肤："让身体沐浴阳光，是何等的享受啊。"这类广告迎合了二十年代那种独立、主动和自立的"新女性"。身体文化，包括裸体文化，对这些希望能够平等地参与民主生活的"新女性"起到了重要作用。[100]自二十世纪三十年代起，运动的健美男性也开始频繁出现在广告中。

纳粹主义的意识形态思想家将这种视觉语言视为典范。1933 年 7 月，一篇题为《新国家的广告》的文章作者认为，"除了少数例外——我在这里特别想到了宝莹（Persil）和妮维雅，这两家公司长期以来一直有意识地在广告中使用德国图案"——电影明星和洋娃娃随处可见，"她们往往以最卖弄风情的姿态出现，且衣衫不整，达到了最大尺度。在这类女性身上找不到丝毫德国气质的痕迹"。"德国女人"注重保养打扮，但不矫揉造作，"自然和无拘无束并不意味着色情暗示"。[101]

健康、运动、人体、空气和阳光、自然和家庭是妮维雅广告的重要主题。[102]因此，1933 年后妮维雅广告无需做出改变。那公司又为何应该尝试教育客户呢？可能是广告中的女性变得更漂亮、更苗条了；毕竟，拜尔斯道夫公司及其委托的广告代理公司雇用的都是试图捕捉时代潮流的人。其中有些是纳粹分子，他们将自己的理念融入广告之中。纳粹的女性形象得到了德国许多保守派的认同；和广告部负责人克劳森一样，有些人得出这样的结论几乎不费吹灰之力："妮维雅意味着金发、苗条和纤细。"[103]

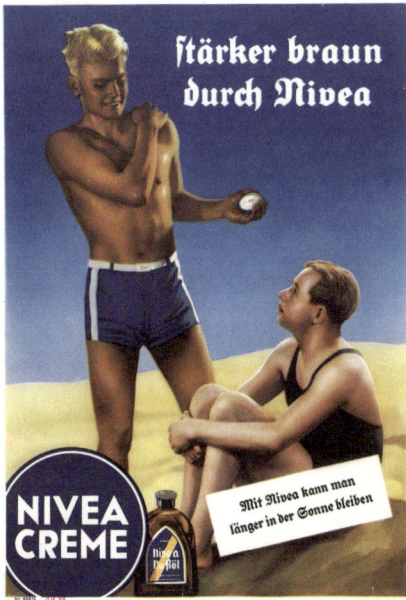

广告牌，德国，1938 年，
是否使用以及如何使用不得而知

广告牌，德国，1938 年

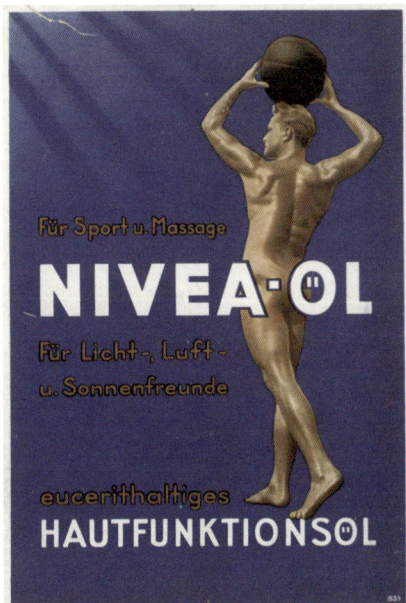

广告牌，德国，1930 年

广告牌，德国，1930 年

拜尔斯道夫公司顺应时代变化，改变了对公司内部政治活动的容忍态度。鉴于1933年的经历，公司不希望与纳粹党发生冲突。此外，对于公司的纳粹党企业基层组织、盖世太保和汉堡党部来说，也有可能对相关负责人施压，而这些往往在档案记录中不会留下痕迹。

战争初期的拜尔斯道夫公司

1939年9月第二次世界大战的爆发对拜尔斯道夫公司意味着一个重大转折。数百名男性员工被征召入伍；到1940年4月，这一数字达到了320人，到8月已增至450人。他们被女性取代，"因为劳动力市场上几乎没有男性可用"。1941年，每天的工作时间增加到10小时；此外，很大一部分员工还被要求参与工厂内的守卫和防空工作。公司努力与在外服役的士兵们保持联系，他们收到了书籍或包裹，并写信表示感谢，公司内部也对此进行了汇报。应征入伍的员工家属除了得到国家的资助外，还能得到拜尔斯道夫公司的补贴，这样使得他们的总收入达到了之前净收入的85%。未婚士兵还会收到打入各自员工储蓄账户的款项。[104]

1939年秋天的"恐慌性采购"之后，对拜尔斯道夫产品的"需求"发生了战略性转变。[105]战争第一年，化妆品产品的产量明显下降。这也与原料配给的减少和被迫实行的配给制有关。早在1940年夏天，拜尔斯道夫公司就不得不大幅限制化妆品生产，因为在原料和劳动力分配上会优先考虑重要的战争必需品。执行董事会不久后报告称，公司"化妆品部门"的"前景并不太乐观"。[106]与此同时，膏药部门一直运作"至最大产能"。员工们上晚班、通宵达旦地工作。由于"战时工业加速运转"，Lassoband和德莎胶带的销售也大幅增加。[107]从1942年开始，化妆品的占比逐渐减少：1939年，妮维雅品牌为国内市场销售额贡献超过三分之一，而1942年，这一比例仅为8%。从1939年到1942年，化妆品的总体销售份额从57%下降到24%，牙膏的重要性日益增加。相比之下，膏药的份额从32%上升到57%（见图4.3）。战争期间，商品出口基本停止。

一些膏药被出售给了德国国防军；Pebeco牙膏因其抗菌的特性，被大量供应给了军队。因为销售给军方和其他政府部门的价格约为通常价格的50%，所以实际的销量增长远高于销售额数据显示的水平。不久，工厂的生产能力就达到了极限；到1940年初，维也纳和珀森（今波兰波兹南）的工厂也不得不

图 4.3　1934 年至 1945 年拜尔斯道夫公司最重要产品在德国的销售额（以 1000 帝国马克为单位）

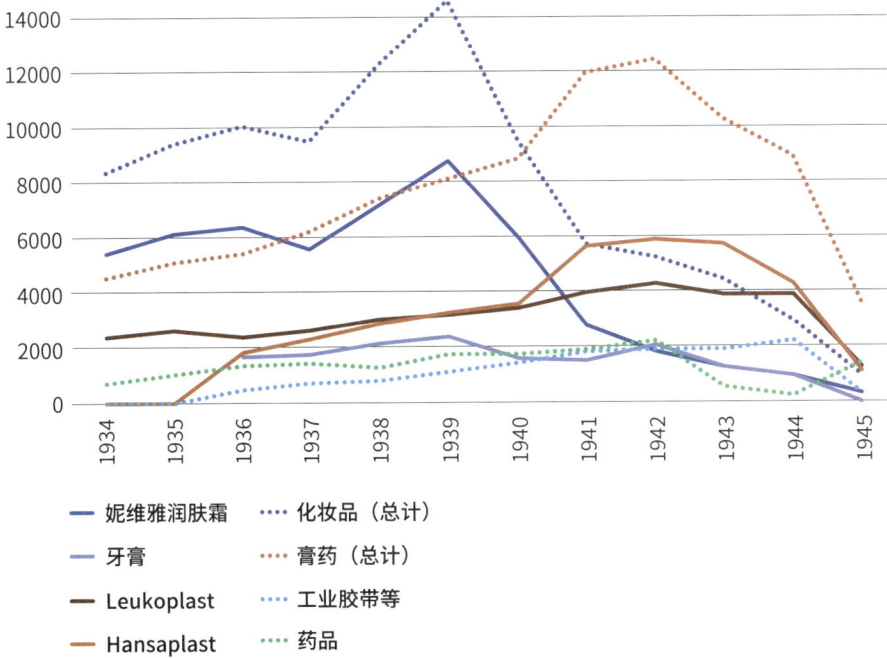

图例：
- 妮维雅润肤霜
- 化妆品（总计）
- 牙膏
- 膏药（总计）
- Leukoplast
- 工业胶带等
- Hansaplast
- 药品

资料来源：DWT 审计报告 1934—1942 年；1943 年至 1945 年根据 BA 240 销售数据。按产品划分的销售额〔没有日期的列表，数据与审计报告一致〕

为"战时德国"进行生产。[108]

　　此时，纳粹党仍在做大量工作，以确保对平民的供应不会下降到影响到他们备战意愿的程度。化学工业经济组的身体护理产品专业小组参与了必要的生产重组。整个工业被划分成若干的经济组，以便在很大程度上自行组织实施战时管理。这些机构与其说是决策机构，不如说是行政机构。拜尔斯道夫公司也融入其中：阿尔弗雷德·西蒙负责领导身体护理产品专业小组的生产委员会。[109]

　　从 1941 年开始，德国遭受空袭的影响越来越大，供应短缺也随之加剧。有时是没有足够的瓶子装 Tussipect 咳嗽糖浆，有时由于缺乏煤炭不得不停产。因此，生产作业在汉堡、珀森、希尔弗瑟姆、维也纳和奥西希之间频繁转移，其中某些生产线的重要组成部分，有时甚至是整个生产流程都集中在这些地方。过剩的原材料也在这五家工厂之间交换。[110] 与此同时，汉堡的人力短缺情况持续加剧，因为越来越多的员工被"征用"从事战争相关或其他的工作。因此，执行董事会努力从国外引进劳动力。

"外籍工人"和"东欧女工"

1941 年夏天，拜尔斯道夫公司试图在劳工管理部门招募克罗地亚工人，但徒劳无果。后来于 1942 年春获准在荷兰本土招募新的劳动力。实际上，1943 年就有一群荷兰合同工住在了厂区内的宿舍和休息室。[111] 他们可能有 40 人左右，至少在 1942 年 6 月的一个雇员月度总览中，首次出现了 37 名外国男性和 3 名外国女性，到 9 月为 38 名男性和 2 名女性。这些外国工人的国籍没有具体说明；其中可能也有来自被占领的法国的劳工。[112] 一本用于准备向职业协会报告材料的日记账本中只称之为"外籍雇员"。这些外籍雇员的数量在 1943 年下降到 20 至 30 人，1944 年下降到 17 至 21 人。[113] 这可能与战争的持续和荷兰被占领有关，导致愿意为德国公司工作的荷兰合同工越来越少。

1944 年 7 月，珀森的 Pebeco 股份公司向汉堡派遣了 6 名波兰人，他们可能是为了协助 1944 年 6 月 18 日一场大轰炸后的废墟清理工作。[114] 当时，位于玛蒂尔德大街（今特罗普洛维茨大街）的三厂的大部分区域被炸毁。这些波兰工人的工资水平似乎与荷兰工人相当，每小时约 114 芬尼。[115] 另一批最初 5 人，后来增加到 20 人的意大利战俘在 1944 年 2 月和 3 月被送到汉堡。他们的工资似乎更低一些。与荷兰工人和波兰工人不同，这些意大利人在公司的工作时间记录中被单独列出。[116]

关于这些部分是"自愿"来德国工作，部分作为战俘被迫在德国工作的雇员的生活状况，我们不得而知。他们大多被安置在拜尔斯道夫的大楼内，由公司提供食宿。目前还不清楚这些食宿费用是否由拜尔斯道夫公司支付或者从他们的工资中扣除。荷兰和波兰工人的待遇似乎与"普通"工人类似。在现金出纳账簿中有一条外国工人三张假期火车票的支出记录，共计 89.15 帝国马克，这可能是去荷兰的车票。尽管如此，在纳粹术语中被称为"外籍工人"的他们在个人自由方面遭到了极大限制，不能与他们的德国"同事"相提并论。[117]

1943 年 1 月底，两名荷兰工人在出售从拜尔斯道夫偷来的肥皂时被警察拘捕。他们的下落不明。盗窃在当时并不罕见，拜尔斯道夫公司的产品非常适合黑市交易。[118] 一些员工似乎也参与其中。拜尔斯道夫显然没有向警方举报偷窃的德国工人，因为劳动力太稀缺。不过，那些被抓获的人受到了严厉的纪律处分。1943 年 2 月，公司取消了一些工人的忠诚奖金，取消了他们四周的午餐福利，而且既不给他们发放 1943 年的年终奖，也不给他们年度的圣诞奖金。此外，他们还被调到其他工作岗位。[119]

拜尔斯道夫公司努力维持的生产所需的劳动力主要群体既不是合同工，也不是意大利人，而是来自东欧的女工。1942 年夏天，拜尔斯道夫公司可能就 150 名所谓的"东欧女工"与汉堡劳工局进行了谈判。根据执行董事会给监事会的一份通知函，公司于 9 月首次获得了分配的 70 名女工。实际数字可能略大于这个数目，因为 10 月 1 日的人事统计中报告有 82 名"东欧工人"。[120]

1942 年 9 月抵达拜尔斯道夫公司的乌克兰女性强制劳工中，有一名才 15 岁。[121] 几周后，执行董事会报告说他们对这些女工的工作"非常满意"，因为她们"勤奋、熟练、乐意工作，在每周工作 60 小时的条件下取得了良好的工作成绩。这些女工的病假率非常低，在 2% 左右浮动"。不久将会有更多的女性加入。"我们对此非常欢迎，因为我们仍面临严重的劳动力短缺。"[122]

在宣布的第二批妇女中，有一位是来自乌克兰的 22 岁的安娜·施帕克。她于 1942 年 10 月 25 日抵达汉堡，根据她的自述，她被安置在拜尔斯道夫工厂内的"Pilot"营地。[123] 她在 56 年后写道，她和其他妇女由带警犬的警察看守，并必须佩戴代表"东欧劳工"的"OST"标志。她们不能离开营地，也不能给家里写信。[124] 不过，执行董事会的会议记录显示，"东欧女工"每周至少可以外出一次。1944 年 4 月工作时间被勒令增加到每天 11 小时，结果"产量并没有增加，因为东欧

拜尔斯道夫公司的女性强制劳工，1944 年圣诞节。
左侧是安娜·施帕克。照片拍摄发起者不详

女工已经工作到下午 5 点。然而，为了提高产量，东欧女工的工作时间周一至周四延长至晚上 6 点，作为交换，她们会在周五获得额外的外出许可"。[125] "东欧劳工"通常可以在周日下午离开营地；拜尔斯道夫公司的具体规定不详。可以推断，女工在周五和周六至少工作九到十个小时，因此她们每周的工作时间可能在 62 到 64 个小时。[126]

安娜·施帕克后来在回忆中清楚记得她被迫工作的地方："洛克施泰特"。她在这里经历了 1944 年 6 月 18 日的轰炸，轰炸不仅摧毁了生产建筑，一个"东欧女工"的宿营地也被炸毁。之后她不得不在一个地下室睡觉。执行董事会会议记录于 1944 年 12 月报告，必须为"东欧女工——位于玛蒂尔德大街的洛克施泰特营地"提供煤砖。[127] 安娜·施帕克曾在膏药工厂工作，她并准确指认出其厂长为毛斯先生[128]。后来她抱怨说，接触胶粘剂的工作损害了她的健康。1945 年 5 月 5 日，她"被英国人解救"，但不得不再在汉堡的一个宿营地住上一段时间。[129]

另一名女性强制劳工（N.）也来自乌克兰。2006 年，她描述了"东欧女工"生存的艰难。她曾出过一次事故，没有人帮她，也没有人带她去看医生。工头打了她，尽管她的脚肿得无法穿鞋，也不得不继续工作。她被告知必须工作，否则就会被送去集中营。在她旁边工作的一位德国妇女救了她，并给她带来了"软膏、面包和长裤"。"她把所有东西都放在窗台上，并用头向我示意，这是她为我拿的。"[130]

女性强制劳工会有很多这样的经历，也许更糟，但有些人的情况可能会好一些。拜尔斯道夫公司的"东欧女工"得到的待遇估计和其他德国公司差不多，但可能比军工企业[131] 或重体力劳动者要好一些。所有强制劳工的命运都取决于与他们一起工作的德国人的同情心，包括那些看守他们的人。有些人会同情他们并伸出援手。也有一些人暴力强迫劳工劳动，任意殴打和折磨他们，或者对他们的规定解释得过于严苛。关于拜尔斯道夫公司，只有这两段记忆为人所知。公司现存的少量文件几乎只提到了数字。

根据这些数字，可以推测在 1942 年 9 月，来了 82 名女性，她们可能都来自乌克兰，此后，11 月又有 20 名女性加入拜尔斯道夫。[132] 根据每月的人员名单，"东欧女工"的最高人数可能为 100 人左右，她们中的大部分，甚至可能全部来自乌克兰。她们的工作时间记录也支持这一数字的推断。这些妇女被安排去生产 Leukoplast 胶布、工业胶带，约三分之一的人在化妆品部门工作。[133] 1943 年 7 月汉堡遭到猛烈轰炸后，半数以上的拜尔斯道夫女工似乎被调离。她们可能被迫参与清理工作。从 1943 年 11 月到 1944 年底，又有 60 至 65 名"俄罗斯人"在工厂工作，1945 年 4 月还剩下 49 名女性。[134] 人事统计中的称谓变化很大，无法从中看出是女性还是男性，也不知道他们来自哪里。

根据职业协会的报表计算，1943 年"东欧女工"的时薪大概为 33 芬尼，而"外国工人"的时薪为 114 芬尼。此外，还需支付一定数额的"东欧劳工税"，约为每小时 17 芬尼。1944 年，拜尔斯道夫公司似乎获得了将这部分税款支付给女工的许可。因为每小时工时费现在计算为 55 芬尼。由于一些女工还加班，并因此获得额外报酬[135]，"正常"时薪可能约为 50 芬尼。[136] 目前不清楚要扣除多少食宿费用以及衣服和鞋子的费用，通常为每周扣除 10.50 帝国马克。这意味着一名每周工作 60 小时的女工每周可挣 19 帝国马克；若生病则仅供食宿。[137] 相比之下，1944 年一名防空警卫的周净收入为 38 帝国马克。[138] 到 1944 年底，这些"东欧女工"也由拜尔斯道夫的工厂食堂供应伙食；[139] 不确定此前是否如此，也不确定这对她们实际得到的工资是否有影响。

安娜·施帕克介绍说，回到乌克兰时找不到工作，人们对她非常不信任，她一直单身。N. 在 2006 年写道："我一直感到恐惧。汉堡夺走了我的健康和青春。"[140]

拜尔斯道夫公司在波兰、拉脱维亚和荷兰：
在被占领国的三家海外子公司

拜尔斯道夫在海外的每家公司都经历了不同的战争进程。一些国家被德军占领，另一些国家则并入了德国。公司的人员构成也大相径庭。虽然波兰、拉脱维亚和荷兰并不代表所有的海外公司，但波兰和荷兰的公司属于规模较大的公司。在全部的三个案例中，都能够清晰地展现出战争以及罪恶的占领政策给拜尔斯道夫公司带来的一系列挑战、冲突和商机。关于荷兰的案例，焦点集中在一个单一的事件上，即一家"犹太"公司的"雅利安化"。

波兰

1939 年 9 月 1 日，德国入侵波兰后，进而吞并了波兰，并将波兰西部并入德意志帝国，成为瓦尔特高地区。拜尔斯道夫公司通过一位托管人在这里拥有一家名为 Pebeco Polskie 的海外公司。公司成立于 1929 年，由三名波兰籍代理人在波兹南（珀森）创立，资金来源于位于纽约的国际承兑银行提供的 5 万美元贷款。总经理马乌楚克作为信托受托人为拜尔斯道夫代持这家公司的股份。一名波兰人、两名与拜尔斯道夫关系密切的美国合作伙伴以及塔德乌斯·斯米耶洛夫斯基和一名汉堡职员组成了监事会。二十世纪二十年代末，民族主义的波兰政府不会允许一家德国公司的成立。[141]

1939 年 10 月 5 日，克里斯托夫·贝伦斯收到一名士兵的来信。信中写道："请您立即前往珀森，或者立即派遣能够帮助保全财产的人员。"[142] 像对待"瓦尔特高地区"的其他公司一样，德国占领当局没收了 Pebeco Polskie 公司，并将其置于一名指定托管人的控制之下。贝伦斯立即为克劳森、克鲁泽和西蒙申请了旅行护照，以确保"明确公司实际所有权"和"维持迄今为止堪称典范的生产经营"。然而，当局认为这并不能证明它是一家拜尔斯道夫旗下的公司。不久之后，法律专业人士哈拉尔德·马蒂森（德意志商品信托股份公司的审计师）成功地解除了与马乌楚克的关系。该公司也以"Pebeco 股份公司珀森公司"的名字成为拜尔斯道夫的正式子公司；克劳森、贝伦斯和西蒙组成了监事会。[143]

珀森公司在战争期间得到大力发展，从 1940 年到 1943 年销售额翻了两番。1943 年，这家子公司实现了 680 万帝国马克的销售额，约占汉堡公司销售额的三分之一。仅 16% 的产品被供应给德国国防军或其他公共机构，大部分产品用于满足德国、奥地利和波兰平民百姓的需求。1944 年初，公司员工人数增长至 623 人，几乎生产了拜尔斯道夫的整个产品系列，因为汉堡工厂汉莎，Pandigal 或妮维雅等部分产品的生产由于空袭被转移到了珀森。得益于"波兰员工薪资水平相对较低"，这家工厂的盈利情况良好。然而，转移生产的产品价格是根据"集团公司内部考虑"确定的，因此连审计师都无法评估定价是否成功。执行董事会在 1944 年 3 月向监事会报告，拜尔斯道夫绝大部分净利润来自珀森，达到了 150 万帝国马克。[144]

随着战争的持续，产品质量日益下降。这在一定程度上与工厂被抽走越来越多的劳动力有关，例如 1944 年 8 月和 9 月，德国国防军下令抽调了 300 名员工进行挖壕筑垒工作。目前可查资料无法确定这部分员工是否有被替代以及如何替代。此外，与波兰籍员工的合作也日益艰难，到 1944 年几乎无法再激励他们高效工作。化学家莫斯在 1944 年 3 月访问期间了解到，波兰的部门主管无法发号施令，如果没有严格监督，可能会发生例如成分配料称量不准确的情况。[145] 德国人严酷的占领制度无疑加剧了这种抵触情绪，所有波兰人都迫切渴望专制结束。公司内部原因也可能产生了影响，因为自 1939 年 10 月以来，Pebeco 股份公司珀森公司的德国管理层一直将波兰员工视为二等雇员。

例如，他们在 1941 年的年报中，仅对"在所有困难时期始终忠实地与我们站在一起、尽心尽力工作的德国同事"表示感谢，却对占员工总数 90% 以上的波兰员工只字未提。[146] 阿尔弗雷德·西蒙在 1943 年 3 月访问珀森后，针对厂长图尔克维奇（因纳粹党员身份在 1946 年[147] 被解雇）和执行董事会主席古斯塔夫·温格尔报告说："这两位先生的行事无疑偶尔会有些过头。不过目前似乎还未造成什么损害。"[148]

德国人和波兰人的不同地位在德国当局对波兰工人的严厉惩罚上表现得尤为明显。1943 年，五名拜尔斯道夫公司的波兰工人因"盗窃部分原定供应国防军的亚麻布和软膏，损害了德国人民的利益"而被判处蹲三至八年"监禁营"。[149]

珀森工厂于 1945 年 1 月中旬开始解散，除了最重要的档案文件、少量 Lanadigin 药物和总计 2 万帝国马克的现金外，能运到汉堡的东西并不多。[150]

拉脱维亚

与在波兰能够迅速明确所有权相比，拉脱维亚的海外公司实际上遭受了两次被剥夺所有权。"Pilot 工业股份公司里加公司"（Industrie AG Pilot—Riga）成立于 1930 年，由伯恩哈德·谢尔以及其他三名拉脱维亚人和汉斯·格拉登维茨创立。之后两名拜尔斯道夫公司的执行董事会成员和一名代理人（格拉登维茨、贝伦斯和普尔弗马赫）收购了 75% 的股份，存放在伦敦的一个保险库中。拜尔斯道夫公司并没有正式的产权凭证，只是通过信托关系持股。公司的执行董事会由伯恩哈德·谢尔夫妇和汉斯·格拉登维茨组成。[151] Pilot 里加公司是从阿姆斯特丹管理的联盟公司之一。

根据《德苏互不侵犯条约》，拉脱维亚在 1939 年 8 月后落入苏联的势力范围。1940 年 6 月，苏联军队占领了拉脱维亚；不久之后，Pilot 公司被国有化。拜尔斯道夫公司试图在德苏关于拉脱维亚德国财产的谈判中使公司恢复到国有化前的状态。然而在此情况下，拜尔斯道夫公司并没有得到德国当局的支持。相反，有人指责公司坚持站在总经理谢尔一边，而谢尔如今正与苏联占领军合作。有人认为："这再次表明，德国公司与犹太人合作，并且在困难的情况下也要坚持与犹太人合作并不总是有利的。"[152] 实际上，伯恩哈德·谢尔在 Pilot 公司被苏联国有化后仍担任企业负责人。对他来说，合作至关重要，因为苏联占领军在 1940 年至 1941 年间将 3 万多名拉脱维亚人，其中还包括许多犹太人，流放到了西伯利亚。[153]

1941 年 6 月德国入侵苏联几个月后，德国国防军也占领了拉脱维亚。伯

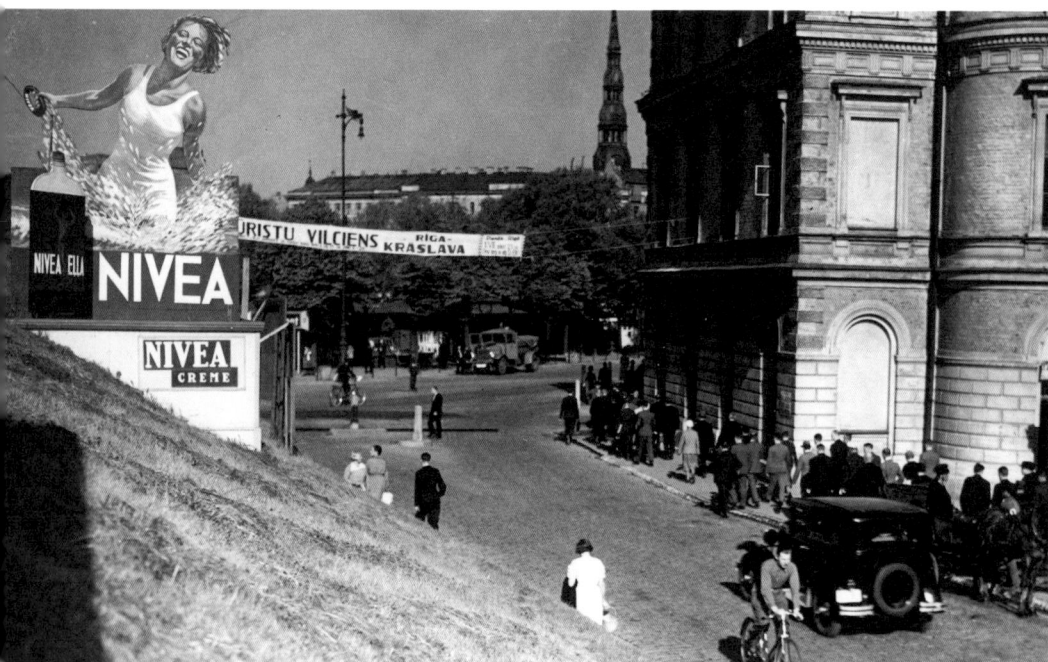

大幅街头广告，拉脱维亚里加，1933 年

恩哈德·谢尔不得不逃离。[154] 此时拜尔斯道夫公司再次想要拥有这家公司所有权，但发现它已被转为帝国财产。[155] Pilot 公司由帝国经济部和法本公司（IG Farben）联合成立的德国东方化学有限公司（Chemie-Ost GmbH）管理。在柏林，拜尔斯道夫公司法务部负责人布雷默发现，帝国不同的主管当局追求的目标有时各不相同。虽然经济部对再私有化感兴趣，但"东欧占领区行政管理局"通常会拒绝。四周后，拜尔斯道夫公司得到许诺，可以重新接管公司。然而，公司并没有拿回自己的财产所有权，而是"根据租赁合同被转给了 Pilot 里加公司所有"。执行董事会委托威廉·菲利普负责管理。[156]

　　菲利普陷入了占领当局之间各种阴谋和冲突的泥潭。拉脱维亚总督辖下的化学部门负责人特鲁显然想插手公司，并将总经理赶下台。两人在 1926 年曾有过商业冲突，特鲁借此提出了一些可疑的指控，安全部门据此对菲利普进行了监视。在事实真相被澄清之后，拜尔斯道夫公司似乎没有再遇到什么问题，但也没有继续推动企业再私有化。他们可能预感会与占领当局产生新的冲突。即使没有所有权，业务也开展顺利。1944 年，菲利普称 140 名"追随者"在上一个财政年度实现了 23.3 万帝国马克的净利润。他们生产个人护理产品、

Tussipect 糖浆和滴剂还有软膏。由于苏联红军的逼近，工厂不得不于 1944 年 10 月关闭。[157]

荷兰

1940 年 5 月，德国军队占领了荷兰，根据纳粹的计划，荷兰将成为德国的一个省份。很快，纳粹德国的荷兰总督赛斯·英夸特就下令收集所有的"犹太"组织信息，并于 10 月编制了一本企业登记册。这一举动开启了荷兰"犹太"的"雅利安化"进程。和许多其他的德国和荷兰公司一样，位于希尔弗瑟姆的拜尔斯道夫荷兰公司（拥有 80 名员工，生产妮维雅、Leukoplast、汉莎和 Lassoband）与汉堡的总公司立即着手扩大生产，无论是通过收购合适的公司，还是通过"联合"，即根据政府当局的指令对荷兰公司进行参股投资。[158]

10 月底，拜尔斯道夫荷兰公司总经理埃米尔·施图尔马赫就已锁定了四家有兴趣的公司。其中两家"肯定是非雅利安的"，对于另外两家，他正在努力确认"非雅利安的影响"。[159] 一天后，拜尔斯道夫监事会主席汉斯·克鲁泽通过工商会联系了他在汉堡的熟人即"四年计划荷兰代表处"主管汉斯·普吕默。[160] 他向普吕默报告了拜尔斯道夫有意收购的六家公司，并请他告知还需要采取哪些进一步措施。[161] 普吕默回复说，荷兰"目前还"没有法律强制"犹太人雅利安化其企业"。因此，"想和他们就某一规定达成协议并不总是简单的事"。施图尔马赫已经有了这方面的体会。普吕默提到了阿姆斯特丹的 Pento 化妆品公司，它是"非雅利安的"，并且由于其原材料储备庞大，对于拜尔斯道夫公司而言是"特别强劲的竞争对手"。尽管所有者不想出售，但普吕默还是建议向主管的占领当局即经济审计处提出申请任命施图尔马赫为 Pento 的托管人，直到可能的"雅利安化谈判"完成。[162]

与此同时，施图尔马赫已就 Pento 和其他几家企业与经济审计处进行了交涉。他与普吕默也反复讨论了此事。关于目标设定、面临问题和流程进展，他在 1940 年 11 月写了一份详细的文档记录。这份记录基于他与以下人员的谈话，包括：应克鲁泽的请求"特别关照我们的事务"的普吕默；帝国经济部代表理查德·莱纳特；以及德意志商品信托股份公司的哈拉尔德·马蒂森，他负责审计拜尔斯道夫海外公司的资产负债情况。根据施图尔马赫的记录，占领当局无论在"与所谓的雅利安公司的联合"，还是在"计划中的雅利安化"中，都不得对荷兰卖方施加国家压力。人们"得到指令，自己启动和进行与卖方的谈判"。目前，"雅利安的荷兰公司 100% 表示拒绝"。"非雅利安公司"也仅显

Pento 推出与拜尔斯道夫公司类似的产品。
报纸上刊登的广告，荷兰，1940 年

露出"极小的出售意愿，因为这些公司目前还未感受到任何压力"。有人建议施图尔马赫"将感兴趣的公司案例报告给经济审计处"。然而这并不能构成收购请求；主管当局也可以将其分配给其他人。文档记录最后简要介绍了 Pento 和其他六家公司，其中四家为"非雅利安的"。[163]

Pento 对于拜尔斯道夫公司而言是一个很好的补充，这家公司生产类似的产品，营销成功，并在布鲁塞尔设有分公司。但在汉堡总部，有人希望再等等，之后再决定是收购这家公司还是"努力关停"。卡尔·克劳森倾向于关停公司。但施图尔马赫在为汉堡写文档记录前就已采取行动。他还想收购位于聚特芬的"犹太"公司 Polak & Schwarz。[164]

几乎所有具备支付能力的化学公司，如舍林、勃林格和法本公司，都在竞相参与此类收购。就 Polak & Schwarz 公司来讲就有 18 家公司报名竞购。[165] 只有 Pento 公司接受了拜尔斯道夫荷兰公司的收购。然而，这又花了将近一年半的时间。最初，Pento 化妆品公司的荷兰审计机构在一次"友好雅利安化"的过程中接管了该公司，如同在沃伯格银行发生的情况，或者将沃伯格公司的多重投票表决权股票换成简单的拜尔斯道夫公司股票。施图尔马赫认为，这就是一种"彻头彻尾的舞弊"。"这种事情显然是完全违背了德国当局在这儿的意图。因此，正如我们被告知的那样，这家公司现在已经到了我们可以收购的地步。"他想等待"新的规定"并审核是否有必要"用资金收购这家公司，抑或是这家公司会不会被当局注销"。[166] 在此之前，他也曾委托过一家侦探社，并于 1941 年 1 月得知，"Pento 原来的犹太人所有者仍与该公司有内部联系"。[167]

一年后，即 1942 年 1 月底，施图尔马赫重新向经济审计处提出了申请。他得知法兰克福的莫森公司（Mouson）和一家荷兰公司也想收购 Pento 化妆品公司。他提到了之前的申请和他在 1941 年 12 月 10 日的要求，即任命阿姆斯特丹的马蒂森律师为 Pento 公司托管人。此后不久，拜尔斯道夫公司的经济审计师被任命为清算受托人。拜尔斯道夫荷兰公司的厂长奥托·科沃杰担任技术专家，并在 5 月就 Pento 化妆品公司提交了报告。[168] 这家公司成立于 1936 年，由从德国移民来的沃尔特·海涅曼创立[169]，雇用了 60 名"雅利安"员工和 11 名登记在册的"犹太"员工。公司在 1939 年的销售额为 19 万荷兰盾，到 1941 年则上升到 46 万荷兰盾，Pento 公司的收支决算利润为 10.7 万荷兰盾，约合 14 万帝国马克，销售回报率达到 25%，是一家盈利能力极强的公司。[170]

拜尔斯道夫公司希望收购工厂设施、库存商品和商标权，并接管公司的"雅利安追随者"。由于 Pento 化妆品公司将被清算，所以公司将以"Pento 荷兰公司"的名义继续运营。1942 年 5 月 12 日，卡尔·克劳森向拜尔斯道夫股份公司的监事会报告说，拜尔斯道夫荷兰公司收到了一份"要约收购前一段时间被雅利安化的化工厂——Pento 化妆品公司"。该公司生产类似的产品，因此有时也是竞争对手。"该收购要约在价格方面特别吸引人，而且 Pento 公司还可以提供原材料。"监事会批准了此次收购。[171]

拜尔斯道夫荷兰公司为收购 Pento 支付了 20.6 万荷兰盾，比前一年的净利润还高出 50%。拜尔斯道夫公司只花了 6000 荷兰盾[172] 就获得了商标权。汉堡的拜尔斯道夫公司为确保此次收购，向荷兰公司提供了 10 万荷兰盾的贷款。一年后，Pento 实现了 61470 荷兰盾的净利润，这也得益于工厂从汉堡接手了部分身体护理产品的生产。[173]

1944 年 6 月 6 日，盟军在法国诺曼底海岸登陆，行动代号"D-Day"。十天后，将 Pento 的机器设备运往汉堡的准备工作开始了。这些机器设备将用于替换汉堡公司在空袭中被炸毁的机器，并以低价被收购。同时，也有机器从希尔弗瑟姆航运送出，运往哥德堡，以扩大在瑞典的生产。由于战争形势，荷兰正面临着严重的威胁。[174]

沃尔特·海涅曼和他的家人从 1942 年 7 月起被关押在荷兰的韦斯特博克集中营，幸免于难。战后，他与女婿继续经营 Pento 化妆品荷兰公司。他成了荷兰公民，并在 1945 年 9 月向拜尔斯道夫公司确认，"这件事以一种友好的方式进行，并没有对两位原所有人造成特别的伤害"。[175] 施图尔马赫在战后也成了荷兰公民；他继续担任拜尔斯道夫荷兰公司的负责人。[176]

每家海外公司都在不同的条件下运营，这取决于各自国家受战争影响的程度、哪些人在经营公司以及谁在负责生产管理。德国占领当局的构成也有影响。主管当局不可能为每家公司都出面给予授权文件，而且往往必要的文件也经常缺失。这三个案例显示了迥然不同、有时瞬息万变的局势，以及个别人物有时产生的影响。

空战轰炸——战争最后几年中的拜尔斯道夫公司

工业企业是盟军对德空战的目标之一。因此，德国国防军在汉堡拜尔斯道夫工厂的厂区内架设了防空高射炮，并且还派驻了士兵。在战争开始的前三年半里，员工和工厂还未遭受大规模的袭击，然而 1941 年 12 月德国和意大利对美国宣战，随后空袭强度加大。1943 年起，局势发生了变化。1943 年 7 月 24 日至 25 日夜里，汉萨城市汉堡遭到了最猛烈的轰炸，仅仅是位于艾德尔施泰特路（今乌纳大街）的一厂就遭到了 100 多枚炸弹的袭击。许多建筑和机器在随后的大火中被彻底烧毁。三名女员工丧生：一名速记打字员和两名包装工，其中一名是法国人。[177]

清理工作耗时一年多。生产受到严重影响，部分处于停滞状态。针对这种情况制定了应急计划，并已付诸实施。早在 1943 年 8 月初，部分生产就转移到了珀森、维也纳、奥西希和希尔弗瑟姆。由于各地的生产计划大同小异，这就特别需要物流方面的努力。仅仅用了七周时间，人们就相信公司在战争期间最重要的产品——膏药产量可以恢复到以前 80% 的水平。[178] 汉堡的员工也将迁往珀森去建立新的生产设施。最初，珀森工厂需要约 250 名工人，但只能为 60 人提供住宿。最终究竟有多少员工去了珀森，不得而知；估计他们的数量应该不会很多。[179] 因为最终汉堡工厂仍在继续生产，劳动力缺口很大。在荷兰，年初"收购"来的 Pento 工厂的厂区也被用于转移生产。[180]

一年后，即 1944 年 6 月 18 日，位于玛蒂尔德大街（今特罗普洛维茨大街）的三厂遭到另一次的猛烈袭击，部分厂房被毁。与前一年类似的破坏对生产造成了持久的影响。[181]1945 年初，由于缺乏原材料，拜尔斯道夫公司最终不得不几乎完全停产。拜尔斯道夫也随之失去了其在国外的工厂设施。战争结束后，拜尔斯道夫公司只保留了汉堡的工厂。

纳粹独裁统治和第二次世界大战对于拜尔斯道夫和其他德国公司而言都意味着紧急状态。通常的标准不再适用。在这种情况下，活跃在国际舞台上的德国公司并没有保持"清白"。没有任何迹象表明拜尔斯道夫公司的管理层对发战争财感兴趣。他们想的是保住公司，从他们的角度来看，除了积极争取"东欧劳工"或将 Pento 公司"雅利安化"之外，可能别无选择。但是他们并不是被迫这样做的。如果他们不这样做，生产会大幅下降，而 Pento 公司会落入竞争对手之手，或许这不会对拜尔斯道夫公司的其他员工产生任何影响。

在第二次世界大战期间，108 名拜尔斯道夫员工丧生，大多数都是在前线

1943 年 7 月，汉堡遭受空袭后的厂区废墟

阵亡的士兵。[182] 至于到底有多少"外籍工人"和"东欧女工"未能幸存，则不得而知。1944 年 10 月，卡尔·克劳森在日益增长的纳粹压力下被解除了执行董事会主席职位，官方称他是因健康原因获准休假。他的职位暂时被阿尔弗雷德·西蒙接替。[183] 克劳森的"犹太"妻子在 1945 年 2 月收到了前往特莱西恩施塔特的"命令"；只有出具一份表明她没有旅行能力的医疗证明，才能阻止她被遣送去集中营。[184]

　　1945 年 5 月 3 日，英国军队占领汉堡市。拜尔斯道夫公司的行政大楼和部分工厂被没收。

适合所有人的产品

战后重建，经济奇迹和海外业务的新起步

　　盟军占领汉堡后，英国军方立即逮捕了当时的帝国总督卡尔·考夫曼，一周后又下令羁押第一市长卡尔·文森特·克罗格曼。大部分市政府主要负责官员遭到解职。1945 年 5 月 15 日，军政府任命商人鲁道夫·彼得森为新市长[1]。而他上任的前提条件是，拜尔斯道夫公司监事会主席汉斯·克鲁泽必须执掌第一届临时政府的贸易、工商业与航运管理的大权。[2]

　　1945 年，大多数人在为生存而战。百万士兵从前线归来，身心大多遭受了严重的创伤。许多人不知道亲人是否还活着，也不知道他们在哪里。数百万的难民从东部地区逃亡他地。幸存的集中营囚犯也加入了返乡的队伍，在满目疮痍的城市废墟中寻找住所和食物。汉堡城内只有大约五分之一的房屋在轰炸中幸存了下来，只有这些房屋的建筑结构保持完好无损。约三十万名难民与撤离人员被迫居住在遭毁坏的残破房屋中，他们的居住条件通常非常简陋，还有一些人挤在应急住所中。城市公共交通基本处于瘫痪状态，汽油供应短缺，填饱肚子成为居民每天不得不面对的一项挑战。战后的首个寒冬格外严酷，由于缺乏取暖用的燃料，人们只能挨饿受冻。数百名汉堡居民死于严寒、营养不良

或疾病。[3]

1945 年夏，拜尔斯道夫重新启动了原先被战胜国命令停产的生产线。战争中被毁坏的工厂设施逐步得到修复。但材料匮乏与能源供应的中断给复工之路带来了荆棘重重。战后，公司不但要恢复生产，还要重新搭建销售网络。德国的十四个产品分销中心遭到毁灭性的打击或遭严重损坏。布雷斯劳、柯尼斯堡和什切青都在苏联的管辖范围内。[4]拜尔斯道夫公司的漫漫复工路十分艰辛。在战后的最初几年，膏药和药品的生产与销售额约占三分之二。英国军事当局犹豫了很长时间才批准拜尔斯道夫重新开始化妆品的生产，因为化妆品当时并不属于急需物资。此外，德国市场缺乏购买力。如今的本土市场要小得多，且多集中在西部占领区，即后来德意志联邦共和国（西德）的管辖范围。[5]

至于海外市场，纳粹政权以及对欧洲的侵占对拜尔斯道夫公司形成了长期的影响。二战结束后，经过几十年的深耕，国际业务在拜尔斯道夫集团总业务中的占比方才恢复到一战前的水平。之所以在国际市场上的发展举步维艰，一是因为当时经济不景气，东欧和西欧的市场销售额下降，二是归因于一战导致的商标权旁落。Pebeco 的生意当时在美国因商标权遭没收而受到影响，二战更让妮维雅和 Leukoplast 两大品牌在所有国家遭遇了类似的困境。英国和荷兰等国政府没收了上述品牌的商标所有权，并将其转让给其他企业。在某些国家，拜尔斯道夫原先的合伙人或受托人将品牌视为自己的财产。直到九十年代末，拜尔斯道夫才重新收回了全球范围内的妮维雅商标权。在这条漫长艰辛的道路上，六十年代是夺回商标权取得突破的转折时期。

五十年代初则是拜尔斯道夫在德国市场上的强劲上升期。家喻户晓的老牌产品与新产品满足了新兴消费社会的需求。[6]五十年代，妮维雅系列迎来了新成员 atrix 和 8×4，充实了品牌力量。六十年代，妮维雅乳液产品走入千家万户的浴室。德莎系列在出口业务中的占比很高，tesamoll® 则进军家用品市场，填补了公司家用品市场的空缺。最为重要的是，工业产品是拜尔斯道夫强劲增长的支撑。电气产业与崛起的汽车工业成为德莎产品最重要的客户群体。膏药系列不断经历更新迭代，发展稳定。相对而言，制药部门却遭遇了较大的发展阻力。只有从一家美国公司获得生产许可证的 Wick 品牌感冒药为公司带来了较为可观的利润。到了六十年代中期，制药部门的情况有所好转，心脏病创新药物 Novodigal 的上市再次巩固了拜尔斯道夫作为制药企业的良好声誉。从 1977 年 6 月开始，这款药物在德国连续十五年蝉联处方量最大的心脏病类药物榜首。[7]

Skin needs NIVEA

英国施乐辉公司获得了英国政府在战争
期间没收的品牌权。
直到二十世纪九十年代初，公司一直手
握英国的妮维雅品牌。海报，1948 年

对拜尔斯道夫而言，制药业务的蓬勃发展至关重要，因为制药业务贡献的盈利可以弥补六十年代战后特殊经济条件下化妆品收益的下降。供应充足的卖方市场在这个时期转变为买方市场。制造商如今必须为争夺客户而战。为此，广告和市场调研变得愈发重要。超市和折扣店的崛起带来了一场零售业革命，拜尔斯道夫也须顺势而行，积极寻求转变。1957 年，德国出台的新《竞争法》给予零售商在销售价格上更大的定价权。与此同时，制造商仍有权为品牌产品定价。这种"二手价格约束"后期面对着"越来越大的压力"，最终于 1973 年被明令禁止。

四年困难时期

1945 年 5 月，英军没收了拜尔斯道夫的行政大楼、部分工厂和比尔布鲁克工厂。公司管理层与行政部门最初只能将临时办公地点安置在废弃的生产大楼里。8 月，执行董事会获准重新启用行政大楼的四楼，不过企业经营权仍受到限制。较大金额的交易必须事先得到帝国银行的授权，德国帝国银行当时正处于盟军的控制之下。拜尔斯道夫必须交出所有证券，包括海外公司的股份。在 1945 年秋天之前，美英两国的委员会一直在调查拜尔斯道夫是不是一家军备公司，并检查了公司的生产工艺和配方。[8] 这些调查实则是一种产业间谍活动。拜尔斯道夫很清楚这点，却也无力阻止，因为企业当时在很大程度上依靠占领军的支持。医院和批发商所需的供应物资全部依仗英国车队的物流供给。凭借英国的帮助，拜尔斯道夫才能在苏占区建立前夕取回二战时转移到德国图林根州的机器设备。[9]

1945 年 7 月底，拜尔斯道夫成功恢复了部分生产。英国占领军当局签发的生产授权许可包含了膏药和止痛药、创伤药膏、牙皂、疥疮

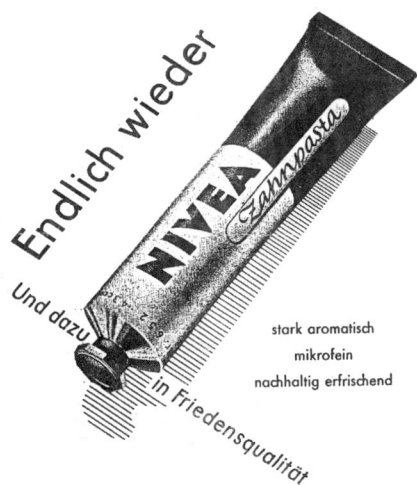

广播杂志《听！》(Hör Zu!) 上刊登的广告，1949 年

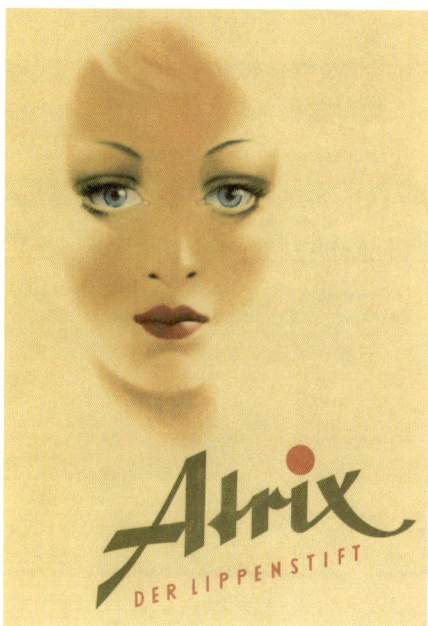

Atrix 品牌的口红广告，1949 年。1955 年推出了同名的护手霜

药及儿童用粉剂和药膏。公司获准可雇用 250 名男员工和 390 名女员工。[10] 拜尔斯道夫大约花费了整整四年时间，才让所有重要生产设施运转起来，而重建销售网络所用的时间更久。在很长一段时间里，批发商只能亲自去汉堡取货，自行提供运输用的空箱，并须当场用现金结清账款。[11]

战后直至四十年代末的这段岁月里，每件产品的生产及其所需原材料的采购都必须获得汉堡州经济部和奥因豪森军政府的批准。只有获准后才能购买原材料。烦琐冗长的采购过程让拜尔斯道夫不得不考虑自行租赁土地，种植所需的药用植物。瓶瓶罐罐和其他包装材料的供应情况也一样令人头疼。聘用职工的申请往往递进去几周后才能得到批复。煤炭和电力短缺造成的问题尤其严重，因为没有能源就无法生产。1947 年初，公司在严冬季节无法采购到足够的煤炭，为此不得不停工了整整一个月。[12]

至于包括牙膏和妮维雅润肤霜在内的"化妆品"业务，拜尔斯道夫只获得了十分有限的生产和原材料采购许可。即便是成品霜，公司往往也要历经漫长的谈判过程才能获准出售。执行董事会希望能生产除润肤霜和牙膏以外的其他化妆品。他们预测未来的市场需求主要出现在"唇膏"市场，为此特意从法国占领区采购了口红，作为产品开发的"对标"。拜尔斯道夫计划自行生产唇膏。然而，1946 年夏，占领军政府发布了特定塑料制品的生产禁令，其中就包括"化妆品用塑料管"。公司不得不先找到合适的替代包装材料。[13]

1946 年春天，美国和苏联军政府批准在各自的占领区内生产特定的几款化妆品。与之不同的是，英占区仍存在一系列的行政冲突，有待解决。1946 年秋天，明登中央经济事务办公室获得了管理权，拜尔斯道夫此时终于获得批准，可以生产牙膏和妮维雅润肤霜。但当生产许可证终于到手时，工厂的产能却无法达到许可批准的产量，因为遭到毁坏的机器尚未来得及更换，厂房修缮也未完工。从战场归来的男人们大多有身体残疾，劳动力严重不足。为此，工厂专门雇用了 25 名到 30 名女性员工作为帮手。1947 年夏，拜尔斯道夫的儿童日托中心又多接收了 10 名需要照护的儿童。[14]

产品质量是重中之重，但当时的产品质量问题令人担忧。由于质量不尽如人意，公司并没有在销售牙膏时贴上品牌名。公司的想法是，等到"其他企业创立了自己的品牌，而我们的牙膏质量无可挑剔时，最重要的是，在（牙膏）味道经过优化后"[15]，公司才会再次贴牌销售。即便过了六个月后，工厂仍无法达到战前的质量水平。"由于香味实在欠佳"，于是，公司在销售时没有使用知名品牌妮维雅和 Pebeco 的商标。拜尔斯道夫计划进军新领域，希望尝试"更精细的化妆品口红、特殊类霜，或许也可以试试生产粉饼"。为此，企业需要建立新品牌，因为妮维雅的市场形象"与顶级乳霜产品的定位密切相连"。[16]另一方面，"由于原材料状况不稳定"或者"缺乏货源"，此时为产品打广告似乎还为时过早。[17]直到 1947 年 11 月，拜尔斯道夫才重新开始为妮维雅做广告，在此之前投放的广告宣传只是为了抵御其他占领区市场的竞争对手。例如，拜尔斯道夫为迎击"Mollosan 牌儿童乳霜"的挑战，专门在《世界报》上刊登了妮维雅儿童乳霜的广告。[18]

战后的最初几年里，因实行定量配给制，膏药和药品成了拜尔斯道夫最重要的产品门类。1947 年，汉莎创可贴和 Leukoplast 胶布的年营业额达到了 1942 年收入的一半，创下了有史以来第二高的年度业绩。之所以这两类产品能取得骄人的成绩，主要是因为公司获得了主管部门签发的药品生产优先许可。可即便如此，药品生产也面对着诸多限制。由于当时社会的卫生条件差，拜尔斯道夫的淋病治疗药物 Gonostyli 有着很大的市场需求。刚开始，制药所需的有效成分和包装材料遭遇了采购瓶颈，后又因成本过高，生产过程并不顺利。鉴于此，执行董事会决定，"只有当采购到足够的原材料"并且在"技术设施"到位的情况下，才会考虑提高药品产量。拜尔斯道夫公司"因缺乏大量的现代化设备"而在新制剂领域丧失了一定的竞争力。[19]自二十世纪三十年代中期以来，公司没有再对该领域进行投资。

充满不确定性的经济发展形势也对生产产生了负面影响。此外，"酝酿中的货币改革"在 1948 年春提前发挥"作用"。供应商扣着原材料，批发商试图推迟向药店发货，他们都希望等到新货币启用后再交货。拜尔斯道夫公司在向客户供货时也一样频频延迟。[20]所有企业都满心期待着从预期的货币升值中获益。

执行董事会和大股东

战后，公司监事会并不满意执行董事会的工作。沃伯格银行经过所谓的"友好善意的雅利安化"（1938 年）后，在 1941 年更名为布林克曼维茨公司（Brinckmann，Wirtz & Co.）。执行董事会对经营状况的评估报告尤其受到诟病。一些大股东批评执行董事会没有清晰认识到企业行动空间的有限性，在重建化妆品产能时犹豫不决。[21]

作为银行所有者之一的鲁道夫·布林克曼在起初几年并没有明确提出批评意见。他当时主要关心的是如何带领拜尔斯道夫安然度过接二连三的政治动荡。而现在，银行希望拿回一度遭到剥夺的特殊职权。这种不满最终转化为对执行董事会人事变动的诉求。

1945 年 12 月，布林克曼批评说，公司近年来的重要事项未悉数告知监事会。六个月前，他否决了首席财务官贝伦斯提交的 1944 年资产负债表草案。因为草案建议，执行董事会在战后计划立即分配 5% 的红利。布林克曼却坚持认为，"鉴于公司目前所处的危急情况"，"应宣布分配 2.665% 的股利"。在布林克曼看来，贝伦斯缺少对战争损失的充分估计，折旧也算得太少。他要求执行董事会应首先仔细盘点资产，然后再决定是否分配利润。[22] 除公司在汉堡的损失外，拜尔斯道夫还失去了波兹南、乌斯季、维也纳和阿姆斯特丹多地的工厂，这导致公司的盈利能力下降。六个月后，新的 1944 年财务报表出炉。报表仍显示公司有 370 万帝国马克的盈余，但这笔盈余已全部用于折旧。因此，执行董事会和监事会不拿红利，股东也没有分红。[23]

1945 年 12 月初，大股东鲁道夫·布林克曼与德国玉米淀粉厂（Deutsche Maizena-Werke）的总经理埃尔温·迪克斯[24]（1881—1971）、监事会主席汉斯·克鲁泽召开了一次危机管理会议。布林克曼表示，"若继续将拜尔斯道夫公司的管理权完全交给克劳森先生和贝伦斯先生"，那样的做法将是"不负责任的"。此时，克鲁泽已经辞去了市政府委员的职务，布林克曼请求他负责管理拜尔斯道夫公司。虽说此举"势必将造成与克劳森先生之间的争执"，但克鲁泽应"作为监事会代表加入公司执行董事会，并在很大程度上参与公司的管理"。此外，除了首席财务官贝伦斯之外，拜尔斯道夫公司还应任命"一名真正负责任的会计师"。[25]

数天后，三位先生告知首席执行官克劳森，"鉴于公司所处的危急情况"，须改进执行董事会内部及执行董事会与监事会之间的合作。执行董事会没有清

二十世纪五十年代，拜尔斯道夫不断扩建工厂设施。
图为公司在汉堡-艾姆斯比特尔兴建的厂房，1955 年

楚明白且全面彻底地考虑到及处理好"资产负债表的重要问题"，未向监事会充分通报情况。克劳森将监事会向执行董事会委派代表的做法视为"对自己投的不信任票"。实际上，他的这个解释很准确。但布林克曼告诉他，这项决定"并不是感情用事"，同与克劳森在谈话中所强调的，此举旨在建立"友好、有效的合作"。布林克曼表示，若克劳森无法做到这点，他们将"被迫在适当时候采取其他措施"。迪克斯和克鲁泽在入局时则动用了更加高明的外交手段。克鲁泽建议说，他本人将履行监事会主席的职责，"避免正式委派人员（进入执行董事会）的情况"。[26] 这种外交辞令有助于缓和剑拔弩张的态势，从而保持执行董事会的正常运作能力。

埃里克·沃伯格在 1962 年报告说，在随后的二十年里，监事会主席每周

会抽出一天的时间待在拜尔斯道夫公司，参加"执行董事会召开的情况讨论会"，并与卡尔·克劳森——后期是与他的儿子格奥尔格·克劳森（1912—2013）——讨论重要的决策。执行董事会和监事会之间一旦出现意见分歧，在早期阶段便能得到妥善的解决，这使得监事会不再为双方意见相左而备感困扰。格奥尔格·克劳森曾回忆说，他与"尊敬的监事会主席之间的合作异乎寻常的顺畅"。[27]

在随后几年里，大股东似乎不再直接干预执行董事会的工作。倘若大股东有意施加影响，他们很可能会首先求助克鲁泽。安联股份公司在这方面也不例外[28]。这家公司于1952年成为拜尔斯道夫最大的单一股东。1938年，德国玉米淀粉厂和安联分别获得了公司14.2%和9.5%的股份。两家公司的股份加在一起便形成具有否决权的少数股权，因为公司自己持有的18.5%的股份在股东大会上是没有投票表决权的。1952年，安联集团收购了德国玉米淀粉公司的大部分股份，克鲁泽成为后者汉堡咨询委员会的主席。剩余的拜尔斯道夫公司股份则归布林克曼维茨公司所有。[29]

此前，瓦莱丽·阿尔波特的申诉曾引起大股东们的不安。瓦莱丽因犹太身份不得不离开德国流亡海外。她在离开时卖掉了自己持有的拜尔斯道夫股份（见第四章"所有权结构的变化和新的监事会"一节）。这部分股份通过一家柏林银行转卖给了安联股份公司、德国玉米淀粉公司、古特霍夫努格炼铁厂（Gutehoffnungshütte）旗下的一个养老基金会和布林克曼维茨公司。1949年，昔日的犹太难民有权在英占区提出财产归还申请。于是，瓦莱丽·阿尔波特便启动了相应的程序。[30] 在鲁道夫·布林克曼的建议下，拜尔斯道夫公司并未就此事发表评论，公司认为自己并非法律意义上的诉讼对象。其实克劳森、雅各布森和沃伯格在1937年就曾深入讨论过，想弄清楚究竟谁是当时这批股份的可能购买者。但是，从1947年开始担任拜尔斯道夫执行董事会副主席的汉斯·布雷默声称，他们甚至都不能确定"如今的索赔要求究竟该向谁提出"。无论如何，索赔对象的确应是具体的股东而不是公司。[31]

布林克曼主张，阿尔波特女士既没有因为出售股份而遭受经济损失，也没有人胁迫她这么做。上述观点从法律上来讲是正确的，但阿尔波特的诉求在道义上也是成立的。阿尔波特当时不得不出售股份，以避免其财产被当时的纳粹政府没收。在阿姆斯特丹银行家的帮助下，股份转让的过程严丝合缝，纳粹当局没有找到任何借口来干预这笔买卖，而且卖家还拿到了一个相当不错的价格。阿尔波特被迫出售股份，从而失去了对拜尔斯道夫公司的影响力，也无法再获得任何分红。布林克曼试图通过正式的途径驳回对方的赔偿要求。他指出申诉缺乏相应的证明文件，并强调须保证股份公司所有者的匿名性。[32] 但他的努力未获成功。为了避免对簿公堂，布林克曼维茨公司代表所有相关方于 1951 年与瓦莱丽·阿尔波特达成协议，向后者支付赔偿共计 27.5 万德国马克。[33]

一直到七十年代初，公司的所有权结构始终由三大股东集团三分天下：安联集团从 1952 年开始的股份持有率保持在近 25%，布林克曼维茨银行持股约 15%，克劳森家族和韦斯特贝格家族共持有约 19% 的股份。保罗·拜尔斯道夫股份公司以及两家法律上独立的养老金公司持股约 9.5%。这就意味着安联集团拥有具有否决权的少数股权。决议若要在股东大会上获得多数同意，就必须首先赢得三大股东集团的支持。[34] 可见，由各方共同任命的监事会主席处于一个特别微妙的位置，而时任监事会主席的汉斯·克鲁泽似乎也很善于利用这个特殊的角色。1957 年，公司迎来了七十五周年庆。作为庆典的一部分，克鲁泽任命格奥尔格·克劳森为新任执行董事会主席。克鲁泽并没有选择在自己的办公室与执行董事会主席召开例会，而是将会议安排在每周五执行董事会晚宴之后，地点放在公司食堂旁的一个"摆放着沙发之类物品的小房间里"，两人在那里讨论业务。克劳森如今回想起来，总觉得这种合作关系"非常的舒服愉快"。[35]

战后的海外业务

四十年代末是企业生死攸关的重要时期。恢复生产和建立新的销售网络是开展国际业务的先决条件。此外，拜尔斯道夫还须分析自身状况，权衡自己能在多大程度上保留海外资产和商标权。第二次世界大战导致拜尔斯道夫国际业务的崩溃。第一次世界大战后，拜尔斯道夫在美国失去了近一半的授权许可证收入，公司的发展形势由此变得岌岌可危。1945 年后，公司更是在全球各地的市场上遭遇重创。妮维雅和 Leukoplast 两大品牌尤其受到了巨大的冲击，商标权纷纷落入竞争对手或拜尔斯道夫原先的受托人手中。这方面的损失严重阻碍了公司市场份额与国际业务的增长，影响的余波一直持续到二十世纪九十年代。

1946 年初，公司内部就海外分支机构的处置权问题出现了一些争议。拜尔斯道夫发现很难主张自己的权利。1933 年至 1936 年，威利·雅各布森试图保护海外企业免遭德国当局的没收。为此，他将海外分支企业整合成了所谓的联盟公司，注册地为阿姆斯特丹。汉堡母公司与联盟公司由一个联合管理委员会负责协调。雅各布森移居美国后，身在巴塞尔的理查德·德奇（1877—1958）于 1938 年接管了联盟公司的管理工作。他自己的批发公司德奇格雷特股份公司（Doetsch Grether & Cie. AG）负责在瑞士经销拜尔斯道夫的产品，他本人也在二十年代初为拜尔斯道夫股份公司的设立提供了资金支持。[36]

1938 年，德国吞并奥地利，苏台德地区并入德意志帝国。随后，维也纳和乌斯季的公司成为德国子公司，脱离了联盟公司的结构。第二次世界大战期间德国占领波兰后，波兹南的公司也经历了同样的变化，被划归到汉堡的股份公司名下。然而，拜尔斯道夫并未获得单独处置权，因为波兰公司的股份被抵押给了一家美国银行作为贷款担保。荷兰公司的一半股份、瑞士公司的股份以及美国拜尔斯道夫公司 96% 的股份也被抵押了出去。雅各布森利用抵押贷款为波兰、法国和英国的工厂建设供资。这些工厂的设立基本不依靠汉堡母公司的资金支持。这些海外分支机构往往由拜尔斯道夫的受托人建立。在这样的结构中，人们很难辨识公司的实际所有者（见图 5.1）。因此，根据需要，公司可以声称这些海外企业属于保罗·拜尔斯道夫股份公司、瑞士公司或美国公司所有。拜尔斯道夫在瑞士的公司，即 Pilot 化学工厂股份公司（Chemische Fabrik "Pilot" AG）为瑞士受托人所有。美国受托人拥有在美国的公司，而美国公司是汉堡在英国的受托人。英国公司是芬兰公司的所有人。美国公司和巴塞尔 Pilot 公司各持法国拜尔斯道夫股份公司一半的股份。Pilot 公司和汉堡股份公司各持荷兰公司一半的股份。[37]

1932 年前，拜尔斯道夫公司不断向德国财政当局主张应通过本国托管人保护德国财产，以免其他国家政府扣押和处置这些财产。然而，到了 1933 年，德国财政当局反对将拜尔斯道夫名下的海外公司转让给另一家独立于汉堡母公司的控股公司，这时的拜尔斯道夫公司向纳粹管理当局辩称，这些海外公司本身就是独立的，"依据外国法律是独立的法律实体"，不存在"不受限的处置权"。[38] 相关公司负责人在战后也用了同样的理由向盟军做解释。

他们忽视的一点是，盟军的消息网络四通八达。美国当局早在 1941 年就开始对"敌方企业"展开调查，拜尔斯道夫公司也在其列。调查程序基于《与敌国贸易法案》(Trading with the Enemy Act) 的规定，该法案的调查对象涉及德国公民、德国所有者拥有的公司、总部设在德国的企业以及所有与德国合作的公司。英国驻瑞士领事馆也做了调查。[39]1943 年编制的一份"英美黑名单"将 Pilot 股份公司列入其中。不过，德奇"本人作为公司的唯一股东和董事"却并未出现在这份黑名单上。[40] 当时存放着海外公司股份的美国富国银行

图 5.1　拜尔斯道夫的海外企业，1942 年 3 月 31 日的所有权情况

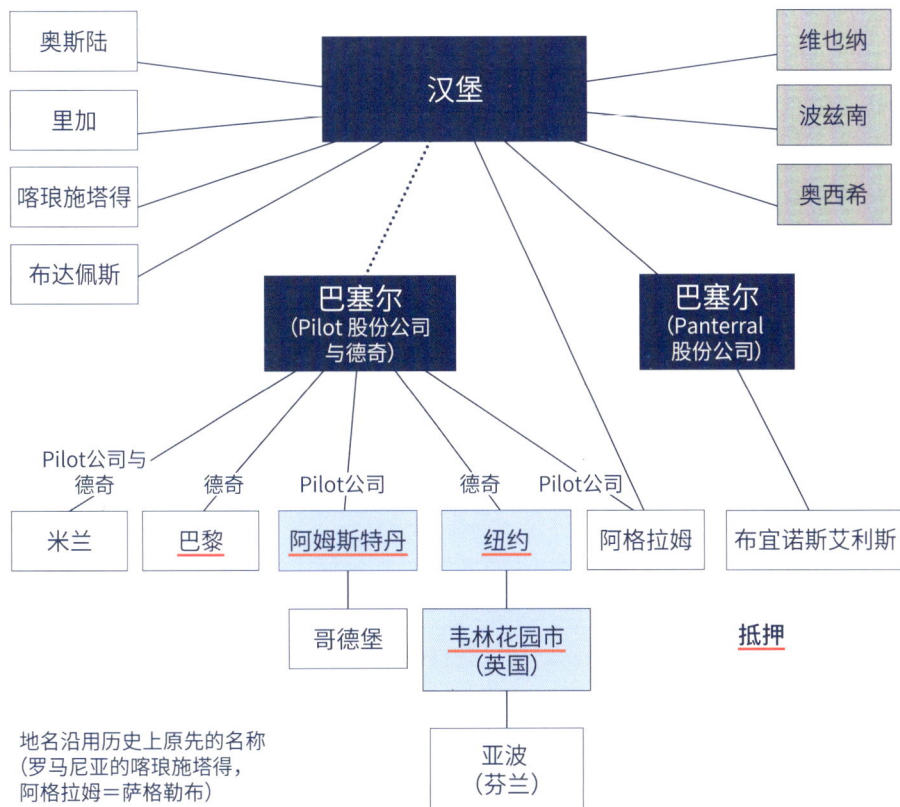

奥斯陆　里加　喀琅施塔得　布达佩斯

汉堡

维也纳　波兹南　奥西希

巴塞尔
（Pilot 股份公司与德奇）

巴塞尔
（Panterral 股份公司）

Pilot公司与德奇　德奇　Pilot公司　德奇　Pilot公司

米兰　巴黎　阿姆斯特丹　纽约　阿格拉姆　布宜诺斯艾利斯

哥德堡　韦林花园市（英国）　抵押

亚波（芬兰）

地名沿用历史上原先的名称
（罗马尼亚的喀琅施塔得，
阿格拉姆＝萨格勒布）

资料来源：DWT，《拜尔斯道夫海外公司法律关系摘要》（1942 年 6 月 6 日）附件四

（Wells Fargo Bank）、卡尔·赫尔佐格（拜尔斯道夫公司的美国公司总经理，他被迫披露所有商业关系）和威利·雅各布森[41]（自 1938 年起定居洛杉矶，曾多次接受审问）是主要的信息来源。甚至早在战前，情报部门就曾截获汉堡公司寄给理查德·德奇的信件。因此，美国当局早在 1943 年初就对拜尔斯道夫公司的国际业务、所有权结构和内部协议了如指掌。[42]1945 年，盟军还拿到了德意志帝国财政部和帝国银行的档案资料。

　　1946 年 9 月，德意志商品信托股份公司律师马蒂森在阅读了美国档案后发现，早在汉堡听证会举行之前，调查委员会实则已经"充分"了解了情况。"拐弯抹角的解释"纯粹是浪费时间，只会留下"不必要的坏印象"。[43]

　　1939 年 8 月底，即二战爆发前几天，拜尔斯道夫股份公司将其所持的荷兰公司股份和海外商标权转让给了设在中立国瑞士境内的 Pilot 股份公司，防止潜在的战争敌对方有所染指。一战期间的教训不能重演。随后，Pilot 股份公司被卖给了瑞士公民德奇，后者在 1940 年又接管了拜尔斯道夫法国和英国公司的股份（见图 5.1）。[44] 由于当时的交易必须首先获得德国外汇管制局的授权，因此买卖双方在购买协议中加入了可单方面行使的回购条款。在德国当局不知道的另一份协议中，克劳森和德奇规定了回购条款"不具有法律效力"。[45] 显然，双方希望在战后根据届时实际情况再拟定一份"合理正确的"协议。

1933 年至 1945 年这个时期留存下来的历史文献不多，我们无法重构拜尔斯道夫公司当时的目标。德奇后来称，那些信件毫无疑问地表明，雅各布森、汉堡拜尔斯道夫的管理层和他本人一心只想着"如何保全保罗·拜尔斯道夫股份公司的海外资产，避免它们落入纳粹当局之手。他们试图全力保护这些公司里遭到极大威胁的外国股东和犹太股东的合法权利，确保这些合法权利不被窃取"。他们从未怀疑过"纳粹统治有朝一日必定垮台"，并希望能"恢复受严重损害的相关方——特别是雅各布森先生的原有权利"。1943 年 7 月，正当大家担心德国即将占领瑞士时，公司员工在与汉堡授权代表马蒂森律师商量后，决定销毁雅各布森和德奇之间的往来信件。阿姆斯特丹的相关材料也"在德国入侵前得到了及时的销毁"。人们与汉堡母公司之间"不再就这类事务有进一步的通信，只在私人交流中有所谈及"。[46]

战后，相关方持不同观点，随着时间的推移也在不断改变想法。威利·雅各布森认为，Pilot 公司在 1945 年是"美国、英国、法国，可能还有荷兰公司的合法所有者"。[47] 但不确定的是，Pilot 公司究竟该向拜尔斯道夫公司的哪位法定继承人建议收购价，而且这个收购价直到 1939 年还没有得到最终的确定。美国和瑞士须就此事达成一致意见。在雅各布森看来，拜尔斯道夫的未来在美国。正如一战后他的全盘布局，雅各布森希望将国际业务整合到一家美国公司中。华尔街的一位金融家和沃伯格家族对这家公司"非常感兴趣"。按照规划，这家公司后期应从 Pilot 公司手中获得更多的商标权，"尤其是在南美"。[48] 可见，汉堡当时在雅各布森的商业版图中的地位微不足道。

1946 年，瑞士当局在开展独立调查后认定 Pilot 公司"以受托人身份管理着保罗·拜尔斯道夫股份公司的海外业务"，德奇只收购了瑞士的业务。一年后，官方审计办公室证实，德奇收购了 Pilot 公司的外壳和瑞士的经营权。海外经营权和受托管理的海外公司为总部设在汉堡的保罗·拜尔斯道夫股份公司所有，抵押给了美国富国银行。[49]

拜尔斯道夫面对盟军也一直主张上述观点。直到 1948 年，该主张一直为

美国外侨财产监管局没收了美国境内的拜尔斯道夫公司，并在战后将其出售给杜克实验室。杜克公司此后一直在美国经营妮维雅和 Elastoplast 品牌，直至 1972 年。广告，美国，1955 年

各方所采信。然而，由于这些海外企业如今被认定为德国资产，拜尔斯道夫几乎失去了旗下所有的海外公司。[50] 英国政府于 1948 年没收了拜尔斯道夫在整个英联邦境内的公司与商标权。拜尔斯道夫的英国竞争对手施乐辉于 1951 年收购了前者的工厂和品牌。[51] 阿姆斯特丹的公司也遭到没收，其子公司 Pento N.V. 归此前的犹太所有者。哥德堡的 ABA.Sandström 公司属于阿姆斯特丹公司的子公司，也于 1948 年被没收。美国外侨财产监管局将美国的拜尔斯道夫公司和妮维雅商标权卖给了拜尔斯道夫原先的受托人赫尔佐格的杜克实验室（Duke Laboratories）。[52] 苏联控制区域内（南斯拉夫、波兰、罗马尼亚、捷克斯洛伐克和匈牙利）的公司悉数被国有化。维也纳的公司位于奥地利的苏占区。Alf Nölke 公司接管了妮维雅在挪威的经营权和奥斯陆的设施，德国占领挪威前，Alf Nölke 公司一直是拜尔斯道夫在奥斯陆的代表机构。阿根廷政府则迫于美国的压力，没收了拜尔斯道夫在布宜诺斯艾利斯的公司。[53]

四十年代末，只有意大利和法国的公司所有权和商标权归属尚不明确。这两个国家将境内与拜尔斯道夫相关的企业视为瑞士财产。根据 1940 年签署的一项协议，德奇后期应将这些公司转让给汉堡的母公司。意大利公司成功实现了转让，法国公司的转让交易却没有成功。对当时的拜尔斯道夫而言，海外市场仍是次要的，他们首先一心扑在国内市场上，希望在德国国内打下坚实的基础。

德国经济奇迹时期

1948 年 6 月的货币改革是德国企业发展的一大转折点。在货币改革实行前的几个月里，许多原材料供应商推迟交货，盘算着能从 6 月底启用的新货币德国马克中创造收益。药剂师和卫生用品商店也纷纷囤积货物，拜尔斯道夫也一样推迟了交货期。可见，德国马克的引入对销售产生了巨大的影响：在接下来的三年里，公司的收入翻了一番。[54] 这主要归功于护肤品和"工业胶带"的出色业绩，护肤品的销售额再次占到了公司总销售额的一半。

1953 年 5 月，首席财务官克里斯托夫·贝伦斯向监事会提交了 1952 年财年的财务报告。他自豪地称，1952 年是"公司创建以来业绩最好的一年"。[55] "最好"可能指的是当年的净利润数据。400 万马克的年净利润打破了 1937 年创下的最高纪录。在公司所有者看来，这个财务结果无疑令人备感欣慰，但却根本无法与奥斯卡·特罗普洛维茨时代相提并论。1952 年，公司

用于风干涂层织物的滚筒。这些机器用于生产德莎和膏药产品。
图片摄于汉堡，二十世纪五十年代中期

用德国马克向股东支付的红利仅为 1914 年用金马克结算的分配利润额的一半。鉴于德国于 1923/1924 年和 1948 年两次实施了货币改革，较长时间间隔的比较没有多大的参考意义。此外，我们在比较时还需考虑公司在各个时期不同的投资水平。无论如何，公司一战前和三十年代的盈利能力要比五十年代初高出很多。

　　客观来说，当时的德意志联邦共和国刚刚成立，这样的经营业绩已经异常出色了。成功的另一个原因在于德国经济到六十年代初一直是一个"卖方市场"，即商品供不应求。就拜尔斯道夫而言，工业和手工行业所需的德莎产品就属于供应赶不上需求的情况。同样地，西德市场对个人护理产品的关注度逐年递增：1952 年，一个四口之家在个人护理产品上的花费平均不超过 3.33 马克，但到了 1962 年，这方面的花费增加了两倍。拜尔斯道夫生产的护肤品（尤其是妮维雅）价廉物美，定价符合当时的经济大环境。在德国经济奇迹刚刚萌发的年代，人们对奢侈品的需求下降了。[56]

此外，五十年代的关税和进口限制政策设置了针对海外竞争对手的入市门槛。制造商在德国市场上拥有零售价的定价权，并可通过法院强制执行。因此，市场上几乎不存在价格竞争，生产商和零售商能获得自己预先设定的利润率。这种制度有利于通过提高销售价来转嫁成本的增长部分。德国于 1957 年出台了《反限制竞争法》。尽管如此，品牌商品仍享有特殊保护。但在该法生效后，拜尔斯道夫不得不与差不多五万家零售商签订价格协议。[57]

其间，公司的执行董事会发生了翻天覆地的人员变化。卡尔·克劳森于 1954 年辞世，享年 75 岁。他在执行董事会主席的位置上耕耘了整整二十一年，以极大的个人奉献精神带领拜尔斯道夫安然度过了纳粹统治的危险时期。在此之前，77 岁高龄的克里斯托夫·贝伦斯在公司工作了五十年后光荣退休。1903 年，他为特罗普洛维茨所聘用，很快获得了代理权，并从 1922 年开始在执行董事会中负责财务工作。[58] 这两位"老员工"和当时已经 64 岁的阿尔弗雷德·西蒙从 1930 年开始一直是执行董事会成员，他们成功地带领团队完成了战后重建。但这批公司元老毕竟年事已高，慢慢地变得精力不济。1958 年，68 岁的西蒙退休。卡尔·克劳森的儿子格奥尔格·克劳森继承了父亲的衣钵。他从 1938 年开始就在拜尔斯道夫工作，并于 1953 年成为执行董事会非正式成员。父亲过世后，儿子晋升为执行董事会的正式成员与发言人。在 1957 年公司成立七十五周年之际，格奥尔格·克劳森成为新一任的执行董事会主席。[59]

1955 年和 1956 年，制药研究领域的化学家保罗·莫斯（1902—1979）和 1945 年前在克罗地亚担任公司负责人的格奥尔格·罗斯纳（1900—1961）加入了执行董事会，担任非正式董事，并在 1958 年成为执行董事会正式成员。1958 年，销售分公司的负责人、前首席财务官克里斯托夫·贝伦斯之子维尔纳·贝伦斯（1919—1987）成为新的执行董事会非正式成员。然而，人事变动并没有为执行董事会带来新的思路。罗斯纳、莫斯和贝伦斯多年来一直是合格的管理人员，但要进入公司高层却并非易事。格奥尔格·克劳森是发起变革的第一人。变革措施包括关注新产品和培训下一代的管理人员。[60] 其他执行董事会成员则较为保守低调，不那么活跃，至少他们在执行董事会会议上表现出来的是这样。因此，克劳森显然很高兴有汉斯·克鲁泽这样一位积极投入的监事会主席在身边，可以与其探讨自己的各种想法。[61]

在货币改革实行后的几年里，拜尔斯道夫发展迅猛。1950 年到 1962 年，德国国内销售额增长了四倍，从不足 3760 万马克攀升至近 1.87 亿马克，而当时海外业务的销售额仅为 2870 万马克。收益情况也随着销售额的上升得到了改善。1952 年的利润分配金额为 100 万马克，到了 1962 年，分配金额涨到了原先的七倍。从 1954 年起，股东可以享受 10% 到 18% 的分红，令人欣喜。1959 年，公司将留存利润转为股本，拜尔斯道夫的股票价值增加了 150%。当时的《时代周刊》将其描述为 "珍贵少见的稀有股票"。同年，员工奖金达到了总工资的 7%。[62]1950 年，企业职工总数回升到约 1500 人。在德国经济奇迹时期，拜尔斯道夫大规模扩建了运营设施，到 1961 年，公司的员工总数超过 4000 人。[63]

公司 1916 年设立的养老金计划经过了时间的检验，被证明是行之有效的，但随着雇员人数不断增长，养老金计划急需做出调整。每年养老金领取者的数量都在上升，公司须为此筹措到足够的资金。1957 年，法定养老保险正式实施，为两项改革提供了助力。法定养老保险制度建立后，拜尔斯道夫公司节省了开支，养老金领取者的福利待遇也没有变差。职工每工作一年便可领取 1% 的养老金。在此之前，十年工龄相应的养老金比例为 20%，工龄每增加一年，养老金在原先基础上增加 1.5%。然而，以前是将国家养老金计入公司养老金的。从五十年代末开始，拜尔斯道夫在国家法定养老金之外还支付员工公司养老福利。这意味着公司员工的养老金总额提升了。从事半天工作的女性员工如今也能享受到这种福利。三年后，她们也开始有权享受养老支持基金。[64]

新品牌大获成功

拜尔斯道夫在五十年代的辉煌基于久经考验的品牌产品。时间来到 1957 年，几乎每家每户、许多工厂车间和办公室、越来越多的行业都在使用拜尔斯道夫的六大主打产品。这些产品贡献了公司超过 60% 的收入：妮维雅是普通人都用得起的高效润肤霜；人们在家里常备汉莎创可贴和 Leukoplast 胶布，"以备不时之需"；德莎系列产品 tesafilm®、tesakrepp® 和 tesaband® [65] 则是固定、保护、包装和修补工作的好帮手。

化妆品事业部的盈利能力并不完全依仗妮维雅系列，拜尔斯道夫新上市

全新的 8×4 品牌于 1951 年上市，该系列最
早的产品为香皂和爽身粉，1958 年推出了著
名的止汗喷雾。图为 1953 年的海报

适合所有人的产品　战后重建，经济奇迹和海外业务的新起步

的创新产品也为公司带来了显著收益，例如 1951 年春推出的"除臭杀菌"8×4 香皂和 8×4 爽身粉。这两个产品均为企业开辟了新市场。很快，巴克（Bac）和雷克索纳（Rexona）等竞争对手也陆续推出了同类新产品，市场竞争变得异常激烈。[66]8×4 系列很难维持刚刚上市时的辉煌业绩。1958 年，8×4 止汗除臭喷雾取得了突破性的进展。拜尔斯道夫注重产品创新与广告宣传，8×4 系列的其他产品也有强劲的增长。1967 年，该品牌系列的销售额几乎占到了拜尔斯道夫化妆品总销售额的三分之一。只有 1955 年推出的含甘油和硅油成分的 atrix 护手霜超越了 8×4 系列的成功。atrix 的出色业绩同样建立在高额广告支出的

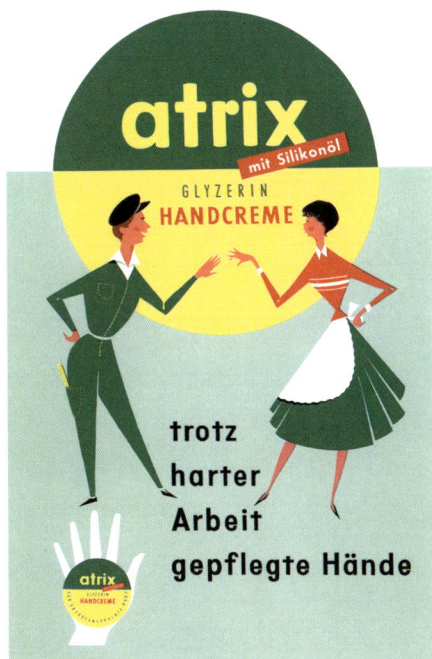

atrix 护手霜海报，1957 年。数年后，这款护手霜成为拜尔斯道夫最畅销的产品之一

效果之上。1957 年，执行董事会决定第二年划拨 150 万马克的广告预算，这相当于当时半年的销售额。不过，这笔投资在 atrix 上的的确确得到了高额回报。六十年代初，这款护手霜取代了汉莎创可贴的地位，跃居拜尔斯道夫最畅销产品的第三位，8×4 止汗除臭喷雾则上升到第六位。[67]

　　妮维雅润肤霜依旧是公司在德国国内市场上最重要的产品。尽管妮维雅产品系列在拜尔斯道夫化妆品总销售额中的占比从 1954 年的 60% 下降到了 1962 年的 38%，但产品收益却在持续上升。根据埃姆尼德民意调查研究所的数据，妮维雅是 1962 年德国"使用范围最广的化妆品"。阿伦斯巴赫民意研究所认为，这归功于消费者的忠诚度。护肤霜类的品牌忠诚度比例为 83%，其他产品的品牌忠诚度相较之下要低得多。该研究所总结道，大众对化妆品使用效果的评估势必是长期性的，故而用户与产品之间往往有着紧密的关系。"消费者"一般会选择"满足卫生要求的知名品牌"。[68]妮维雅系列其他产品的销售额相对较低。六十年代初，只有防晒油和防晒霜的销售额超过百万马克。五十年代初，以妮维雅品牌为主的儿童护理系列问世，其销售额始终保持稳步

增长，直到德国社会的婴儿潮结束。防晒品牌 Zeozon 与妮维雅系列相辅相成，前者最初以防晒霜的形式上市，1955 年又推出了防晒乳。[69]

拜尔斯道夫的化妆品事业部未能在牙膏市场上重整旗鼓。和一战后的 Pebeco 产品一样，妮维雅牙膏也跟不上消费者的口味变化。公司在 1955 年推出的一款新牙膏再次赢得了消费者的青睐：Selgin 牙膏在上市后的第二年就实现了 100 万马克的销售额。此后三年里，借助广告宣传，这款产品的销售额翻了一番。仅 1959 年第一季度，公司就在德国电视一台投放了二十个电视广告。1960 年，公司的广告预算总额达到了 100 万马克，超过年销售额的一半。但咸味牙膏显然不符合消费者的口味，大多数用户更喜欢清爽的泡沫型牙膏。这种情况下，继续大规模投放广告的做法无法产生经济效益。此外，广告部负责人胡安·克劳森因年龄原因离职后，执行董事会要求确保"广告的连续性"，广告部未能完成期待中的重新定位，Selgin 的销量由此逐年递减。[70]

德莎系列在德国经济奇迹时期取得了历史上最辉煌的销售业绩。德国市场对该系列产品的需求量很大，它们也是拜尔斯道夫最重要的出口产品。公司自然希望能进一步增加销量，却因频繁发生的供应商问题和工厂产能瓶颈而束手束脚，市场因此常常供不应求。在德国，几乎家家户户都有德莎胶带。雨果·科希贝格[71]从 1934 年开始建设拜尔斯道夫的德莎业务线。当年，25 岁风华正茂的他怀揣着产品创意，申请加入拜尔斯道夫团队，希望为终端消费者提供胶带产品。在此之前，拜尔斯道夫一直按订单生产胶带（Lassoband）。科希贝格计划筹建面向零售业的产品线，并说服执行董事会在该领域做一番尝试。他开发了一种用玻璃纸制成的胶带和滚动盒装置，并在 1935 年为此申请了专利。这项开发为五十年代德莎业务板块的 tesafilm®、tesakrepp® 和 tesaband® 的成功奠定了基础。1955 年，德莎家族迎来了新成员，包括 tesamoll® 封条、tesafix® 双面胶带和 tesatip® 标签。[72]

工业胶带的市场需求稳步增长，主要来源于油漆行业、电气行业和汽车行业。五十年代末，德莎产品占拜尔斯道夫在德国近四分之一业务，创造了超过一半的出口业务收入。从 1958 年开始，tesafilm®、tesakrepp® 和 tesaband® 的总销售额超过妮维雅润肤霜。[73]然而，前者的生产成本要高得多，因此利润贡献率相较于妮维雅润肤霜要低得多（见图 5.2）。

德莎透明胶 tesafilm® 及德莎胶布 tesakrepp® 的生产技术十分复杂。所用的膜材必须是透明的，并且下层的粘合剂绝对不能产生气泡。对 tesakrepp® 而言，纸张质量至关重要，除此之外，胶带必须是可移除且无残留的。随着生产自动化程度的不断提高，行业对胶粘剂、绉纸材料及粘合工艺提出了更高的工艺要求。如何让工厂机器适应日益增长的产量要求，这一点并非易事。此外，胶粘剂质量也必须能够满足各行各业截然不同的诉求。例如，汽车行业十分重视"喷漆的干燥速度和工业胶带的耐温性"。[74] 为了降低成本，拜尔斯道夫简化了包含 200 多种产品在内的整体生产计划，不再接受小批量和极小批量的订单。公司还积极参与胶带尺寸的国际标准制定工作。随着标准化产品的数量减少，机器无需频繁进行重新设置，生产能力随之提高。执行董事会在 1958 年 11 月向监事会报告说，按照新规划，"我们的生产如今可以满足销售需求"。但新规划尚需一段时日才能付诸实施。六个月过后，库存三分之二产品的月销售量不足 1000 卷。[75]

图 5.2 **创造 1000 万德国马克销售额所需的投资，1967 年**（单位：百万德国马克）*

* 未考虑上市当年高额的广告宣传费用

资料来源：《关于胶带业务的一些想法》（西姆斯，1967 年 9 月 11 日），《主题：1967 年 9 月 11 日您就胶带业务的想法》（克鲁泽，1967 年 9 月 18 日）、BA St 1967 年执行董事会会议附件：克鲁泽估计化妆品收益率将提高 4%

执行董事会在向监事会报告时并没有强调应"生产工业胶带并消除产品缺陷"。在公司内部，克劳森认为，鉴于行业日益严苛的质量要求，拜尔斯道夫与国际竞争对手 3M 和强生之间存在的技术差距是个"巨大的危险"。他强调，公司研发仍是一个薄弱环节。"实验室不能满足于让拜尔斯道夫的胶带不断赶上竞争对手胶带的研发速度"，而应该"进一步推动新型胶带的开发"。毕竟客户的诉求在不断变化，只有提前评估预期需求，"才有可能让我们取得成功"。[76]

这一系列的想法折射出当时从卖方市场向买方市场的转变，这也是许多企业当时面临的一项重大挑战。拜尔斯道夫认识到了市场调研的重要性，他们计划开发出让消费者和工业客户信服的产品，并确保自身产品始终优于竞争对手。公司员工和执行董事会显然不太适应这样的思维转变。负责德莎业务的执行董事会成员保罗·莫斯表示："实验室很难在公司内部生产出从一开始就能满足消费者各项要求的胶带。满足要求的胶带必须克服种种先天不足，而寻求解决之法的前提是这些产品首先必须在实践中得以应用。"[77]

执行董事会预测，德莎产品的市场需求将继续增长。为此，执行董事会于1957年开始寻找第二处生产基地。卡尔-马丁·多勒扎列克[78]受托寻找合适的厂址并设计工厂。这位斯图加特工业大学生产和自动化技术专业的教授曾借助崭新的生产理念，大大提高了拜尔斯道夫竞争对手施乐辉公司的生产效率。新工厂最终选址在奥芬堡市，因为当地政府十分支持这个投资项目。新工厂是一家独立运营的有限公司，这意味着不需要设立总的企业职工委员会，也"无须与汉堡母公司就社会福利事宜做任何协调"。[79]税收优惠是当地决定性的区位优势。奥芬堡化工厂有限公司最终于1961年12月成立。从第二年开始，该厂的生产效率和产量都超越了汉堡母公司。

膏药和药品业务的停滞不前

拜尔斯道夫的膏药部门在二十世纪五十年代的业绩十分稳健，无论是在国内市场还是在出口方面，都是如此。但该部门对国内市场业务增长的贡献率却低于平均水平。到五十年代末，化妆品销售额的平均增长率约为10%，德莎系列的年增长率约为20%，而膏药的年增长率仅为5%多一点。除了主供医生及诊所使用的Leukoplast胶布和家用汉莎创可贴外，拜尔斯道夫在Elastoplast弹性绷带和ABC膏药两款产品上也取得了不错的销售业绩。拜尔斯道夫不仅销售品牌产品，在1955年前还售卖不绑定价格的"非品牌专供膏药"。这类膏药主要供给零售业。在专门销售品牌产品的药剂师看来，这种"变向压价的做法"变得愈发过分了。愤怒的药剂师最终迫使拜尔斯道夫叫停了"非品牌专供膏药"的产线。[80]

在很长一段时间里，膏药部门几乎没有什么产品创新。1953年推出的汉莎防水创可贴和1958年推出的兼具防污和可清洗薄膜特点的改良新产品是仅有的例外。来自国际竞争对手的压力越来越大，迫使膏药业务部门采取创新举措。格奥尔格·克劳森在1959年初曾表示，国际竞争对手"一直致力于创新"。拜尔斯道夫始终密切关注着美国产业巨头3M的一举一动。克劳森曾多

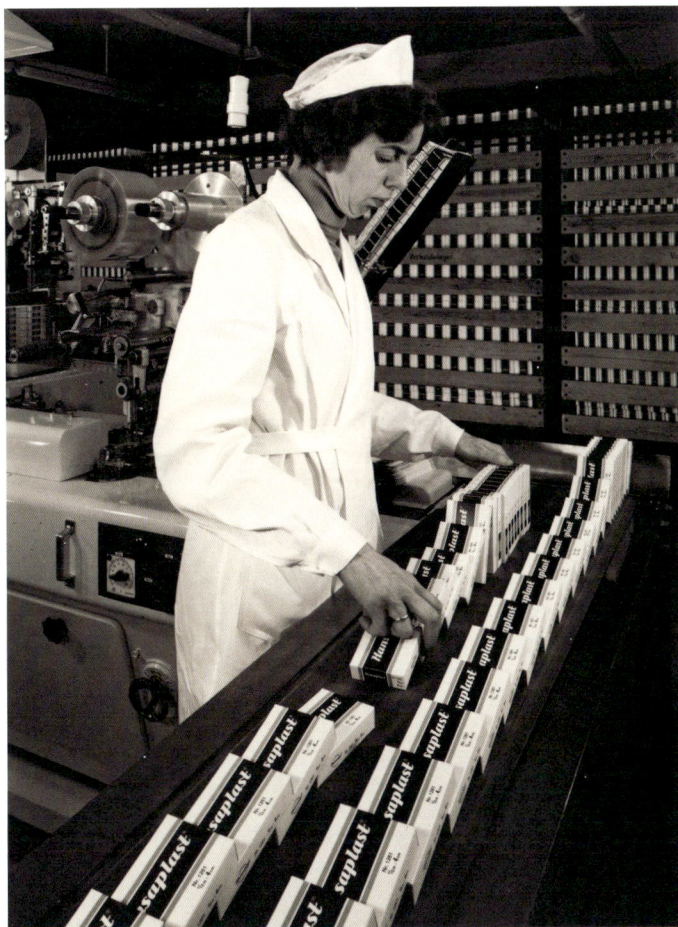

二十世纪五十年代，许多生产工艺实现了现代化和机械化。图为汉莎创可贴的包装，
摄于汉堡，1951 年

次提议说，"现在是我们再次为膏药行业带来原创性新产品的时候了"。可即便
如此，创新薄膜贴片这款新产品的诞生也曾一度引发执行董事会内部的争执。
保罗·莫斯本想更快地将薄膜贴片推向市场，但他的提议"因广告业务负责人
贝伦斯先生的一票否决而遭遇了滑铁卢"。膏药喷雾产品的境遇也很类似。由
于当时这类产品的销量过低，拜尔斯道夫一开始并未考虑继续这方面的研发和
宣传工作。[81] 显然，公司缺乏创造和主导一个新产品市场的信心。

　　在公司的医药板块中，曾经的销售英雄已到垂暮之年。随着竞争对手推
出更优秀的新产品，久经考验的心脏药物潘迪加尔 Pandigal 处方量减少了，止

咳药 Tussipect 的销量也呈现下降趋势。止痛药 Temagin 的销量很好，却也无法堵上部门因其他业务下滑而出现的收入窟窿。1953 年，拜尔斯道夫与美国 Vick 化学公司（Vick Chemical Co.）签订了制造销售协议，这份协议最终让制药部门扭亏为盈。作为回报，拜尔斯道夫必须在美国市场上优先向这位合作伙伴供货。1954 年，医药部门凭借 Wick-VapoRub 实现了盈利。[82] Wick 止咳糖的水果口味也赢得了健康人群的喜爱，成为许可协议规定范畴内的产品。1957 年，公司建立了自己的销售机构，负责组织销售工作。很快，Tradica 有限公司在销售 Wick 系列的同时，也开始销售拜尔斯道夫的产品。[83]

新药是公司的一大软肋。从 1955 年开始，新药销售停滞不前，有时甚至会出现下滑。执行董事会认为公司自己研发的药品"彻头彻尾过气了"，他们觉得制药研发部门的负责人无法胜任这项任务。[84] 摆在拜尔斯道夫面前有两条路，要么"独立开展大规模的研发"，要么"购买已在开发过程中的药品"。公司一开始选择了第二条道路。[85]

逐步重返国际市场

公司面临的最大挑战是如何拿回丢失的国外市场，再次在全球市场上站稳脚跟。拜尔斯道夫自五十年代初便着手应对这一挑战。在此之前，重新组织生产和国内的销售网络才是公司发展的首要任务。出口业务也存在一定的局限性。1949 年前，企业只有获得盟军当局颁发的出口许可证才能从事出口业务，而且必须用美元结算。这使得德国产品在海外市场上的售价相对较高。政治和道德方面的原因也对海外贸易形成了阻碍，德国产品在海外市场上举步维艰。

要重返国际市场，必须首先消除各国对德国的信任危机。鉴于德国此前在被占领国犯下的种种罪行，重建信任绝非易事。1948 年 11 月，拜尔斯道夫海外业务部门的一位经理说，外国客户"与德国企业做生意需抱有极大的乐观主义精神"。[86] 他还补充道，公司必须全力以赴地完成为数不多的海外订单，绝不能拖累授权经销商，否则这些经销商"对销售拜尔斯道夫产品的兴趣就可能大打折扣"。为了按期交付所有出口订单，拜尔斯道夫还将订单转交给了米兰的前意大利拜尔斯道夫公司来完成。

二十世纪五十年代初，许多国家的政府认为贸易限制措施有助于重振本国经济，故而对许多商品的进口实行配额制，或规定货物进口必须获得批准。一些国家仿效联邦德国 1950 年 2 月的做法，下达了全面的进口禁令，其贸易伙

法国是拜尔斯道夫力图借助德莎系列产品重新打开的市场之一。公司在法国的目标客户群主要是工商业企业。1952 年发布的 tesaflex 产品广告

伴接着也采取了反制措施。不过，自 1950 年起，德国向欧洲邻国的出口稳步增加。拜尔斯道夫公司出口的主要产品是工业胶带和膏药。1952 年 8 月，执行董事会不得不承认一个事实——"几乎所有国家都在实行进口限制"，拜尔斯道夫几乎不太可能出口化妆品。[87]

基于上述情况，公司的化妆品主要交由特许生产商在国外生产，而拜尔斯道夫拥有产品的商标所有权。截至 1956 年，拜尔斯道夫向十四个国家的合作伙伴签发了授权生产许可证。荷兰和奥地利的两家公司以及米兰的 Cosmochimici 实验室负责生产妮维雅系列产品。这样做的好处是，这些国家的消费者会认为妮维雅是"荷兰"或"意大利"生产的产品。[88]

1957 年底，执行董事会再次报告了公司自己的生产基地与 23 个国家授权许可生产的情况，并汇报了向 104 个国家的出口业绩。[89] 一年后，出口业务约占业务总量的 10%，其中一半归功于德莎业务板块，化妆品所占份额只有6%。二战后，德国生产的护肤霜陷入了销售困境，尤其是在那些曾被德国占领的国家。1958 年，向那些二战期间被德国占领的国家出口的护肤霜总额不足 4000 马克。与此同时，在这些国家销售的膏药和德莎系列产品价值却达到了约 400 万马克。欧洲最重要的市场是瑞典、比利时和瑞士。[90]

由于存在贸易限制，发展海外业务的最佳途径是借助海外的生产基地。[91] 1952 年，德国与西方盟国签署了《德国条约》。随后，德意志联邦共和国加入北约（1955 年），墨西拿会议则为欧洲经济共同体奠定了基础（1957 年）。这些事件的发生改善了政治大环境，成立海外子公司的想法再次变得切实可行。在此之前，拜尔斯道夫不得不在 1950 年将战后被没收的公司和商标所有权交到了荷兰"友好人士"的手上。[92] 1952 年，公司新所有者成立了拜尔斯道夫制药工厂（Pharmaceutische Fabrik Beiersdorf N.V.），拜尔斯道夫持有其 49% 的股份，并在随后几年里陆续收购了剩余股份。[93] 在奥地利，奥托·施瓦茨在二战结束前一直管理着拜尔斯道夫在罗马尼亚的业务，他从 1952 年开始通过萨尔茨堡的 Phanex 有限公司重新树立市场地位。维也纳的公司在战后被苏联占领军没收。1955 年，奥地利通过一项国家条约恢复了主权，并于次年出台了一部关于如何处置前德国资产的法律，拜尔斯道夫的萨尔茨堡子公司获准对外租赁其在维也纳的生产设施。两年后，拜尔斯道夫收购了这家企业，并于1960 年建造了新厂。[94]

瑞士的情况更为复杂。理查德·德奇拥有巴塞尔的 Pilot 股份公司和一大批海外商标。[95] 此外，法国和意大利的拜尔斯道夫公司也归 Pilot 公司所有（见

第五章"战后的海外业务"一节）。1945 年，在汉堡母公司的请求下，德奇多次向美国、英国和瑞士当局宣誓，申明自己是这些公司的合法所有人。这样做是为了保护公司不被盟军没收。后来，德奇并不想轻而易举地将这些公司还给拜尔斯道夫。没人可以"要求我如今就为了帮汉堡一个忙而突然收回所有的宣誓证词，我也无法兑现过去是计划但如今计划跟不上变化的东西"。[96] 德奇一再向他的朋友雅各布森保证，在自己死后，财产将归拜尔斯道夫所有。但拜尔斯道夫的执行董事会却执意要求德奇立即归还财产。汉斯·克鲁泽听从了雅各布森的建议，提议对德奇采用"友好的策略"。[97] 为此，克鲁泽多次前往瑞士，并最终于 1953 年秋与德奇达成协议。拜尔斯道夫可以立即以 58 万瑞士法郎的价格收购 Pilot 股份公司，但合同只有在德奇去世（实际于 1958 年辞世）后才能生效。[98] 由于拜尔斯道夫的法律顾问在起草收购协议时只考虑了留存的书面文件的内容，未参考德奇私下就保护拜尔斯道夫资产所做的承诺，也忽略了相关方之间的口头协议，因此大家又花了两年时间才澄清了所有细节。[99]

德奇在协议中同意将意大利公司的股份转让给这家公司的总经理威利·齐默尔曼。通过这种方式，他也确保了威利·雅各布森能够继续拿到原先从 Pilot 公司领取的养老金，这笔养老金之后将通过意大利公司来支付。雅各布森去世后，拜尔斯道夫在 1963 年签署协议接管了意大利公司，齐默尔曼放弃了任何赔偿要求，并向汉斯·克鲁泽自称为"诚实的窃贼"。[100]

与此同时，拜尔斯道夫失去了在法国境内的业务。理查德·德奇将法国拜尔斯道夫股份公司的股份转让给了汉堡总部。但这些股份现在只剩下一块土地和一些毫无价值的资产。这家公司最终于 1955 年被注销。四十年代末，德奇将法国拜尔斯道夫公司（Beiersdorf S.A.）的妮维雅和 Leukoplast 商标所有权出售给了雅克·皮洛尔，后者的公司曾获得授权许可证生产过拜尔斯道夫的产品。[101] 当美国政府询问法国拜尔斯道夫何时偿还 1931 年为拓展业务而从美国拜尔斯道夫公司处获得的 6.5 万美元贷款时，法国公司的总经理亨利·古斯汀有些慌了，他当时可能担心自己管理的公司会像英美的子公司一样遭到没收。于是，古斯汀说服德奇将商标权出售给皮洛尔，用所得资金偿还了贷款。皮洛尔当时主要对 Leukoplast 品牌感兴趣，古斯汀则趁机以优惠价格收购了妮维雅的商标权。1952 年，他将这些权利转让给了新成立的法国妮维雅股份公司。这意味着拜尔斯道夫失去了 Leukoplast 和妮维雅在法国的商标权。[102]

拜尔斯道夫与德奇格雷特公司的业务关系并未因此而受到影响。后者十分高效地在瑞士推广和销售拜尔斯道夫的产品。当拜尔斯道夫尝试在美国建立新的业务关系时，德奇格雷特公司的共同所有人汉斯·格雷特发挥了重要的作用。正是他的穿针引线促成拜尔斯道夫与 Vick 公司建立了联系。此外，许多新产品的建议"都来源于汉斯·格雷特，他每年都要去美国一次"。[103]

维护品牌的完整性

拜尔斯道夫在许多国家丧失了商标权，许多其他企业也在当地市场上生产妮维雅或 Leukoplast 产品。因此，拜尔斯道夫五十年代的海外业务重点是德莎系列。西德当时融入了西方国家阵营，政治大环境因此有了一定的改善。格奥尔格·克劳森开始筹建新的德莎工厂，期盼着可以重新打开某些重要市场的大门，或至少能在这些市场上销售一部分自有产品。

拜尔斯道夫在各地选择的法律模式取决于当地条件。西班牙 Laboratorios Tesa 公司始建于 1954 年，西班牙合资方与拜尔斯道夫在公司中平起平坐。在法国，拜尔斯道夫从 1955 年开始与一家当地企业合作，四年后接管了后者的济韦工厂。1965 年，法国公司再次更名为拜尔斯道夫股份公司（Beiersdorf S.A.）。在瑞典，拜尔斯道夫最早在 1958 年开设了一个德莎销售办事处，并于 1961 年重新获得了 ABA 公司 50% 的股份。第二次世界大战结束前，Sandström 公司一直是拜尔斯道夫的海外子公司。该公司于 1959 年在墨西哥建立了自己的德莎工厂，他们不惜投入大量资金，尽量解决一些在拿回妮维雅商标权过程中可能遭遇的问题。[104]

atrix 产品的广告牌，芬兰（1964 年）和英国（1961 年）

德莎工厂的建立使拜尔斯道夫变得异乎寻常的强大，尤其是在欧洲。德莎甚至获得了美国商业巨头强生公司的垂青，后者竭力争取拜尔斯道夫，希望双方能在工业胶带和膏药领域开展合作。合作范围包括相互参股、市场共享、价格协议和技术合作。拜尔斯道夫在欧洲享有很高的市场地位，强生公司则在世界其他地区

拥有雄厚的实力。在合作伙伴已经建有生产基地的地方，另一方不再设立自己的工厂，而只是以自己公司的名号来销售产品。合作计划最终流产的原因是，强生公司坚持要25%的股份，而拜尔斯道夫最多愿意让出10%的股份，他们不希望自己过度依赖这家市值高出15倍的美国巨头。另外，拜尔斯道夫也没有资金来收购强生公司25%的股份。[105]

同期，拜尔斯道夫最重要的品牌——妮维雅——因商标权在各地的旁落而受到不小的影响。各国制造商在生产中使用了迥然不同的成分和香料，广告宣传也缺乏协调一致的步伐。为了避免对品牌形象造成负面影响，也为了让那些曾经的拜尔斯道夫子公司能够分享前母公司的专业知识，拜尔斯道夫尽力与这些公司协调，并有的放矢地提供相应的产品知识和原料成分。[106]

妮维雅品牌权落入不同企业的手中，从而导致品牌的市场宣传风格不统一。图为 1952 年丹麦市场上的妮维雅广告

与英国施乐辉公司的合作尤为重要。1951 年，这家公司接管了被政府没收的拜尔斯道夫公司及其在英国和英联邦的权利。1957 年，拜尔斯道夫和施乐辉开始就生产 Airstrips 进行谈判，并于次年就两家公司的全面合作事宜举行了会谈。[107] 英国方面 75 岁的董事长莱维起到了决定性的作用。他个人积极推动，为"友好坦诚的合作"创造了条件。莱维还公开表达了收购前英国拜尔斯道夫公司的意愿，希望能就此消除"怨恨"。莱维在对德战争中失去了儿子，如今他却希望"英国与联邦德国建立密切的经济往来"，由此"防止今后发生类似两次战争中的悲惨事件"。[108] 相较于麾下的那些经理们，莱维发自内心的强烈合作意愿使他在谈判中更加坚定地主张建立合作。

合作涉及 atrix 护手霜在英国的业务发展。这款护手霜在英国销售时使用的是 atrixo 这个品牌名称。此外，双方就妮维雅签署的协议于 1959 年正式生效，[109] 包含了妮维雅润肤霜和润肤油的生产建议，并规定生产中将使用汉堡原产的香水。双方还就中东地区的利益分配达成了一致意见。当时，妮维雅产品在埃及销售时被冠以 S&N 的品牌名，而拜尔斯道夫在埃及市场上销售 Solea 霜。据说后者的质量要比 S&N 妮维雅胜出一筹。出于品牌建设的需要，双方同意今后在整个阿拉伯联合共和国境内售卖"具有埃及 Solea 质量"的妮维雅产品。拜尔斯道夫放弃了 Solea 品牌。作为回报，S&N 放弃了挪威的 Sunea 品牌。出于政治原因，以色列市场对这两家公司来说都是一只"烫手山芋"。"拜尔斯道夫和 S&N 公司"在以色列都不方便露面，为此必须找到第三方合作伙伴来经营以色列当地的业务。[110]

合作开启后，两家公司对各自的消费者、妮维雅润肤霜和其包装的要求以及新产品都有了更加深入的了解，尤其是在合作最初的几年。例如，英国消费者认为德国产的乳霜太过黏稠，而加拿大消费者恰恰喜欢这个稠度。双方交换了关于妮维雅润肤霜的经验，探讨了乳液存在的问题，并希望将皮肤研究纳入双方交流的范畴。拜尔斯道夫特别关注 S&N 公司的专业营销手段及其衡量广告效果的方法。[111]

S&N 是拜尔斯道夫子公司众多新所有者中的一个例外。这家企业的规模大，研发能力强。其他的新所有者大多是一些小公司，拜尔斯道夫能从它们身上学到的东西少之又少。但即便如此，拜尔斯道夫仍努力地寻求达成协议，确保产品质量，协调广告宣传的步调，尽管上述工作需要付出大量的人力物力。

学习威利·雅各布森的经验：
海外的企业组织

二十世纪六十年代初，拜尔斯道夫重新获得了妮维雅在荷兰、奥地利和阿根廷的商标权。公司海外业务的主干基于授权许可生产、德莎系列产品和膏药产品的出口。1961 年，赫尔穆特·克鲁泽（1926—2018）成为主管国际业务的执行董事会非正式成员。克鲁泽在接过这项任务后首先计划深入探索重要的销售市场，了解这些市场的合作伙伴与联系人。他首次海外出访去了法国、比利时、意大利、西班牙和葡萄牙，第二次考察之旅覆盖了美国、墨西哥、巴西和阿根廷。这几次实地考察丰富了他的见闻，也帮助他建立了那个时代不可或缺的人际关系网络。每位合作伙伴都与拜尔斯道夫有着特殊的历史渊源，每个国家有着不同的法律框架，各地市场也绝非一成不变。克鲁泽立刻意识到，拜尔斯道夫无法像公司法律顾问反复建议的那样，通过法律途径来解决现有的利益冲突。[112] 在几乎所有的案例中，拜尔斯道夫若要重新获得商标权，合作伙伴的合作意愿与"善意"是不可缺少的前提。因此，每个案例都需要特殊的解决方案。克鲁泽开始有条不紊地回购商标权，他只能脚踏实地，一步一步地实现目标。

拜尔斯道夫在六十年代扩大了海外企业的规模，创办了新公司，并加强了合作关系。1962 年，拜尔斯道夫在巴塞尔成立了 Phanex 股份公司，将其作为国际控股公司来进一步成立或收购其他企业，并且汉堡母公司在这个过程中无需出面，也不会牵涉公司自身的资产负债表，还能时常享受税收优惠政策。此外，每笔海外交易不再需要执行董事会通过决议，公司也无需自筹资金，资本投入皆来自意大利公司。公司总经理威利·齐默尔曼次年将其股份注入了 Phanex 公司。[113] 1968 年，控股公司更名为"拜尔斯道夫巴塞尔股份公司"（Beiersdorf AG，Basel），服务于管理体系与资金皆独立于汉堡母公司的海外公司，并借助参股分红来筹建更多的新公司。威利·雅各布森在三十年代初也采用了类似的做法，但公司不愿再使用雅各布森十分偏爱的信托结构。

1963 年，Phanex 公司与一家长期授权许可证持有方共同成立了拜尔斯道夫西班牙有限公司，后者持有新公司的少数股份。拜尔斯道夫同年在比利时收购的销售公司 Spindro 在不久后更名为"拜尔斯道夫公司"（Beiersdorf N.V.），同样由 Phanex 负责管理。[114]

成立新公司通常需要花费数年时间。墨西哥工厂用了整整近三年时间才正式投入生产。汉堡母公司以半成品折扣与资产负债核算减免的形式为新厂提供支持。德莎业务在当地成功起步后，工厂从 1964 年开始生产膏药。经过漫长的谈判，拜尔斯道夫在前一年从墨西哥政府手中收购了妮维雅业务。这意味着拜尔斯道夫从 1964 年开始又能在中美洲市场销售全系列的产品。1965 年和 1968 年，拜尔斯道夫分别在阿根廷和智利成立了公司。[115]

拜尔斯道夫在其他市场上签订了一系列合作协议。例如，公司在危地马拉与当地的一家老牌制药公司开展了良好的合作。中美洲宽松的贸易政策允许公司向周边国家供应妮维雅产品。但在最初几年，危地马拉售卖的妮维雅和膏药产品仍须转经他地出口。拜尔斯道夫在七十年代初接管了这家企业，并新建了一家工厂，生产全部三个门类的产品。公司在葡萄牙和印度也采取了类似的做法。拜尔斯道夫在当地的合作伙伴往往缺乏必要的投资资金，比如危地马拉和葡萄牙的合作企业便是如此。大多数情况下，拜尔斯道夫刚开始持有合资企业一半的股份，在后期企业增资时便可获得合资公司的多数股权。[116]

印度政府不允许外国企业大量参股。印度在接管前葡萄牙殖民地果阿之后，拜尔斯道夫与果阿的 Cosme Matias Menezes 公司建立了合作。拜尔斯道夫提供生产技术和 Leukoplast 的品牌名称，以换取 Leukoplast（印度）私人有限公司约 25% 的股份。拜尔斯道夫的官方持股比例为 24.775%，Menezes 作为托管人接管了 0.025% 的股份。印度的民族主义经济政策迫使拜尔斯道夫不得不动用雅各布森在二十年代同样出于无奈而选择的类似策略。[117] 直到 1992 年，拜尔斯道夫才获准在印度公司拥有多数股权。

六十年代中期，拜尔斯道夫在不少欧洲国家重新获得了妮维雅的商标权。各国的环境与条件不尽相同，因此拿回商标权的途径也因海外公司的结构而异。两个丹麦人在五十年代初获得了妮维雅在丹麦的商标权，并成立了 I/S 妮维雅公司。为了保全品牌形象，拜尔斯道夫与之在广告领域开展了合作。公司通过 Phanex 在巴塞尔成立了德莎公司，恢复组织了当地的业务。1966 年，其中一位丹麦所有人去世，这也为收购 I/S 妮维雅公司提供了机会。[118] 同年，赫尔穆特·克鲁泽本着"保持友好关系"的商业原则，从一家自 1933 年起就为拜尔斯道夫管理芬兰业务的公司所有者手中收购了芬兰的经营权。在挪威，拜尔斯道夫的长期协商努力迟迟未能有所收获，Phanex 于 1967 年建立了 tesa Tape A/S 公司。几年后，这家公司接管了当地妮维雅的销售业务。在希腊，拜尔斯道夫从 1968 年开始就不需要这样绕着圈子做生意了。[119]

二十世纪六十年代，拜尔斯道夫在英美等大市场上付出了诸多努力，却收效甚微。1968 年底，拜尔斯道夫在法国迈出了决定性的一步。作为德国西部的邻国，法国市场对拜尔斯道夫而言十分重要。一个重要原因是，大量德国度假者"在不同场合反映法国的妮维雅润肤霜比德国的妮维雅更好用"。[120] 1964 年，当法国妮维雅股份公司的大股东亨利·古斯汀第一次表示要出售自己的股份时，执行董事会所有成员都认为这是一个"非常有吸引力"的要约，他们希望"按照德国人的设想，在那里大力开展化妆品业务"。但执行董事会不愿为此支付 2800 万马克的收购价。[121]

几年后，当联合利华计划以大约 5.8 亿马克的价格收购英国施乐辉公司时，拜尔斯道夫的执行董事会再次考虑收购法国的这一品牌。因为执行董事会担心，联合利华等竞争对手可能借此拿到妮维雅的法国商标权，从欧共体成员国向整个欧共体地区销售妮维雅产品。据估算，法国妮维雅股份公司当时的市值约为 4000 万马克。赫尔穆特·克鲁泽打探到古斯汀有意出售这家企业，他

南美市场也推出了汉莎创可贴产品：广告牌，哥伦比亚，1962 年

很快便采取行动并取得了很大的成果。1969 年，拜尔斯道夫以大约 1000 万马克的价格收购了瑞士的一家公司，而古斯汀正是通过这家瑞士企业控制着法国妮维雅股份公司具有否决权的少数股份。此外，拜尔斯道夫还额外购买了法国妮维雅价值约 750 万马克的股份，从而获得了这家法国公司 51% 的股份。[122] 1974 年，拜尔斯道夫再次借助公开收购的渠道，将自己的持股比例提高到 94% 左右。尽管这笔注资额外花费了公司近 1000 万马克，但收购总成本远低于估计值，与 1964 年的要约持平。[123]

上述收购案例大多牵涉一些只活跃于本国市场的小公司。而拜尔斯道夫在开拓英国及英联邦国家的市场时，却不得不与一家大型跨国企业周旋。自五十年代末以来，拜尔斯道夫在化妆品领域一直与施乐辉公司保持着沟通。[124] 然而，施乐辉并不愿意放弃重要市场上的妮维雅品牌使用权。这些重要市场包括英国（1960 年妮维雅在英国的市场份额达到 22.5%）、加拿大、南非、澳大利亚和新西兰。为了进一步完善自身的国际业务，拜尔斯道夫首先瞄准了施乐辉还未涉足的市场。1968 年，公司以 33.6 万马克的价格成功购得前英属非洲殖民地的商标权。[125] 当时的西欧国家寄希望于刚刚独立的非洲国家，它们觉得这个新兴市场将迎来格外强劲的增长。然而，经济腾飞的美好愿景并未能实现。

1961 年，拜尔斯道夫计划优化海外业务的组织架构，确保同一市场上的行动协调一致。为此，公司将出口部与海外生产部合并为一个部门，并按地区进行了划分。这两个部门原先虽各司其职，但都服务于相同的市场。因此，这样的调整有助于避免重复工作，整体掌握海外业务的发展情况。[126] 1962 年，公司首次计算了"拜尔斯道夫集团所有公司的合并销售总额"。当年的海外业务总额还不到集团总销售额的四分之一。但在之后的几年里，海外业务的增速明显快于国内业务。到 1968 年，拜尔斯道夫德国以外的国际业务销售额已占到集团总销售额的 40%。[127]

海外公司实行独立管理的制度。1968 年，Phanex 股份公司管理着八家子公司，汉堡的拜尔斯道夫股份公司控制着十二家公司。格奥尔格·克劳森和赫尔穆特·克鲁泽在这些子公司的监事会中代表了拜尔斯道夫的利益。[128] 执行董事会成员并非人人都同意这种海外业务独立运营的做法。沃尔夫冈·西姆斯（生于 1923 年）自 1963 年开始担任生产部门的负责人，并在 1965 年成为执行董事会成员。他在六十年代末提出要限制海外业务，强调应由他领导的部门来全权负责生产。西姆斯提出的理由主要基于技术维度，他认为这样做可以更快地将汉堡母公司先进的生产技术传授给子公司。负责海外业务的赫尔穆特·克鲁泽则指出，各地市场截然不同，为了能以市场为导向管理好各个公司，生产、销售渠道和市场营销必须由一人一手抓。集中化不是不好，但只能逐步落实。这场讨论从另一个侧面反映了执行董事会内部的权力斗争。克劳森在这个时期里试图控制执行董事会，他重申了偶尔进行"原则性讨论"的重要性，同时也强调因各国的特殊性不能进行职能划分，因此海外业务必须一手抓。[129]

劳动力短缺与合理化配置

五十年代末，德国战后繁荣时期告一段落。拜尔斯道夫做好准备迎接增速放缓的年代和更加激烈的国际竞争。与此同时，欧共体内部逐步废除了原先的保护性关税。六十年代初，执行董事会意识到"销售额超常增长的时代已经一去不返"。[130] 公司偶尔需要通过降价来促销。为了让拜尔斯道夫的股票不失去那条"厚厚的金边"[131]，公司将主要精力放在提高生产率和降低生产成本上。经过多年的筹备，1962 年，一家全新的现代化德莎工厂在奥芬堡投产。新的生产设施不但提高了拜尔斯道夫的产能，还确保集团旗下的每家工厂都有能力集中生产某些特定的产品，从而提高了产量并缩短了机器换装的时间。另外，鉴于化妆品产能扩容的需求，汉堡方面也准备了充足的劳动力储备。[132]

合理化配置措施涉及包括行政管理部门在内的所有工作领域。这项计划旨在提高效率，而并非计划裁员。1961 年，公司在汉堡设立了新的采购仓库，为集团赢得了物流上的巨大竞争优势。[133] 随着生产设施的扩建和产能的提高，公司从产品目录中删除了"不多产的"产品，并对包装尺寸做了标准化的规定。最重要的是，公司严格审查了各项工作流程，精确记录了每个生产步骤所需的时间，准备实行计件工资制，以进一步提高生产率。鉴于工资有了大幅增长，员工们十分欢迎这一系列的改革。[134] 生产筹备部门的打卡机当时已达极限，负责发放薪酬的会计部门也不堪重负。为了解决这些问题，公司将按周发放工资改为按月发放工资，并引进了计算机数据处理系统。但转向使用信息系统的过程耗费了大量的精力与时间。[135]

要跟上产量增长的步伐并非易事。拜尔斯道夫在各处兴建工厂。汉堡几乎所有的工厂都完成了现代化改造，许多地方还设了新的销售仓库。[136] 公司不得不招收新员工了。六十年代初，德国社会实现了充分就业，战后的失业率逐年下降，到那时已跌至 1% 以下。工资大幅上涨，工作时间也多次被缩短。1957 年，常规工作时间从 48 小时减少到 45 小时，三班制的工作时间减少到41.25 小时。仅六年后，常规工作时间再次缩短到 42.5 小时，三班制降至 40小时。拜尔斯道夫终于实现了员工多年来翘首期盼的每周五天工作制的愿望。公司在这段时期采取的许多合理化措施都旨在弥补减少的工时。[137]

轮班制工作的压力很大。此外，在社会充分就业的情况下，大多数人务工时拥有多种选择。六十年代初，其他行业的工资更高，男性员工尤为抢手。拜尔斯道夫为此多次提高了男性员工的工资薪酬，增幅高于女工收入。[138] 另外，

合理化措施与生产自动化有助于提高产量，以满足不断增长的市场需求。图为止汗喷雾的气雾剂灌装线，摄于汉堡，二十世纪六十年代

汉堡住房短缺的情况也给招聘新员工造成了困难。因此，从五十年代末开始，1916年成立的公司养老金计划基金TROMA将部分投资用于兴建公司的集体宿舍。[139]

招聘海外务工者是解决劳动力短缺最重要的一项措施。1961年，执行董事会第一次深入研究了该项议题，因为公司准备在第二年春天提交申请，准备雇用60名西班牙女工。[140]联邦德国1955年与意大利签订了第一份招聘协议，此后又与西班牙和希腊分别签署了招聘"外籍务工人员"的合同。拜尔斯道夫必须为女工们提供住宿和翻译，确保主管人员能与她们顺畅沟通。西班牙务工人员显然是一个不错的选择，因为不少西班牙"外籍务工人员"已经在汉堡安营扎寨。当地还有一位西班牙牧师为同胞建立了沟通机制。1962年7月，在与汉堡其他公司的合同到期后，首批25名西班牙女工来到拜尔斯道夫报到，她们住进了行政大楼旁边的两栋老别墅。[141] 在接下来的四年里，又有 120 名西班牙妇女选择在拜尔斯道夫务工。之后几年，西班牙女工的人数大幅增加。1966 年，公司专门装修了一栋可容纳 86 名女工的宿舍楼。大多数女工看似十分满意在拜尔斯道夫的工作生活。当然，并非人人都愿意住双人间，毕竟轮班制给宿舍生活带来了喧闹和不安定因素。但作为可以提供住宿的雇主，拜尔斯道夫在许多西班牙女工眼里颇具吸引力。此外，公司——特别是非常敬业的公司翻译——也对她们照顾有加。[142] 这些海外务工人员觉得拜尔斯道夫是一家十分注重员工福利的企业。

六十年代初，辞职的员工数量不断增加，病假比例也在不断升高。执行董事会开始研究员工流失的成因。人力资源部的负责人表示，原因之一是其他大公司支付的工资确实比拜尔斯道夫"要高得多"。[143] 同时，执行董事会也意识到，工人们并非始终能得到上司的善待，特别是一些刚入职的员工工作不久便辞职了。执行董事会认为，"部门经理本人的问题"才是频繁出现"员工流失的原因"。执行董事会甚至在一次职工代表大会后明确指出一些管理人员的"无能"。[144] 分析问题需要新理念和新方法。改善工作氛围有助于提高员工的忠诚度，中层领导也应改进自己的管理工作。为此，公司从 1962 年开始允许员工成立呼声很高的公司体育团体。要知道在四年前，执行董事会还认为这种诉求是"不可取"的。而如今，只要有足够需求，执行董事会就会支持组织这类活动。[145] 1960 年创刊的厂报 *Hauskurier* 定期报道了这一系列深受职工欢迎的活动。

尽管如此，工厂里盛行的专制氛围并没有得到很大的改善。执行董事会认为，"在与产业工人打交道时需要使用较为强硬的语气"。[146] 可尽管如此，他们也意识到，在生产和其他一些领域，"许多部门的负责人并没有用正确的语气对待自己的员工"。[147] 显然，人力资源部的男性管理人员在利用职权谋取私利，尤其当他们面对女员工时。鉴于公司的员工人数不断增加，"良好的人力资源管理"成为执行董事会关注的焦点议题。[148] 公司决定增设一名人力资源部门的负责人，其职位低于部门总监，能"依据公司管理层的指导方针独立开展人事管理工作"。当时，公司在整个部门里都没有找到合适的人选，于是不得不委托一家人事办公室帮忙招募。[149]

执行董事会关注的另一项重要议题是对年轻员工与中层管理人员的资格培训。公司很快意识到，仅靠自身措施无法形成好的效果。但执行董事会并不怎么信任外部的培训课程，例如企业领导人员培训学院开设的课程。当务之急是要加强执行董事会与 145 名部门负责人之间的联系。为此，公司设立了"部门

位于奥芬堡的德莎新厂配备了用于大规模量产的高性能机器。图为涂层设备，摄于 1965—1970 年

领导之夜"活动，旨在提供"与公司管理层交流讨论的机会"，"促进双方的沟通和联系"。此外，公司重新启动了每半年召开一次的"部门领导下午会谈"，这类会议之前曾一再被取消。从 1964 年起，小组负责人必须参加周末研讨会，接受培训。随着公司规模的不断壮大和日益提升的发展要求，公司有更强烈的意愿投入时间和财力，以提高中层管理人员的资质，加强与他们之间的联系。[150]

告别经济奇迹年代

回溯企业的发展史，我们发现，1962 年的业务情况标志着拜尔斯道夫战后经济转折点的到来。销售额的增长率首次降至个位数，远低于五十年代的平均水平。如果算上通货膨胀的因素，当年的销售额仅增长了 5%。膏药部门的实际营收下降，妮维雅润肤霜的销售额自 1960 年以来面临第二次下降。执行董事会从前对详细的销售数字并不感兴趣，但他们现在希望每半年拿到一份最

适合所有人的产品　战后重建，经济奇迹和海外业务的新起步

重要产品的报告。然而，由于公司觉得无法保证企业内部的数据保密性，便没有编制更为全面的报告。[151]

当时的经营状况还不至于危及公司的生存。1964 年，拜尔斯道夫仍实现了高额利润。埃里克·沃伯格（1900—1990）于 1961 年接替鲁道夫·布林克曼，代表布林克曼维茨银行坐镇拜尔斯道夫的监事会，他只关心利润率。[152]当年的利润率相较于高额利润明显过低，这让沃伯格有些担忧。随着要求变得愈发严苛，一项新任务摆在了执行董事会的面前：公司不仅要扩大现有业务，还要开辟新赛道。1966/1967 年，西德经历了自货币改革以来的首轮经济危机，调整企业发展策略的迫切性与日俱增。尽管拜尔斯道夫在持续两年的经济危机中实现了销售额的增长，但在去除通货膨胀因素后，这两年的增长率分别只有1.5% 和 2.5%。尽管公司历史上也曾出现过增长率下滑的情况，但在经济衰退期到来之前，化妆品和德莎产品的优秀业绩弥补了膏药与药品领域日益严重的创收问题。可如今，工业需求不足对原本利润丰厚的德莎产品销售也产生了负面影响。[153]

拜尔斯道夫相对有惊无险地渡过了这场经济危机，但这段风雨交加的日子让执行董事会感到不安。销售额的下降最初影响的是服务于工商业的生产部门。公司试图通过增加库存来避免裁员。不过，执行董事会最终在 1966 年底决定解雇一批"不符合我们要求的"[154]工人。1967 年春，业绩较差的员工和45 名没有特殊技能的西班牙女工被解聘，职员方面的空缺岗位则长期无人填补，这在很大程度上避免了公司裁员。总体而言，这场经济危机直接波及公司中的大约 100 名员工，但拜尔斯道夫没有像其他许多公司那样进行大规模的裁员或采取数月只雇用临工的做法。[155]

公司在经济衰退期内并未陷入财务困境，财务上的缓冲区十分牢靠。拜尔斯道夫提取了储备金，将公司股本从 1960 年的 1500 万马克提升至 1966 年的7000 万马克。1965 年夏，《时代周刊》以"难以隐藏的利润"为题撰文，称拜尔斯道夫未列入清单的秘密储备金还有 2800 万马克。拜尔斯道夫的利润丰厚，流动资金充裕。公司几乎可以完全依靠自有资金为此前的全部投资项目供资。[156]然而，之后几年的新建项目体量异常庞大，投资总额达到了 7500 万德国马克，包括新建一个实验室、扩建奥芬堡工厂、设立一家肥皂厂和建设一座现代化的行政大楼。此外，拜尔斯道夫还需要大笔资金来回购海外商标权。这些项目所需的资金无法完全依靠公司自身的资产。[157]

德莎产品的发展势头十分强劲，拜尔斯道夫为了回应市场需求，扩建了奥芬堡工厂。公司在德国和欧洲市场上拥有强势地位，但如何限制产品种类的数量成为企业面临的一大新挑战。比方说，工厂生产的 tesakrepp® 产品长度和宽度规格不应过多。此外，只有在大批量生产的情况下，昂贵的机器设备才能创造出更高的成本效益。制造商之间签订国际标准化协议的做法也顺延了上述逻辑。为此，公司必须定期清理产品系列中销量较低的单品。[158] 与此同时，随着欧洲市场的开放，竞争日趋激烈，价格战也愈演愈烈。公司很难达到自己设定价格预期，尤其是在面对工业客户时，维持价格变得愈发艰辛。

自六十年代初以来，膏药市场上的竞争格局发生了明显的变化，市场出现了一定程度的饱和。膏药的消费数量相对稳定，毕竟购买膏药大多是以备不时之需，消费额不会持续不断地增加。若想提升销售额，商家需要推出能满足其他需求的新产品。拜尔斯道夫上市的新品是条状汉莎创可贴。这种条状创可贴可以直接使用，不需要先用剪刀将胶布剪成一段一段，因此该产品非常适合旅行或运动时使用。

因历史原因形成的现有销售结构给拜尔斯道夫膏药部门造成了一定的困扰：公司通过自己的分支机构将 Leukoplast 产品直接供给医院和其他医疗机构；至于面向终端消费者的汉莎创可贴，公司则借助批发商供给药店。拜尔斯道夫在当地市场上的占有率很高，于是越来越多的竞争对手迂回作战，通过食品零售商来销售自己的膏药产品。拜尔斯道夫却很难打通这一销售渠道，因为一旦这么做，公司最重要的客户马上就会抱怨不休——药剂师可不愿与食品零售商打价格战。药剂师这一客户群体对拜尔斯道夫膏药销售总额的贡献率超过40%。他们坚持要成为拜尔斯道夫批发商唯一的供货对象。怎样才能在不惹恼药剂师、不局限于特定业务的情况下增加销售额呢？拜尔斯道夫公司和药剂师都认为，再推出一个无法与拜尔斯道夫联系在一起的新品牌是没有意义的做法，也很可能对汉莎创可贴的销售产生负面影响。最后，他们向德国联邦卡特尔局提出申请，要求将膏药纳入品牌产品的零售价格控制范围，但这一申请未能成功获批。[159] 在接下来的几年里，零售业的结构性巨变加剧了矛盾，竞争对手的产品很快涌入了各大百货商店和新兴超市。其实解决这一问题的关键在于建立专业的营销体系，这一点也同样适用于化妆品部门。[160]

市场调研与市场营销

市场营销的专业化发展是卖方市场向买方市场转变的必然结果。六十年代初，化妆品市场调研有了深入发展，为市场营销的专业化奠定了基础。在此之前，企业很少区分市场营销与广告。拜尔斯道夫对化妆品市场的风向变化尤其敏感，这是因为化妆品市场贡献了公司45%的销售额。六十年代，化妆品市场涌入了越来越多的竞争对手，公司从前颇深受消费者欢迎的产品也出现了销售下滑。例如，atrix护手霜就受到了影响。小商铺和新兴超市的销售主打产品中一般不包含atrix。[161]

拜尔斯道夫为此扩大了产品范围，旨在吸引一批男性消费者，8×4品牌的销售额由此得到了显著提高。[162]而妮维雅产品的市场占有率原本就已占据高位，尤其是妮维雅润肤霜的市场份额，进一步提升的空间十分有限。1962年，妮维雅开始尝试升级产品外观，推出了塑料罐装的"高档妮维雅包装"。随着消费者购买力的日益提高，升级包装也是顺势而为的举措。伴随新包装的推出，公司提高了产品的售价，从而扩大了零售商的利润空间。[163]（当时的塑料包装在大众眼中是现代化的标志，而现在社会上大多数人出于环保原因尽量避免使用塑料包装。）但顾客并不愿意为这种较前更昂贵的"新商品"买单。

公司缺乏合适的产品线拓展方案。为了进一步了解市场，执行董事会在1961年成立了两个"市场调研小组"，每组由一名市场调研人员和一名销售人员组成。然而，这些工作小组提交的"市场调研报告似乎往往带有一定的主观色彩"。于是拜尔斯道夫委托消费研究学会（Gesellschaft für Konsumforschung, GFK）和市场调研公司尼尔森（Nielsen）编写各产品市场的发展趋势报告。[164]虽然Reemtsma等少数企业早在二十年代就引进了相当先进的调研方法，但总体而言，当时的德国市场研究尚处于起步阶段。[165]德国企业在特殊的战后条件下发展壮大，很长一段时间里都没有深入研究消费者的动力与必要。这种情况在六十年代发生了转变。当时的拜尔斯道夫算不上是市场调研方面的先驱，但它很快就成为这一领域的排头兵。

拜尔斯道夫在六十年代推出的一大创新产品是妮维雅乳液产品，这是一种用起来十分便捷的全身护理产品。执行董事会对1962年推出的这款产品寄予了厚望，因为大众在个人护理方面的人均花费较以前有了明显的提高。[166]乳液产品的销量很不错。不过一直到七十年代公司升级了整个妮维雅产品系列后，乳液产品才取得了销售上真正的突破，其他新产品的市场反响根本无法与之媲美。执行董事会曾计划开发一个新品牌的高档化妆品系列，这一品牌不会令人马上想到拜尔斯道夫，这个想法时隔多年后才得以实现。此外，公司高层多次讨论是否应该开发护发产品。六十年代中期，人们若想染发，只能去理发

妮维雅保湿乳不单单在德国国内市场上销售，产品还登上了全球各地的舞台。图为广告，摩洛哥，1966 年

店。董事会认为"家用染发剂"是一个极具潜力的市场。但他们很快发觉染发剂的开发和生产需要大量的专业知识。为此，拜尔斯道夫曾尝试与施华蔻合作或参股这家汉堡企业，但各种尝试均无果而终。拜尔斯道夫最终决定"首先专注于'无入市门槛的护发产品领域'，暂不考虑染发剂"。[167]

　　六十年代，拜尔斯道夫通过市场调研改进了对市场营销的认知，最终基于此评估其广告投放的有效性。另一方面，执行董事会成员的个人观点的确会影响会议的讨论，特别是执行董事会主席本人。格奥尔格·克劳森一次在执行董事会会议上报告说，他"用过几次 Fenjal 护手霜"，发现除了气味有待改进之外，这款产品的"效果还是不错的"。于是克劳森有了一个设想，他觉得妮维雅乳液产品可能非常适合作为沐浴中使用的清洁润肤二合一产品，便提出开发"沐浴润体乳系列产品（译者注：本产品拜尔斯道夫在 2013 年终于开发完成，于全球上市）"。[168] 不过，总的来说，执行董事会关于产品开发的研究方式变得愈发专业。"在有限范围内组织测试活动"是企业获得"必要的市场知识"的快捷途径。相比之下，此前执行董事会的产品开发决策往往"频次过多且操之过急"。在这个专业化的过程中，企业收获的最大启示是：光靠产品创意是不够的，关键是要深谙"女性消费者"的喜好。[169]

儿童护理系列 babyfein 引发了最为热烈的一场讨论。麦肯广告公司的一项研究表明，拜尔斯道夫竞争对手的产品贝娜婷正逐步占据市场主导地位。麦肯公司建议拜尔斯道夫推出一个全新的品牌。然而，执行董事会经过审慎的讨论后还是决定在妮维雅母品牌之下推出儿童护理系列 babyfein，毕竟"妮维雅"是质量的"金字招牌"，而新系列是吸引新用户的吸铁石。如此一来，公司不会担心因为推出全新的产品系列而失去老客户。[170] 这一策略

妮维雅全球宣传的三元素——霜、球和防晒，图为广告牌，瑞典，1964 年

起初取得了成效，但后来社会的出生率急剧下降，婴幼儿产品市场随之逐步萎缩。"避孕药的推广带来的生育率骤然下降"最终让公司的计划落了空。

同一时期，拜尔斯道夫的止咳糖在市场上名声大噪。这一成绩归功于精心筹备的市场营销活动和高额的广告投入。拜尔斯道夫与 Wick 公司签订的止咳糖许可协议在五十年代到期，公司失去了一块利润丰厚的业务，开始寻找替代产品。在威尔肯斯代理公司（Wilkens）的协助下，拜尔斯道夫告别止咳糖市场转战止咳糖浆的业务，随后推出了 Hustinetten 止咳糖浆。大家刚开始并不觉得这个细分市场有多大潜力。在市场宣传方面，威尔肯斯公司开发出 Hustinetten 小熊的形象。这个卡通形象从 1966 年起展现出巨大的市场影响力，也奠定了 Hustinetten 止咳糖浆产品的基调。七十年代初，Hustinetten 小熊成为德国电视广告中最受欢迎的形象之一，其影响力仅次于香烟品牌 HB 小人和美因茨小人的卡通形象。[171]

公司在化妆品市场上的重新定位是拜尔斯道夫市场营销的关键目标之一。由莱因霍尔德·贝格勒挂帅的纽伦堡"心理市场分析工作组"得到市场调研委托后，对拜尔斯道夫化妆品领域的发展产生了深远的影响。1967 年夏，工作组分析了个人护理产品领域的消费者情况与购买习惯，并调研了妮维雅的实际市场地位。拜尔斯道夫担心公司的顶梁柱妮维雅有朝一日也会遭遇销售危机，或受到市场新晋对手的威胁。[172] 事实上，在剔除通货膨胀因素后，妮维雅霜过去两年的销售额几乎为零增长。公司必须不惜一切代价地防止这一细分市场出现销售下滑，毕竟德国国内总销售额的 15% 归功于蓝色罐装的妮维雅润肤霜。[173]

广告牌，意大利，1963 年。图中打开的蓝罐与展示的妮维雅霜奠定了产品市场传播的主基调，这是一款全家人都适用的润肤霜

贝格勒团队研究了"妮维雅产品的使用体验、外观及与产品相关的消费习惯"。他们并没有招募大批用户来做调查反馈，而是对 140 人进行了深入访谈。调研内容包括

"形象分析"和"广告风格分析"，重点涉及"妮维雅的品牌个性"、品牌和产品运作的"经验"。[174]

贝格勒重点研究了大众对"护理"的理解和护肤霜的日常使用情况。他认为，护肤霜可以适用于身体所有部位的护理，护肤霜必须满足每日使用及各种护肤要求。而妮维雅润肤霜满足这些要求。贝格勒在研究中发现，用户大多从儿童时期就开始使用妮维雅润肤霜，因此，人们觉得妮维雅是一种"旨在维护一般正常肌肤健康"的产品。贝格勒建议不要在广告中强调"美容效果"，也不要将产品与有问题的敏感肌肤联系起来。一旦遇到严重的皮肤问题，用户"应当求助医生"。护理可以预防皮肤疾病，但没有治疗治愈的功效。[175]

贝格勒总结了影响购买行为的两大因素——家庭习惯和广告。消费者对妮维雅的品牌忠诚度很高，这一点不同于彩妆。许多用户首次使用妮维雅是在自己家里，对于这个群体而言，广告的作用并不大。妮维雅品牌形象的基础是"润肤霜—充气球—防晒产品"。贝格勒提到了可充气的妮维雅气球。从五十年代末开始，德国海滩和室外游泳池都能见到这种充气球。拜尔斯道夫用低于生产成本的价格销售这类充气球，将其作为广告手段。润肤霜是妮维雅品牌形象的核心，也是妮维雅全系列产品的重中之重，是影响消费者心理非常重要的作用因素。妮维雅润肤霜到目前为止还未曾有过真正的竞争对手。其他护肤霜产品则被视为特制面霜。贝格勒认为，妮维雅形象的边界位于向化妆品过渡的桥接段。[176]

贝格勒团队的研究发现，儿童用户大多用妮维雅润肤霜滋润全身肌肤，成年女性对妮维雅的认知"降级为护手霜"，男性消费者则保留了"对童年时期所用品牌的忠诚度"。妮维雅产品与包装种类过多，使消费者感到十分困惑（妮维雅润肤霜当时有八种不同的罐装规格）。专家团队建议在扩大产品系列之前，首先应有所精简。原则上，只要注重产品的"定价合适，处于平均水平"，所有护肤产品都符合品牌形象。贝格勒认为，精简后的妮维雅家族应保留防晒产品，在一定条件下也可以留下洗浴用添加物。但他明确表示不应将止汗剂纳入核心产品的范畴。这种产品架构一直延续到九十年代，随着卫生和皮肤护理观念的转变，公司才在市场上推出了妮维雅止汗剂。上市后几年里，止汗剂的销售额就超过了妮维雅霜（见第七章"母品牌的影响力"一节）。

有的放矢的宣传攻势能够达到事半功倍的效果，只有这样才能避免新产品（如妮维雅乳液产品）"长期处于核心产品系列的边缘"。宣传应基于每种产品的功能，必须有针对性。专家认为，妮维雅润肤霜的市场宣传与防晒产品联系得过于紧密。品牌形象建设应"与身体护理系列"建立"更为紧密的联系"。贝格勒建议将宣传基调放在蓝白两色和妮维雅球上，因为这两者决定了品牌的风格，已成为妮维雅系列"最重要的品牌元素"，此后的宣传也应在此基础上加以发展。包装罐同样十分重要。更换字体会让用户"万分惊讶"，但更换塑料包装的做法是可取的，尽管人们对新材料的态度"依旧迥然不同"。贝格勒建议包装应采用"无圆环装饰的常规罐"。[177]

这项研究提出了许多宝贵的建议，拜尔斯道夫在随后几年里逐步采纳了这些建议，并卓有成效地加以落实。在这份研究结果的基础上，拜尔斯道夫还对广告效果、品牌形象与"品牌个性"开展了深入的剖析，帮助妮维雅在七十年代初激烈的市场竞争中（见第六章"竞争对手身着橙色"一节）没有受到废除零售价控制机制的影响，通过重新定位，一跃升级为全球最畅销的润肤霜品牌。

是否需要改革组织架构？

拜尔斯道夫的执行董事会是所有企业事务的唯一决策机构。执行董事会常常商讨许多细节性的问题，比如计算离职人员的剩余假期、撰写发送给刚入职新员工的通知。随着公司的发展壮大，执行董事会面临着新的挑战。克劳森在六十年代初就意识到了这种领导架构的缺陷，他计划将"决策和任务下放给有能力的员工"[178]，以减轻执行董事会的负担。但公司员工还没习惯自行担负责任，之前章节也提到过人力资源部门存在的问题，有些员工也的确缺乏管理和决策的能力。

执行董事会在这段时间里没有深入探讨过公司未来的发展策略。这牵涉到所有业务领域，包括研发、生产、市场、销售和公司财务。五十年代末加入执行董事会的罗斯纳、莫斯和贝伦斯几乎没有在执行董事会上提过什么新动议或引入任何变革。1961 年，加入公司不久的两位后起之秀赫尔穆特·克鲁泽和赫尔穆特·博林进入了执行董事会，情况随之发生了变化。沃尔夫冈·西姆斯也带来了新气象。1965 年，他被任命为执行董事会成员。1961 年，乔治·罗斯纳突然离世，汉斯·克鲁泽提议寻找一位负责海外业务的继任者，并任命其为新的执行董事会成员。埃里克·沃伯格推荐了赫尔穆特·博林（1926—1993）担任执行董事会成员一职。[179]

克鲁泽负责海外业务的重组，并于 1963 年成为执行董事会正式成员。博

1963 年，拜尔斯道夫在汉堡建立了一个计算机辅助数据中心

林负责财务。西姆斯为了加入拜尔斯道夫而放弃了柏林工大化学工程系教授的职位，他从 1963 年开始负责拜尔斯道夫的生产技术。克鲁泽和西姆斯推动了企业内部的变革。克鲁泽将精力放在海外业务的拓展上，而西姆斯则从技术和商业角度入手，学习其他企业的做法，计划筹建独立的部门，由此改革拜尔斯道夫的管理体系。西姆斯提出应将公司的业务划为三个事业部门，分别是药品、化妆品和德莎。当时有许多大型德企也在做类似的部门划分。但拜尔斯道夫的执行董事会对这种基于独立部门的管理体系抱着怀疑的态度。赫尔穆特·克鲁泽认为，建立独立事业部门所需的人员队伍不足，况且拜尔斯道夫公司规模太小，不适用这样的结构。相反，执行董事会希望能"持续地直接领导"业务。因此，大家仅仅只是"了解了一下"西姆斯的提议，并没有进一步的动作。[180]

在实力日渐衰弱的制药部门，关于是否成立独立部门的讨论仍在继续。五十年代末，拜尔斯道夫在市场上推出了一种治疗心脏疾病的药物和另一种用于提高身体机能的制剂。可惜它们的成功只是昙花一现。另外两种新药——静脉治疗药物 Ariven 与"放松舒缓魔药"Pantona 也没有取得商业上的突破。[181]

公司很早就意识到自身研发能力薄弱的问题。1962 年，拜尔斯道夫与美国默沙东公司的合作项目流产，暴露了公司发展策略上的不足。[182] 刚开始，执行董事会考虑成立科学咨询委员会，确定"制药部门研发工作及新产品领域的发展方针"。[183] 按照规划，这个委员会应由数位科学家与四位拜尔斯道夫的管理人员组成。但这项需要交出决策权的动议最终还是被否决了。取而代之的是一个由拜尔斯道夫执行董事会成员、部门主管和研发人员组成的公司内部委员会。在克鲁泽的建议下，膏药、化妆品和德莎部门也设立了同类委员会。委员会负责提供交流的平台，为进一步完善执行董事会会议的筹备工作搭建相应的工作框架。然而，委员会无权做出任何决定。[184] 这种任务的下放并没有减轻执行董事会的负担。相反，贝伦斯、莫斯和克鲁泽几位董事必须出席的会议数量增多了。1966 年，他们三人是三到四个委员会的代表，会议日程满满当当。不过这个平台提供了讨论个别产品相关问题的机会，甚至还曾在讨论中纠正过执行董事会的决议。[185]

尽管如此，公司制药部门的问题不是成立一个委员会就能解决的。1964年，拜尔斯道夫医药产品的国内销售额实际下降了近三分之一。公司始终缺乏一个实力强大的实验室。制药部门的员工抱怨说拜尔斯道夫如今已经成了一家"单纯的包装公司"。[186] 负责制药板块的执行董事会成员赫尔穆特·博林认为，若延续当前的组织形式，拜尔斯道夫在"制药业务"上将无法取得任何进展。公司当时扶植的重点在于其他产品门类，而非制药行业。赫斯特集团也出于同样的原因而将其制药部门专门独立了出来。但拜尔斯道夫不可能选择这种解决方案。于是博林建议与一家制药公司"联合"。执行董事会原则上采纳了他的建议，并决定尝试兼并一家在医药市场上已发展成熟的小型企业。[187]

这场讨论使克劳森更加坚信，制药业需要从研发到销售的统一管理，但落实这一想法却缺少相应的人才。在他看来，公司迫切需要依据"现代化标准"和"卫生要求"来重新组织生产。研发重点应该放在皮肤病、心血管病和感冒药上。公司应当确保参与研发的各类员工能"开展富有成效的协同工作"。[188] 很快，拜尔斯道夫决定与汉诺威的 Kali 化学股份公司建立合资企业，双方各持一半的股份，生产和研发部门设在 Kali 化学，拜尔斯道夫则负责销售和管理。但谈判最终以失败告终，因为 Kali 化学公司不希望将双方的合作领域局限于制药行业，他们也拒绝了由拜尔斯道夫一方执掌经营权的提议。拜尔斯道夫这边也没能找到合适的人选来组建专业的管理团队。[189]

公司同期讨论的另一个替代方案是将制药部门分离出去，单独成立一家子公司。这个计划也因人力资源匮乏而搁浅。执行董事会也不想放弃控制权。

1965 年秋，西姆斯提议要让"制药部门"在公司内部变得"更加独立"。计划新建的业务领域将由三位"总经理"负责管理运营，只向一位执行董事会成员汇报。[190] 然而，公司高层对于"独立"程度的设想大相径庭。这个问题也牵扯到药品研发生产机构与运营结构的分离。执行董事会最终否决了这项提议，并决定扩充制药部门专业委员会的力量，委托委员会来"制定具有约束力的总体发展路线"。[191]

制药业务直到九十年代初被分拆出去之前一直问题重重。六十年代中期，静脉治疗药物 Ariven 和舒缓剂 Pantona 的市场反响很好。天气原因导致止咳药 Tussipect 十分畅销，该产品在 1965 年为企业带来了快速的销售增长，也减轻了制药部门的压力。最重要的是，同年年底推出的心脏治疗药物 Novodigal 被证明是一项非常具有可持续性的创新。这款新药与拜尔斯道夫的所有心脏病治疗药物一样，均以洋地黄植物为基础。新产品采用了一种新的化合物，所以起效更快。借助科学研讨会和其他活动的宣传，Novodigal 很快得到了医生们的青睐，并取得了非凡的商业成功，其营收收入很快就超过了 Leukoplast 胶布和汉莎创可贴。[192] 到了七十年代中期，Novodigal 已经成为德国开具处方量最大的心脏病治疗药物。鉴于上述几大产品的成功，执行董事会觉得应当继续通过优化组织来弥补制药业务上的短板。但药品的生产管理与研发工作始终困扰着执行董事会。起初，克劳森坚持走组织改革的路线，在尝试了两年后，他决定还是将整个制药部门交由一位领导人来负责。这位领导人负责"协调相关部门，包括研究、临床试验"、制药生产、制定策略，并"在重要问题上接受执行董事会的领导"。[193] 不过这次执行董事会仍旧没有找到合适的人选。

除了制药领域的专业委员会外，化妆品、膏药和德莎的委员会在设立后都获得了执行董事会的进一步授权。1968 年，公司执行董事会向各个委员会拨付预算，委员会有一定的自由度可以自行决定预算。此外，委员会还能"以部门为基础，在产品政策、定价和销售政策方面为公司决策定下基调"，从而成为企业管理的一个重要机构。[194]

委员会职权范围的扩大也从侧面折射出权力下放这件事在公司内部引发的争论。1968 年初，西姆斯再次提议将业务板块转为经济上独立的事业部门。执行董事会大多数成员诟病这种做法将使执行董事会的整体权责大打折扣[195]，因此西姆斯的提案未能获批。尽管提议遭到了否决，但这场争论还是传到了员工的耳朵里，在企业内部引发了不小的争议，造成了一场骚动。格奥尔格·克劳森以书面形式表达了自己对这种"不忠"行为的愤慨。他曾"不断"强调，

"在获得执行董事会批准之前，不得与公司其他层级的员工讨论重要的企业规划"。这次的"公然违规事件"导致了"公司员工极大的焦虑情绪"。克劳森要求停止有关这一话题的一切"讨论"。[196] 尽管如此，讨论仍在继续，执行董事会的内部冲突不断升级，以至于克鲁泽写信给克劳森说，他无法再"在西姆斯先生营造的这种气氛中工作了"。1969 年 11 月，西姆斯在与监事会主席罗尔夫·施托特谈话后辞去了执行董事会的职务。[197]

动荡年代

1966/1967 年联邦德国发生了首次经济危机，结束了拜尔斯道夫股份公司二战后的繁荣时期。1967 年股东大会决定放弃冗长拗口的公司名称"保罗·拜尔斯道夫股份公司"，更名为"拜尔斯道夫股份公司"。第二次世界大战结束后，公司的发展再上一个台阶。去除通货膨胀因素后，拜尔斯道夫 1968 年的销售额达到了五十年代初的十倍。同期，员工人数从 1500 人增加到了 8300人，其中 4700 人受雇于德国国内的公司（见附录表 3）。

担任拜尔斯道夫监事会主席长达三十四年之久的元老级人物汉斯·克鲁泽于 1968 年 3 月辞世。克鲁泽为公司所做的贡献和他的影响力远远超出了一位普通的监事会主席。他这一代人领导着拜尔斯道夫安然走过了纳粹德国的统治和战后重建时期。克鲁泽参与了这一时期的大部分公司决策。从公司人事角度来看，克鲁泽的离世与随后监事会主席的人员更迭也标志着战后时期的结束。他的继任者是汉堡商会会长罗尔夫·施托特（1909—1993）。[198] 人们希望施托特成为一名立场中立的主席，能够解决好三大股东集团之间时不时爆发的利益冲突。

公司几十年来一直保持着稳定成功的发展。拜尔斯道夫已经学会自如应对各类人事变动。但公司还未制定出一套系统的战略来应对供应市场到需求市场的转变。1967 年，德莎和膏药部门的销售额首次下滑，一些化妆品的销售情况也不尽如人意，尽管德国家庭在个人护理方面的支出在逐年递增。拜尔斯道夫的部分产品失去了原本的市场份额。Novodigal 的销售额则从 1966 年的 74万马克上升到次年的 180 万马克，到 1968 年达到了近 400 万马克。该产品的商业成功在很大程度上填补了制药部门的亏损。[199]

显而易见的是，执行董事会内部没有真正讨论过该启用哪些企业发展的新策略，也未探讨过是否应该与时俱进，根据市场变化做出相应的调整。大家都明白，"一切照旧"无法让企业走上发展的快车道。然而，各方就如何设计组织架构的问题发生了冲突，这让执行董事会无暇开展富有建设性的工作，也没有时间详细制定未来发展的新策略。最重要的是，管理层没有充分关注企业当下面临的最大挑战，即日益激烈的市场竞争。国际竞争日趋白热化，零售业的结构、消费文化和媒体环境都发生了巨变，化妆品市场也在经历着迅速的变化与更替。拜尔斯道夫没有真正涉足过那些变化快速、异常活跃的新兴市场：超市和折扣店的商品目录纳入了越来越多的日常用品，它们的市场份额在不断上升。而拜尔斯道夫基于药店、药妆店和专卖店的传统销售渠道逐步失去了优势。

　　一个崭新的时代正慢慢拉开帷幕。与十年前相比，客户有了更多的选择，他们的需求、要求和偏好也在发生变化。对于拜尔斯道夫来说，德国市场上最强劲的竞争对手汉高公司于 1969 年推出 Creme 21 保湿霜，标志着一场新的充满挑战的角逐开始了。

战略性事业部规划

四大事业部：化妆品、药品、医疗器械和德莎

在联邦德国成立 20 年后，拜尔斯道夫已成为一家获利丰厚、财务稳健的公司，海外业务为集团的成功再次贡献了 40% 以上的销售额。尽管二十世纪五十年代德国国内市场存在重重困难，但其国内业务仍然得到了显著扩展。当时，像妮维雅、Leukoplast 胶布及汉莎这些知名老品牌为国内消费做出了重大贡献，新兴的 atrix 和 8×4 品牌以及对整体业务至关重要的工业及家用德莎产品也功不可没。在海外，公司已经收回了一些因第二次世界大战而失去的商标所有权，并创立了新的公司。

货币改革以来，拜尔斯道夫通过兑换所积累的储备金，使其股本已增加至原来的四倍多，到 1968 年达到 6750 万马克。在过去十年中，公司分红总额达到原有水平的三倍，股息达到名义股本的 18%。[1] 尽管公司的财务状况非常出色，但是拜尔斯道夫的管理层仍须使公司适应国内外快速变化的经济环境。在德国，这涉及来自新制造商和新产品的竞争、超市和连锁店零售业态的转型、日益激烈的质量和价格竞争，以及价格管制规定的取消。价格管制为品牌产品制造商提供了一定程度的保护，使其免受价格竞争的影响。在海外，1968 年的关税同盟使

欧洲经济共同体进一步深化，这使拜尔斯道夫能够重新收回更多失去的商标所有权，并将生产集中在少数几个生产基地，尤其是南欧市场拥有巨大的增长潜力。

自二十世纪六十年代末以来，固定汇率制度一直通过德国马克的升值来维持，这种固定汇率制的解体及随着 1973 年主要经济体转向自由浮动汇率制，带来了新的挑战。由于制造中心在国外，投资使用当地货币，因此汇率上升对拜尔斯道夫公司影响不大。但随之而来的德国本土货币贬值却带来一大堆问题。自二十世纪五十年代初以来，年通胀率一直维持在 2% 左右的低位，但在二十世纪七十年代，通胀率平均上升到 5%。1973/1974 年和 1979/1980 年的所谓"石油危机"、能源成本飙升和工资上涨是主因。在货币贬值以及二十世纪六十年代公司获得高额利润的背景下，从 1969 年到 1974 年，工会每年都能争取到超过 10% 的加薪。这虽然提高了购买力和消费品的销量，但也加剧了通货膨胀的趋势。与大多数生产商一样，拜尔斯道夫只能在有限程度上通过提价来转嫁成本上升，竞争迫使公司削减成本并实施合理化改革。

1974/1975 年，西德经历了有史以来最严重的一次经济危机。失业人数从 1970 年的 15 万激增到 1975 年的 100 多万。[2] 拜尔斯道夫的德莎业务部也曾不得不实行临时短时工作制，并在全国范围内，解雇了约 400 名临时工，包括子公司在内。但这次危机并未影响公司的经营业绩。执行董事会主席克劳森甚至观察到，消费者正在因此"从消费昂贵的化妆品转向购买我们价格实惠的产品"。[3] 拜尔斯道夫依然是一家成功的企业，从二十世纪六十年代末到八十年代末，集团员工人数翻了一番，全球员工人数达到了 17600 人（见附录表 3）。同期，集团销售额增长了四倍。这主要是基于现有产品线的进一步发展，而新品牌的利润率较低。公司在欧洲市场尤为成功，销售额到 1989 年增长了七倍。在德国统一前一年，公司在欧洲其他地区的业绩首次超过了在西德的业绩。

在瞬息万变的经济环境中，拜尔斯道夫执行董事会成功将公司发展成为一家在全球范围内运营的跨国集团。这主要归功于公司欧洲市场的整合，以及二十世纪六十年代后期进军日本市场的决策。公司能够成功实现规模增长和业务多元化，得益于在 1974 年做出的重大决策：赋予化妆品和德莎等业务部门更大的责任，让它们发展成独立运营的产品部门。

新的目标群体

1972 年初，德累斯顿银行的分析报告认为，拜尔斯道夫属于"德国最具

妮维雅-8×4-汉莎创可贴-德莎。1974年德国慕尼黑举办世界杯足球赛期间，"拜尔斯道夫的世界品牌"在慕尼黑中央火车站的主大厅熠熠生辉

战略性事业部规划　四大事业部：化妆品、药品、医疗器械和德莎

知名度的品牌商品企业之一",公司是"润肤霜和膏药"的市场领导者,并"长期以来占据着胶粘带领域的第一市场地位"。然而,尽管销售额逐年上升,但自 1968 年以来利润却年年下降。1967 年和 1968 年,销售利润率仍占营业利润的 25%,但到 1970 年却降至 17.5%。分析师表示,近年来大幅增加的投资"表明管理层有信心完成这项任务",但他们却对"管理层的活力"提出质疑。[4]

不仅仅是德累斯顿银行认为拜尔斯道夫是一家有些守旧的公司,许多产品的市场表现似乎与二十世纪六十年代末的社会变革、流行文化和青年运动格格不入。事实上,妮维雅润肤霜的销售呈现停滞状态,而 8×4 产品在 1968 年和 1969 年的西德市场的销量甚至出现下滑。只有全新的 8×4 古龙香体喷雾能够重振业绩。[5]两年前,为了应对联合利华在止汗除臭剂市场推出 Rexona 喷雾抢占男性市场份额,公司针对男性这一目标群体推出了这款产品。

面对销售额下滑,拜尔斯道夫化妆品委员会在 1969 年制定目标:"一定要保持公司在个人护理品市场的份额,并且尽可能加以提高。"[6]妮维雅润肤霜的市场份额一直保持在 40% 左右,很难再进一步扩大。显然,公司希望重现二十世纪五十年代公司凭借 atrix 和 8×4 这两个新品牌大幅扩展业务的辉煌时期。因为现在化妆品委员会决定,在 1972 年前推出三个新品牌:沐浴品牌 plaja、止汗除臭剂产品系列品牌 peb 以及护发品牌 Figaro,公司为这些品牌还必须打造单独的销售和广告体系。但这些产品最终均未上市。

1969 年,拜尔斯道夫推出了私处护理喷雾 Tasmin 和 Pilot,实现了为男性打造的身体护理系列产品,包括肥皂、润肤乳、止汗除臭剂和须后水等。虽然 Tasmin 只是想在"化妆品市场混战"中"略有作为",但男士身体护理产品被视为未来的市场。[7]另一个品牌 LIAN 也在筹备中,这款"美容护理产品"不应该受到价格管制,而是设定建议零售价进行销售。当时,品牌商品的制造商可以强制性地设定其销售价格,但必须向联邦卡特尔局报告。监管机构可以对滥用价格管制的情况进行解除,例如个别产品系列价格普遍过高的情况。[8]联邦卡特尔局刚刚就洗涤剂产品做出了这样的决定。执行董事会认为,这项决定也适用于化妆品产品,并从一开始就为新产品做好了应对这种可能的准备。LIAN 于 1971 年秋季在北德进行测试,1972 年在全德范围内进行大规模广告宣传后上市。[9]

1969 年,凭借近 500 万马克的大规模广告宣传投入,男士品牌 Pilot 取得了可观的销售业绩。然而,仅在前 9 个月,公司就为 Pilot 投放了 300 万马克的广告费用，这一金额甚至超过了妮维雅的广告支出。因此 Pilot 的利润贡献可能一直偏低。Tasmin 产品的销售额超过 200 万马克，几乎与 8×4 止汗除臭剂持平。这些新品牌旨在吸引新的消费群体，拜尔斯道夫对它们寄予厚望。执行董事会为 Pilot 定下目标，要"一鸣惊人"赶超现有市场领导者 Tabac-Original、Sir、Prestige 和 Hattrick。[10] 但无论是 Tasmin 还是 Pilot 都未赢得消费者青睐。Pilot 在上市后第二年销售额就暴跌 25%。该产品于 1971 年和 1972 年又开展了两次大规模营销活动，但也只是短暂提升销量，至此该系列产品终被放弃。[11]

竞争对手身着橙色

由于过去几年利润率相对较低，拜尔斯道夫执行董事会于 1970 年 4 月制定了每年实现 10% 销售额增长的目标。这一目标将继续通过推出新品牌甚至开拓新产品领域来实现。然而，这一目标仅维持了六个月就被执行董事会放弃。此时，确保现有产品的市场份额似乎才是当务之急。为了潜在的产品组合的扩张，公司调研了是否有可能与其他公司合作或者直接收购它们。拜尔斯道夫公司拥有必要的资金。虽然克劳森专注于护发产品，但贝伦斯和克鲁泽似乎认为彩妆产品在"短期内提供更满意回报的机会更多"。[12]

尽管监事会也讨论了不断推出新产品的意义，[13] 但最终促使战略转变的是汉高集团，该公司自 1954 年以来一直通过 Fa 香皂在个人护理领域占据一席之地。1968 年，位于杜塞尔多夫的汉高公司决定兼并化妆品公司 Khasana，以便更加专注于不断增长的市场。[14] 1970 年 2 月，汉高推出了一款新面霜，装在一个时尚的橙色塑料容器中，名叫 Creme 21 护肤霜，并同时推出了 Creme 21 润肤乳，从而与市场领头羊拜尔斯道夫展开了直接竞争。拜尔斯道夫刚刚尝试在一个由 Pilot 强势品牌定义的市场上推出类似产品，但未见成效。因此，汉高对自己很有信心。他们相信，购买妮维雅的主要是 45 岁以上的女性。橙色的包装和产品名称旨在让 Creme 21 这款产品显得充满活力、年轻，同时也兼具成熟感。21 岁在当时是德国公民获得选举权的年龄。汉高放弃了价格管制，并将目标锁定在食品零售业，这是该公司特别擅长的销售领域。[15] 当 Creme 21 在巴登-符腾堡测试市场上取得 17% 的销售份额时，许多人认为这是一款"'妮维雅'早就应该做出的产品"。[16]

进入市场的时机再好不过了。当时，妮维雅还没有进入食品零售业。尽管这家总部设在汉堡的公司正在讨论取消价格管制和扩大零售网络的可能性，但公司发现自己处于"管理真空"状态：它总是"等待市场如何发展，以便谨慎地追随大趋势，但通常为时已晚"，克鲁泽在写给克劳森的一封私人信件中抱怨道。[17] Creme 21 以强劲的势头、大规模的广告和促销活动进入市场。1970 年至 1972 年的广告宣传花费了大约 1400 万马克，但汉高错误地估计了妮维雅的市场地位及其客户。最重要的是，汉高似乎没有料到会遭到强有力的反击。[18]

妮维雅润肤霜仅仅占拜尔斯道夫德国国内销售额的 11%，而不再是二十世纪五十年代初的三分之一。产品家族的品牌核心仍然是以霜膏为基础。此外，由于生产成本低，利润率就非常可观。因此，拜尔斯道夫立即对面临的这一挑战做出了反应。首先，他们以优惠的价格推出了妮维雅润肤霜和润肤乳的组合套装；然后，他们取消了价格管制，并开始通过食品销售渠道销售产品。[19] 在海外市场，他们推出了"creme in"，这是一款模仿 Creme 21 的产品，白色罐装，橙色字体。这项立即采取的措施使竞争对手的产品无法立即在海外市场立足。[20] 公司也有意识地接受了将要面临的法律纠纷。

然而，除了采取这些防御性措施之外，还需要进行战略调整。在此情况下，"第二个通用润肤霜品牌"的构想被再次提出，这一品牌应该比妮维雅更"化妆品化"。[21] 因此，1973 年在西德推出了"creme in"，旨在吸引那些"认为妮维雅和 Creme 21 不能满足其更高期望，但又不想向高级化妆品迈进的消费者"。[22] 但是，执行董事会最初则认为"妮维雅霜对抗 Creme 21 的防御广告"更为紧迫，并搁置了营销部门推出新产品的建议。[23] 在此过程中开发的防御性广告宣传活动将在未来几年内持续改变妮维雅和整个公司的形象。这项任务交给了美国恒美广告公司，该公司曾凭借"想想'小'的好处"（Think Small）广告宣传活动将大众甲壳虫在美国推至崇拜物行列。他们的妮维雅广告宣传活动也成为产品广告的典范。恒美广告对妮维雅品牌的评价与莱因霍尔德·贝

年轻、无忧无虑、时髦——这就是汉高对 Creme 21 保湿霜的诠释。
报纸广告，德国，1971 年

格勒在 1967 年的评价相似。恒美广告公司市场营销与研究总监雷霍恩在几年后一份报告中写道，该活动旨在调动消费者几十年来积累的对品牌的信任资本。[24] 广告将品牌核心置于中心位置：画面中只出现润肤霜和罐子。

设计精致的广告将妮维雅描述呈现为"最大"和"最知名"的润肤霜。1971 年初，几乎所有主要的消费者杂志都刊登了妮维雅的广告，广告的口号是"润肤霜中之冠"（The Creme de la Crème）。广告中对竞争对手的挑衅显而易见，临时禁令也随之而来。虽然广告部同意广告的"侵略性措辞"，但格奥尔格·克劳森认为这违背了"我们公司的广告风格"。他要求恒美广告只提供"此类广告"，这些广告"从一开始就没有明确的法律争议"，甚至在汉堡地区法院对第一项禁令做出裁决之前就已明确提出了要求。然而，他的执行董事会同事们则认为"稍稍修改"就足够了，并最终通过了这一决定。[25] 拜尔斯道夫现在宣称"我们已有 60 年润肤霜制造历史了。如果存在更好的产品，我们一定会生产出来"，并为"不会夸大其实际功效的润肤霜"做广告。这些及其他类似的广告也很快被法院禁止了。[26]

不仅文案内容如此，连广告的视觉语言也与之前德国报纸广告中一贯保守低调的风格大相径庭。妮维雅润肤霜的广告大胆以霜膏和包装罐为视觉主元素；而妮维雅润肤乳则大范围使用裸露的肌肤形象。一些广告动机毫无遮掩地模仿了 Creme 21 的广告创意。这种对抗性的营销方式在德国并不寻常。但拜尔斯道夫认为有必要采取这种突破性动作。因为到 1970 年夏天，Creme 21 已经占据了 9% 的市场份额；而妮维雅达到 36%，atrix 占8%。[27]

拜尔斯道夫公司以"年轻风格"的广告来应对竞争对手的挑战。

报纸广告，德国，1971 年

一年后，当 Creme 21 的市场份额又增加了 5% 时，拜尔斯道夫为妮维雅增加了 150 万马克的广告预算（见图 6.1）。一场名副其实的"广告战"随之打响，拜尔斯道夫最终取得了胜利，因为尽管投入了高额的广告

图 6.1　1970 年至 1975 年间 Creme 21 保湿霜和妮维雅的广告开支（以百万马克为单位，估值）

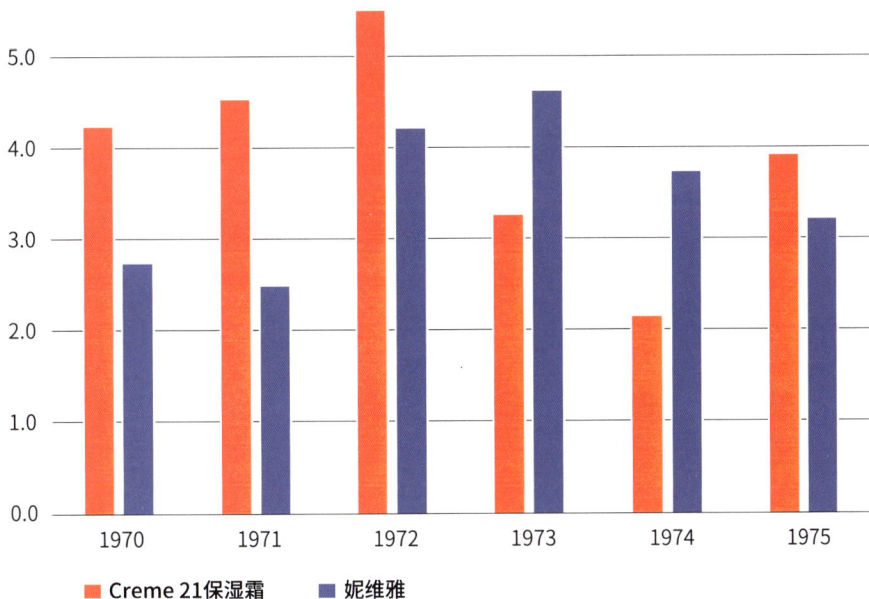

资料来源：雷霍恩的《定位》（1976 年），第 63 页

费用，Creme 21 依旧无法实现其预期的销售业绩，反而从 1974 年起还失去了市场份额。与此同时，汉高公司也被提起诉讼，但这一诉讼程序一直到达联邦最高法院，最后无疾而终。最终是消费者决定了这场争斗的胜负：到 1978 年，Creme 21 的市场份额只剩 4%，润肤乳的份额也仅有 1.5%。在此之前的几年里，不同的广告公司不断为 Creme 21 确定新的营销重点，由最初"保持肌肤年轻"的承诺到 1975 年变成抽象的口号"肌肤为肌肤之本"。与此同时，正如恒美广告专家雷霍恩对自己的作品所称赞的那样，妮维雅"凭借其持续性和稳定性"，保持着"傲视群雄、高高在上和优势地位"。[28]

　　当然，成功并非仅仅依赖于广告。直到 1970 年，由于价格管制，食品零售商一直没有销售妮维雅润肤霜。但是面对新的竞争，执行董事会取消了价格管制，正如向监事会报告的那样，这为润肤霜开辟了"新的销售渠道"。新的销售渠道不可能日复一日都得到服务，拜尔斯道夫继续失去重要产品的市场份额，因为销售没有准备好与需求旺盛的零售商谈判价格和利润。这不仅仅归咎于"汉高的特别促销"，在执行董事会看来，整个竞争呈现出"几乎是毁灭性的形式"。卖方市场的时代终于结束了。执行董事会认为现今产能过剩并存在"不可取的竞争扭曲"，联合利华对止汗除臭剂给予"最高可达商品价值 100%的优惠折扣"。然而，拜尔斯道夫自己也参与了这一发展。为了应对汉高公司新推出的主题为"野性的清新"的除臭喷雾剂——Deo Fa，拜尔斯道夫推出了自己的不受价格约束的"平价系列"，名为 Lasso，但几个月后就停产了。[29]

销售新理念

在与 Creme 21 的纷争中，拜尔斯道夫执行董事会认识到，公司需要积极直面零售业的结构性变化。在此之前，主要的销售渠道是生活用品商店和药房，但现在三分之二的个人护理产品都由食品零售商销售。公司本身在这一领域的实力相对薄弱。拜尔斯道夫当时并没有专门负责零售的销售部门或销售策略。执行董事会决定聘请一位零售专家来解决这个问题，最终选定了汉斯-奥托·沃普克（1930—2017）。1971 年夏天，格奥尔格·克劳森从德国零售合作社协会的中央采购合作社（EDEKA）管理层中挖角了他。在此之前，沃普克曾在联合利华工作了 13 年，熟悉品牌商品的方方面面，最近的职位是德国 Sunlicht 公司的销售总监。他了解市场的两面性，希望重返这个行业。在拜尔斯道夫，有很多大品牌和打造品牌的机会。经过短暂的熟悉工作后，他于 1971 年 10 月出任"化妆品—市场营销和销售"部门的负责人。[30]

在担任这一职务期间，他不仅调整了化妆品的销售，以适应新的形势，零售业的结构变化也影响到了德莎和膏药部门的家用产品。沃普克使整个公司熟悉了品牌产品的特殊性。执行董事会成员于尔根·佩丁豪斯（1939 年出生）在自己离开公司 30 年后还引用他的话说："品牌商品意味着均衡的性价比、品牌广告、稳定的产品质量和无处不在。品牌产品

全球广告界的标杆：蓝罐霜，无需赘言。
广告牌，意大利，1972 年

NIVEA
Creme

La crema
delle creme.

战略性事业部规划 四大事业部：化妆品、药品、医疗器械和德莎

必须无处不在。"[31] 赫尔穆特·克鲁泽在一次执行董事会上指出，市场发展"已经超越了我们传统的分销渠道划分方式"。[32] 销售工作必须重组，同时还要面向食品零售商和新的业务形式进行调整。然而，沃普克在执行董事会内部却遇到了相当大的阻力。[33]

在此之前，区域销售办公室的经理们一直在一个平衡的系统中运作，在这个系统中，所有相关方——生产商、批发商和专业零售商都习惯于固定价格。然而，新的销售结构面向的是更广泛的销售商，从为专业零售商供货的批发商到大、中型贸易公司，直至小型食品零售商。每次变革都会影响到业绩评估、现有特权和奖金的发放。一些销售经理担心失去老客户，另一些则认为专业零售贸易几乎没有增长前景，并希望参与百货商店、连锁店、超市和食品店的销售增长。正如敷料部负责人乌尔里希·纳夫（1930 年出生）于 1973 年初在蒂门多夫施特兰德的一次"膏药会议"上所解释的那样：他们应当"在有鱼的地方捕鱼"。[34]

雪上加霜的是，越来越多的廉价竞争产品使得提价变得困难——即便是在七十年代前半期，当通货膨胀率高达 7% 时，提价实属必要。为了维持零售利润空间，生产商提供了更高比例的实物返利。拜尔斯道夫对化妆品和汉莎产品给予了高达 50% 的返利。[35] 正如汉斯-奥托·沃普克所说，这两个业务领域都经历了"连锁店、食品零售店和百货公司大规模接管业务"的一个过程。1973 年，他和纳夫甚至提出推出一个自有廉价品牌，以阻止竞争对手扩张产能。然而，执行董事会多数成员担心这会蚕食自己的产品。[36]

拜尔斯道夫注意到，整个零售业都在发生变革。1972 年至 1975 年间，新的日化用品连锁店 Rossmann、dm 和 Schlecker 相继成立，1981 年已经拥有超过 1500 家分店。[37] 销售部门的重组不仅需要重新考虑家用产品的销售渠道，还需要有长远的打算。直到二十世纪七十年代中期，沃普克才完成了转型。回顾过去，赫尔穆特·克鲁泽评价道："如果没有沃普克，我们将会遇到非常、非常严重的问题。"[38] 1974 年初，沃普克被任命为执行董事会成员。

成功反击 Creme 21 的挑战所做出的成功应对、价格管制的废除以及销售部门的重组给拜尔斯道夫公司带来了改变。回顾过去，汉高发起的攻击是一次富有成效的干扰，它发生在公司迫切需要重新调整方向的时候。此番争斗的一个重要经验是，品牌的成功在很大程度上取决于其信誉，而且必须不断地向消费者证明其价值。尽管需要保持必要的延续性，但品牌也必须与社会变革保持同步。拜尔斯道夫学会了更好地塑造品牌形象，并且作为一家让品牌直接面向消费者的企业，比以往任何时候都更加退居于品牌之后。

最终，品牌导向也引发了一个问题，即现有的组织形式是否能够在类似情况下满足快速适应变化的市场并成功利用市场变化。

独立的研究和技术场所

德莎部门最熟悉价格竞争。十多年来，每年都必须与直接供货的工业客户重新谈判数量、产品规格、交货期或折扣。毕竟，他们不想失去任何一个大客户。这一部门必须跟上工业增长步伐，拥有足以满足不断增长需求的生产能力。与此同时，汽车或电子工业的任何销售低迷都会立即反映在销售数字上。只有持续无误的生产才能保持成本低廉，这依赖于工艺技术以及运行良好且精确调整的机器设备。于是，拜尔斯道夫致力于技术合理化、优化产能利用率以及尽可能在同一个地方生产尽可能多的单一产品。因此，大部分投资都被用于汉堡和奥芬堡工厂以及其他选定的欧洲德莎工厂。[39]

不仅是生产制造，技术研究也需要越来越高的投资，因为产品日益复杂化，技术要求也在不断提高。面对这些挑战，拜尔斯道夫公司针对不同产品组采取了不同的方式。根据涉及的总成本和自身实力，公司在寻求与其他公司合作，同时也在扩大自身的研究力量。胶粘剂就是一个例子。在二十世纪六十年代，执行董事会认为仿效胶粘剂市场领导者友好（UHU）和百得（Pattex）家用胶粘剂方面的产品就足够了，并与匹兹堡平板玻璃公司合作以改善自家的胶粘剂产品。这些胶粘剂以 technicoll 品牌销售，但效果一般，直到二十世纪七十年代初，新的分销渠道的建立，才让家用胶粘剂的业绩有显著的改善。与此同时，拜尔斯道夫公司为工业客户开发了一种全新的通过化学反应起作用的胶粘剂。弗里德里希·恩格尔哈特（1913—1994）于 1967 年接替保罗·莫斯成为执行董事会成员，这位化学家认为公司由于"在胶带领域的研究"已经具备了必要的专业知识，并且专门聘请了受过专业培训的化学家来从事胶粘剂的开发。[40]

公司也因此拥有了开发新产品所需的科学基础，但在二十世纪六十年代，研发投资还远远落后于竞争对手。拜尔斯道夫的研发投资水平对于一家德国化妆品公司来说是恰当的，而来自制药和化工行业竞争对手的研发投资是营收的三到四倍。拜尔斯道夫公司在德莎和药品部门的研发支出确实高于化妆品部门，[41] 但长期以来仍远低于竞争对手的水平。至二十世纪六十年代末，随着公司意识到未来发展将越来越依赖研发，执行董事会决定着手建设一个新的研究

美因河畔法兰克福中央火车站的灯光广告，1970 年

中心。这个被称为"Technikum"的研发中心于 1971 年 5 月隆重启用。中心可容纳约 300 人工作，并可进一步扩建。产品开发、材料研究和皮肤研究获得了全新的发展机遇，因为研发中心配备试验装置，可以在小型技术规模上测试和改进实验室研发成果。[42]

　　尽管投入了大量资金，拜尔斯道夫公司还是难以满足现代制药研究的要求。开发新药物变得越来越昂贵，成本也在迅速增加。虽然 1961 年的《药品法》没有要求进行临床试验——直到 1978 年才收紧审批规则，但仍需进行耗资巨大的测试流程。因此，拜尔斯道夫公司从开发一种新药物到能够将其推向药店，需要八到十年的时间。[43] 由于各国对药物批准上市的标准不同，通过出口来增加收入几乎是不可能的。尽管 Novodigal 业务为公司带来了可观的利润，但高昂的成本和特殊的研究环境仍让执行董事会一再面临是否还有能力承担所需投资的问题。1972 年，拜尔斯道夫再次尝试与汉诺威的化学公司 Kali Chemie AG 进行涵盖研发、生产和销售的合作，但也如二十世纪六十年代一样以失败告终。[44] 直到二十世纪八十年代末，拜尔斯道夫公司才最终启动退出制药研究的进程。

化妆品、药品和德莎的独立运营

早在 1972 年 2 月德累斯顿银行注意到销售收益率下降之前，拜尔斯道夫执行董事会就已经开始着手解决这个问题。负面发展并非出人意料；根据 Pilot 和 Tasmin 的经验，格奥尔格·克劳森认为由于日益加剧的竞争，这是可以预见的：我们今天不能再像过去那样简单地在市场上推出"高利润率的新产品"。[45] 一项改进的损益计算方法将揭示哪些产品获利，哪些产品亏损。执行董事会希望通过节约和降低成本来应对结构性问题，并通过改进规划和严格的预算编制来抑制成本上升。但一年半后，"全成本业绩"结果显示销售收益率仍然下降。公司虽然认为自己的数据"仍然比大多数竞争对手要好"，但预算编制和成本控制并没有带来根本性的改善。[46]

执行董事会需要更准确的信息：盈利状况的具体构成是什么？哪些投资是有回报的，哪些是不值得的？哪些业务领域和品牌有高收益率，哪些收益率低？公司在 Pilot、Tasmin 和 Lasso 这些品牌产品上的经验表明，单纯靠广告无法保证获得预期结果。在化妆品、药品、膏药和德莎这四大产品领域的所有市场上，拜尔斯道夫公司必须采取更快的反应和行动。

组织形式再次成为讨论的焦点。几年前由沃尔夫冈·西姆斯发起的类似执行董事会讨论曾引发重大冲突，原因是缺乏共同分析，讨论仅仅集中在组织目标和权力诉求上。虽然克劳森和施托特最终通过让西姆斯从执行董事会中除名结束了这场冲突，但潜在问题却一再重现。有时涉及将经济业绩归因于哪个部门，有时涉及不同业务领域或执行董事会成员的领导文化差异。

早在 1969 年夏天，人力资源部门负责人汉斯-约阿希姆·施瓦茨就为执行董事会撰写了一份备忘录，总结了他通过领导层人员研讨会与高层管理者会谈中所获得的见解。[47] 虽然拜尔斯道夫在法律层面上是一家股份公司，但由于公司高层"数十年来的稳定性"，公司"像一家有着强烈家长式管理特征（在正面意义上！）的家族企业"。上个十年的扩张、新工厂和子公司、执行董事会和管理层的变动"打破了领导风格的延续性"。除了旧式领导风格，还有一些新的并不统一的风格，从"广泛责任授权"到"权威家长制管理风格"不等。如果想让公司继续成长，就需要"一种新的组织形式"和"一种统一的新领导风格"。与之前西姆斯的想法类似，施瓦茨想到了哈尔茨堡模式：拜尔斯道夫必须"分拆为较小的、相对独立、自负盈亏的部门（业务领域、部门）"，领导风格"以责任授权原则为特点"。执行董事会讨论了这些想法，但认为该模式并不适合自己的公司。[48]

除了执行董事会，在另一方面，决策结构尚不明晰。存在按职能划分的部门，但也存在一个德莎部门，并且生产部门按照胶带、膏药以及化妆品和药品划分。[49]还设有化妆品、膏药、药品和德莎四个委员会；为了信息交流和协调，还有额外的工作小组。各委员会的职能范围不同，且经常发生变化。化妆品委员会实际上在 1968 年几乎被废止，彼时只由克劳森、贝伦斯和克鲁泽三位董事组成；18 个月后，为了应对 Creme 21 事件，一个新的、规模明显更大的委员会应运而生。[50]

1970 年底，人力资源部门负责人提出了一份更加详尽的提案。他之所以如此积极参与，可能是因为他的想法得到了各个部门负责人的赞同，他们希望有明确的职责分工，或许还希望拥有更大的自主权。施瓦茨解释说："越来越多的大型企业"决定将公司"划分为多个业务领域。只有在这些领域或事业部内部，才会根据职能进行进一步划分"，对于拜尔斯道夫公司而言，他认为将公司划分为三个负盈亏责任的业务领域是合理的，这三个业务领域是：（1）胶带、胶粘剂和标签；（2）化妆品；（3）药品、膏药和绷带用品。这些业务领域应当"根据执行董事会的普遍指导方针"，"由一名业务领域负责人负责领导"。产品开发、制造和销售这些职能必须由"执行董事会或三个职能部门负责人组成的委员会"进行协调。公司规划是一个隶属于执行董事会主席的专设部门的任务，这个部门由来自研发、市场营销和销售及投资和财务规划领域的专家组成。详细计划应该由各业务部门负责。应该成立一个工作组为执行董事会制定具体的重组计划，也可以"聘请一名自由职业的企业组织专家或企业咨询顾问提供帮助"。[51]

克劳森也知道，将四个领域作为独立的业务部门，可以更加清晰地认识其优势和劣势，并且能够更快地应对新挑战。执行董事会中没有人原则上反对组织变革，但是，人们仍然怀疑公司是否具备所需要的管理人员。早在六十年代，药品部门的独立就因为这个问题而失败。此外，显然很难将划分事业部与

Good masking
is a paint job half done.
(Experienced auto paint shops know why
they use tesakrepp for masking)

日本総代理店：
社　名：リーベルマン．ウェルシュリー
　　　　エンドカンパニー　エスエイ．
　　　　テサテープ輸入部
住　所：東京都千代田区丸ノ内1丁目
　　　　6番地4号
TEL：東京（216）5671（大代表）
テレックス：222－2210

大众甲壳虫在二十世纪七十年代初是世界上最畅销的汽车。
tesakrepp 专用胶带广告，日本，1971 年

战略性事业部规划　四大事业部：化妆品、药品、医疗器械和德莎

拜尔斯道夫作为一家经过数十年发展、统一管理、基于四大支柱的企业形象相协调一致。

　　一年半后，即 1972 年夏末，执行董事会请求麦肯锡和博思艾伦两家咨询公司就"组织架构"分析提供报价。这两家公司都曾为不同的德国企业在引入事业部组织形式时提供服务。[52] 监事会的一些批评意见可能促成了执行董事会的这一转变。最终执行董事会选择了博思艾伦咨询公司，因为这家较年轻、明显规模较小的咨询公司在应对客户需求时表现得更加灵活。[53] 于尔根·佩丁豪斯是其欧洲业务负责人。整个流程包括所有细节的协调，历时近两年。博思艾伦公司详细研究了公司的组织架构，并于 1973 年 11 月提交了一份报告。根据沃伯格在监事会会议上的记录，该报告描述了自 1968 年以来"令人担忧的盈利状况的下降"，并主要列出了两个原因：一是"已不再适配的组织架构"，二是"未能充分根据产品部门的盈利情况进行针对性的管理"。[54] 因此，该报告建议将三个部门设为独立的事业部：化妆品（包括膏药）、药品和德莎。拜尔斯道夫于 1974 年 9 月 1 日开始推行新的组织形式。[55]

　　新的组织形式能够迅速付诸实施，得益于克劳森对项目的坚定掌控，并试图通过与各位执行董事会成员进行一对一的会谈来解决任何争议。1973 年夏，克劳森与佩丁豪斯共同确定了发展方向；人事任命建议也由他们两人共同制定。可以推测，只有这样才能在短短几个月内取得成果，否则，执行董事会内部的长时间讨论会延缓甚至破坏这一进程。化妆品、药品和德莎这三个事业部应各由一名对业绩负责的执行董事会成员领导，同时该成员还将负责销售、研发或技术等集团职能之一。双重责任旨在强调执行董事会成员的整体责任，并防止部门之间产生无益竞争。执行董事会主席不应分管任何业务部门，其他两名执行董事会成员将分别负责财务、控制、规划、行政管理、人力资源和海外业务等职能。

　　1973 年 7 月，克劳森向监事会主席施托特和副主席沃伯格汇报了项目中期成果。埃里克·沃伯格认为，克劳森想了解他们对"博思艾伦公司人事任命建议的看法"。唯一引起讨论的只有"海外业务"和"财务/控制/规划"这两部分职能，两个职能的提名负责人均是克鲁泽，毫无疑问，克鲁泽应该承担领导角色，但沃伯格认为，"发展迅猛、远胜于德国国内或欧洲业务的海外业务，不能作为副业来领导管理"；而且，如果克鲁泽兼任海外和财务两个部门负责人，那么在执行董事会中的权力将过于集中。但克劳森也决不会让赫尔穆特·博林继续负责财务。因此，三人达成共识，先要求克鲁泽选择一个部门，然后再将"另一名实力雄厚的人士"吸纳进执行董事会。[56]

　　六周后，执行董事会讨论了一项修改方案，建议暂时将集团范围内的财务和会计工作归给执行董事会主席管理。尽管所有执行董事会成员都支持设立对业绩

妮维雅冬夏皆宜。
广告牌，西班牙，1973 年。
广告，意大利，1980 年

负责的事业部，其领导"最初"由三名执行董事会成员兼任，但博林认为建议的职责划分并不是强制性的，也可以采取其他方案。他希望继续保留财务部门或接管德莎部门。但是，他也对将财务职能归属执行董事会主席提出了"重大异议"。然而，克劳森则坚持认为，更高层级的统筹管理十分必要，因为迄今为止公司都尚未成功在集团范围内推行统一的财务和会计体系。[57]

执行董事会成员的职责分工由监事会主席团决定。施托特和沃伯格与克劳森和佩丁豪斯共同决定，财务和会计不应属于执行董事会主席的职责范围。克劳森暂时负责这一职能部门，直到"找到合适的候选人"，博林将在此过程中向他提供支持。[58] 最初博林提出异议，但在与主席团私下会谈后撤回了异议——不过他还是就克鲁泽在执行董事会中的角色提出了个人批评，并要求取消"海外业务"这一职能部门。[59]

1973 年 11 月，监事会审议了博思艾伦公司的报告，并特意表明了他们的赞同态度。鉴于对过去五年业绩理智清醒的回顾，也出现了一些批评性的思考。所有人都明确同意事业部的划分，并对已经采取的方向表示认可。但对于埃里克·沃伯格而言，这也是"因当时情况做出的一种权衡"。目前"将事业部责任限于欧洲"是正确的，但将来应扩展至全球业务范围。此外，将化妆品和膏药合并为一个职能部门，德国国内业务占比近 63%，加上销售协调，会导致该部门"责任和权力高度集中"。[60] 经过数月逐步涉及各级领导层和业务部门的准备，新的业务部门划分于 1974 年秋正式生效，一些细节流程仍有待完成。[61] 基于此，多年后，赫尔穆特·克鲁泽在向组织研究学者克努特·布莱歇解释时说，人们可以"建立一个尽可能优化的组织形式，适应当时不同的公司规模"。[62]

格奥尔格·克劳森担任执行董事会主席直至 1979 年。他担任公司发言人并协调执行董事会工作。他负责法务、内部审计和公共关系等核心职能部门。

赫尔穆特·克鲁泽被任命为执行董事会副主席。他仍然负责海外业务，并接管了事业部协调工作。[63]

1974年，恩格尔哈特（负责制药和研究）和贝伦斯（负责化妆品和市场营销）两位执行董事会成员退出执行董事会。维尔纳·贝伦斯是因为已达到退休年龄，而弗里德里希·恩格尔哈特则是调任位于法兰克福的赫希斯特股份公司（Hoechst AG）。一年后，赫尔穆特·博林离开了公司。这三位的董事职位均被来自公司外部的积极性高、相对年轻但经验丰富的专业人士所取代，这些专业人士没有融入公司内部的人脉关系。汉斯-奥托·沃普克是化妆品事业部的第一位负责人，1974年加入执行董事会，并负责销售业务。从1975年开始，于尔根·佩丁豪斯负责领导德莎事业部和人力资源部。1975年，彼得·克恩（1928年出生）负责财务部门；但他只待到1978年就离开了拜尔斯道夫。1970年，马丁·莫斯（1934—2017）加入执行董事会，负责技术部门，接管药品事业部以及研发业务，而此前1955年至1967年，这些职责是由他的父亲保罗·莫斯担任。

新的大股东

1974年初，M. M. 沃伯格-布林克曼维茨银行（M.M.Warburg-Brinckmann, Wirtz & Co.）出售了其在拜尔斯道夫公司25%的股权。该银行已于两年前表示希望出售这一股权，但找买家出乎意料的困难。关于出售的原因没有相关记录留存。在之前的几年里，埃里克·沃伯格在由安联公司和克劳森家族主导的监事会里屡屡未获重视。不过，或许正如赫尔穆特·克鲁泽推测的那样，这一股权由于其增长也可能在银行的资产负债表中变得过于重要。[64]

当时，拜尔斯道夫公司执行董事会主席格奥尔格·克劳森对谁将购买这一股权包并非毫不在意。为此，他于1972年3月找到德累斯顿银行董事会发言人于尔根·庞托，后者表示"同意暂时收购这一股权"。但德累斯顿银行并不想长期持有，而是希望能在认为必要的时候出售这些股份。因此，收购价格对其而言非常重要。[65]然而，这笔交易并未达成。此外，几周后，形势缓和下来，因为银行新的合伙人汉斯·施特拉克接手了拜尔斯道夫公司股权事务，并向执行董事会保证"永不"在未与拜尔斯道夫公司"充分磋商"的情况下"处置"这一股权。[66]

在次年春季，沃伯格银行向几乎所有可能是潜在买方的国内外大公司提供了其 25% 的"间接持股"。英国必成集团对此表示出了浓厚的兴趣。但是，必成公司只想获得多数股权，并因此也想收购安联公司所持有的股权包。然而，安联保险公司并不想出售，而是像埃里克·沃伯格所记录的那样，"坚决阻止任何外国参与或外来控制权"。为了确保控制权，安联保险与"老股东"克劳森家族以及 Pilot 和 TROMA 基金签订了一份针对未来为期五年的联营协议，它们共同持有拜尔斯道夫 53.6% 的股份。[67] 所谓的"德意志股份公司"——德国大银行、保险公司和工业企业相互持股，以及在监事会中相互任命代表的做法，都旨在防止国际收购的企图，当时的确也发挥了作用。[68]

1974 年，为拜尔斯道夫的持续发展做出了五十年贡献的沃伯格银行，最终找到了买家："赫兹家族"。[69] 据说，奇堡咖啡烘焙商马克斯·赫兹遗产继承有限责任公司（Max Herz Erben GbR）为这批股份支付了 1.2 亿马克。对于赫兹来说，这只是一项资本投资，没有任何协同效应。奇堡经理霍斯特·帕斯图塞克（1928—2015）向《时代周刊》保证："妮维雅不会闻起来像咖啡。"品牌产品必须保持其独立性。[70] 当拜尔斯道夫的这一股权包在 1977 年重组过程中从赫兹遗产公司转移到奇堡[71] 时，奇堡的态度并未改变。与半个世纪以来的沃伯格银行以及 1938 年以来的安联公司一样，奇堡对拜尔斯道夫的兴趣也是长期的。君特·赫兹（1940 年出生）代表奇堡出任拜尔斯道夫监事会成员直至 2003 年；1979 年，奇堡执行董事会成员霍斯特·帕斯图塞克加入其中。公司也避免了未来股东结构的频繁变动。但执行董事会与监事会之间的合作模式发生了变化。

对于赫兹而言，监事会不仅是监督机构，也是指导机构。他希望讨论战略、新业务领域和市场，而不是他认为无关紧要的事。为了让执行董事会拥有更多时间处理重大问题，同时又减轻监事会处理仅仅是例行公事的决策的负担，执行董事会将来可以在无需监事会批准的情况下任命授权代理人，其单独决定收购或出售公司或者贷款事宜的权限范围也扩大到 500 万马克。但是，对于重大投资，执行董事会必须提交更全面的计划才能获得监事会批准。新的要求与此同时也改善了执行董事会的信息基础，因为许多细节现在都在各事业部进行讨论。[72]

寻找新市场

1974 年，拜尔斯道夫在化妆品市场的地位趋于稳定。当 Creme 21 系列产品销量开始下滑，妮维雅润肤霜的市场份额则重新达到了 34%。护肤系列品

必须开拓并培育新市场，而通过 Limara 香水—止汗除臭系列产品效果有限。
外勤人员在柏林的一次大会期间正在张贴大型广告海报，德国，1977 年

牌 LIAN 在其细分市场取得了 24.5% 的市场份额；在止汗除臭剂领域，8×4
以近 15% 的市场份额占据领先地位。公司的防晒产品占德国总消费的三分之
一。然而，这种成功并未反映在化妆品事业部的业绩中，相反甚至略有下降。
艰难的市场环境迫使公司进行了高额广告投入和促销折扣支出。更重要的是，
经济危机造成的影响日益显现，工业生产大幅下滑，失业人数急剧增加。下
滑的工业需求对德莎的业务影响尤为严重，业绩下降超过 40%。为避免裁员，

德莎在 1975 年初采取了短时工作制。在汉堡可以将员工调往其他部门，但在奥芬堡不行。总的来说，1974 年药品事业部和膏药业务的表现足以弥补其他两个事业部的疲软业绩。[73]

化妆品业务的前景成为监事会的一个持续议题，部分原因在于君特·赫兹更关注消费品而非工业产品或制药产品。此外，整体经济的低迷对各业务领域的影响也不尽相同。德莎的工业应用份额占销售额的 70%，因此，其业务很大程度上依赖于经济周期的影响。而对于化妆品，经济周期的影响往往呈相反趋势。正如格奥尔格·克劳森所观察到的，在经济衰退期间，消费者"会更多地从消费高价化妆品转向购买我们价格实惠的产品"。不过，赫兹认为，德国化妆品市场在中期内几乎不会再出现强劲增长。最近的市场份额增长归功于向新销售模式的成功转型，但这种发展无法持续。在他看来，未来的增长市场将是牙齿护理和护发产品。[74]

他的分析部分正确。因为在二十世纪七十年代，德国人仍然非常节约地使用牙膏：一项联合利华的研究表明，1978 年只有 40% 的德国公民每天刷牙；据说几乎一半的家庭拥有一把供家庭成员共用的牙刷。这项研究可能存在严重缺失。10 年前，《明镜周刊》就曾报道过，一半的德国人每天刷牙。尽管如此，牙膏的销售仍然潜力巨大，而且牙膏属于拜尔斯道夫"身份"的一部分，毕竟正是 Pebeco 助力了公司的发展壮大。早在 1973 年，执行董事会就已成立一个口腔卫生研究小组，[75] 负责开发新产品，因为公司自有品牌 Selgin 销量不佳。市场主要被联合利华、Blendax 和高露洁棕榄占据，它们瓜分了市场销售总额的 80%。[76] 拜尔斯道夫执行董事会也因此对这一市场的前景持非常怀疑的态度。多年来公司也一直在关注护发产品市场。克劳森在二十世纪六十年代末就已将护发产品视为一个潜力巨大的业务领域。他多次与汉堡的施华蔻公司就合作事宜进行谈判，并在 1973 年试图与威娜公司开展合作。

1976 年，赫兹在监事会询问时得知，这两个领域的产品开发并未取得重大进展。一方面，1975 年除了在经济危机中遭受重创的德莎部门外，公司所有其他领域的销售额都比前一年大幅增长，公司处于满负荷运转状态：膏药销售额增长 20.2%，化妆品和药品业务分别增长 13.1% 和 15.6%，只有德莎业务基本停滞不前。药品事业部的业绩增长主要归功 Novodigal 效应，这与大幅提价有关。此外，Novodigal 已成为西德最常用的心脏药物。[77] 化妆品和膏药业务的成功则基于销售渠道的转变及零售端的合理化。现在，沃普克的努力终于有了回报：在产品线精简的情况下，没有哪个经销商愿意放弃市场领导者产品。[78] 由于积极的效果和公司对销售重组的关注，产品开发在此期间被搁置。

从根本上说，新品牌的推出必须经过精心准备，因为品牌必须在短期内取得成功。汉高在推出牙膏产品时屡屡受挫，而威娜的护发产品也未能在食品零售店找到立足之地。[79] 要想在市场上推出新产品，必须拥有高质量的产品和合适的营销策略。对于进军护发品市场，时间窗口正在逐渐关闭。当时护发产品仍是理发师的专业领域，但随着西德住宅卫生设施的改善，人们的个人护理习惯正在改变。在二十世纪六十年代末，近三分之一的德国住宅没有浴室，而十年后这一比例下降到12%。随着淋浴设施日渐成为标配，人们洗头也更加频繁：1973年，据说"每5个使用洗发水的女士中就有1个人"每周洗两次头，而到1984年，这一比例已达到每2个人中就有1个。[80] 洗发水市场迅速增长，但这一趋势不可能永远持续下去。

外延式增长战略

为了在激烈的制造商竞争和贸易集中化环境中站稳脚跟，并保持过去的盈利能力，拜尔斯道夫的各部门必须实现增长。但如何实现这一增长呢？经济危机结束后，执行董事会预计随着工业生产再次回升，德莎部门将能够凭借自身的力量实现更加强劲的增长。此外，人们也相信，公司未来也能为零售业提供富有吸引力的德莎新产品。但对于化妆品、医疗器械和药品三个部门，情况则有所不同。[81] 1978年初，执行董事会的一项战略讨论结果表明，"基于技术专长的市场可能性大多已被挖掘殆尽"。[82] 因此，所有三个部门都应加大力度寻求合作和收购机会。

药品部门面临着特别大的挑战。Novodigal 和 Nitronovodigal 两种药品的成功导致"事业部结构性薄弱问题的固化"。这两种药品占制药业务销售额的60%，[83] 执行董事会认为，药品事业部"无法再满足不断增长的研发和营销潜力需求"。从中期来看，利润也会下降。竞争对手实力更雄厚、资金更充裕。[84]

原为"膏药部门"的医疗器械事业部于1977年从化妆品事业部中分拆出来，开始进行独立运营。化妆品和绷带产品的市场以及对产品开发的要求差异极大。尽管两类产品越来越多地通过食品零售商和日化用品连锁店销售，但为其生产、开发和营销仍设有独立的办公室。因此，汉斯-奥托·沃普克最终建议将医疗器械列为公司的第四事业部。之前的事业部负责人乌尔里希·纳夫接手医疗器械事业部的领导工作，并作为副董事加入执行董事会。对他而言，药

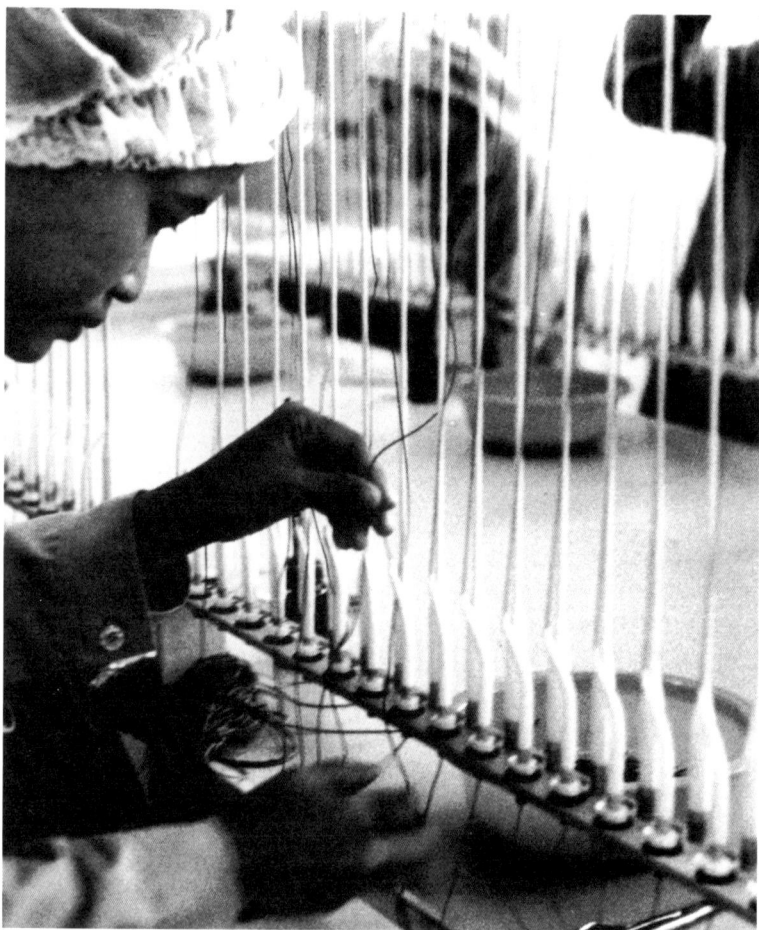

1983 年，在新山建立了一家乳胶工厂，旨在利用这种天然材料生产新的医疗用品。
图为乳胶导管的生产，马来西亚，1983 年

店"早已不再是销售额的来源"。[85]

　　在事业部分拆之前，医疗器械业务领域就已为拜尔斯道夫在西德贡献了 14% 的销售额。作为一个独立的事业部，医疗器械业务的增长速度快于其他事业部，到 1986 年，其盈利占公司在西德总收益的 22% 以上。[86] 医疗器械超额增长的部分原因在于销售渠道的重组。纳夫在该事业部成立时，将销售分为面向家庭的日用消费品和面向医院等医疗机构的专业产品。日用消费品越来越多地通过食品零售和日化用品连锁店销往消费者，加上组织结构的调整，销售额迅速增长了 20%。[87]

竞争对手也在寻求新的途径,例如努力通过"廉价的'消费品'——膏药打入折扣市场"。但拜尔斯道夫执行董事会不想进行恶性价格战,宁可让竞争对手"获得有限的市场份额"。[88] 到二十世纪七十年代中期,由于市场发生了变化,医疗健康行业受到了更加严格的监管,该事业部的销售额出现停滞不前。汉莎最大的用户群体即 15 岁以下儿童的数量由于人口发展原因正在下降。此外,1977 年通过的所谓《成本控制法》导致法定医疗保险金采取了不寻常的成本削减措施,从而降低了人们对产品的需求。通过降价可以扩大市场份额并稳定销售额,但利润会因此下降。由于拜尔斯道夫产品在药店的市场占有率已达 90%,在其他渠道占 80%,依靠现有产品几乎不可能取得更好的业绩。为应对这种市场饱和状态,公司采取的主要措施是定义新的细分市场策略:以运动绷带和运动损伤防护为重点的汉莎运动系列瞄准了休闲运动市场;汉莎医疗系列和 ABC 计划中的新型风湿病相关产品则更多针对医疗需求。[89]

正如事业部负责人纳夫 1977 年 12 月向监事会报告的那样,公司自二十世纪七十年代末期以来,也一直致力于开拓一个全新的市场,"扩张进入卫生领域"。[90] 但是,在这一领域,执行董事会内部就哪些产品"适合拜尔斯道夫"存在分歧。例如,就生产避孕套这一问题的讨论就很有争议,公司在马来西亚建立自己的橡胶厂时就开始生产避孕套。[91] 然而,新的消费品一般都不是为竞争激烈的德国市场开发的,在德国市场上,卫生巾、卫生棉条和其他卫生用品的推出在二十世纪七十年代初就已宣告失败。[92] 在有明显市场领导者的市场上推出新产品尤其困难,即使像汉高这样的大公司也不得不经历。在西欧整个发达的消费社会,价格竞争和排挤性竞争都在大幅加剧。因此,医疗器械事业部在推出新产品时,重点放在供应尚未过剩的国家,例如在希腊,女性卫生用品的市场份额达到 20%。[93] 在那里,拜尔斯道夫也在销售 Duo 品牌避孕套,这款避孕套在 1989 年还在德国销售了几年。

医疗器械事业部在专业领域采取了另一种策略,专业领域的业务量略超总业务量的一半。在很长一段时间里,事业部在绷带产品方面一直很成功。为了能够向医院提供全面的整体解决方案,如今又通过引入其他公司的产品来补充自己,目的是希望通过"更强的市场导向而非生产导向"来提高销售额。[94] 为此,纳夫发起了一些收购行动,这对于将事业部的销售额从 1976 年到 1986 年实现两倍增长起到了巨大的促进作用。[95] 产品范围扩大到医用纱布绷带和弹性绷带、消毒剂和植入物、压缩长筒袜和压缩绷带等。1980 年,拜尔斯道夫收购了汉堡博德公司(Dr. Bode & Co.)50% 的股份,并以博德化工公司的名义继续经营这家利润丰厚的消毒剂专业公司；药房和日化用品店出售的止汗除臭剂 Hidrofugal 也是通过这家公司进入拜尔斯道夫的。[96]

1983 年，公司又进行了两项战略投资：Schütt & Grundei 公司开发并生产了人工膝关节，取得了巨大成功，其首席研发人员汉斯·格伦戴因此获得了 1987 年德国创新奖。[97] 拜尔斯道夫公司以 S+G Implants 的名义继续经营这家公司。第二项投资涉及 Varitex 公司。该公司按需定制并生产压缩长筒袜，因此在医疗器械贸易领域拥有很好的渠道。这为拜尔斯道夫的一些新产品提供了更好的销售机会。[98]

在二十世纪八十年代初，卫生健康领域成本节约的影响也体现在了医疗器械领域。固定绷带、粘合绷带或防护服等新产品取代了日渐衰落的传统膏药业务。自从在马来西亚建立了自己的橡胶厂后，医疗器械事业部还在自己的计划中增加了导管和手术手套的生产。这一计划的扩展在专业领域可能是成功的，因为客户及其需求是明确界定的：医院和诊所是主要客户。医疗部门希望为它们提供全面的产品，同时也不断推出创新产品，如无菌手术保护膜或临时人工皮肤替代品 Cutinova。[99] 但是，这些特殊产品需要大量研发资金的投入，因此在 1988 年决定建造一座专门的医疗器械研究大楼。[100]

在卫生健康事业发达的地区，如欧洲、北美和澳大利亚，专业领域业务表现强劲。此外，通过改善销售组织，事业部还努力在南美地区推广"更高端的产品"，以减少对"面临激烈竞争威胁的基础产品 Leukoplast 胶布和汉莎创可贴的依赖"。[101] 在德国市场，尽管卫生健康系统的开支有所节省，但医疗器械事业部销售额增长是所有事业部中最强劲的。这都归功于销售的变化和上述收购行动。然而，医疗器械事业部的生产成本非常高，利润份额明显低于化妆品或药品业务。二十世纪七十年代末，为了降低生产成本，拜尔斯道夫公司在豪斯布鲁赫建立了一个专门的医疗器械生产基地。为提高分销效率，公司将为医疗器械、德莎和药品事业部建立一个全新的成品仓库。[102]

1977 年，在彻底击退 Creme 21 的挑战后，化妆品事业部开始重新定位。当时他们希望"通过自主开发、合作或收购"来扩大产品范围。目标是开辟新市场并扩展妮维雅和 8×4 品牌。对于那些似乎不再对 8×4 感兴趣的新一代年轻女性消费者，拜尔斯道夫希望通过 1976 年首次在奥地利试销的香氛止汗除臭剂 Limara 来吸引她们。[103] 此前一年，化妆品事业部迈出了进军彩妆领域的步伐，接手了美国封面女郎品牌彩妆在德国的销售，并在接下来十年左右的时间里在超市售卖"年轻彩妆"，但成绩平平。[104] 这两款产品对利润改善贡献不大。化妆品事业部在其润肤霜这一核心领域的利润最高。在二十世纪七十年代末，尽管竞争对手联合利华（CD 霜）和 Beecham（Creme das）也推出了新品牌，但妮维雅和 atrix 的市场份额依旧持续上升。在止汗除臭剂领域，8×4 的市场份额稳定在 14% 左右，但其竞争对手 Bac 止汗除臭剂现已成为市场领导者。[105]

二十世纪七十年代末，化妆品事业部在经过多年讨论后，迈出了进军护发领域的重要一步。为了避免从头开始积累必要的专业知识，汉斯-奥托·沃普克与歌薇、Heyn 和花王等公司进行了合作谈判。最终，执行董事会决定不立刻进入大宗商品市场，而是与日本合作伙伴花王联手收购 Heyn 集团，从而在护发领域打造自身的专业能力。Heyn 公司凭借古尔品牌在专业贸易中实力强劲。在接下来的几年里，拜尔斯道夫新的子公司古尔化妆品有限公司在柏林生产古尔洗发水，并且在二十世纪七十年代末推出拜尔斯道夫品牌多宝杜诗沐浴露、妮维雅沐浴乳和妮维雅沐浴露。[106] 政府对柏林工厂的补贴使得当时将生产转移至此变得颇具吸引力，同时也使公司减少了对特殊产品外包生产的依赖。通过这种方式，拜尔斯道夫提升了自身的产品和制造专业的知识，并于 1984 年扩大了妮维雅产品系列，增加了洗发水和护发素。到 1986 年，同样在柏林生产的妮维雅洗发水和古尔洗发水的市场份额已上升到 12.7%，跃居第二，仅次于市场领头羊施华蔻。[107]

德莎在欧洲的工作分工

二十世纪五十年代，由于商标所有权被没收，阻碍了当时拜尔斯道夫化妆品和膏药国际业务的恢复。拜尔斯道夫试图通过新的德莎公司在西欧市场站稳脚跟。然而，生产德莎产品需要厂房和机器设备方面的大量投资，这导致无论工厂的产能利用率如何，都会产生高额的成本。二十世纪六十年代初，当新建的奥芬堡工厂投入运营后，德莎事业部获得了在汉堡和奥芬堡之间分工生产的机会，使得可以在单一地点实现某一产品的大规模生产，减少了机器为适应新产品而进行调整的频率。特殊产品则由外包代工或子公司生产，如标签胶带就是由拜尔斯道夫在 1965 年收购的位于斯图加特的 Ferdinand Lutz 公司负责生产的。二十世纪七十年代，随着欧共体实行免税贸易，这种工作分工方式逐步在整个欧洲扩展开来。比如 1972 年，法国日韦工厂接手了奥芬堡工厂的部分特定宽度的德莎胶带生产工作。[108]

高昂的固定成本以及致力于发展工业客户给德莎带来了不同于其他三大事

业部的挑战。工业业务对产品开发和应用技术提出了很高要求。一直到二十世纪七十年代中期，德莎对自身产品的改进并不大，且产品质量不及当时的世界市场领导者 3M 公司。因此，于 1975 年加入执行董事会的时任德莎事业部负责人于尔根·佩丁豪斯提出了"复制并做得更好"的口号。德莎的目标是成为仅次于市场领导者 3M 的"第二品牌"。在德国，德莎当时已能在汽车工业领域取代 3M，成为该领域的领军品牌。[109]

工业客户的竞争遵循一些特殊规则。例如，新产品虽然能降低零售渠道的销售成本，但在工业领域的成本往往会增加。比如当德莎开始为印刷行业提供粘合技术时，就需要培养新的专业销售代表。另一个不同之处在于对经济周期的强烈依赖。由于合同签订通常为一年期，因此德莎必须在经济上升期迅速扩大产能，以避免客户流失。这也是 1974/1975 年危机期间避免停产和裁员的原因之一，公司希望能够在一周之内迅速恢复到全产能生产的状态。

在新的工作分工安排下，欧洲的德莎工厂开始聚焦特定产品的生产。图为 tesakrepp 专用胶带的生产，位于奥芬堡的德莎化工厂，1971 年

事实上，仅一年后，公司就必须再次扩大产能。在需求下滑时，高昂的固定成本会导致价格压力剧增。1977 年，当其他制造商为了消化产能而以极低价格出售产品时，佩丁豪斯担心会出现"恶性竞争"。[110]

除了扩建公司自己的工厂之外，另一个选择方案就是收购竞争对手。1976 年底，一个适当的机会出现了：在哥本哈根附近的洛德维尔和弗伦斯堡附近的哈里斯利设有工厂的北欧石膏绷带工业股份有限公司（Nopi）陷入了财务困境。在联邦卡特尔局没有提出异议的情况下，拜尔斯道夫接管了该公司，从而排除了包装材料领域的一个竞争对手。起初，德莎继续运营这些现代化工厂，但在 1981 年关闭了位于丹麦的工厂。通过收购 Nopi，德莎也得到了一个延伸品牌，在某些情况下可以通过这个第二品牌给予客户价格折扣，而不会影响德莎的整体价格体系；另外，德莎也吸纳了 Nopi 的高素质员工。这些优势远远抵消了在额外两个地点（约有 500 名员工）生产所带来的劣势。Nopi 控股公司随后被解散，其在欧洲、日本和美国的销售与当地的德莎公司进行了合并。Nopi 被整合进德莎的生产体系，仅一年后，就为德莎的销售总额贡献了约 10% 的份额。[111]

德国国内利润下滑

1974 年，拜尔斯道夫赋予各事业部更多的自主权，并改变了销售结构，与此同时，公司在西德取得的利润出现下滑。德国经济正在步入第一次深度危机。1973 年秋，阿拉伯国家与以色列之间的"赎罪日战争"（第四次中东战争）导致石油价格飙升约 70%。一些年长的德国公民至今仍记得这场"石油危机"导致德国道路上出现了无车星期日。1974 年，原油价格再次翻番，导致一般能源成本急剧上升。同时，马克的频繁升值也导致出口型经济承受沉重的成本压力。1974 年德国实际经济增长停滞不前，1975 年更是下滑了 1.3%。从 1973 年到 1975 年，失业人数增加了三倍，首次突破百万大关。拜尔斯道夫公司也曾暂时裁减员工人数（详见附录表 3）。

由于工业需求下降，负面经济趋势对德莎的影响尤为严重，化妆品事业部至少还能保持其销售额水平。但所有领域的生产和销售成本都有所增加。除能源成本外，主要增加的还有人力资源成本，但这并非"缘于过高的工资增长，而是由于员工人数的增加"。[112] 对准零售业、各事业部效率的提高以及 Novodigal 在药房的销售成功，使公司的总销售额早在 1976 年就再次实现了

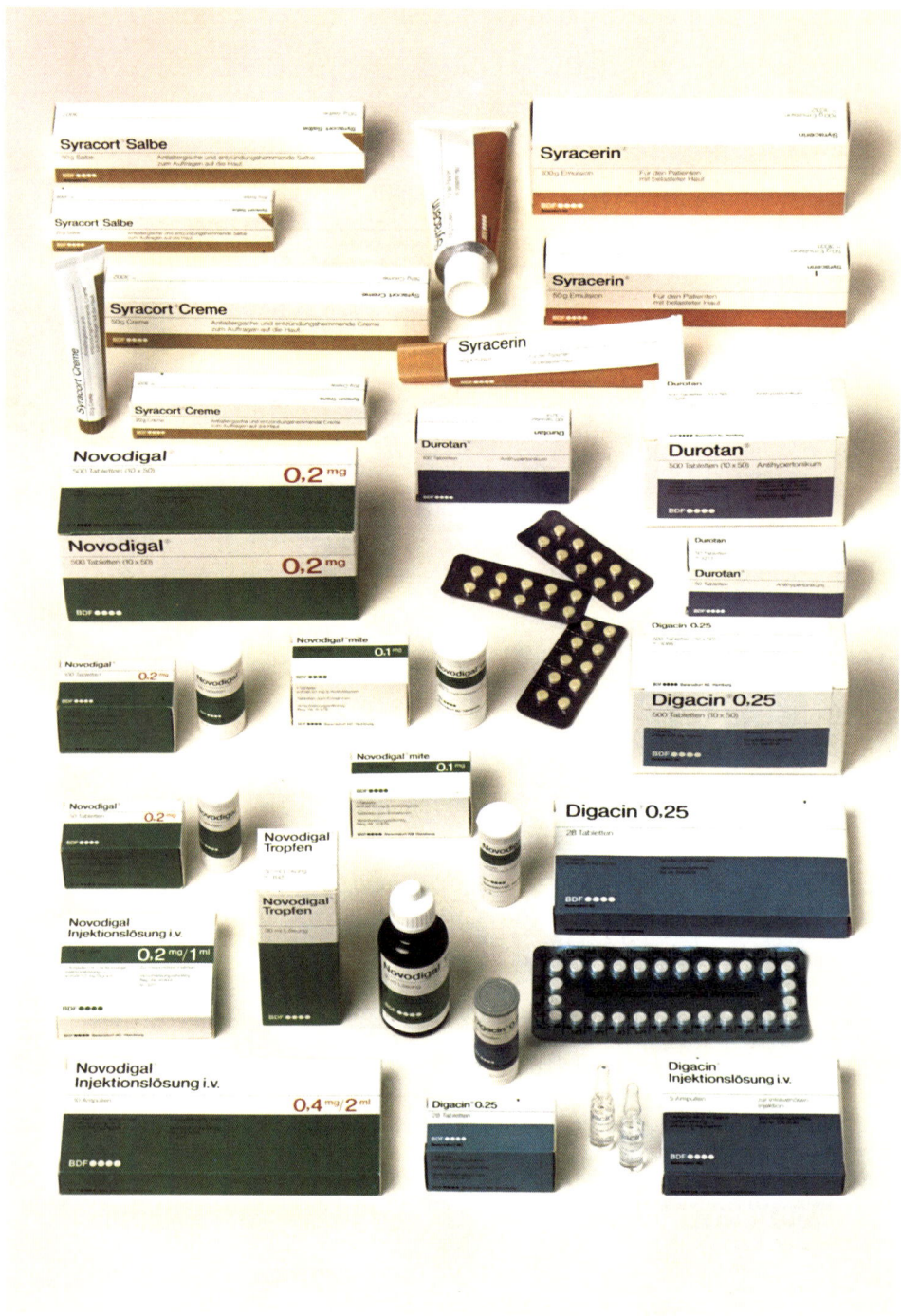

全新设计的制药产品系列，1979 年业务报告

战略性事业部规划　四大事业部：化妆品、药品、医疗器械和德莎

14% 的增长。然而，在扣除通胀因素后，实际增长仅为 9%。在接下来的两年里，尽管生产和就业都有了大幅增长，但经通货膨胀调整后的销售额增长率却下降到了 2%。

员工人均销售额停滞不前，加之人力资源成本增加 20%，这些都对利润产生了影响。从 1976 年到 1978 年，销售利润率从 6.1% 下降至 4.3%，自有资本回报率从 15.5% 下降至 12.2%（详见附录表 3）。[113] 执行董事会主席克劳森解释说，这种发展是因为拜尔斯道夫正"从一家妮维雅公司转变为一家工业公司"。他的这一说法或许是指德莎业务的比重增加，以及由于扩大生产设施、研发和物流而导致的资本密集度提高。工业和大型零售集团现在是最重要的客户。销售净利润率未来不可能再保持在 5% 到 6%，我们应该对"4.5% 的净利润率感到非常满意"。[114]

不过，当时最缺乏的是一种针对饱和市场和开拓新市场的策略。比如在德国似乎已经很难再卖出更多的妮维雅润肤霜了；其 1980 年的销量已达 530 万公斤。[115] 在 1984 年将洗发水和护发产品纳入妮维雅品牌之前，拜尔斯道夫凭借新产品在德国国内市场取得成功的空间有限。大股东君特·赫兹对局势持有类似看法。他将目光更多地转向了欧洲以外的大型增长市场。他在监事会上多次提出讨论，在像巴西这样增长率很高的国家投资，是否比在发达国家投资更有意义。虽然在那些国家存在政治风险，但市场机会也超出常规。[116] 汇率风险对拜尔斯道夫来说问题不大。虽然浮动汇率制使汇率波动加大，但公司通常会以当地货币为其海外公司的投资融资，因此货币风险仅限于半成品的供应。这些考虑为负责海外业务的赫尔穆特·克鲁泽提供了支持，自二十世纪六十年代初以来他就一直致力于推进海外业务的扩展和商标所有权的重新获得。

妮维雅在日本的发展

1970 年前后，拜尔斯道夫收购了法国妮维雅公司，并且获得了公司的生产设施，从而再次拥有了除英国和挪威以外的整个西欧地区的妮维雅和 Leukoplast 胶布的商标所有权（参见第五章）。在不久之前的 1968 年，公司与花王肥皂有限公司签订了一份合同，在日本市场销售妮维雅润肤霜和润肤乳。商业企业家埃里希·海泽自二十世纪五十年代起就一直为拜尔斯道夫公司观察日本市场，并开始与日本企业建立了联系。花王成立于 1887 年，是日本肥皂和洗涤剂市场的领导者。两家公司的规模相似，二十世纪六十年代末花王公司

妮维雅牛奶润肤乳的广告海报，日本，1973 年

战略性事业部规划　四大事业部：化妆品、药品、医疗器械和德莎

对在日本推出妮维雅润肤霜表现出了浓厚的兴趣。相应的市场调研也已展开。时至今日，在收购了多个美国品牌之后，花王已然成为化妆品市场上的全球性企业。[117]

拜尔斯道夫公司与花王公司最初的销售合作在 1971 年转变成了一家合资企业——妮维雅花王有限公司，双方各持该公司一半股份。这家公司除了销售妮维雅润肤霜和润肤乳外，还销售 atrix、LIAN 和部分 8×4 产品。1974/1975 年，销售额已达 5000 万马克，在接下来的十年中更是增长了两倍。[118] 在合资企业中，日本合作伙伴接管了生产；与在其他国家一样，拜尔斯道夫考虑在日本同样坚持保留对产品专业知识的掌控权。因此，妮维雅、atrix 或 Libène（LIAN 在日本的品牌名称）的膏体和半成品都由汉堡提供。这偶尔也会导致与日本合作伙伴的关系变得紧张，因为花王是一家以研究为导向的大型公司，拥有从化工原料到终端产品的生产链，它并不认为自己是一家"代加工工厂"。凭借全自动灌装线，妮维雅花王公司甚至在二十世纪七十年代末成为拜尔斯道夫家族中生产效率最高的工厂。[119] 最终，就像二十世纪五十年代与施乐辉公司的合作一样，双方都从中获益：妮维雅花王公司很快将除膏体以外的所有半成品采购改由花王供应。通过让妮维雅花王公司分销合适的花王产品，拜尔斯道夫为花王进入日化用品店和香水店打开了销售渠道。

从 1976 年开始，两家公司在护发产品领域也有所合作。花王希望联合拜尔斯道夫在一些欧洲国家销售花王产品。花王首席执行官丸太认为，与竞争对手威娜和 Clior 相比[120]，花王的产品更能满足消费者的需求。但花王后期改变了策略，力求迅速进军全球市场。策略转变后，拜尔斯道夫在花王眼中便不再是一个足够合适的合作伙伴。因此，花王集团最终决定与高露洁棕榄公司结盟。两年后，这家日本企业再次开启了与拜尔斯道夫的谈判，但这次谈判的标的发生了变化。这一次，两家企业计划联合收购洗发水品牌古尔 Guhl 的所有者 Heyn 集团。[121] 拜尔斯道夫收购了古尔的商标所有权、研究部门和生产设施，后又将古尔的商标所有权和 50% 的欧洲业务转让给了花王。作为回报，拜尔斯道夫通过古尔的营销网络获得了德国专业贸易领域的花王优质产品的销售权。1987 年，拜尔斯道夫与花王的联营协议最终转化为花王所有的古尔花道化妆品有限公司（Guhl-Ikebana Kosmetik GmbH）50% 的股份。[122]

化妆品事业部很想学习这位日本合作伙伴在护理和染发方面的专业知识，还为此专门推出了一项研发人员的交流计划。他们打算在妮维雅母品牌下增设一个秀发护理系列，在其中融入古尔洗发水的专业知识和花王的研究成果。为此，化妆品事业部提议给花王 2% 的销售分成。但花王找了个借口婉拒了。这位日本合作伙伴表示，根据合同约定，拜尔斯道夫的护发业务仅限于古尔品牌。花王大概是希望能拿对妮维雅品牌的影响力做交易。但这恰恰是拜尔斯道夫在合作过程中恪守的底线：他们不愿与任何方面就妮维雅进行谈判。于是，双方都保留了对各自核心产品技术的控制权。化妆品事业部向日本提供妮维雅膏体；花王向德国柏林供应日本洗发水的浓缩液和护理产品的膏体。[123] 这一情况也导致公司的策略发生转变：一旦合作方有可能触碰到妮维雅品牌家族的某个产品时，拜尔斯道夫便会回避，避免开展任何这方面的合作。

化妆品事业部在日本取得了辉煌的业绩。日本在八十年代成为拜尔斯道夫化妆品业务最重要的海外市场。为顺应日本市场的发展趋势，拜尔斯道夫于1986 年专门在东京成立了妮维雅花王公司研发实验室，旨在对产品做本地化的改良，确保产品能够满足日本消费者的特殊需求。八十年代末，拜尔斯道夫日本分公司在止汗除臭剂和护肤品方面的收入超过了欧洲最重要的两个市场法国和西班牙的两大子公司的营收之和。日本市场的营收超过 2.4 亿德国马克，几乎达到德国国内市场营收的一半。[124]

重返美国市场

美国对于拜尔斯道夫而言是一个特殊的市场，这种特殊性缘于妮维雅品牌自二十世纪三十年代以来在美国的发展史。美国妮维雅商标所有人卡尔·赫尔佐格在二战后不愿将商标权出售给拜尔斯道夫，也不愿耗资营销妮维雅以发挥它巨大的品牌潜力。这对拜尔斯道夫造成了深远的后果。直到二十一世纪初，妮维雅都没有在美国市场上得到广泛关注，这一点与在其他西方国家的情况大相径庭。

第一次世界大战前，Pebeco 品牌与繁荣的美国市场使拜尔斯道夫成长为一家拥有 500 多名员工的成功企业，也让奥斯卡·特罗普洛维茨获得了财富增长。然而，在一战期间，拜尔斯道夫丧失了在美国的商标所有权。1921 年，雅各布森与赫尔曼·梅茨合作[125]，重启了美国业务。后者是美国保罗·拜尔斯道夫有限公司的信托受托人。1934 年梅茨去世后，先前美国公司的雇员卡尔·赫尔佐格（1884—1980）接替了梅茨的工作，他也是威利·雅各布森的朋友。赫尔佐格在 1928 年收购了梅茨实验室，并将其更名为"杜克实验室"。美国拜尔斯道夫公司将美国境内各类拜尔斯道夫产品的生产任务都委托给了杜

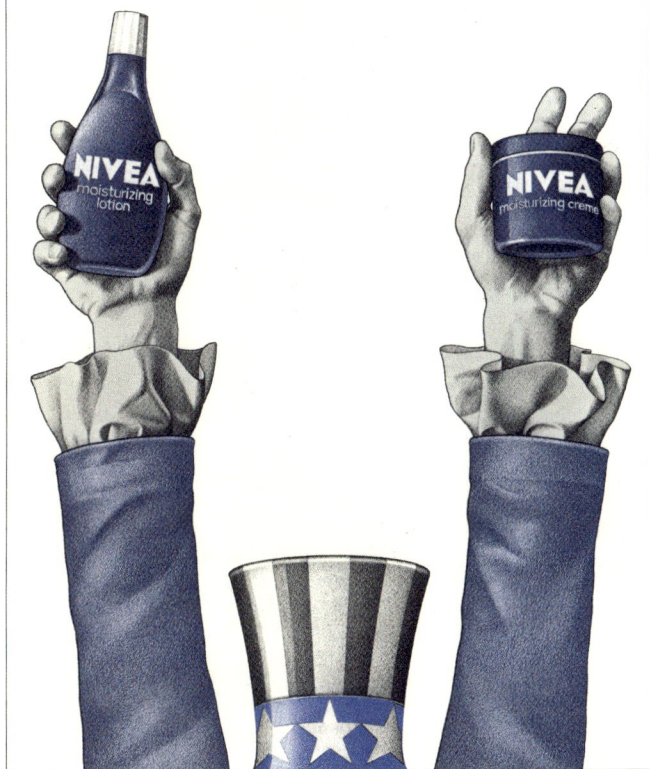

Surrender America. We're too soft to fight.

Five years ago the Nivea invasion was launched. It was a small assault: only Nivea Creme and Oil. Just a few markets. Spot TV. No big stuff.

As consumers started surrendering, the Nivea beachhead was expanded. More markets.

More spot TV. Magazine coupons. Some new troops (Nivea Lotion, Soap).

This year the attack is really accelerating. Nivea is now storming every market in the U.S. Network TV, daytime and prime. 12-month magazine

schedule in 4-color. Millions of samples. Millions of mailed coupons.

We have patience, America. Softness is on our side.

Nivea. No.1 in the world. Growing irresistibly in America

BDF ●●●● Beiersdorf, Inc., South Norwalk, Conn. 06854

获得美国妮维雅品牌所有权五年后，拜尔斯道夫对妮维雅的未来成功充满了信心。
图为广告，美国，1979 年

克实验室。[126] 当时的赫尔佐格被威利·雅各布森视为一名忠诚的信托受托人，因此赫尔佐格更是掌控了整个美国市场的业务。

二战期间，美国政府曾询问赫尔佐格与德国拜尔斯道夫股份公司之间的关系，赫尔佐格一再表示，杜克实验室的子公司美国妮维雅公司是妮维雅品牌在美国的所有者，而美国拜尔斯道夫公司是属于瑞士 Pilot 股份公司的财产。这是因为二战期间瑞士是中立国，瑞士 Pilot 股份公司早先已经授让了那些权利，

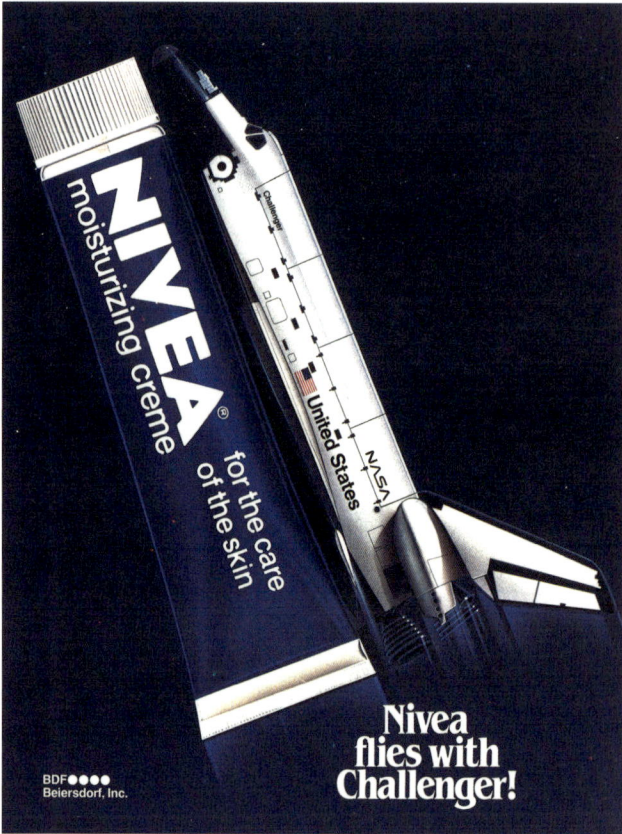

妮维雅润肤霜的广告主题，美国，1983 年

以避免它们大概率被交战国没收的情形（参见第五章）。但雅各布森在类似的听证会上否认妮维雅商标所有权转让给了杜克实验室。最终，美国外侨财产监管局于 1947 年没收了美国拜尔斯道夫公司，并将全部资产（包括商标[127]）低价出售给杜克实验室。拜尔斯道夫旗下在美国的商标所有权便这样硬生生变为了赫尔佐格的财产。

　　雅各布森在给汉斯·克鲁泽的信中写道，赫尔佐格是"这一生中最让他失望的人，无论是在为人上还是在商业上"。但实际上，身为监事会主席的克鲁泽更希望雅各布森能向调查当局说明杜克公司早在 1936 年就已经成为拜尔斯道夫旗下商标权的所有者。如果这样的话，那就不会有美国外侨财产监管局主导的那么低价的转让。此后若能证明"赫尔佐格非法侵占了某些资产"，[128] 那么至少拜尔斯道夫还有机会"收回部分"权利。五十年代初，卡尔·克劳森曾向赫尔佐格建议要将妮维雅业务转让给一家"完全独立于德方的美国公司"，但是赫尔佐格没有采纳这个建议，否则他本可以保留对他来说实际上具有更大兴趣的膏药和药品方面的商标所有权。[129] 事已至此，拜尔斯道夫不得不继续开展"友好的"合作，避免"商标的逐步贬值"。为此，德国汉堡方面甚至向赫尔佐格出口配置好的妮维雅膏体，因为，如果美国市场上的妮维雅产品质量不稳定，这会影响到妮维雅"全球的声誉"。[130]

1961 年，当赫尔穆特·克鲁泽（原监事会主席汉斯·克鲁泽的儿子）第一次与赫尔佐格会面时，赫尔佐格那时正向药房和日化用品店提供妮维雅润肤霜、膏药和其他一些产品，在此期间赚取了百万美元的利润。尽管他没有投放昂贵的广告，也没有建立广泛的销售网络，丝毫没有大费周章，却赚取了丰厚的利润。然而这导致妮维雅品牌当时在美国的知名度不高。[131] 五十年代，拜尔斯道夫曾尝试用 atrix 和德莎产品打开美国市场的销路，但是财务实力不足以应对这个由强生和 3M 等强大企业主导的巨大市场。此后，拜尔斯道夫改向美国出口 tesamoll®，该产品在美国像在欧洲一样大受欢迎。[132]

1968 年，克鲁泽和克劳森一同前往美国，通过这次访问才设法从赫尔佐格那里得到保证，即在赫尔佐格去世后，杜克实验室将首先提供给拜尔斯道夫收购。几年后，当收购谈判开启在即，监事会却表示对高额投资美国市场的做法持保留意见。1971 年，埃里克·沃伯格等人认为市场机会还不明朗，妮维雅在美国的市场份额仅略高于 2%，他认为或许应该建立一个新品牌，这样做的效果或许更为显著。克鲁泽和克劳森在乎的是"确保商标所有权"不旁落，而沃伯格则关注中期的利润回报。沃伯格提出希望执行董事会能先做详细的市场研究，在研究结果的基础上再做决定——这却是克鲁泽想要避免的，以免引起竞争对手的警觉。[133]

当时，拜尔斯道夫的利润出现下降，这令股东们忧心忡忡。他们要求公司的运营者必须提高成本利润意识。克鲁泽和克劳森则主张应优先确保拜尔斯道夫能拿回全球的妮维雅商标所有权，这才是公司真正的无价之宝，也是公司进一步发展的先决条件。因此，两人决定继续推进自己的计划，并在一年半后完成了与赫尔佐格的谈判。1973 年 11 月 1 日，拜尔斯道夫拿回了美国的商标所有权和制造中心。这笔交易的总价介于 4000 万到 4500 万马克之间。安联保险提供了所需的贷款。[134] 后来，这个意义深远的决定被证明是正确的，九十年代公司的成功发展便是最好的佐证。然而，1971 年的市场研究与投资计算结果却与执行董事会的投资决定南辕北辙。可见，优先收回商标所有权的这项决策建立在掌舵人的"正确判断"[135]之上。即便妮维雅在美国市场上不像在法国和意大利市场上那般大红大紫，但收回美国的商标所有权为如今的全球品牌发展奠定了重要的基础。

赫尔佐格设置的年度销售额目标仅为 500 万美元。1973 年，这一数字约合 1300 万马克。妮维雅在营业收入中占五分之三，Elastoplast 贡献了另外的五分之二。当然，拜尔斯道夫要在美国这个大市场上迅速提升销售额并不是一件困难的事，不过公司先期要在营销方面投入大笔资金。八十年代，美国成为继日本和法国之后妮维雅最大的海外市场。但美国市场的潜力还没有完全爆发出来：1981 年，法国每千名居民的妮维雅润肤霜销量几乎是美国的三倍。奥地利的人均消费量是美国的 20 倍，西德是美国的近 30 倍。1988 年，美国拜尔斯道夫公司的 410 名员工创造了超 1.5 亿马克的销售额。八十年代末，公司销售额仍在"盈亏平衡线"[136]上下徘徊。拜尔斯道夫需要加大生产和销售方面的投资，才能为美国公司的进一步发展保驾护航。为此，拜尔斯道夫于 1988 年在美国建立了自己的研发实验室。

国际化的拜尔斯道夫

拜尔斯道夫获得妮维雅在美国的商标所有权后，再次凭借这一全球畅销品牌在世界各大洲的市场上占据了一席之地。国际业务不仅对化妆品事业部愈发重要，医疗器械和德莎业务也开始注重海外市场的拓展。八十年代初，拜尔斯道夫在各大洲拥有总共 27 个生产基地。非洲、东欧和中国是公司商业版图上尚未被覆盖的"空白点"。经过多年努力后，拜尔斯道夫终于在 1984 年拿回了挪威的妮维雅品牌所有权，但英国和加拿大的商标所有权在八十年代依旧未能回归。不过，施乐辉公司于 1977 年出让了马耳他、塞浦路斯和直布罗陀、加勒比海国家、新加坡、马来西亚、泰国和中国香港的妮维雅商标所有权。[137]东南亚很快成为拜尔斯道夫的一大增长市场。

拜尔斯道夫借助各种方式扩大海外业务。公司通过新的授权生产许可协议在泰国生产产品，在印度尼西亚建立了自己的工厂。菲律宾的公司也采用了自产自销的模式。在中国，拜尔斯道夫与上海日化集团旗下的上海日化二厂开展合作，并于 1982 年授权日化二厂生产妮维雅。不过，中方合作伙伴用了三年筹集购置机器所需的贷款，所以拿到许可证三年后才开始正式生产。当时的东欧社会主义阵营国家实行"缓和政策"，拜尔斯道夫便乘此东风，凭借批准生产和授权许可生产的模式在东欧国家站稳了脚跟。[138] 匈牙利和捷克斯洛伐克的合资公司（1968 年就已设厂）主要生产妮维雅和 8×4 系列。汉堡母公司为当地的生产基地提供膏体和包装罐。[139] 然而，执行董事会在 1974 年的会议上否决了在苏联设厂的提议，[140] 显然他们担心失去核心的专业技术，生怕此举会对东欧市场的销售产生负面影响。直至八十年代末，拜尔斯道夫没有动过在东德开设生产基地的念头，他们担心"这样做将阻碍公司与其他东欧国家持续开展业务"，国际商店的销售额也可能因此而下降。[141]

在这个时期，拜尔斯道夫最重要的市场仍是欧洲（见图 6.2）。化妆品的主要销售市场包括法国、西班牙、意大利、奥地利、荷兰和瑞士。日本、美国、墨西哥和巴西市场自八十年代开始重要性与日俱增。医疗器械事业部的主要目标市场为法国、意大利和美国。而德莎业务主要集中在欧洲，在欧洲境内建了十个生产基地。德莎的客户来自各行各业，以汽车行业为主。芬兰是一个例外，当地的汽车产业规模并不大，但造纸业尤为重要。由于七八十年代采暖费用不断上涨，德莎系列中只有民用品 tesamoll® 是唯一一个在全球范围内都取得良好销售业绩的产品。[142]

全球各国的家庭平均可支配收入呈现出巨大的差异。社会阶层对品牌定

图 6.2　拜尔斯道夫集团 1970 年至 1989 年的销售额（以百万马克为单位 *）

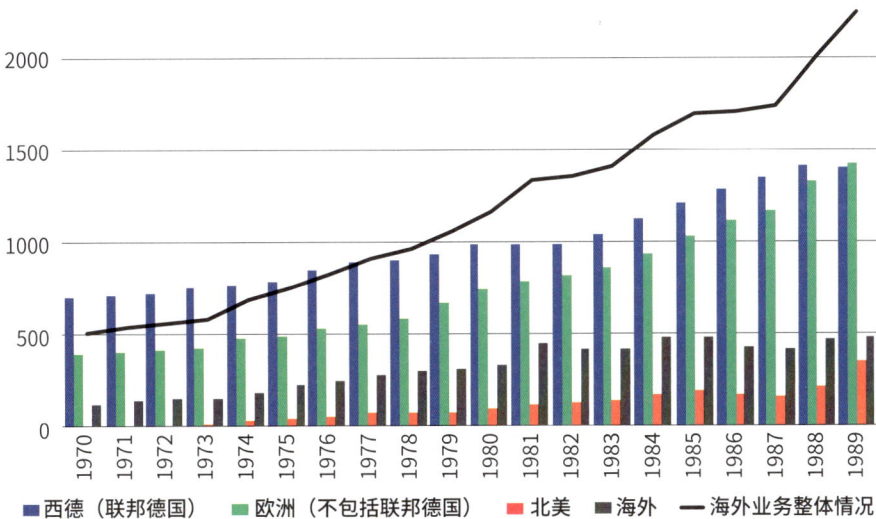

西德（联邦德国）　欧洲（不包括联邦德国）　北美　海外　海外业务整体情况

* 通货紧缩率根据 Sensch：价格指数（1950—2008 [2008]），1985＝100
资料来源：拜尔斯道夫股份公司 1970 年至 1989 年年报

1985 年，妮维雅润肤霜首次在中华人民共和国生产

位也产生了一定的影响。例如，拜尔斯道夫的护肤品在德国市场上属于价格亲民的产品，但它们在南美的目标客户却是当地的中上阶层。影响业务的因素有很多，包括公司、员工和工会之间的劳资关系，以及当地社会的政治局势。每个国家的国情都不尽相同。例如，意大利的工资随物价变动而自动上涨，解雇工人几乎是不可能的事情。数年来，意大利北部发生了多次针对工厂的恐怖袭击。在南美洲，军方统治着多地。1979 年伊斯兰革命爆发期间，伊朗的合作伙伴 Bandfix 公司被迫停摆了几周时间。拜尔斯道夫把外派人员的家人从德黑兰专程接了回来。其后，西方国家颁布的一系列出口禁令也阻碍了公司业务的发展。肯尼亚是拜尔斯道夫在非洲唯一的生产基地，这个国家于 1982 年发生了政变。[143]

拜尔斯道夫旗下的海外企业须顺势而为，快速应对所在国家的各类市场调整。公司曾将德莎作为打开海外市场的敲门砖，也依靠护肤品在一部分市场上站稳了脚跟。如今，拜尔斯道夫需要探索其他细分市场，迎头赶上。例如，1971 年成立的拜尔斯道夫哥伦比亚公司起先主要从事膏药业务，1974 年增加了化妆品业务，之后，公司用同样的机器生产简单的德莎产品。[144] 针对其他地区，拜尔斯道夫也量体裁衣地制定了专门的业务拓展规划。伴随着欧共体的深入一体化发展和欧共体新成员国的吸纳[145]，只有西欧走上了统一的标准化道路，这也使得西欧成为拜尔斯道夫所服务市场中的一个特例。执行董事会和监事会在进行事业部划分时决定只将欧美业务移交给产品部门，其余"海外"业务则被专门独立了出来。八十年代初，日本的消费市场与欧美相当类似，当地的市场规模也很大，因此日本市场也被划归到了化妆品事业部。

为了进一步整合集团旗下的各个事业部，拜尔斯道夫汉堡母公司从 1973 年开始接管此前由巴塞尔 Phanex AG 股份公司管理的参股企业。在此之前，集团从未汇总过旗下所有机构和关联企业的总体财务状况。尽管母公司在 1970 年编制过初步的"全球资产负债表"，但执行董事会最终决定不向海外公司通报资产负债表的内容，"甚至连资产负债表审计员也不得获取这项工作的任何信息"。[146] 从七十年代中期开始，拜尔斯道夫的全球销售额增速超过了德国国内的销售额涨幅，而且各地市场依旧延续着这种强劲的增长势头。1977 年，国际销售额首次超过国内销售额。1983 年，化妆品事业部三分之二的收入来自国际业务。[147] 拜尔斯道夫终于在此时发展成为一家名副其实的跨国集团。

海外业务往往能折射出一家企业对未来的投资。拜尔斯道夫习惯于将大部分的利润留在子公司多年，用这部分利润为子公司的扩建和业务拓展提供资金。海外子公司所需支付的商标使用许可费的高低也取决于本身的经济实力、盈利情况以及投资需求。这些费用占销售额的 3% 至 10%。当七十年代末德国拜尔斯道夫股份公司的利润开始下降时，要求子公司向母公司转移利润的事情就被提上了议事日程。一些子公司也的确具备了分配利润的能力。[148]

集团在管理海外企业时比原先更加关注经营业绩，不断寻求降本增效和合理化布局的解决方案。例如，1979 年，斯堪的纳维亚化妆品公司间组成了生产联盟，通过订单合并，在减少每一家工厂生产的产品种类的同时，提高了产品的产量。并非每一家子公司的运营都很成功。汉堡有几次不得不出面填补资产负债表上的窟窿，例如母公司曾在 1979 年帮助过美国的德莎公司。意大利和其他多地的子公司多年来一直令执行董事会备感担忧。[149] 八十年代初，墨西哥和阿根廷发生了金融危机，通货膨胀率升至几百个百分点。拜尔斯道夫在这种情况下被迫暂停投资，缩减业务。这个时期的国际业务风险不断增加。因此，从 1983 年开始，所有公司都必须进行年度风险评估。[150] 无论如何，在德国国内市场利润率逐步走低的情况下，海外子公司为拜尔斯道夫股份公司的整体业绩做出了越来越大的贡献（见图 6.3）。

合理化措施、降低成本和提升效率的举措

随着竞争压力不断增大，公司愈发重视分析成本产生的原因，积极挖掘减少开支的潜力。与此前几十年相比，降低成本问题在七十年代对大多数西德公司而言变得愈发重要。当时的拜尔斯道夫集团劳动力成本增长比例过高。1967年，劳动力成本占销售额的 24%，到 1977 年升至 32%。广告费的增幅更大。日益激烈的市场竞争与贸易的持续集中是造成成本结构发生变化的主要原因。价格战更是达到了白热化的阶段，商户根本没有提价的机会。尽管产量与销售额有所增长，但拜尔斯道夫自 1976 年以来的年利润却一直在下降。监事会尤其是君特·赫兹担心，一旦"销售势头减弱"，"情况便会非常严峻"。执行董事会指出各事业部的业绩表现不同。例如，化妆品事业部的销售利润率达到了 14%，其竞争对手联合利华的护理产品利润率仅为 8%，这个销售回报率在

联合利华的眼中已经算是很成功了。不过，化妆品事业部的业绩包含了 4% 至 5% 的企业固定成本。由于德莎业务对工业高度依赖，固定生产成本的占比从 1973 年开始有了大幅上升，如果将目前尚未计入部门业绩的总成本加上，德莎的收益情况不容乐观。[151]

由于各部门致力的业务领域与投资成本各不相同，划分事业部的企业结构即建立自负盈亏的部门，是披露各类成本与收入结构，并在此基础上做必要调整的先决条件。与此同时，财务报表也须根据各事业部的具体情况进行调整。为此，拜尔斯道夫于 1973 年启用了新的数据处理中心。[152] 费用分配不完全是财务技术的问题，也受到企业"政策"的影响。例如，拜尔斯道夫曾多次讨论是否应将生产设施的推算利息分配给各个部门，这样做将大大抬高德莎与医疗器械事业部的成本。[153]

1975 年危机爆发后，削减成本和合理化措施是企业的核心焦点。执行董事会也采取了象征性的降低成本措施，例如将执行董事会专职司机的人数从七名减少到五名。就连中央研发部门也受到了降低成本措施的影响。执行董事会认为没有必要做"自由研究"，中央研发部门与各事业部的开发部门之间只要"保持沟通和协调"，就"足以制定新理念和新方案"。无论如何，执行董事会希望在着手开展广泛的研究之前，由他们亲自审批"那些看似蛮有趣的新项目"。[154]

为避免辞退长期雇员，拜尔斯道夫一开始首先采用了降库存、缩减订单生产量和裁减临时工的措施，用以抵消公司利润的下降。从 1977 年 9 月起，公司只允许在不影响收益的情况下招聘新员工，生产部门甚至停止了招聘。这些措施使得化妆品事业部的产业工人总数从 1977 年 8 月底的 581 人减少到 9 月 30 日的 436 人。化妆品部门计划到当年第四季度结束时将工人总数降至 400 人。1978 年 3 月，奥芬堡和弗伦斯堡德莎工厂的生产线工人被安排了为期一周的休假，并且在 6 月的假期期间不得不缩短工作时间。此外，原定的投资计划也被延长，分摊到更长的时间段来实施。[155]

总公司审查了各个层级的工作效率。斯图加特的企业咨询事务所接受委托分析了拜尔斯道夫服务、中央技术、中央研发及各事业部开发部门和营销部门的运营情况。调查结果表明，对仓储进行集中化管理尤其可以节省大量成本。[156] 通过一项节能计划和 140 万马克的一次性投资，拜尔斯道夫从 1978 年起每年可节省大约 100 万马克的费用。[157]

1979 年，公司销售额的增长速度终于再次超过劳动力成本的增速。公司认为企业发展已步入正轨。然而，1979 年的第二次"石油危机"蚕食了部分

图 6.3　拜尔斯道夫股份公司 1971 年至 1990 年的年投资收入（毛额）和报告净收入（以百万马克为单位 *）

图 6.3　拜尔斯道夫股份公司 1971 年至 1990 年的年投资收入（毛额）和报告净收入（以百万马克为单位 *）

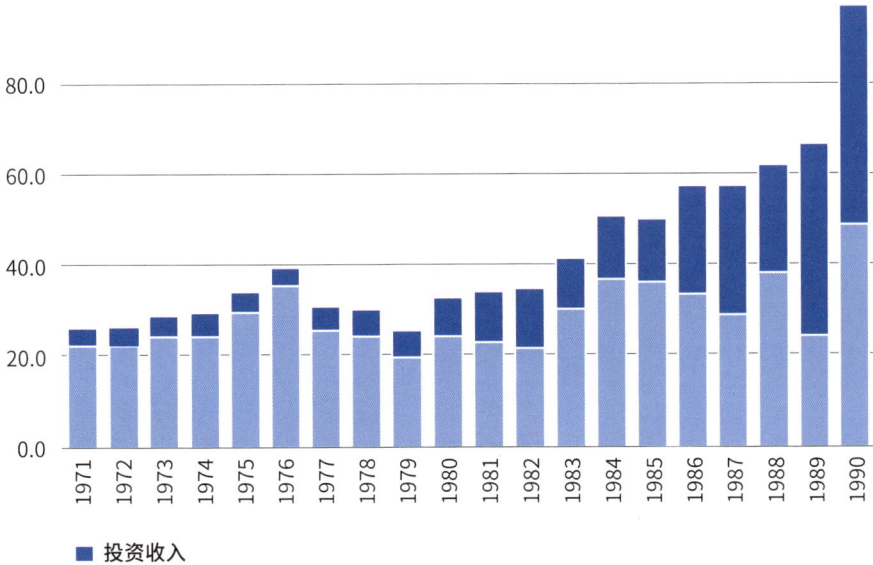

■ 投资收入

* 全条表示当年净利润

资料来源：拜尔斯道夫股份公司 1971 年至 1990 年年报

利润。1980 年至 1982 年，德国经历了第二次严重的经济危机，当时的失业人口总数超过 220 万人。执行董事会再次下达了产业员工的招聘禁令，就连化妆品事业部也不得不在 1980 年底实行两周的短时工作制。技术中心的扩建被要求"推迟，等待进一步通知"。1981 年至 1983 年的投资计划也遭搁置或削减。投资优先给予合理化项目与旨在确保拜尔斯道夫市场份额的措施。[158] 在上述种种措施的加持下，拜尔斯道夫 1980 年的利润额终于再次上升，尽管当年西德仍深陷经济危机，但通货膨胀调整后的公司财务结果却十分稳健。划分事业部的公司结构在危机年代证明了自身的价值。不过要看到的是，除各事业部自身的努力之外，海外子公司的利润转移也为资产负债表最终的喜人结果起到了关键的作用（参见图 6.3）。

　　事业部的作用绝不局限于确定成本、开发产品、组织生产与改善各个市场上的业务表现，它也是人事与经营管理的一片试验田。例如，德莎事业部的负责人于尔根·佩丁豪斯安排奥芬堡的工厂厂长与汉堡的经理进行为期一周的职

30 g 包装的妮维雅润肤霜罐的自动灌装线，摄于墨西哥，1985 年。
如同六十年前的德国一样，在收入较低的国家主要销售小罐包装的妮维雅产品

位互换，让他们有机会了解业务流程的不同侧面，并洞察集团内部的相互依存关系。这类人员交流促进了相互理解，也有助于各方共同寻找解决方案。医疗器械事业部负责人乌尔里希·纳夫意识到，自己的部门是一个过于庞大的组织机构，某些环节过于烦琐，于是他尝试引入一种更为灵活的组织形式，比如针对人工肠道产品的供应体系。划分事业部的结构为各事业部负责人和员工提供了创新空间，便于他们开展适合各自部门的组织变革。[159]

除投资决策和原则性问题之外，执行董事会不会干预各事业部的工作，事业部由此能够积累大量经验，间接测试和验证不同的方案。倘若措施有助于改善业绩，或者员工计划调到其他部门工作，这类部门决定一般都会得到其他部门和执行董事会的认可。[160] 部门之间的竞争对公司而言是有利的，它让拜尔斯道夫有能力适应社会变革和持续变化的竞争条件。然而，这种体制也暗藏一定的风险，各事业部设定的目标可能过于自主，而没有考虑到整体的发展方向。

以经营业绩为导向

1979 年 6 月，格奥尔格·克劳森在拜尔斯道夫耕耘了 25 年之后离开了执行董事会。监事会主席罗尔夫·施托特的任期也同期结束。1938 年加入拜尔斯道夫的克劳森凭借自身才能，以及克劳森家族和韦斯特贝格家族所拥有的大量拜尔斯道夫股份，成了新一任监事会主席，并在这个岗位上一直待到 1987 年。他的继任者马库斯·比里奇（1926—2000）于 1979 年作为安联公司的代表进入监事会工作，自 1984 年开始担任罗伯特·博世公司的执行董事会主席一职。1989 年 6 月，克劳森从执行董事会退休时成为拜尔斯道夫股份公司的名誉主席。一年前，他还获得了德意志联邦共和国的十字勋章。[161]

赫尔穆特·克鲁泽成为执行董事会新任主席，他是继威利·雅各布森之后第二位非特罗普洛维茨家族成员的执行董事会主席。克鲁泽于 1961 年进入执行董事会工作，1974 年升任执行董事会副主席[162]，自此一直负责"海外业务"和"事业部协调"工作。1978 年夏，公司首席财务官彼得·克恩[163]突然辞职，克鲁泽临时代管财务管理工作，直到公司找到合适的继任者。彼得·舍费尔（1937 年出生）当时任德国宝洁公司的首席财务官，1980 年初成为拜尔斯道夫的首席财务官。他在描述自己从世界大型日化集团跳槽到汉堡的动因时用了与汉斯-奥托·沃普克和于尔根·佩丁豪斯十分相似的理由：彼得·舍费尔认为自己能够在拜尔斯道夫"成就一番事业"，"带领公司前进"，"在企业发展的史册上留下浓重的一笔"。[164] 原来德国霍瓦兹船厂执行董事会成员彼得·克纳珀斯布施（1927—2017）则开始负责公司的"海外业务"部门。

彼得·舍费尔于 1980 年 4 月 1 日接管财务部门的工作。此时，划分事业部的企业管理结构已实行了五年多，但公司还未为各部门编制详细的损益表。采购、物流、中央研发、财务和会计、人力资源或法务部门的管理费用是根据营业额分配给各个事业部的。德莎和医疗器械事业部的投资成本明显高于药品和化妆品事业部，投资利息和其他估算成本并未计算在内。舍费尔称，以德莎事业部为例，该部门"多年来一直觉得自己在赚钱"，其实他们缺乏与业绩挂钩的成本控制，导致部门并没有真正赚到多少钱。[165] 而在医疗器械事业部，根据 1987 年公司全成本分析数据，这个看似创新层出不穷、销售额非常高的部门实际上已经出现数百万马克的亏损。[166]

在八九十年代，随着信息技术的进步，舍费尔将越来越多的管理费用分配至各个事业部。全成本会计系统能够精确记录的费用项目越来越多，系统还设置了产品相关的细目。由于牵扯到大量额外工作，公司并没有编制单独的部门资产负债表。舍费尔认为，包含估算成本的资产负债表就足够了。经验表明，政治和经济条件有时的变化节奏很快，而四大"支柱"的结构的确保证了公司的稳定性。

成本控制（即对新产品、投资和并购做前瞻性的财务评估）对企业未来取得财务成功至关重要，其重要性不亚于对部门业绩的精确记录。七十年代初，公司管理就算没有成本控制也依然过得去。但需求持续稳定增长的时代已成历史，竞争格局发生了巨变，日趋全球化的拜尔斯道夫的业务复杂性也随之大大增加。

舍费尔在宝洁公司工作时所取得的经验是，事业部或公司旗下业务单元的财务控制专员最好不要向首席财务官报告，以免所涉业务单元让人感觉像是某个外部机构。在拜尔斯道夫，财务控制专员若要履行好辅助功能，事业部领导应给予财务控制专员以足够的信任，并且事业部领导必须是财务控制专员的直接上级领导。此外，财务总监须具备必要的专业知识，这是首席财务官保留人事任免权的一个重要原因。在舍费尔看来，财务控制专员不仅必须具备专业技术知识，还要善于沟通，能够深入了解和理解"项目"，为"施加影响，以一种能让他人认真倾听的方式介绍数字背后的世界"。由于公司对财务控制专员资质的要求很高，资格认证需要花费一些时间。为此，舍费尔还聘用了外部专家。另外，刚刚招募的财务专家先要在各个部门和中央职能部门任职，以便积累一定程度的经验。由于公司设立了四个事业部，相应地，也需要四个财务控制小组。这是一项劳动密集型工作。不过，随着时间的推移，财务控制小组成为公司在做影响深远的决定时依仗的重要支持，而不再被视为外部的监督机构。[167]

作为主管人事的执行董事会成员，于尔根·佩丁豪斯主张，拜尔斯道夫的管理风格也应有所转变。研讨会和工作坊让划分事业部的公司基本管理制度深入人心，也增强了公司管理层与基层管理人员的合作。拜尔斯道夫此前倡导以任务为基础的目标管理，而现在，目标和价值观的传播逐步成为核心的管理工具。这要求中层管理人员更深入地参与公司治理，公司也应为高级管理人员提供关于战略目标和挑战[168]的全面信息。在短时工和裁员问题上，借助企业职工委员会总会联合全体员工的做法有助于保障组织的运作，变得不可或缺。

执行董事会全体成员都参与了七十年代中期开启的这场企业变革。汉斯-奥托·沃普克要求公司对市场和消费者的关注不能仅限于市场营销领域，而应涵盖企业的方方面面。乌尔里希·纳夫1959年进入拜尔斯道夫工作，他将高级管理人员的视角、对亚洲市场的兴趣以及富有创造力的执着精神带入了执行董事会。纳夫后来说，他从克鲁泽那里学到了内部谈判所需的"策略性"。[169]新任执行董事会主席克鲁泽支持各位同仁的努力，同事们在他上任时向他保证，"不论遇到任何困难，都会与他并肩作战"，这是因为各个事业部此前就与他有着良好的合作，现在希望能有更多的独立性和自由度。最终，他们也确实获得了这种自由空间。[170]另一方面，克鲁泽非常重视执行董事会的整体控制权。在他看来，拜尔斯道夫的长期成功和公司特色均建立在四大"支柱"之上。

企业标识——企业形象

公司发展的关键词是：权力下放、各事业部相对独立、自主营销、促进员工对事业部的认同。为提高雇员对拜尔斯道夫公司的忠诚度，避免"离心力"让公司成为一盘散沙，执行董事会专门确立了企业哲学，这也是后来企业核心价值观的前身。[171]拜尔斯道夫的企业哲学体现在对社会市场经济和社会责任的承诺、公平竞争、维持与所有业务伙伴与客户的长久关系，这一思路源于历史传统与拜尔斯道夫本身的发展史。拜尔斯道夫追求"可持续发展"，不急功近利，不求取得"惊人的短期成功"，而是竭力为市场提供"物美价廉"的品牌产品。员工是"公司最重要的组成部分"，决定着公司的发展。[172]这份企业

1979 年制药事业部全球年会期间，伦敦塔桥上出现了拜尔斯道夫的徽标

哲学文件旨在明晰执行董事会对公司的认识。"经过时间和实践检验的，我们要保留；有助于促进进步的，我们要支持"，公司在人力资源发展和管理人员的培训中多次引用了这句格言。[173]

　　"企业形象"多用于公众宣传。拜尔斯道夫的营销专家约亨·魏兰德受托所做的市场调查结果显示，人们大多将拜尔斯道夫的名字与药品联系在一起。这可能是因为药品购买者会仔细看包装和包装内附带的说明。对于消费品而言，品牌名称才是金字招牌的保证。在那些一眼就能认出是拜尔斯道夫产品的消费者心中，拜尔斯道夫是一家保守但拥有现代化产品的老字号。执行董事会希望改变这种企业形象，提高公司名称的知名度。[174] 除此之外，企业之间的人才争夺战愈演愈烈，拜尔斯道夫为此需要一个标准化的对外宣传形象。

魏兰德委托英国平面设计师亨里翁对拜尔斯道夫股份公司及其子公司和关联企业的形象做现代化的改造。[175] 亨里翁三十年代移居德国，在六十年代曾为世界各地的大公司设计过标识，这些标识现已成为设计史上的经典案例。这位设计大师的任务是要为拜尔斯道夫寻得一个方便世界各地的人理解和辨识的公司简称，但不能取代公司原先的名称。比如，德国通用电力公司的原名是 Allgemeine Elektrizitätsgesellschaft，简称为 AEG，3M 则是明尼苏达矿业与制造公司的缩写名称。[176]

1976 年，亨里翁设计的带有四个圆点的 BDF 标识成为拜尔斯道夫企业形象的核心元素。魏兰德将其作为化妆品、医疗器械、药品和德莎各类产品的标识。1977 年，医疗器械事业部成为独立部门。那时，大多数人都将该徽标视为四大事业部的标志。1977 年至 1979 年，尽管英国智威汤逊广告公司对这个企业徽标做了大力宣传和推广，但它始终不如亨里翁设计的其他徽标那样有名（C&A 和 KLM 等公司的徽标同样出自这位设计师之手，一直沿用至今）。[177] 拜尔斯道夫到 2012 年一直在使用这个徽标，将它印在信头和其他官方文件上。除药品外，产品包装只在背面印有徽标。这说明，对销售起到决定性作用的是品牌，而不是公司的名号。

出于同样的原因，公司为 1986 年妮维雅 75 周年的庆典做了大量的广告宣传，而 1982 年的公司百年诞辰却相对默默无闻。拜尔斯道夫的百年庆典如同一个大家庭的聚会，公司在汉堡会议中心举办了一场活动，在德国国家歌剧院举行了一场《波希米亚人》的特别演出，并组成了一场 1500 人参加的大型宴会。拜尔斯道夫股份公司和德国子公司的员工平均每人拿到了 1000 马克庆典奖金，退休人员也收到了 300 马克。公司还在百年庆之际向德意志科学基金慷慨捐献了一笔资金，用于促进青年科学家的发展。[178]

劳务关系

八十年代末，拜尔斯道夫股份公司的雇员总数超过 6400 人，1988 年全球雇员总数约为 18000 人（见图 6.4）。1969 年至 1989 年，西德国内的销售额增长了四倍，员工人数却只增加了不到 30%。这两组数字折射了当时的工作与岗位变化情况。七十年代初，至少有一半员工从事生产性工作。此后，该比例逐步下降，产业工人的数量也减少了。成本压力、工资上涨和 1974/1975 年及 1980/1982 年的两次经济危机迫使拜尔斯道夫实施了一系列降低成本措施。新

图 6.4　1949 年至 2003 年拜尔斯道夫股份公司与拜尔斯道夫集团的员工数量

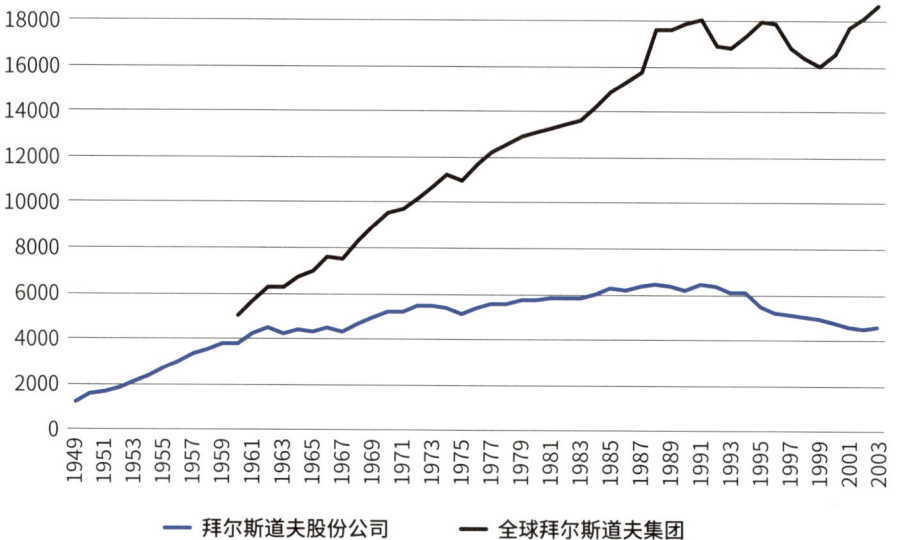

拜尔斯道夫股份公司 ——— 全球拜尔斯道夫集团

资料来源：拜尔斯道夫股份公司 1949 年至 2003 年年报；"员工人数的变化"（1987 年，未标注具体日期），BA 152 人力资源状况，1947 年至 1987 年总名册

机器的应用也减少了仓储和生产领域中的重体力劳动。高素质员工的比例随之增加，特别是市场营销、销售团队与行政人员的比例有所提高，劳动力成本的总增幅超过了员工人数的增幅。[179]

　　尽管公司采取了一系列降本增效的举措，但拜尔斯道夫仍致力于为员工提供社会保障，改善他们的劳动条件和工作氛围，这里面也包括从七十年代初开始实行的弹性工作制。除了当时还无法实行弹性工作制的生产部门之外，其他岗位上的员工能够更好地平衡工作与个人需求和兴趣之间的关系。[180]体育活动也获得了来自管理层更有力的支持，公司的体育俱乐部拥有专门的网球场地，在阿尔斯特河上也购置了自己的帆船。八十年代，有 1500 多人定期参加此类公司活动。[181]

　　拜尔斯道夫的首要目标是提高公司作为雇主的吸引力。从 1972 年开始，拜尔斯道夫将领取公司养老金的最低工龄年限从十五年降至十年，但这项新政策也增加了有资格领取养老金的人数。1977 年，法定养老保险计划进一步提升了员工的福利待遇，拜尔斯道夫的养老金有时甚至高于当时的平均工资水平。鉴于此，首席财务官彼得·克恩建议对公司养老金计划进行改革，并调整了养老金领取的金额。改革后，法定养老金和公司养老金加在一起的总额不能超过同等职位的在职员工当前总收入的90%。尽管养老金有所下调，但没有人诟病这项措施是不公平的。[182]

当时的拜尔斯道夫也为其历史悠久的企业社会福利设施而备感自豪，其中包括幼儿园，以及直到二十世纪八十年代中期，员工可以在食堂享受免费餐食。不过，这类企业传统也带来了难以摆脱的义务和负担。例如，企业职工幼儿园让许多父母得以全身心地投入工作。1986年，在修建新的行政大楼时，公司考虑关闭幼儿园，将孩子们转托到附近的红十字会幼儿园。[183] 这个计划在公司内部引发了极大的不安。企业职工委员会主席和副主席在企业杂志 *Hauskurier* 上发问："这所幼儿园是特罗普洛维茨在大约九十年前建立的，刚开始作为年轻母亲的哺乳室，这在当时是多么了不起的社会贡献，怎么到现在却成了成本因素？"两人之所以作此强硬表态，也是因为感受到了外界的压力，因为两位主席之前曾经同意公司不再供应完全免费的午餐。员工每人须支付大约80芬尼，这笔收入一方面用来贴补午餐费，另一方面用于抵扣公司为"非现金福利"而缴纳的税款。拜尔斯道夫公司则继续承担大约10马克的午餐人工费和材料费。企业职工委员会的两位主席如今指责，拜尔斯道夫为了"削减成本而牺牲社会福利方面的给付"，甚至打算取消这些福利。他们指出公司管理层"轻率地干预"了免费午餐制度，"这种精神上的损失无法用马克和芬尼来衡量"。执行董事会不希望在这种问题上引发争议，于是很快便放弃了关闭幼儿园的想法。[184]

几年前，企业职工委员会获准在 *Hauskurier* 上刊载新年愿望，表达自身诉求和职工代表的期待，将员工的想法与执行董事会主席的愿望放在一份杂志上。这是劳工董事佩丁豪斯积极努力的成果，他主张应"实质性地推动公司管理层与企业职工委员会及员工之间的讨论"。[185] 不论是企业职工大会上的交流，还是执行董事会与企业职工委员会之间的沟通，有时不免充斥着呛人的火药味。格奥尔格·克劳森领导的执行董事会沿袭了十九世纪末以来的家长式作风，这位执行董事会主席认为公司需要严格的管理。同时，公司也要对员工负责任。这种理念的基础是遵循自愿原则的社会福利与认可。从法律规章制度的角度来看，公司也遵守了共决制的原则。但单单这些已经无法顺应时代的变迁。和七十年代中期一样，为了让企业中高层管理人员更好地融入公司的管理体系，必须加强与企业职工委员会和员工的合作，从而更好地利用公司所有的资源。

与当时许多公司一样，拜尔斯道夫也为自己的员工提供购房贷款。在职员工和退休人员每逢圣诞能拿到公司发放的福利金，金额每隔几年都会调整一次。一直到七十年代初，员工的孩子过圣诞时还能收到公司赠送的圣诞礼物。由于这一做法花费较大，公司后来提高了圣诞儿童津贴的金额，取代了原先的圣诞礼物。[186] 公司还为工作满 10 年、25 年和 40 年的老员工发放丰厚的奖金，借此提高员工的忠诚度。拜尔斯道夫在 1983 年取消了 10 年工龄与 25 年工龄员工的若干天特别假期，因为当时的员工年假天数已经增至六周，取而代之的是更为丰厚的奖金。[187]

倘若员工因公身故或致残或其家属陷入窘境，执行董事会便会慷慨解囊。1984 年，四名员工在美国的一次空难中丧生，拜尔斯道夫额外支付了一笔"巨额保险金"。[188] 1986 年，一名工人被怀疑因为职业病身故，执行董事会立即决定免除其家人偿还 15000 马克贷款的义务，并向亡故员工的三名子女支付每人 200 马克的孤儿抚恤金（金额不断调整），直到他们年满 21 岁。[189]

拜尔斯道夫一直努力照顾好自己的员工，这或许也是公司执行董事会不太接受 1972 年颁布的《德国企业组织法》的原因之一。克劳森对这项法案持批评态度，他认为增设的企业职工委员会增加了公司的成本负担。他还担心，一旦解除对公司内部举办政治活动的禁令，便会损害民主党派和工会的利益，"激进的政治团体将从中获得最大的好处"。[190] 七十年代西德的政治氛围助长了这种激进态度的蔓延。1968 年德国学生运动期间，公司大门口左翼组织的活动有增无减。工会要求大幅涨薪，鉴于当时的高通胀和公司的高额盈利，这样的要求也确实有理有据。那个年代的汉堡也是反对市场经济体制组织的大本营。这两股力量都参与了劳资纠纷，组织领导了不少罢工。[191] 然而，拜尔斯道夫公司内部并没有发生什么大的纠纷。执行董事会也希望尽可能地避免冲突，他们在 1971 年拒绝了化工行业雇主协会提出的"倘若其他公司发生罢工"就将本公司员工关禁闭的要求。拜尔斯道夫恪守《德国企业组织法》的规定，与此同时，执行董事会也想方设法提高员工对公司的认同感，并在 1974 年初研究了关于设立员工股的事宜。不过，监事会新成员君特·赫兹明确反对员工参股公司财产，员工股的提案也就此搁置了下来。[192]

与执行董事会的态度不同，拜尔斯道夫的股东们拒绝接受 1976 年颁布的《共同决定法》，直到 1979 年最高法院做出裁决后，公司才在监事会中设立了一名劳工代表作为监事会成员，实现了雇员和股东的平等代表权。在新当选的监事会成员第一次会议上，雇员方权利再次受到限制。当时选举产生的负责人力资源事务的三人委员会中并没有职工代表参加。直到 1985 年再次发生法律

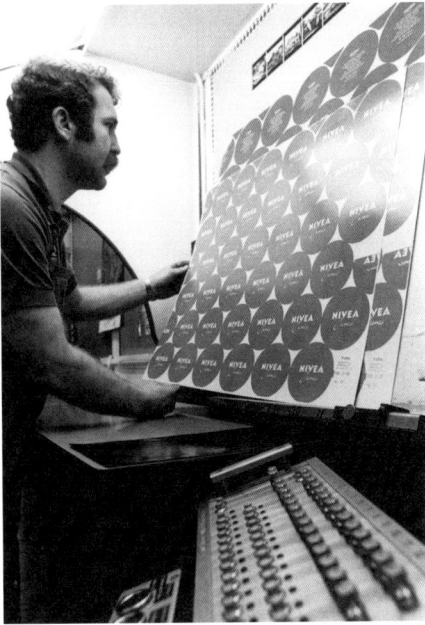

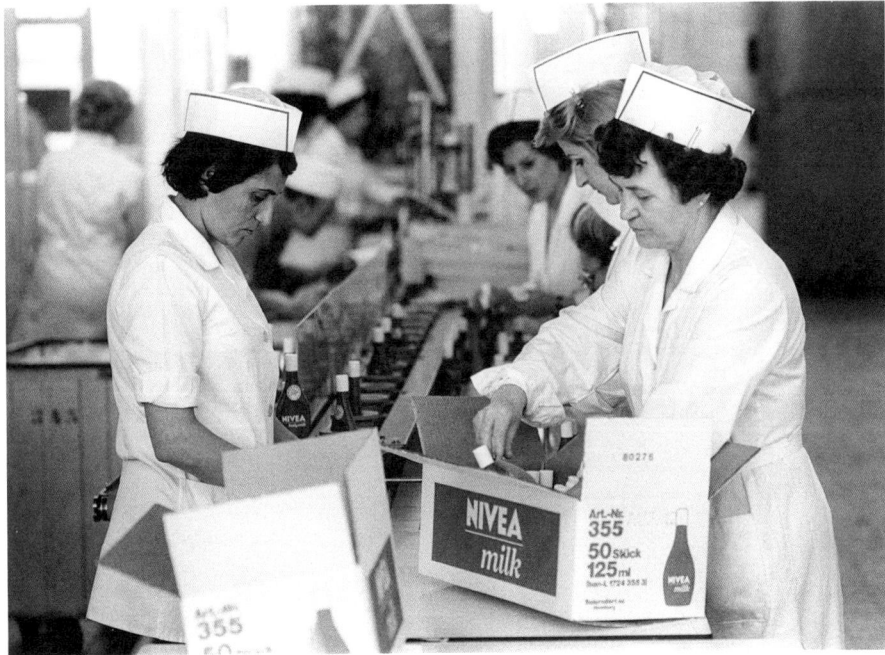

左上图：妮维雅罐上的铁皮印刷，德国，1976 年
右上图：8×4 止汗除臭喷雾剂灌装系统，德国，1970 年
下图：妮维雅润肤乳的包装，德国，1976 年

纠纷后，三人委员会才变成了四人委员会，额外任命了一名雇员方代表。[193]

规模局限，不适宜发展药品业

从销售额来看，拜尔斯道夫在七十年代末位居德国药品业排行榜的第 18 位。不过，相较于竞争对手，公司在研发方面的关注度较低。然而，药品部门是公司的摇钱树。1977 年，按照销售额计算，较低的生产成本使得药品部门的利润几乎是其他事业部的两倍，其中三分之二的收入来自 Novodigal。与此同时，市场上的同类产品和非专利药对 Novodigal 构成了巨大威胁。为此，药品部门不得已将注意力转向皮肤治疗类和强心苷类药物。由于药物开发的工作十分复杂，审批程序冗长，新药的推出往往需要大约十年的时间。[194] 拜尔斯道夫在那个时期上市的新药大多只是一些改良药品，例如 Temagin600。这款新产品改良了市面上已有的止痛药产品，在此基础上添加了乙酰水杨酸。公司还扩充了药品品类线，比如 1962 年开始销售的止咳糖浆 Larylin，之后还推出了一系列感冒药。在皮肤治疗类药品领域，拜尔斯道夫仅在 1979 年上市了与先灵公司合作开发的含可的松的润肤霜。所以说，拜尔斯道夫的药品系列中找不到真正意义上的新药。[195]

随着八十年代的卫生健康政策发生变化，德国政府要求所有药品（包括已上市的药品）从 1990 年开始都必须提供疗效证明。药品事业部负责人莫斯在监事会上表示："未来，只有真正的创新才能成功"，"研发潜力大的企业"才能在竞争中脱颖而出，而许多"规模较小的德国药品公司"很快就会撑不住了。药品事业部应通过合作来加强自身的研发能力。拜尔斯道夫其实在六七十年代就尝试过这条道路，可惜无功而返。事实上，收购一家小规模或同等规模的企业并不能显著提高拜尔斯道夫的研发实力。因此，执行董事会和监事会积极寻求与世界顶尖的合作伙伴创立合资企业。而这类大企业可以借助与拜尔斯道夫的合作来提高自身在西德市场上的地位。不过当时的西德药品审批程序有出口限制规定。

在寻找合作伙伴的过程中，拜尔斯道夫首先考虑了法国罗纳·普朗克化工集团和美国 Searle 公司，虽然只与美国集团进行了深入谈判，但很快就对是否能建立平等伙伴关系产生了疑虑。[196] 此后几年里，药品事业部的境况没有好转。Novodigal 的收入下降了，医生们倾向于使用其他药物。法定医疗保险基金发布了一份"负面清单"，列出了医保不再为民众报销的药物。这导致拜尔斯道夫没有足够的资金来开发新的活性药物成分和基础新药。为此，公司与开发了 Tablinen 和可溶性胶囊的柏林 Sanorania 公司签订了一份为期五年的合作协议。除了更有针对性的应用领域外，双方合作的药品开发项目只涉及一些常规的仿制药，这一合作没有为部门带来新知识或新技术。药品事业部的销售额高低与广告投放力度直接挂钩：一旦广告宣传开支大，销售数字就比较好；一旦公司为了增加盈利而减少广告支出，销售额便随之下降。在 Tablinen 合作项目中，药品事业部损失了 1500 万马克，这相当于一年的研发预算。因此，待五年合同到期后，公司如释重负地松了一口气。虽然药品事业部仍为公司带来了一定的利润，但以销售额来计算，其贡献的利润在 1981 年至 1987 年期间减少了一半。[197]

　　换帅也未能解决药品事业部的问题。1985 年 7 月，德克·迪特德（1941 年出生）加入执行董事会，接管了药品事业部的管理工作。和他的前任一样，迪特德面临的问题显而易见：与药品行业的其他竞争对手相比，拜尔斯道夫的研发预算较少，1988 年的研发预算只有 1600 万马克。[198] 当 1989 年 1 月 1 日开始正式生效的医改政策逐渐清晰明朗时，大家都意识到拜尔斯道夫的药品事业部没什么发展前景。比如，医改颁布了新的固定价格规定，这意味着，只有当 Novodigal 的售价低于仿制药价格至少 25% 时，这款产品才有机会抢占市场。[199] 然而，当英国比彻姆公司希望用 UHU 和宝滴（Badedas）两个品牌来交换拜尔斯道夫的药品业务时，执行董事会拒绝了拜尔斯道夫计划继续自主经营皮肤类的药品业务。自此之后，拜尔斯道夫的药品事业部将研发重点放在皮肤治疗类产品上，以利润为导向，公司对"非皮肤治疗类产品"门类做了调整和精简。[200]

德莎——工艺技术与客户服务

　　在当时，德莎得益于 1980 年至 1982 年经济衰退之后工业界订单量的增加。尽管该部门的固定成本依然较高，但它们的增长速度已经低于销售收入的增速，销售增长也趋于稳定。德国国内市场的主要业务集中在工业领域。1984 年，零售业仅占销售额的 27%。海外的德莎公司境遇各不相同，业务情况取决于当地市场上是否存在竞争对手、工业发展水平如何、所在国家的家庭收入水平高低。在某些市场，工业需求较为强劲，而在其他市场，则个人需求超越了工业需求。德莎在许多市场上的地位仅次于市场领导者 3M，但这位强敌无

具有反光特性的德莎 tesalux 薄膜是拜尔斯道夫
与日本西武公司共同研制的产品，主要用于交通
标志牌。这是一个巨大的增长市场，图片来自
1983 年的企业年报

汽车工业和飞机制造业是德莎自粘性胶带项目服
务的工业客户，图片来自 1987 年的企业年报

战略性事业部规划　四大事业部：化妆品、药品、医疗器械和德莎

论在规模上还是财力上都远胜德莎。在若干欧洲国家，德莎则稳居各品牌之首。在全球胶带行业中，德莎排名第二。1988 年，德莎实现了十亿马克的销售额，市场份额约为 10%。当时的德莎生产线可生产约 4000 种产品。[201]

西德的市场竞争日趋激烈，尤其是 tesafilm® 和 tesamoll® 等家用产品承受着极大的竞争压力，因为大型零售连锁店经常以自己的品牌销售类似的产品。这些产品由低成本制造商生产，售价低于品牌产品。总的来看，德莎在零售业的分销能力很强，例如，销售代表在一些手工艺品和玩具店里一再带给顾客惊喜，研制出各种木制玩具或基于太阳能电机的 Prosolar 建筑套件系统，让人眼前一亮。不过，这些产品并不能带来丰厚的利润。好在这类产品的成本很低，许多顾客对这些创意颇感兴趣，这为销售人员推广他们的核心产品提供了便利。[202]

在这期间，德莎尽可能地高效利用各种销售渠道，并与其他品牌制造商开展合作。[203] 在消费品领域，德莎却缺乏有效的产品创新。尽管德莎和technicoll® 胶水在八十年代开发出新的产品变体，但在终端消费者眼中，他们唯一的"创新"便是"德莎便利贴"，面临的挑战是如何与市场领导者 3M 公司生产的"报事贴"相媲美，以确保产品质量。[204]

拜尔斯道夫在工业领域的首要目标是开拓新市场。公司的主要客户依旧是电子、汽车和造纸业的企业，印刷业也有不少大客户。这些行业彼时都在经历快速的技术变革，德莎必须不断自主研发新产品，以满足客户的新需求。因此，新推出的产品在 1982 年为工业部门带来了 20% 的销售收入增长。为了减少对经济周期的依赖，工业部门积极寻求与消费品生产商的合作，例如，公司主动接洽"布尿裤"生产商，希望有机会为他们供应封口胶带。这类可重复粘贴的特殊胶带在工艺技术要求上与以往的解决方案有着很大的不同。因此，这项任务绝非易事。德莎还投入了大量资源研发用于防伪的产品识别激光标签开发，不过这项技术直至十年后才正式在市场上得到广泛的应用（见第七章）。[205]

新产品的开发成本中包含了昂贵机械设备的购置费用，这一支出也是德莎业务事业部固定成本居高不下的主要原因。产品质量和生产工艺的精湛程度是企业成功的决定因素。比方说，德莎产品的薄膜一面涂有粘合剂，另一面有涂层剂，在极快的生产节拍下，产品必须在生产线上连续行进，最后离开机器时一面应完全干燥，另一面需保证粘合良好。公司先进的生产工艺基于多年实践的经验积淀。这项技术的开发耗时长，需要扎实的材料研究、质量测试、测量和繁复的实验室工作作为支持。为此，在运营了 15 年之后，拜尔斯道夫在八十年代中期对德莎研发中心进行了现代化改造和大规模扩建，耗资近 1000 万马克。[206]

1984 年底，在公司划分事业部发展过程中发挥了重要作用的工业胶带事业部主管于尔根·佩丁豪斯离开了拜尔斯道夫，监事会成员君特·赫兹邀请他担任利是美股份公司（Reemtsma AG）首席执行官。拜尔斯道夫没有太多时间去寻找继任者，于是便任命公司中央研发与技术部的负责人库尔特-弗里德里希·拉登多夫（1942 年出生）接管佩丁豪斯的职务。他几乎与药品事业部的负责人德克·迪特德同时走马上任。鉴于一系列的人事变动和竞争形势的变化，拜尔斯道夫准备对各部门做出调整。执行董事会主席克鲁泽认为有必要"进一步提高部门的独立性"。1989 年，海外业务部门解散，各个事业部负责自己业务板块内的海外市场。克鲁泽制定了各部门"逐步"独立的计划。尤其是化妆品事业部，需为其成立一个"法律上独立的公司"。[207] 但执行董事会 1986 年的战略其实是换汤不换药，并没有从根本上改变当时的组织架构。克鲁泽主张各部门应"无缝融入集团的企业理念"。"任何变革或根本性的调整"都必须在"与整个公司"协调一致的情况下进行。[208]

对德莎而言，"新"策略旨在推动产品创新和技术进步。[209] 公司倾向于与低成本供应商合作，以生产标准化的批量产品。技术应用咨询应具备灵活性，以客户需求为导向。然而，拉登多夫向监事会提出，客户最感兴趣的并不是创新产品，而是为其"解决制造和生产过程中的实际问题，提供合理的方案"。[210] 之后几年里，德莎徘徊在这两种不同的诉求之间。高昂的生产成本致使部门的收益明显低于其他事业部。1986 年，化妆品事业部的盈利（剔除约 5% 的公司固定成本）超过销售额的 16%，而德莎只有 7.5%。[211] 由于当时还为各部门设立独立的资产负债表，这个数字并不能反映德莎真正的盈利能力。克鲁泽计划将各事业部转化为独立的子公司，这样做便能更清晰地反映各个业务板块的实际财务情况，但这个想法直到 2001 年才实现。1989 年，拜尔斯道夫的首要任务是降低成本（见第七章"'德莎 100' 计划"一节）。[212]

从多品牌策略到母品牌策略

八十年代，化妆品事业部和医疗器械事业部同样在整个欧洲市场上的销售增长异常强劲，但利润却没有相应攀升。拜尔斯道夫也没有借助企业收购来拉动销售额的进一步增长，而是首先加强了公司的自有产品系列。公司在收购领域不算成功。1987 年，尽管拜尔斯道夫开出了 2.5 亿马克的高价，却依旧没能将美国公司 Andrew Jergens 收入囊中。[213]

除了妮维雅、艾翠斯（atrix）、拉贝罗、多宝杜诗、8×4 和 LIAN 外，Limara 香水除臭剂系列也进一步扩充了产品线。1985 年，拜尔斯道夫推出了加蒙（GAMMON）男士须后水和古龙水，标志着公司吹响了进军男士化妆品这一增长型市场的号角。该品牌一开始在瑞士试水。年前，化妆品事业部推出了专门针对敏感肌肤的护理产品芭西施（Basis PH）。事实证明，用新品牌来拉动增长的企业发展策略无疑是成功的。执行董事会多次报告了 Limara 和多宝杜诗的销售额增长。[214] 但公司新推出的牙膏品牌 Causamed 却在上市仅三年后于 1981 年退出了市场。拜尔斯道夫当时为宣传这款新产品在广告方面投入了大量资金。可尽管如此，这一品牌并未如愿在激烈的市场竞争中有强势表现，其市场份额维持在 2% 左右，公司没有马上停止生产，而是希望继续"利用 Causamed 的剩余价值"，"在没有大量广告宣传的情况下，继续经营这个品牌几年"。[215]

从长远来看，妮维雅品牌的现代化变革是拜尔斯道夫在八十年代迈出的决定性一步。1986 年，公司将采用其他名称销售的几种护理产品合并为妮维雅男士系列。经验教训告诉我们，并非每个新品牌、每种新产品都能在市场上大获成功。男士系列重新上市后，8×4 保持了原先的市场领导地位，但 Limara 的情况就不同了，并没有收获长期的成功，而是重蹈了七十年代初 Pilot 男士系列的覆辙——销售好坏完全依赖广告宣传的投放量。纵观拜尔斯道夫的品牌宣传史，只有妮维雅品牌享受过与 Limara 同等的待遇，两者的广告花费相当。大张旗鼓的宣传使 Limara 在 1980 年和 1981 年两年的销售额大幅增长，部门随之酝酿起一个"香水计划"，这其中也包括淡香水。但这个发展策略并没有在西德市场上奏效。Limara 的目标客户是喜欢尝鲜的年轻女性。品牌下的产品种类繁多，不断推陈出新的香水一方面满足了目标客户的需求，另一方面，产品的快速迭代也降低了顾客的忠诚度，使品牌抛弃了原本的传统底蕴。八十年代末，Limara 在西德市场上试图发起最后一轮攻势，推出了由著名时装设计师设计的香水，并组织了奖金丰厚的比赛。不过这些努力都是徒劳的：1990年，Limara 的销售额仅为 8×4 止汗除臭剂的八分之一。相反，Limara 在南美和荷兰赢得了一大批买家的青睐。[216]

虽说各国消费者对产品有着不同的偏好，但化妆品事业部在八十年代末还是决定逐步放弃品牌多样性的策略，因为他们推出的一系列新品牌成绩平平，与妮维雅洗发水和妮维雅男士洗发水的战绩相比，根本无法相提并论，两者之间存在着巨大的差距。妮维雅护发产品推出的第一年，销售额就超过了 1600万马克，当年就为企业带来了可观的利润，并在问世后的第二年抢占了西班牙的市场。[217]

上述经验充分说明，拜尔斯道夫在 1982 年制定的目标颇具远见卓识。这一年，拜尔斯道夫决定将妮维雅塑造成一个母品牌。这一发展方针与其说是一项明确的战略，不如说是源于实践的经验总结。早在 1985 年，汉斯-奥托·沃普克就曾主张："我们应该防止化妆品业务如此依赖妮维雅系列"，"至少在中欧国家，我们的销售潜力很快就会达到极限"。[218] 1988 年，沃普克向监事会报告说，自 1980 年以来，国内的销售增长"是整个市场水平的两倍"，而这种"高于市场平均水平的增长"正是由妮维雅创造的。他强调未来应"限制妮维雅项目的扩张"，"尤其是在国内市场和其他一些欧洲国家"。[219] 为此，公司小品牌的广告支出虽有所减少，但从未停止过。与此同时，妮维雅母品牌的建设工作仍在继续。到八十年代末，妮维雅润肤霜一直是妮维雅系列中最畅销的产品。1990 年，该产品的销售额几乎占到整个化妆品业务的六分之一。[220]

各国国情虽有特殊之处，但主要的国际市场日益趋同。日本、法国、西班牙、美国和意大利等国的销售总额已经远超西德国内市场。以上六个国家的总

妮维雅广告牌，须后水，美国，1983 年

销售额占化妆品事业部销售额的三分之二。由于世界各地的大众消费社会变得愈发相似，妮维雅得以在越来越多的国家使用协调统一的广告语言。1988 年，由二十一家子公司构建的全球营销网络逐渐成形，统一协调各家分公司的业务。化妆品事业部还在四十一个国家设立了特许代理，另外还有四十个国家和地区进口拜尔斯道夫的产品。[221] 根据各国消费者的喜好，拜尔斯道夫会提供一些定制产品，有时还会有的放矢地开发销售特别款的商品。1986 年，化妆品事业部在东京建立了研发实验室；1988 年，在法国、美国和墨西哥也相继成立了小规模实验室。大型的海外子公司均有自己的专长和具体业务。八十年代初，意大利分公司在当地零售市场上占据了重要的地位，除了代理拜尔斯道夫自己的产品外，他们还代理得宝（Tempo）和 Camelia 这些品牌，销售利润率至少达到了 24%，这无疑是一个非常有利可图的业务板块。[222]

1988 年初，拜尔斯道夫还与民主德国的 forum 贸易公司签订了一份"授权生产"妮维雅润肤霜的合同。拜尔斯道夫为位于德累斯顿附近的瓦尔德海姆-多贝伦工厂提供机器。这个基地主要生产妮维雅润肤霜的 75 毫升罐装产品，授权生产许可费总额为 630 万马克。工厂原定于 1989 年 10 月 1 日在民主德国成立四十周年之际正式开业投产。可最终在拜尔斯道夫代表汉斯-奥托·沃普克的见证下，工厂在具有象征意义的民主德国国庆四十周年纪念日前十天就开始正式运营了。[223]

时代变革

1989 年 6 月，拜尔斯道夫监事会任命汉斯-奥托·沃普克为新任执行董事会主席。在执行董事会任职 28 年之久的赫尔穆特·克鲁泽转入监事会。克鲁泽从 1961 年到 1979 年一直负责海外市场业务和海外子公司，并且在担任执行董事会主席期间负责签订了多项重要合同。在他任期结束时，拜尔斯道夫重新拿回了二战后失去的在几乎所有西方国家的商标所有权。唯一的例外是英国，尽管当时作为执行董事会主席的克鲁泽和作为化妆品事业部负责人的沃普克已经准备好做出巨大让步，他们试图在英国合作伙伴和竞争对手施乐辉身上花费的努力未见成效。施乐辉当时手握大多数英联邦国家的拜尔斯道夫商标所有权。克鲁泽和沃普克甚至提议与施乐辉共建一家合资企业，共同经营在英国、爱尔兰、澳大利亚、新西兰、南非、加拿大和美国的业务。1989 年，施乐辉提出期望合并，拜尔斯道夫拒绝谈判。执行董事会早在一年前就已经表示，"两家公司截然不同的企业理念"实在无法促成"作为合作伙伴关系的合并"。[224]

八十年代末，即便还没有拿回在英联邦国家的妮维雅商标所有权，拜尔斯道夫也已经是一家名副其实的跨国大企业，在五大洲的三十个国家和地区拥有49家分支机构。拜尔斯道夫在 72 个国家和地区生产产品。公司近三分之二的销售额来自西德以外的地区。而在二十年前，西德国内的销售额约占总销售额的 60%。拜尔斯道夫在全球拥有 17600 名员工，仅汉堡总部就雇用了约 6300 名员工。[225] 尽管一部分公司员工对国际化感到惶恐，但公司管理层还是坚定地迈出了走向国际化的第一步。早在 1982 年，当"国际管理"在德国各大高校还是一个不为人知的陌生概念时，人力资源董事佩丁豪斯就亲自拜访了拥有欧洲一流管理专业的高等学府——位于巴黎附近枫丹白露的欧洲工商管理学院，在那里招聘"具有国际视野的后起之秀"。[226] 自八十年代中期开始，拜尔斯道夫一直通过轮岗形式培养内部管理人员的国际视野，为外派海外做好准备。这种交流是双向的，但海外驻留的时间通常较短。[227]

面对如此庞大且复杂的组织结构，战略定位和统筹协调无疑是一项艰巨的任务。拜尔斯道夫的业务高度多样化，分为四个业务领域，这些事业部通过不同的分销渠道接触到广泛的客户群体。国外市场的发展水平迥异，各地零售业的组织形式也各不相同，哥伦比亚、韩国和肯尼亚的消费者拥有不同的诉求。为此，拜尔斯道夫在 1974 年将欧洲以外的子公司归入"海外部门"，不按照产品业务领域划分进行管理。这样做的目的在于满足各国的多样化需求，避免过度接受汉堡母公司的严格管理。八十年代，各国分公司逐步被融合进各大事业部。[228] 1988 年，公司的海外部门解散。

拜尔斯道夫计划在全球范围内以标准化的方式管理公司和品牌。公司虽承认各地市场存在差异，但坚持统一对外的形象。汉堡的化妆品事业部和德莎事业部负责为海外分公司提供建议，围绕主要品牌开展协调工作。拜尔斯道夫还定期组织有海外分公司代表参加的研讨会和商务会议。1970 年，欧洲各大分公司的商务总监第一次在蒂门多夫聚集一堂，举行了为期一周的欧洲营销研讨会。该研讨会后来成为一年一度召开的拜尔斯道夫国际管理会议。[229] 1975 年，德莎事业部首次举办由德莎海外分公司的总经理、销售经理和产品经理以及总部员工参加的年度会议，后将该会议命名为"intertesa"（德莎全球年会）。1984 年在杜布罗夫尼克举办的十周年大会汇集了来自 18 个国家和地区的 150 名与会者。[230] 八十年代，"intertesa"成为样本，"intermedical"和化妆品事业部全球会议也随之诞生。只有药品事业部是单单服务国内市场的业务板块。

拜尔斯道夫与旗下各个事业部利用这些会议传达发展目标或交流新产品。会议也为来自全球各个分公司的经理和专家提供了相互了解与加深交流的机会，加强了各地员工对拜尔斯道夫的认同感，让与会者为拜尔斯道夫的卓越出色而感到骄傲，同时也促进了相互理解和文化融合。每家海外公司均由一位指定的执行董事会成员负责，但母公司的市场营销、生产和质量部门完成了绝大部分的协调工作，为海外分公司提供各类技术支持。

1979 年至 1989 年，拜尔斯道夫提高了海外产能，在国内外成立了多家分公司，集团员工人数由此增加了大约 4700 人，其中只有十二分之一的新员工受聘于汉堡母公司。拜尔斯

妮维雅润肤霜广告，泰国，1983 年。东南亚成为拜尔斯道夫公司一个重要的增长市场

道夫在此期间做了大量投资。几乎每年公司都会投入大笔资金，在世界多地建造新的工厂、仓库、办公室和物流中心。投资也被用来更换机器，用更加高效的现代化机械为公司赋能。从 1986 年到 1989 年，拜尔斯道夫仅在西德境内的计划投资额就高达每年约 1.4 亿马克。[231] 海外的年投资额也与之相当。1988 年，拜尔斯道夫以超过 1.2 亿马克的价格收购了美国胶带制造商 TTI 公司，这个项目在公司原先的投资计划之外。德莎事业部由此完成了拜尔斯道夫迄今为止最昂贵的一次收购交易。执行董事会主席克鲁泽并不支持该项目，但考虑到他的任期即将结束，克鲁泽也无法阻挡收购交易。而一旦涉及部门独立自主的问题，各事业部的负责人始终彼此支持，因此也立即为此次收购开了绿灯。[232]

拜尔斯道夫之所以能够取得如此骄人的销售业绩，其主要原因在于各个事业部自七十年代初以来一直注意将产品服务与客户需求更紧密地结合在一起。德莎和医疗器械事业部的客户涉及普通家庭、医疗保健机构和各行各业的大型工业企业。拜尔斯道夫不仅跟上了经济和社会变革的步伐，还取得了长足的发展。Creme 21 一夜崛起所带来的震惊转化为了积极的动力，拜尔斯道夫成功反击了竞争对手。这场较量也让拜尔斯道夫成功转换思维，自此将竞争视为机

遇而非威胁。公司希望在变革大潮中成为塑造者和引领者。

公司面临的另一大挑战是要克服对销售额的过度关注。八十年代，拜尔斯道夫的销售额有了大幅增长，但从 1984 年开始，成本也同步上升。随着公司步入新的局部市场和研发领域的大动作，员工人数激增，从而大大增加了劳务成本，人力资源花费相对于销售额的比例也随之上升。而一些竞争对手的用人成本却在下降，花王甚至计划通过一场"全面的创新革命"将生产工人的数量减少一半。[233] 尤其是正在开展的业务经营活动的收益情况令拜尔斯道夫股份公司感到担忧，1986 年至 1989 年，在扣除了授权许可收入和分公司上交的分红后，拜尔斯道夫的实际利润非常低。[234] 当时，股东们迫切希望获得更高的回报，尤其是 1985 年刚被任命为拜尔斯道夫监事会成员的安联首席财务官弗里德里希·席费尔（1949—1996）。大股东君特·赫兹也抱怨说"养老金准备金"的增速将会"超过经营所得的增加股本"，他的指摘与席费尔大同小异。[235]

鉴于这些情况，1989 年 4 月，新上任的执行董事会主席沃普克在拜尔斯道夫国际管理会议上宣布"利润才是努力经营的目标"。[236] 欧洲单一市场计划从 1992 年开始逐步生效，沃普克认为公司是时候开启战略重组了，他希望借此改善公司的盈利状况。1988 年，波士顿咨询集团接受委托，制定了"拜尔斯道夫企业发展"的大纲，[237] 并提出了一个涵盖欧洲全境的生产和物流方案，旨在减少制造基地和物流中心的数量。按照该方案，成品物流将集中在汉堡和汉诺威两地，其他的德国分公司将被逐一关闭。尽管公司与企业职工委员会总会协商制定了一份社会福利计划，而且几乎每位被这轮变革波及的人都很快找到了新工作，但这次大刀阔斧的改革对拜尔斯道夫而言仍意味着一场文化冲击和一场"革命"。[238] 不得不关闭慕尼黑分公司的乌尔里希·纳夫后来回忆道，"在拜尔斯道夫工作曾被大家视为一份终身职业"，而现在他不得不站在 100 个人面前当众宣布关闭慕尼黑工厂，他觉得这是他在拜尔斯道夫完成的最艰难的任务之一。[239]

波士顿咨询公司起草的改革方案基于两大支柱——皮肤和胶带解决方案。在皮肤方面，用咨询公司的话来说，拜尔斯道夫应成为一个"综合性的皮肤集团"。[240] 化妆品事业部应当专注于"开发和引进皮肤护理产品"，药品部门的研究则应"从心血管领域转向皮肤病领域的研究"，医疗器械事业部旨在"为健康皮肤、患病皮肤和受伤皮肤的护理和治疗而服务"，提供"可在医院、药店和食品商店销售"的产品组。医疗器械和药品部门合并后，拜尔斯道夫计划与原先的药品部门分离。我们基本可以这样总结这场变革：拜尔斯道夫计划回到奥斯卡·特罗普洛维茨在 1910 年代创立的、为公司后期发展奠定基础的产品家族。德莎是唯一的例外，因为德莎并不专注于皮肤护理领域。在这一领域，拜尔斯道夫打算明确区别"消费市场和工业领域"，以便更好地满足两者的不同需求。[241] 但德莎发展策略最关注的还是要降低成本。为此，公司推出了"德莎 100"计划（见第七章）。1993 年，得益于"欧洲一体化生产"的布局，德莎的生产基地减少到四个，业绩由此提高了一亿马克。

汉斯–奥托·沃普克于 1989 年 7 月接任执行董事会主席一职时十分明确自己所肩负的使命：必须提高公司的利润。为了实现这一目标，公司必须提高效率和调整生产。公司的集中化战略之所以得以成功实施，依靠的是拜尔斯道夫在七八十年代的业务扩张版图，以及由此在世界市场上所占据的有利地位。公司随即制定了欧洲内部市场的相关业务发展计划。可当时的拜尔斯道夫并不知道民主德国即将在 1989 年秋天解体，柏林墙轰然倒塌，整个东欧市场随即开放。尽管拜尔斯道夫当时不曾预料到这些巨变，但公司已经开始准备拥抱新兴的全球化经济了。

第七章　1989—2003

打造全球护肤品集团

1989 年，当阻断东西德的柏林墙倒塌时，拜尔斯道夫的业务一半分布在西欧，还有一半布局在西德，集团四分之三的收入来源于这两个地区。近一半的员工在西德境内工作，其余大部分员工就职于欧洲的各大分公司。1989 年，集团的利润总额为 5200 万欧元。到了 2003 年，利润总额增长至六倍，达到 3.01 亿欧元。在员工人数几乎保持不变的情况下，拜尔斯道夫实现了更高的销售额和利润。自九十年代起，集团不仅在销售额和利润方面有了新的突破，盈利能力也有了显著提高：销售回报率从 1989 年的 2.7% 持续攀升至 2003 年的 6.4%，同期的股本回报率从 10.6% 上升到 16.4%。[1] 在三十年后的今天，拜尔斯道夫一半的收入来自欧洲以外的地区。多年来，亚洲成为集团业务增长的主要地区（图 7.1）。

自九十年代初以来，拜尔斯道夫充分利用了全球化进程所带来的机遇。执行董事会和监事会中的人事变动也起到了催化转型的作用，尤其是安联集团派往拜尔斯道夫监事会的代表沃尔夫冈·席伦（1927—1996）和弗里德里希·席费尔。两人均指出公司投资回报率低的问题，呼吁管理层应更加关注企业利润。汉斯-奥托·沃普克自 1989 年 7 月起担任执行董事会主席，他不再一味关

图 7.1 拜尔斯道夫集团，销售额、EBIT 和年盈利额（以百万欧元为单位）**以及员工人数，1989 年、2003 年和 2016 年**

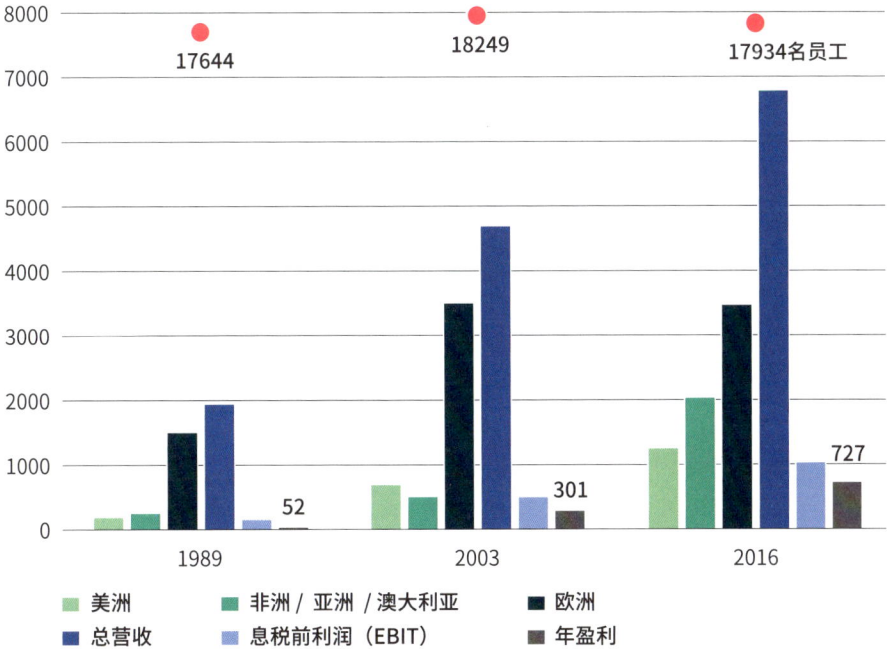

资料来源：拜尔斯道夫股份公司 1989 年、2003 年和 2016 年的年报

注销售额，而是愈发重视利润的增长。可见，拜尔斯道夫很早就为九十年代的全球竞争新环境做好了准备。1990 年，安联集团的首席执行官沃尔夫冈·席伦则瞄准了拜尔斯道夫监事会主席的位子，并在 1990 年取代了自 1987 年起担任该职位的马库斯·比里奇。新上任的监事会主席进一步强调了盈利的重要性。持股超过三分之一的拜尔斯道夫最大股东安联集团[2]也愈发重视捍卫自身的利益。

以追求强权著称的席伦[3]对执行董事会不断施压。罗尔夫·库尼施（1941—2018）回忆说："这就是最纯粹的资本主义和股东价值至上。"当席伦于 1994 年任命库尼施为执行董事会主席时，监事会主席要求说："每年的营业额都必须增长，每年的利润都必须上升。您听明白了吗？"在宝洁公司工作了22 年之后，库尼施作为品牌专家于 1991 年加入拜尔斯道夫，成为化妆品事业部的负责人，并在拜尔斯道夫的发展历史上留下了浓墨重彩的一笔。拜尔斯道夫的发展与妮维雅品牌息息相关。八十年代末，妮维雅品牌仅占集团销售额的

图 7.2 各个事业部的销售额，1989 年到 2003 年（以百万欧元为单位）

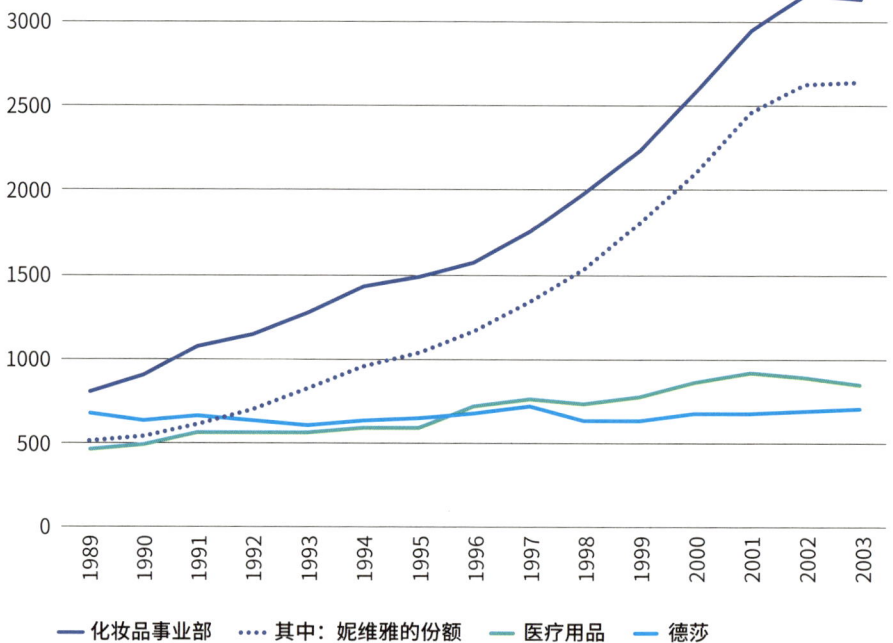

图例：——— 化妆品事业部 ······ 其中：妮维雅的份额 ——— 医疗用品 ——— 德莎

资料来源：拜尔斯道夫股份公司 1989 年至 2003 年的年报

四分之一。到了 2003 年，这个占比翻了一番，超过了 56%（图 7.2）。快速增长基于化妆品事业部对妮维雅的全心投入，事业部在全球范围内管理品牌，创建了全球统一的品牌形象。席伦不仅期待着看到利润，他也全力以赴为拜尔斯道夫提供支持。他向库尼施保证，只要他在世，安联就不会出售公司。[4] 1996年沃尔夫冈·席伦去世后，林德股份公司监事会主席汉斯·迈哈特（1931—2012）应其提议，代表安联集团接任拜尔斯道夫监事会主席一职。

九十年代初，拜尔斯道夫凭借良好的贸易关系快速打开了东欧市场。授权许可合作企业早已铺平道路，在匈牙利、捷克斯洛伐克和南斯拉夫为拜尔斯道夫生产产品。1991 年和 1992 年，拜尔斯道夫取得了英国和英联邦国家的妮维雅商标所有权，第二年又获得了罗马尼亚的商标所有权，波兰的妮维雅商标所有权最终在 1997 年回归拜尔斯道夫。尽管如此，公司还没有将各地的经销权掌握在自己手中。拜尔斯道夫为东欧的新市场和南欧的新消费群体提供合适的产品，欧洲单一市场自 1992 年建立以来催生了更高的市场需求。拜尔斯道夫的品牌远近驰名，它们是过硬质量和现代性的代名词，定价也很亲民。与五十年代的德国一样，妮维雅、8×4系列和汉莎是小巧但可负担得起的"奢侈品"，越来越多的消费者能够也愿意购买这类产品。

拜尔斯道夫此时集中精力发展妮维雅。世纪之交前夕的公司业务发展可谓喜忧参半，既有出色的表现，也伴随着痛苦的剥离。拜尔斯道夫在1992年几乎放弃了整个药品事业部，尤其是治疗心血管类疾病的产品。德莎的重组花了整整十年时间，直到"大力士项目"在1997年使德莎重新回到了盈利的轨道。为了确保拜尔斯道夫在全球范围内拥有妮维雅品牌，并且能够集中精力发展消费品市场（即面向终端消费者的业务），拜尔斯道夫还于2001年放弃了医疗器械事业部的商用客户业务，将这部分业务交给拜尔斯道夫与施乐辉的合资企业。同年，德莎被剥离后成为一家独立的子公司，在随后几年里谋求自主发展，再次成为拜尔斯道夫集团的第二根"定海神针"。[5]

一度基于化妆品、医疗器械、药品和德莎四大支柱的公司逐步转变为以妮维雅品牌为主导的公司，而"胶粘解决方案"作为其第二支柱。本书讲述的故事在2004年初画上了句号。这一年，为维护拜尔斯道夫独立自主而进行的近两年的战斗宣告结束。执行董事会此前一直试图阻止国际竞争对手接管妮维雅品牌并出售公司的其他业务。2003年底，奇堡控股股份公司从安联手中接管了大量股份。这项交易的达成终结了一段漫长的不确定时期。许多拜尔斯道夫的员工担心公司被收购或解体，担心自己会因此失去工作。拜尔斯道夫首次拥有了一位投票权超过半数的控股股东。之后几年里，公司在财务方面取得了丰硕成果。2008年，拜尔斯道夫股份公司被纳入德国达克斯DAX指数（这是根据规模和价值排名的德国前30大上市公司构成的指数）。

妮维雅在全球各地取得了令人瞩目的成功。而几乎没有人注意到那些超薄胶膜，正是它们将我们的平板屏幕和智能手机紧密粘合在一起。

柏林墙倒塌与两德统一

八十年代中期以前，拜尔斯道夫执行董事会依然不看好与东德和苏联的合作。在东欧，公司只有在匈牙利、捷克斯洛伐克和南斯拉夫获得了授权生产许可。随着戈尔巴乔夫领导的苏联逐步实行改革开放政策"格拉斯诺斯特"（Glasnost，开放）和"佩雷斯特罗卡"（Perestroika，改革），公司的观念逐渐发生转变。1987年，拜尔斯道夫开启了在东德的谈判。早在1989年9月，与国营企业（VEB）Kosmetik-Kombinat就在德累斯顿附近的瓦尔德海姆开设了一家化妆品联合体工厂，以授权许可形式短期生产妮维雅润肤霜。1988 年，拜尔斯道夫在莫斯科的一场博览会上展出了自己的产品，并探讨了与苏联合作及在当地开展授权生产的可能性。[6]

　　1989 年夏，和其他人一样，拜尔斯道夫公司执行董事会未曾预料到政治事态会迎来如此令人始料不及的变化。1989 年 10 月 11 日，拜尔斯道夫公司迎来一桩令人欣喜的大事——保罗-格森-乌纳研究中心举行了落成典礼。汉堡第一市长亨宁·福舍劳也应邀出席庆典。新设立的皮肤研究中心主要从事化妆品和医疗器械方面的研究，下设 40 个不同的实验室和一个技术中心。新产品和新工艺在这里发展成熟，最终用于生产。十年前，化妆品事业部只雇用了 40 名科研人员，而现在，这支队伍很快就将达到 400 人。皮肤研究中心的成立是拜尔斯道夫在皮肤相关领域与其他研究机构开展紧密合作的决定性一步。这也是拜尔斯道夫股份公司与莱比锡大学在皮肤研究中心开幕三周后共同举办的"皮肤病学研讨会"的目的，该研讨会汇聚了来自东西方的约 30 名科学家。[7] 1989 年 11 月 9 日柏林墙倒塌后，拜尔斯道夫对原东德市场的开放迅速做出反应。从 1990 年 1 月起，公司的"东德工作组"负责协调三个事业部的业务活动，其中以化妆品事业部最为活跃。新上任的部门负责人海因里希·吕尔斯（1928—1997）希望乘着政治和经济上"解冻时期"的东风，能有一番作为。自 1987 年以来，他一直在执行董事会中担任劳工董事。[8] 吕尔斯、纳夫和施泰因迈尔这三位事业部负责人与各事业部的"东部地区专家"共同组成了一个工作组，负责筹备在波兰、匈牙利和苏联的联络处。迪特尔·施泰因迈尔（1948 年出生）于 1990 年初加入拜尔斯道夫，1990 年 3 月接管了德莎事业部。2001 年，他成为新成立的德莎股份公司的第一任执行董事会主席。[9]

　　化妆品事业部在东德最重要的合作伙伴是化妆品联合体 VEB Kosmetik-Kombinat，位于瓦尔德海姆的工厂便从属于这家企业。拜尔斯道夫曾考虑将联合体旗下的工厂并入"拜尔斯道夫化妆品事业部的欧洲生产网络"，并从那里向苏联出口产品。[10] 可事实证明，九家工厂中有八家"技术条件差"，"员工人数多"，并且"产品种类缺乏吸引力"。公司的目标是在竞争者抢占市场前让东德的消费者熟知和使用拜尔斯道夫的品牌产品。1990 年 4 月，吕尔斯估算东德市场的潜力合计可达 1 亿马克。事实上，他也的确成功抢占了东德市场。仅 1990 年上半年，拜尔斯道夫化妆品事业部在东德的销售额就达到 2200 万马克，德莎的销售额为 300 万马克。唯有医疗器械部的销售额没有突破百万马克，尽管子公司 Varitex 生产的绷带在市场上很抢手。上述统计数据未包括东德公民直接在西德采买的商品数量。但实际上，在西德市场上，人们能感觉到东德消费者的巨大需求，强劲的需求也体现在卓越的销售数据上。[11]

Florena 润肤霜，1990 年

执行董事会否决了接管原东德境内生产设施的提议。化妆品事业部最初有意与 Florena 化妆品有限公司成立合资企业。1990 年春，化妆品联合体先前的员工接管了瓦尔德海姆工厂并成立了一家企业。公司的主打产品是 Florena，也就是自 1955 年以来相当于东德市场上的妮维雅润肤霜。除了化妆品事业部之外，医药器械部临时参股了一家东德公司。这家企业是医药联合体 Jenapharm-Kombinat 的成员公司，负责生产 Gothaplast 创可贴，相当于东德的汉莎创可贴。分析表明，Gothaplast 的售价之所以如此便宜，是因为东德厂家一直以低于生产成本的价格采购材料。放到正常的竞争条件下，这家企业几乎没有任何竞争力。[12] 至于 Florena，拜尔斯道夫公司执行董事会在 1991 年春天决定向其订货，以这种方式提供支持，尽管该渠道"并不是拜尔斯道夫公司最具成本效益的生产方式"。德国统一后，原东德境内的市场生出了不少额外需求，使得汉堡的生产线异常繁忙，甚至在需求减弱之前还偶尔出现过供应瓶颈。[13] 出于上述原因，拜尔斯道夫收购了 Florena 化妆品有限公司的股份，并于 2002 年正式接管了这家企业。

1992 年，妮维雅在新联邦州（原东德地区）的市场份额已与原先的西德市场规模相当，但前者的人均消费量只有原来西德的一半。尽管品牌之间存在竞争，但拜尔斯道夫仍坚定地支持 Florena 化妆品公司。1992 年夏，母公司派了两名员工前往瓦尔德海姆，围绕当地公司的财务和管理问题开展了为期数周的咨询改进。拜尔斯道夫十分希望新联邦州能迎来经济腾飞，这是因为经济发展能提升当地消费者的购买力和消费需求。与此同时，德国工业联合会（BDI）的"新联邦州采购促进计划"倡导，如果新联邦州的供应商能提供质量合格的产品和优良的服务，即便"价格上不太具有竞争力"，消费者也应优先考虑采买新联邦州供应商的产品。甚至在拜尔斯道夫执行董事会内部，汉斯-奥托·沃普克也曾一再强调，支持东德就业是拜尔斯道夫的"责任"。[14]

九十年代初，统一后的德意志联邦共和国除了促进新联邦州的融入之外，还须为战争难民、寻求庇护者和移民提供帮助。当时有数十万人来到德国。拜尔斯道夫也将此视为自身的一项社会责任。正如当严重的经济危机肆虐全球时，公司曾为失业者专门设立了慈善食堂那样，此时，公司向救助中心捐赠了肥皂和身体护理产品，并花费 8 万马克对培训馆进行了修缮，以便在公司场地上为 86 人安排住宿。[15]

全面贯彻专注护肤品类战略？

与大多数西德企业一样，拜尔斯道夫也受益于两德统一的经济利好与国内市场的扩容。短短两年里，公司德国国内的业务增长率逼近 20%。但拜尔斯道夫的目标远非做大"蛋糕"那么简单，公司全力以赴，全面贯彻波士顿咨询公司 1989 年为其量身定制的战略。这项战略以皮肤和胶带为两大支柱。公司逐步推进国际化进程，扩大针对"健康、患病和受伤皮肤"[16]的产品组合，与此同时缩减其他领域的业务。对医疗器械事业部而言，"专注于皮肤"意味着事业部将逐步出售股权、其他业务领域和品牌，一门心思地专攻特定产品。化妆品事业部的战略调整过程没有遭遇很大的限制，但是在一些工厂，欧洲生产网络的建立与调整也导致生产计划的缩减和员工的解雇。[17]

九十年代初，国际业务的扩展几乎只能依靠收购其他品牌或公司来实现。生产网络的形成有助于降低成本和提高效率，但只能在有限范围内赢得新客户。因此，拜尔斯道夫一直在寻找有助于提升其专注护肤品类企业形象的品牌。拜尔斯道夫希望扩大化妆品业务，尤其是面部护理产品。当时，这类产品的销售渠道主要是药店、香水店和百货公司专柜，后来日用品连锁店也加入了销售网络。拜尔斯道夫与 LIAN 一同涉足所谓的"化妆品集合店"领域。尽管一再推陈出新，几年里，销售额仍急剧下降。1990 年，化妆品事业部针对面部化妆品业务启用了新战略，放弃了盘活原有产品的打算。一方面，拜尔斯道夫自 1987 年开始在美国和一些欧洲国家销售的妮维雅面部护理系列 NIVEA Visage 被投放到德国市场，并在系列中增加了部分新品。[18]另一方面，拜尔斯道夫还计划并购一个在香水店铺和药店十分畅销的品牌。

拜尔斯道夫最终将橄榄枝抛向了柔俪兰（JUVENA）。总部位于苏黎世的柔俪兰国际股份公司生产的高价位面部护理产品和化妆品只在药店和专卖店有售。其业务主要集中在西欧和南欧，拥有约 800 名员工，其中大部分人在德国巴登巴登工作。柔俪兰在瑞士和德国的面部护理产品榜单上排名第三。1990 年，拜尔斯道夫斥资约 1.3 亿马克，收购了这家企业。[19]

瑞士的奢侈品牌莱珀妮（La Prairie）是一个小而精的全球品牌。并购柔俪兰一年后，莱珀妮拼上了拜尔斯道夫化妆品产线布局图的最后一块马赛克。莱珀妮精致的化妆品和护肤品主要在香水店铺里售卖，它是对柔俪兰产品的很好补充，使"化妆品集合店"走上了国际化道路。莱珀妮属于该领域少数几家仍独立于大型国际集团之外的企业。收购莱珀妮的费用总计约 6500 万马克。拜尔斯道夫执行董事会在将并购项目提交监事会审议前，曾有过一场激烈的内部辩论，引发了不小的争议。通过莱珀妮，拜尔斯道夫开拓了一个新的业务领域，进入了与拜尔斯道夫其他产品相去甚远的高价位市场。执行董事会

鱼子精华珍珠囊凝胶，1994 年

计划全面覆盖护肤品的各个价位市场，以期获得长期的增长。[20] 此外，公司执行董事会希望在研发领域产生协同效应，让莱珀妮的创新成果引发级联式效应，由柔俪兰和妮维雅在后期适当加以利用。可惜这一尝试鲜有成功（见下文"妮维雅全新的国际品牌形象"）。集团在 2010 年出售了柔俪兰，而莱珀妮至今仍是拜尔斯道夫集团旗下一家颇具实力的企业。

告别制药业，回归核心业务

化妆品事业部的战略调整内容包括扩大妮维雅母品牌的影响力及收购新品牌。比较而言，医药器械业务板块则须完成彻彻底底的形象转变。1988 年，医疗机械和药品两个部门合并后，新事业部曾一度被称为医疗制药部。不过到了 1992 年，事业部改名为医疗器械事业部。事业部的重组将原先分属两个部门的"过敏肌肤和受伤肌肤产品"进行了合并。伤口护理和皮肤科辅助用品业务板块也有所扩容。在心血管产品业务方面，拜尔斯道夫三十多年来一直在寻找一位具有强大研发能力的合作伙伴，该业务板块计划划归一家由国际合作伙伴负责管理的合资公司，并转让给从事非皮肤业务的旗下子公司。

起先，集团内部并没有宣传药品事业部的分拆计划。在执行董事会的议

程中，这项分拆计划往往以"West-Derm"代号或简称"West"出现。至于谈判伙伴究竟是谁，集团内部没有透露任何信息。分拆项目经理的解聘通知期延长到五年，集团通过这种方式为他们提供就业保障。项目经理负责将药品事业部——或许还包括他们自己——从拜尔斯道夫及其社会福利结构中分拆出去。1991年7月，心血管药物和其他非皮肤科业务被转让给拥有1000万马克股本的拜尔斯道夫有限公司。Temagin等一些著名的老品牌则被卖给了拜耳股份公司。[21]

拜尔斯道夫找到了一家国际跨国集团合作，合作伙伴应是看中了拜尔斯道夫现有的销售网络，因而答应合作。合作公司必须承诺保留拜尔斯道夫原先的研究部门和汉堡的生产基地，并履行之前与员工签订的劳务合同。这个重组过程应尽可能减轻员工的经济负担。此时，德莎事业部因重组而面临着多项限制措施（参见下文"'德莎100'计划"一节），这已经让公司员工出现了不安情绪，新举措更是为了避免加剧德莎事业部计划裁员所引发的动荡。所有公司管理层都意识到，战略方向的调整是否能取得成功，取决于能否得到员工的支持。因此，监事会和企业职工委员会中的职工代表非常积极地参与其中。一个好的解决方案必须得到各方的高度认可。[22]

最终，拜尔斯道夫执行董事会在十家申请合作的候选企业中选择了礼来公司（Eli Lilly & Comp）。这家美国集团答应拜尔斯道夫提出的各项条件。礼来公司在德国吉森有一家拥有300名员工的工厂，生产多种神经系统药物和抗生素。汉斯–奥托·沃普克和事业部负责人乌尔里希·纳夫专程前往美国了解合作伙伴的情况。他们发现礼来公司拥有良好的企业文化和企业社会福利政策，与拜尔斯道夫相当。礼来公司收购了拜尔斯道夫有限公司51%的股份，并于1992年将其更名为拜尔斯道夫礼来有限公司（Beiersdorf-Lilly GmbH）。1998年，礼来公司又收购了其余股份。礼来管理层派遣了一名经验丰富的企业整合经理，他看似十分尊重拜尔斯道夫药品事业部的历史文化，因此，整合工作进展得比较顺利。可尽管如此，在事业部分拆之前，已有一批优秀员工离职，他们担心事业部一旦被美国集团收购，自己就可能失去工作，于是在整合前便另谋出路了。[23]

医疗器械事业部的生产在重组过程中并没有受到太大的影响，也未出现极为严重的产能削减情况。然而，奥地利和荷兰的生产线于1990年关闭，一部分员工转到了其他部门工作。1995年，膏药产品的生产集中在汉堡和西班牙的阿亨托纳生产基地。1994年，葡萄牙生产基地被关停，工厂裁员132人，下岗工人获得了经济赔偿。相较于集团下属的其他企业，汉堡总公司更倾向于

子公司 Jobst GmbH 有限公司的圆形刺绣设备，德国，1992 年

避免裁员。不过在 1991 年和 1992 年，汉堡生产基地也裁减了 60 名长期生产人员和 40 名临时工，行政部门和中央后勤部裁员 100 人。[24]

集团继续实施 1989 年启动的新战略，集中精力发展伤口护理和皮肤科辅助用品业务，这也是拜尔斯道夫医疗器械部结构调整的第二大动因。拜尔斯道夫的口号是"回归核心业务"。为此，集团于 1990 年收购了美国企业 Jobst Institute，其治疗血管疾病的产品（支撑袜和绷带）在细分市场上排名世界第二。这次收购填充了集团子公司 Varitex GmbH 的产品空白。医疗器械事业部的研究被注入了新动力，销售系统也产生了协同效应。与此同时，拜尔斯道夫出售了 S+G Implants 植入物公司。乌尔里希·纳夫总结了波士顿咨询顾问的观点：髋关节植入物并不属于皮肤相关产品，而且"高科技的成本太过昂贵"。[25] 通过股权交换，收购 Jobst 公司的成本降低了三分之一，总费用约为

6500 万马克。拜尔斯道夫的财务董事彼得·舍费尔称此次交易为"战略定位的必然结果"。1992 年，Varitex GmbH 更名为 Jobst 公司。[26] 五年后，拜尔斯道夫收购了美国市场领导者护多乐公司（Futuro）（参见下文"医疗器械事业部的新策略？"）。

与八十年代的情况一样，医疗器械事业部主要借助收购实现增长。乌尔里希·纳夫回忆说，这样做也引发了竞争。"伙计，看这人又收购了一个拥有不错营业额的公司"。[27] 事业部开发了一系列新产品，包括用于伤口护理的 Cutinova 系列，借此也保持住了自身的市场份额。可即便推出了新产品，医疗器械部门的盈利依旧没有起色，因为这类产品投放在竞争已趋白热化的德国市场。优色林 pH5 是一个例外，该品牌的利润率很高。于是，事业部保留了只在药店销售的这一护肤系列。

"德莎 100" 计划

根据波士顿咨询公司的方案，德莎事业部做出最大调整。在二十世纪八十年代末期，由于多种原因，德莎的财务问题急剧恶化。在生产工程师库尔特-弗里德里希·拉登多夫管理期间，德莎事业部高度关注销售，却忽视了盈利。这种情况特别体现在对两家从事大规模制造业务的公司的收购上，然而，德莎真正的核心竞争力在于为工业客户提供不同应用场景的技术解决方案。

1988 年，拜尔斯道夫与波士顿咨询集团签订了咨询合同，其中一条最主要的目标便是节省德莎事业部的总体开支和提高该部门的效率。同年，德莎事业部的资本回报率降至 5.7%，销售回报率跌到了 3.5%。[28] 当时的拜尔斯道夫在十个欧洲国家拥有生产基地，部分设施的产能利用率并不理想。考虑到资本密集型的生产只有在产能利用率高的情况下方能盈利，波士顿咨询集团提出应关闭工厂、转移生产基地。这一套方案被命名为"德莎 100"，因为改革举措实施后预计将把欧洲境内德莎产品的生产全部集中到四家工厂，营收业绩目标是增加 1 亿（100 个百万）马克。五六十年代，拜尔斯道夫逐步扩展欧洲市场，因此建立了众多的生产基地，当时的关税政策和高昂的运输成本迫使集团不得不在各个国家布局生产设施。七十年代末，欧洲分工慢慢起步。从 1992 年开始，欧洲形成了单一市场，这势必加大了竞争，也要求集团须及时调整结构，以提高成本效益和生产率。[29]

除了上述历史原因之外，还有其他一些因素也招致企业出现经济问题。比

德莎汽车工业专用胶带广告宣传册的扉页，德国，1990 年

方说，八十年代末，日本的谈判负责人错误估计了情势，拜尔斯道夫与西武公司签订的逆反射 tesalux® 薄膜生产合同止于 1988 年底，双方未能续签合同。鉴于日本的生产成本不断上升，德莎事业部为提高利润率，计划在欧洲生产薄膜，但西武公司不想失去对生产过程的控制。结果，德莎部门丢掉了约占部门销售额 6%、前景光明的业务。[30]

在意大利和美国的两次收购给德莎带来了更为昂贵的后果。1990 年，德莎的子公司仅这一年就出现了高达 2500 万马克的赤字。[31] 1987 年，德莎收购了意大利的 Comet 公司。这家工业用包装胶带生产企业于 1990 年与意大利拜尔斯道夫公司合并，按照新的生产规划认领了一部分生产任务，但整个过程牵涉到大量的企业重组工作和巨额投资。1988 年，德莎花费 1.2 亿马克收购了一家"财务和利润相当薄弱"的公司。迪特尔·施泰因迈尔在 1990 年底表示，拜尔斯道夫不仅为收购 TTI 公司支付了"过高的收购价格"，而且在收购过程中还出现了"运营失误"：被收购企业未能与美国德莎公司协调好生产计划，以及生产了大量利润率低的产品。两家企业均从事工业批量生产业务，而这个市场的价格竞争十分激烈，只有高效率、高利用率的工厂才能创造出利润。1990 年，两家公司合并为美国德莎胶带公司（tesa tapes inc.，简称 tti）。[32]

施泰因迈尔认为收购这步棋本身是正确的。就销售额而言，tti 公司在美国市场上排名第二。他决心维持德莎在美国的业务布局，为了让市场领导者 3M 公司远离宝马等拜尔斯道夫的主要客户。因为通过宝马的美国工厂，3M 公司可以接触到客户的德国母公司。鉴于美国的业务布局"从方案设计上来看似乎是正确的"，并且出售这部分业务只能带来"很少"的收益，因此集团并未放弃，而是在 1992 年对这家美国公司进行了重组，额外注入了 4500 多万马克的资本，三年后又注销了 3000 万马克的贷款。出于成本和环境保护方面的考量，位于伊利诺伊州卡本代尔的新工厂在竣工后不久即被出售。[33] 一直到二十世纪九十年代末，tti 公司才终于告别连年的亏损。

在欧洲，根据"德莎 100"方案，德国奥芬堡生产基地负责生产 tesakrepp®、tesaband® 和 tesafix®。意大利康卡尼奥基地专门生产 tesafilm®、tesapack® 和 tesaflex®，这些批量生产的产品用于供给大宗批发交易市场。位于德国哈里斯莱的 Nopi 公司接管了 tesaplast®、tesaseal® 和薄膜印刷专用产品的业务。汉堡母公司则集中精力生产"专业技术含量高、小批量的特殊产品"。[34] 标签等特种产品由小规模的子公司负责。即便有上述分工，德莎事业部的业务涵盖范围依旧非常广，管理八个业务部门。工业领域的产品包括遮蔽和保护、包装、电子应用、精加工、工业胶粘剂和工业标签应用。消费产品则主要服务于学校、家庭、办公室以及 DIY 的需要。[35]

事业部在关闭过多工厂的同时没有安排后备产能，结果造成供应瓶颈等一系列问题。鉴于此，重组方案最终的实现较计划有一定的差距。实际上，比起削减成本，这次重组更注重提高事业部的竞争力。事实证明，重组计划没有吸纳德莎高级管理层的意见，这是一大败笔。计划方案中的误判和错误没有得到及时纠正，部门管理层不论三七二十一，一律照章办事。新任事业部负责人施泰因迈尔和他聘用的职业经理人在很长一段时间里无法打破员工消极抵制的态度，原因之一是管理层并不熟悉工业领域的业务。

产品销售额的下降致使工业大客户面临越来越大的降低成本压力，价格竞争也变得愈发残酷，有时甚至演变为关乎企业存亡的淘汰赛。为此，德莎需要制定新目标，做好应对。即便是德莎这样的优质生产商，也被迫尽可能降低批量生产业务成本。与此同时，生产厂家只能依靠创新和更加过硬的产品质量来赢得客户，只有这样才能在竞争异常激烈的市场上站稳脚跟。在价格战中，无法通过降低成本来与最低成本的生产商抗衡。民用品市场也呈现出类似的挑战。例如，九十年代的建筑家居市场里涌现出一批价格低廉的自有品牌，它们夺走了 tesakrepp® 的一部分市场份额。德莎只能推出新产品作为应对，例如 1993 年上市的 tesa Powerstrips® 无痕易拉胶产品。后期，该产品逐步成为一个高盈利的产品细分门类。尽管如此，德莎的总体创新率（即近三年或近五年推出的新产品比例）仍然很低。但德莎在新产品开发中愈发重视环保，放弃使用溶剂得到高度重视。[36]

德莎：竞争力提升与亚洲市场的扩张

1992 年启动的"德莎竞争力"项目侧重于研发和新产品，同时不放弃严格的成本控制和欧洲生产基地的重组。目标之一是简化品类结构。tesafilm® 等许多产品的尺寸和规格过多，导致生产仓储成本居高不下。为此，拜尔斯道夫关闭了汉堡以外的销售办事处和仓库，以降低成本。这一系列的关停措施影响到了不少工作岗位，仅德国生产基地就有 450 名员工受到影响。与此同时，汉堡和奥芬堡两地的生产设施不断扩容，这也使得降本措施并未发挥显著的效果。公司计划将产品数量从 14500 件减少到 7600 件。转眼间，原本稳定的工作岗位似乎受到了威胁。对拜尔斯道夫而言，这意味着一场影响深远的变革。

德莎胶带用于造纸工业中的拼接，德国，2000 年

为了让德莎事业部适应新环境，裁员措施势在必行，但裁员举措必须得到员工的广泛接受，防止不确定性造成的惶恐在整个公司蔓延。因此，企业与管理人员和企业职工委员会就相关问题和可能的解决方案做了深入讨论，并在职工大会上进行了解释。拜尔斯道夫出台了一项慷慨的裁员补偿计划，可减轻被裁员工的经济负担。一部鼓舞人心的影片解释了事业部当前面对的形势和发展前景，旨在公司上下培养一种"积极、灵活和着眼未来"的基本态度。[37]

另一项合理化措施致力于将德莎打造成消费市场的唯一品牌。公司停止生产 technicoll® 胶水。事业部对欧洲范围内的宣传和销售策略做了统一布局，旨在有效遏制竞争对手 3M（Scotch），将其远远甩在身后。德莎重新推出 tesafilm® 系列，此举发挥了举足轻重的作用。公司希望巩固自身在强势市场中的领导地位，不让竞争对手抢占市场份额。[38] 出于类似的原因，德莎在 1994

年初仅以 200 万马克的价格出售了 technicoll® 工业粘合剂业务，因为特种粘合剂并不属于德莎的核心竞争力，该商标权仅在德国受到保护，而且开发新粘合剂的成本非常高。德莎只保留了少数几种 technicoll® 产品，继续以德莎之名销售，以便为客户提供全方位的产品系列，与此同时，保留几款产品也是为了避免因德莎退出市场而给客户招致业务竞争。保留下来的产品包括汽车、家具和手机行业应用贴合，以及车身粘合剂。[39]

在国际舞台上，德莎须加强与工业客户的合作，提供更多的定制解决方案。为此，"日本技术中心"应运而生。东南亚市场的经济前景似乎最好，当地市场"还没有开始分蛋糕"，越来越多的"事业部主要工业客户"开始建立自己的生产基地。[40]

德莎安排了一位业务经理专门负责泰国、马来西亚、新加坡和韩国市场，这些国家当时的经济增长速度是德国的三倍。另一位同事负责菲律宾、印度尼西亚和中国香港的市场。1993 年，德莎在中国设立了两个办事处。为了尽快进入当地市场，德莎于 1994 年与中国台湾家族企业四维集团成立了合资企业，四维集团是除了日本以外的亚洲市场领导者。该合资公司的业务覆盖中国大陆、新加坡、韩国、马来西亚、泰国、菲律宾和印度尼西亚。德莎负责管理和财务，四维集团负责运营和人力资源管理。

汉堡母公司的德莎团队刚刚失去了四百多名同事。此时，集团正准备在中国建立生产制造基地并从中国进口德莎产品到欧洲。员工认为这一计划将威胁到自身的工作岗位。迪特尔·施泰因迈尔在回答雇员代表、监事会副主席君特·凯丁（1945 年出生）的问题时表示，如果欧洲公司的成本无法做到有竞争力，就有可能出现上述情况。他的这番表述可能是为了起到一定的震慑作用。毕竟，集团如此布局并非为了将德莎产品从亚洲出口到欧洲，而是为了更好地满足东亚市场的需求，为大众汽车或西门子等全球工业集团在中国或马来西亚的工厂供货。拜尔斯道夫不希望将这些业务留给日后可能向全球扩张的当地竞争对手。出于相同的原因，德莎从 1996 年开始在巴西开展工业领域的业务。[41]集团与许多西欧公司一样受益于巨大的新兴市场。随着全球化的加速以及在世界贸易组织（1994 年成立）框架下签订新的全球贸易协定，这些新兴国家市场逐步打开了国门。不过，这也要求公司必须能够适应不断变化的市场条件。

1998 年 12 月 31 日，德莎接管了新加坡、马来西亚、印度尼西亚、韩国、泰国、菲律宾和中国香港的工厂，开始自行管理，并冠以德莎胶带（tesa tape）之名运营。鉴于中国台湾的合作伙伴因其商业行为在美国面临法律诉讼，二者的分道扬镳在此时显得很有必要。四维集团接收了在中国大陆的工厂。《周日世界报》对德莎事业部 1999 年 3 月召开的年度新闻发布会做了报道，标题为"德莎不会粘着亏损不放"。在此期间，德莎熟悉了亚洲业务的运作，并与信任的员工团队一同合作。经过一番痛苦的调整后，德莎在 1998 年终于迎来转折，当年事业部恢复盈利，这也为并购工厂铺平了道路。美国 tti 公司也在这一年首次实现盈利。[42]

"大力士项目"

在很长一段时间里，德莎似乎无法扭亏为盈。即便采取了严格的调整措施，1996 年夏举行的执行董事会还是指出了一系列问题：缺乏对增长地区的重视、忽视品牌管理、缺乏创新，等等。德莎事业部的经营亏损已经不容小觑了。有些媒体估计，1996 年德莎的亏损额为 2000 万马克。对此，执行董事会主席库尼施说，这个数字并不准确，亏损"不止这些"。[43]他自己预估年亏损额约为 5000 万马克。[44]时任中央企业发展部负责人的乌尔里希·施密特（1953 年出生）在给首席财务官舍费尔的一份评估报告中指出了三大问题：组织缺陷、生产复杂且批量小；人员配置过剩的工业营销部门"官僚主义"严重，桎梏着从应用工程师到研发人员的创新通道；海外消费产品市场的利润率过低。他建议，母公司应与海外子公司商定利润目标，而不是销售目标，由子公司自行决定产品组合和掌控营销活动，毕竟"他们最清楚自己在做什么"。[45]

执行董事会确认了事业部迄今为止的战略目标，即提高生产基地的生产率、以品牌为导向、强调创新和亚洲区域的国际化。与此同时，执行董事会要求具体实施应当更加果决。例如，德莎在 1997 年大幅裁员 1000 人。在工业领域，德莎将专注于包装、掩蔽和固定（后称"紧固"）领域，剥离粘合剂和表面防护等其他业务领域。罗尔夫·库尼施和彼得·舍费尔为此专门聘请了一位管理专家罗尔夫-迪特尔·施瓦布（1952 年出生），他们曾在宝洁公司共事过。为了保持业务盈亏平衡，拜尔斯道夫不仅要裁员，还要增加投资 2.8 亿马克。[46]并非所有举措最终都得以落地实施，比方说表面防护（品牌名：Bodyguard）没有从公司业务中剥离，而是在不久后成为集团的一个重要产品领域。

拜尔斯道夫精简了国际业务。加拿大和墨西哥市场在调整后由美国公司负责管理。哈里斯莱的 Nopi 工厂按计划原本应当关停，因石勒苏益格-荷尔斯泰因州北部的失业率较高，哈里斯莱作为 Power-Strips 的生产孤岛，最终还是被

无溶剂粘合剂既环保又经济。因此，德莎在九十年代末将研发重点放在热熔胶技术上，1999 年企业年报

保留了下来。通过管理层收购，工厂得以保留剩余的大部分工作岗位，并最终成立了 Logo Tape 公司。拜尔斯道夫至今仍与这家公司保持着合作关系。[47]

按照调整计划，拜尔斯道夫的工业类产品应从 2200 种减少到 880 种，消费类产品从 5400 种减至 1000 种。过多的产品品类造成了巨大的复杂性和高昂的固定成本，这便是采取精简措施的背后动因。想象一下，调整前，tesafilm® 系列的产品数量高达 1600 种！销售总监马丁·波茨在向德国零售合作伙伴解释为何大幅缩减产品品类的原因时说，零售领域的重点是"快消品"。[48]德莎和医疗器械事业部消费产品的销售由化妆品事业部接管。如此一来，拜尔斯道夫形成了一个统一的市场营销机构，专门负责终端消费者的业务。在此之前，各部门在全欧洲拥有自己的销售机构。[49]新举措预计将为公司节省大量成本。这些措施削弱了各个事业部作为公司最重要组织单位的作用。销售渠道逐步向企业中心转移。

此外，执行董事会竭力邀请员工与职工代表参与旨在推动新一轮企业重组的"大力士项目"。然而，与前几年相比，大规模裁员更难获得企业职工委员会的批准。职工代表希望尽量避免公司裁员，他们更愿意选择全体员工减薪不裁员的解决方案。许多时候,他们与化学行业工会的做法类似,要求对公司所有人小幅减薪。执行董事会明确拒绝了这一要求。虽然减薪能暂时缓解财务压力,但无助于解决结构性的根本问题。执行董事会认为,重组——包括德莎事业部裁员——是势在必行的举措。1998年底,拜尔斯道夫"仅仅"裁减了700个工作岗位,而不是原计划的1000个。重组资金还剩余2000万马克。就在这个时候,德莎成功扭亏为盈。[50] 但1998年9月发表在《汉堡晚报》的文章中还写道,德莎事业部的困境几乎导致拜尔斯道夫股份公司解体。报道称,公司大股东已经在讨论出售德莎事宜。[51]

1998年,德莎业绩提振,亚洲金融危机的结束[52]是其中的一部分原因。此外,业绩的改善也得益于新产品和新生产工艺的出现。首先,Power-Strip发展成为一个新的紧固技术领域。产品生产过程中使用的新型无溶剂热熔胶技术在随后几年里改进了胶带和膏药产品。1999年,德莎率先提出将tesafilm®用作数字数据存储介质,这个想法直到几年后才转化为市场化的产品(见下文"事业部的终结")。当时,即便没有雄心勃勃的技术突破,但只需在技术上花些力气便能制造出来的产品更容易实现盈利,尤其是印刷用的薄型拼接带、用于汽车和家具行业的可回收保护膜(Bodyguard®)以及有助于实现手机轻薄化的双面粘合的德莎冲压模具。[53]

削减工作岗位与提前退休

1989年至1992年期间,拜尔斯道夫集团削减了约2000个工作岗位。[54] 当时适用的失业救济规定和提前退休制度为公司裁员提供了便利,离职协议和社会福利补偿计划也减轻了对被裁员工的影响。半数以上的解聘员工经协商后同意接受赔偿金。九十年代初,拜尔斯道夫公司在德国支付的遣散费最高。德国集体劳资协议适用的员工遣散费约为每人10万至12.5万马克,管理人员的遣散费明显更高。年满53岁的员工可以选择将最多32个月的失业救济金提至先前净工资的80%至100%。年满56岁及以上的雇员可以申请提前退休。在达到正式退休年龄之前(当时规定退休年龄为男性63岁,女性60岁),他们可以领取先前净收入的75%。1993年,"提前退休"新政策取代了原先一直实行的老政策,若员工提前退休,拜尔斯道夫公司须报销已支付的失业救济金,这就增加了年龄较大雇员的解聘成本。不过,执行董事会强调,工作能力才是雇用与否的最重要决定标准,而非年龄。[55]

拜尔斯道夫在 1994 年再次裁员 650 多人。鉴于集团总部位于汉堡，公司在政策上相对更加关注汉堡，加之汉堡总部品牌和事业部之间的人员流动更加便利，因此，相较于海外子公司的员工，汉堡公司的员工在裁员方面受到了更好的保护。尽管如此，当年还是有 176 名汉堡员工遭解聘。同年，集团关闭了葡萄牙的工厂。在法国、哥伦比亚，特别是墨西哥的公司，下岗员工人数在员工总数中的占比较高。与此同时，其他一些国家的拜尔斯道夫公司新招聘了 1500 名员工，主要涉及中国、印度和印度尼西亚的分公司。这些市场的增速是欧洲的两倍。但裁员与增员的地区不平衡性引发了汉堡员工的不满。尽管德莎事业部的经营业绩不理想，但集团的大部分利润贡献依旧来自汉堡公司。[56]

公司管理层深知，面对这种情况，更应加强集团内部的沟通，让大家了解各地市场的不同前提条件和孕育的机会。为此，拜尔斯道夫积极推动 1995 年设置的"欧洲对话"活动机制。每个欧洲子公司都会派出一名员工代表和一名管理层代表参加对话。欧洲理事会曾颁布指令要求成立欧洲企业职工委员会或类似的协商机构。鉴于拜尔斯道夫集团的全球规模，欧洲企业职工委员会这类组织形式并不适合拜尔斯道夫集团。此外，"欧洲对话"也超出了欧盟指令的适用范围，受邀者不仅包括设在欧盟的子公司，而且包括所有欧洲分公司。[57]

法定的共同决定机制在企业重组的过程中证明了自身的价值。虽然这一机制增加了关停工厂的成本，限制了管理层的选择，拖长了不少进程，但它提供了一个更容易被员工接受的框架。此外，在与企业职工委员会的谈判过程中也涌现了不少新的想法，这些想法获得了企业管理层的肯定。例如，针对哈里斯莱的 Nopi 工厂，有人提议应继续运营一部分生产设施，将其他设施移交给原厂员工，而不是马上关停整座工厂，此举可避免集团声誉受损（见第七章"大力士项目"一节）。

"人才是关键"

裁员和缩编带来了一定的压力，也无助于员工激励。但拜尔斯道夫的每个人都知道，他们才是企业成功的关键。员工积极提出新想法，负责产品的制造、营销、宣传和销售。为此，拜尔斯道夫进一步扩充了内部培训计划。1991年，全球共有 5000 名员工参加了培训，占集团员工总数的四分之一。[58]

八十年代，劳工董事佩丁豪斯曾多次强调"人才是关键"。在拜尔斯道夫大裁员时，这句话的可信度可能打了些许折扣。因此，集团认为有必要在公司内部重新提振信心，邀请各级员工参与讨论。为此，执行董事会在 1993 年的年报中提出了新的人力资源政策指导方针。执行董事会新成员库尼施、施泰因迈尔和从 1991 年开始担任人力资源董事的奥普格诺特在先前效力的公司里都已经了解了这一工具。维尔纳·奥普格诺特（1943 年出生）还在管理体系中引入了管理层继任规定，并制定了标准化薪酬准则。[59]

这类指导方针要求全球各地的拜尔斯道夫管理人员应尊重员工，承诺男女平等，反对种族、民族和宗教歧视。最早可追溯到 1993 年春召开的一次执行董事会会议，会上讨论了企业管理文化。虽然奖金机制能够激励员工，但良好的业绩往往建立在合作的基础之上。为了调动员工的积极性，执行董事会致力于建立一个"学习型""信任型"和"与时俱进"的组织，打造以信任为导向的领导层。新的企业文化着力打破原先的专制结构，推广新理念。[60]最重要的是激励、绩效和成功。拜尔斯道夫执行董事会认为，在一个令人感到身心舒畅、能与他人合作、有进一步发展空间的工作环境中，员工将更好地实现自己的目标。大部分员工都希望独立工作，参与决策、获得认可和相关信息。我们不应高估这些指导方针的影响，但这些准绳的确产生了积极的效果。集团还启动了一项新进程，即将员工评估面谈转变为涉及与上级合作及员工职业前景的对话。在对话中，大家可以讨论与上级的合作情况，倾听员工的意见。这样做旨在有的放矢地"操练如何处理关键和有争议的问题"。[61]对于关乎公司的问题，员工应开展富有建设性的公开讨论，而不是私底下议论纷纷或者谣言满天飞，产生适得其反的效果。

在许多员工看来，在二十一世纪初，这些讨论与公司给员工的社会保障同等重要。尽管集团做了结构调整并降低了成本，但没有减少员工的福利待遇，包括幼儿园、优惠享用平价午餐，以及公司对员工文体活动的支持。这期间还涌现出一批有助于降低成本的倡议，这些倡议旨在改善工作环境，聚焦员工健康。九十年代初，公司预计每年的员工疾病成本约为 3500 万马克。职工患病率为 6.5%。鉴于此，拜尔斯道夫于 1992 年与德国法定医疗保险公司 AOK 共同启动了一项计划，最初的目标是将产业工人的患病率降低 1%。AOK 同意在 1997 年前每年出资 260 万马克支持试点项目，这一供资承诺促成了双方的合作。而拜尔斯多夫集团放弃了自 1989 年就开始筹建的企业健康保险基金（BKK），将这个过程中节省下来的资金用于试点项目。[62]

试点项目着重改善工作场所的设计，以降低肌肉骨骼疾病的发病率，营养保障、减轻压力、预防成瘾行为和康复是项目的核心要点。为了改善医疗服务，公司为 1946 年成立的企业医疗中心提供了全新的更大的空间和现代化的新设备。现在，中心能够做糖尿病检测和皮肤癌筛查，还扩大了预防性医疗服务的范围。十年来，医疗预防服务一直包括流感疫苗接种和肺部检查。事实证明，这个项目是成功的。项目实施两年后，生产部门的患病率大幅下降，许多工作岗位的劳动环境得到了改善，由此节省下来的费用也大大高于额外支出。[63]

1997 年试点研究结束后，拜尔斯道夫公司开始自行运作健康医疗方面的事务。公司的医疗中心进一步丰富了服务内容，将食堂、公司的体育活动、社会服务和其他设施纳入其新推出的"保持健康"倡议中。这一吸引人的构想包括促进工作效率与员工健康之间的平衡，允许员工在工作时间内参与保健操或太极拳等健康活动，这比传统的 AOK 课程更能调动大家的积极性。保健计划对员工和公司都很有助益。九十年代末，拜尔斯道夫在全球各地的工厂和企业推出了新的体育活动。德国国内也成立了一个新机构：拜尔斯道夫企业健康保险基金于 1998 年 10 月 1 日成立。五年后，这家机构的投保人数已达7100 名。[64]

拜尔斯道夫的社会福利仍以公司养老金为核心，资金由两个独立的基金会提供。一家是 TROMA 退休人员和遗属基金会，该机构成立于 1916 年，负责为拜尔斯道夫股份公司的前雇员支付养老金。二是 Pilot 基金会，成立于二十世纪二十年代，它将分公司的雇员也纳入保障对象。1993 年，两个基金会的资产总价值约为 2.3 亿马克，主要资产包括房地产及拜尔斯道夫股份公司成立后的公司股份。在经营业绩出色的财政年度，拜尔斯道夫多次将富余资金转入基金会，由基金会负责投资。因此，基金会负责支付一部分的公司养老金，公司资产负债表上的养老金债务[65]压力不大。1994 年，两家基金会合并，确保有能力为公司一万名已退休人员和未来退休人员长期提供养老金。另一方面合并也减轻了基金会的税收负担，有助于提高基本养老金的底数。[66]

全球妮维雅大家族

九十年代初，拜尔斯道夫终于成功地与施乐辉就妮维雅在英国和英联邦国家的商标所有权达成协议。1997 年，拜尔斯道夫获得了在罗马尼亚和波兰的妮维雅商标所有权。自此，集团终于能在世界范围内经营和发展妮维雅品牌了。

八十年代，克鲁泽和沃普克曾多次与施乐辉协商妮维雅事宜。这家英国合作伙伴表示，公司打算专注于机构健康市场，有意退出个人护理领域。1991

年，当施乐辉最终走上这条发展道路时，英国人却只想就加拿大的品牌所有权进行谈判，或许是为了通过分割出售来抬高总价。加拿大市场在拜尔斯道夫眼中很有吸引力，这将使他们的品牌所有权覆盖整片北美大陆。为此，执行董事会还是决定接受"政策性要价"，为这一小部分业务支付 1300 万马克。大家都清楚，这笔资金还远远不够，后期还需要大量投资。[67]

仅仅一年后，双方开始就英国和爱尔兰的妮维雅商标所有权进行谈判。出人意料的是，施乐辉很快就同意将商标所有权和生产设施出售给拜尔斯道夫，但坚持要求在合同中明确继续由施乐辉经销拜尔斯道夫的产品。拜尔斯道夫希望利用这一积极态势，将施乐辉依旧把控着妮维雅商标权的其他国家也纳入谈判范畴。仅仅过了两周，沃普克和库尼施就向执行董事会报告说，极有可能在 1992 年底前就妮维雅的全球商标所有权达成协议。拜尔斯道夫只拿回了以色列、南非、巴基斯坦、印度、新西兰和澳大利亚的商标所有权，施乐辉则保留了在上述这些国家的生产和销售权。九十年代初，妮维雅品牌的价值已经相当高了，拜尔斯道夫不得不向施乐辉公司支付 1.13 亿马克的购买价，该金额超过了整个集团 1992 年净利润的三分之二。拜尔斯道夫购得了一个销售额高但利润低的市场，后期还被迫对英国工厂投入大量的资金。[68] 2000 年，拜尔斯道夫接手了施乐辉的销售网络（见下文"事业部的终结"）。

在与施乐辉开始谈判前，拜尔斯道夫已于 1991 年开启了罗马尼亚和波兰的妮维雅商标所有权谈判。两年后，公司在罗马尼亚达成了协议，[69] 但波兰的谈判迟迟没有结果。对于拜尔斯道夫来说，波兰不仅仅是一个重要的市场。他们担心妮维雅产品会从波兰出口到其他国家。为了消除波兰政界的不满情绪并建立信任，拜尔斯道夫一开始建议在生产和市场营销方面进行合作，但一切努力都是徒劳无功的。直到波兹南国有企业 Fabryka Kosmetyków Pollena-Lechia 于 1997 年私有化，拜尔斯道夫再次看到了机会。拜尔斯道夫拥有资金和专业技术，希望在当地建造一家新工厂。为此，公司获得了 Pollena-Lechia 公司近一半的股份。次年，拜尔斯道夫通过购买股份获得了多数股权。[70] 1998 年，罗尔夫·库尼施高兴地在公司年会上报告说："经过 50 多年，妮维雅再次作为一个全球大家庭团结在一起。"[71]

此后，公司改名为 Beiersdorf-Lechia，并着手进行重组，尽可能地淘汰并出售了牙膏、肥皂和香水等产品，并将产品线从 20 个品牌削减至 4 个。2001 年启用的新工厂大幅减少了所需员工数量，因此工作岗位从 1998 年的 1500 个削减至 400 个。大刀阔斧的裁员计划并没有遇到反对，这是因为工厂所在地区的失业率较低，拜尔斯道夫也提供了慷慨的离职补偿。当自愿接受裁员的员工过多时，公司不得不出台激励措施，让大家留下来工作，激励措施包括大幅提高工资和医疗保险。重组后，集团又着手调整管理结构与沟通机制。2003年，Beiersdorf-Lechia公司获得了管理研究机构的好评，专家认为这家企业是东欧国有企业转型无比成功的典范。[72]

妮维雅全新的国际品牌形象

四十多年来，重新拿回妮维雅的商标所有权一直是一件复杂的事情，需要高超的外交技巧。1959年，拜尔斯道夫在与施乐辉签订的妮维雅协议中找到了一条解决途径，为后期的商标权收购奠定了基础。在六七十年代，赫尔穆特·克鲁泽拓宽了通向目标的道路，他寻求与商标所有权所有者的合作，以便能够影响产品质量，维护品牌声誉。此外，拜尔斯道夫特别强调对外一致的广告宣传。

如果没有这种模式，很难说妮维雅能否在二十世纪末大获成功。五十年代，在被德军占领过的国家销售"德国"润肤霜是件难以想象的事情。当时的拜尔斯道夫还有另一个选择：成立新公司或开展针对特定国家的特定市场营销活动，将妮维雅包装得看起来像其他国家的产品，比如法国的产品，这对当时的拜尔斯道夫而言在经济上是难以承受的。另外，若拜尔斯道夫不希望在二十年后面对一个难以撼动、已经稳固的竞争对手，就不能将法国和英国等高度成熟的消费市场拱手相让给竞争对手。合作创造了未来发展的先决条件。拜尔斯道夫深谋远虑地设计着未来，当他们后来拿回商标所有权时，公司要接管的应是一个消费者熟知的成功品牌。尽管随着时间的推移，购买妮维雅商标权的成本越来越高，但逐步回购并不会给公司带来过重的财务负担。美国市场是一个鲜活的例子，一旦离开了合作，其他地方也可能会出现美国市场一样的情况：当拜尔斯道夫在1973年拿回美国的妮维雅商标所有权时，强大的竞争对手已经占据了当地护肤品市场的主导地位。妮维雅的市场份额约为2%，在当地市场上只算一个非常小的品牌。

然而在大多数主要市场上，因第二次世界大战后的特殊发展轨迹，妮维雅通常被当地消费者视为本地品牌。在消费者眼中，这些产品是意大利的、荷兰的、法国的、德国的或墨西哥的。基于这段历史，公司后来投放统一的广告宣传，构建"妮维雅全新的国际名牌形象"并不困难，然而这一全球品牌需要保持与各个本土市场的联系。集团在目标市场的投资以及产品与当地民族特性和文化的关联在全球品牌形象的塑造上发挥了积极的作用。[73]

在妮维雅取得巨大市场成功的背景下，化妆品事业部所面临的挑战是如何进一步扩大业务。从 1990 年到 1994 年，化妆品事业部的销售额增长了60%，增长几乎完全依赖妮维雅市场份额的增加。新推出的妮维雅止汗除臭剂（NIVEA Deo）、妮维雅润肤露（NIVEA milk & Lotion）、沐浴产品、须后水（Aftershave）和妮维雅面部护理系列（NIVEA Visage）尤其成功。几年前，汉斯-奥托·沃普克曾警告说，不能任由"化妆品业务的发展"继续如此严重地依赖妮维雅，不然的话，"很难进一步扩大业务"。[74]

妮维雅的积极发展与 1991 年加入拜尔斯道夫的化妆品事业部新任掌门罗尔夫·库尼施有很大关系。他后来在拜尔斯道夫企业期刊中描述了自己当时如何立即叫停第二个皮肤和面部护理品牌"Diva"的计划。也是他搁置了重启Limara 品牌的尝试。[75] 宝洁公司出身的库尼施并不认可公司推出第二个护肤品牌的想法。库尼施后来写道："我一门心思只想着怎么做好妮维雅。"他认为有必要全心全意打造这个品牌，稳定并扩大该品牌的影响力，稳固品牌长期的成功发展。[76] 再推一个新品牌的做法不仅成本高，而且一旦成功，势必也会给妮维雅带来负面影响。拜尔斯道夫在七十年代推广"creme in"系列产品[77]时也曾遇到过类似情况。尽管这与他自己的一些想法有所偏离，执行董事会主席沃普克还是全力支持这一新方向，因为他很快就理解了库尼施的良苦用心："我们的许多竞争对手可能规模更大，但只有我们有妮维雅。"[78]

库尼施将精力放在如何扩大妮维雅的产品范围上，积极提升妮维雅在皮肤和面部护理领域的市场份额。拜尔斯道夫自七十年代以来一直不惜广告成本，为一批利润较小的品牌打广告，包括 LIAN、多宝杜诗、加蒙（Gammon）和Limara 等。这些品牌之所以利润贡献小，是因为它们只有依靠大规模的广告宣传才能获得较高的营业收入。相较之下，妮维雅的增长很稳定，也为化妆品事业部带来了丰厚的利润。零售商销售的产品系列有限，这也是原因之一，[79]其他品牌很难与妮维雅并驾齐驱。在随后的几年里，拜尔斯道夫剥离了一部分品牌，剩下一部分品牌在某些国家的销量较大，因此也被保留了下来，比如荷兰和斯堪的纳维亚国家仍销售多宝杜诗的产品。只有少数产品充当对妮维雅之外品类的有效补充，因为这类产品拥有悠久的历史和专属的客户群，如 8×4和 atrix 系列。还有一些品牌服务于特殊的细分市场，如芭西施（Basis pH）和优色林 pH5。

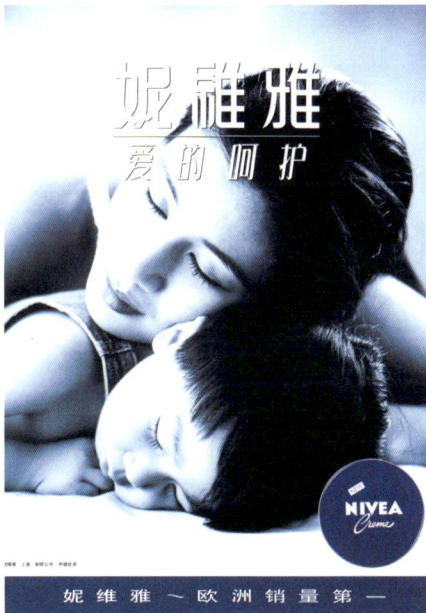

蓝色和谐，全球各地可见。
上图：意大利，2000 年（左图）；墨西哥，2000 年（右图）
下图：中国，1995 年（左图）；土耳其，1995 年（右图）

拜尔斯道夫专注于妮维雅的发展。1990 年，集团与日本合作伙伴兼竞争对手花王公司的合作项目迎来重组，剥离了 Guhl 公司。两家公司都有自己的打算：拜尔斯道夫希望经营好旗下利润最高的子公司之一，即妮维雅花王合资公司，而花王则希望独立运营 Guhl-Ikebana 有限公司。交换协议规定，花王获得 Guhl 公司 60% 的股份。作为回报，拜尔斯道夫获得妮维雅花王公司 60% 的股份，向统一的"妮维雅公司"目标又迈进了一步。[80]

九十年代初，集团母品牌战略的一个重要组成部分是将德国国内的妮维雅面霜品牌 NIVEA Gesicht 和海外品牌 NIVEA Face 整合为统一的 NIVEA Visage（妮维雅面部护理系列），建立全球标准化的品牌名称。1994 年，面部护理产品增加了 NIVEA Vital，这是根据集团自身的皮肤学研究成果为"成熟皮肤"设计的一款护理系列。[81] 所有新产品系列都以妮维雅命名，并以统一名称在全球销售。拜尔斯道夫的主打品牌妮维雅、柔俪兰和莱珀妮因价位不同，并不存在竞争关系，反而相互支持。集团当时的想法是，由高价位品牌率先引进新工艺和新成分，待工艺成熟后再由妮维雅和其他品牌应用前者的创新成果。彼得·舍费尔报告说："可惜我们很快就放弃了这种级联式布局的想法。"[82] 其中一个为数不多的成功案例是护肤品中辅酶 Q10 的应用。拜尔斯道夫的研发部门成功将辅酶 Q10 添加到乳液中，生产出一种稳定的化合物。这种成分旨在减少皮肤可见的皱纹深度，延缓衰老过程。[83] 1997 年春，柔俪兰率先推出了抗皱修护面霜 Rejuven Q10。一年后，NIVEA Visage Anti-Wrinkle Q10 抗皱面霜问世，不久后优色林 ph5 系列的 Q10 面霜也上市了。[84]

在推出 Q10 系列时发生过一件本身并不起眼的事情，但这件事情表明，对妮维雅的重视和母品牌的扩张也伴随着越来越大的风险。1998 年 6 月 1 日，因消费者合理的投诉，公司暂停了所有 Q10 产品的生产。工厂减少了活性成分含量，使得这个问题在几天内就得到了妥善的解决。[85] 但这件事情告诉我们，个别产品上的失误可能对整个品牌造成负面影响。妮维雅品牌的声誉是通过几十年来几代人的口碑建立起来的，也有可能瞬间崩塌。不过，这次小事故也表明拜尔斯道夫的风险预警系统是行之有效的。

母品牌的影响力

品牌形象定义了母品牌，改变其须慎之又慎。营销专家们围绕着母品牌策略到底能走多远的问题争论不休。[86] 这个问题在拜尔斯道夫内部被反复提及，次次都抛出新问题。市场营销部在《蓝色圣经》中记录了妮维雅品牌的价值和特性，这也是全球市场营销部门、开发部门和销售部门员工的工作基础。1991年，库尼施接手化妆品事业部后进一步强调母品牌的重要性："妮维雅是我们的生命血液。妮维雅是护肤品的代名词。我们热爱它。"[87]几十年代，妮维雅品牌的护肤专业技术成功地延展到护发领域，包括洗发水和护发素。这一专业技术能否扩展到染发等其他领域呢？拜尔斯道夫的大多数人对此持怀疑态度。他们认为自身的专业技术已达极限，最好不要越过这条边界。研发部总监克劳斯-彼得·维特恩认为，头发的主要成分是肌酸组成的角质纤维，他表示："我们术业专攻的领域是皮肤科学。"[88]

然而，这个业务领域的市场环境的确很诱人。在1994年的前八个月里，拜尔斯道夫公司在德国市场上的洗发水和护发素销售额为7500万马克，而威娜公司的销售额为1.7亿马克，施华蔻的营收甚至达到了3.5亿马克。德国市场的总销售额超过了15亿马克。[89]由于当时的拜尔斯道夫还缺乏研发此类产品的专业技术，并不适宜自主研发同类产品，因此，集团研究了可行的收购方案，以便建立另一个瞄准美发行业的母品牌。

1993年春，执行董事会开始考虑收购威娜公司的可能性。这项建议可能来自某位大股东，因为执行董事会先期因高风险已经否决了这项提议，但并购项目草案还是提交到了监事会。威娜公司共有15000名员工，几乎与拜尔斯道夫的雇员人数一样多。若并购就需要解聘1500名员工。首席财务官彼得·舍费尔总结说，这会在公司刚趋于平静时重新带来不确定性。在他看来，要为两家规模相当的企业制定统一的企业理念，让合并后的公司朝着同一目标前进，这是一件极其困难的事情。舍费尔估计，真正合并成功需要四年左右的时间。整合过程将导致"新的企业文化偏离拜尔斯道夫目前的企业文化"。[90]

两年后，执行董事会考虑收购施华蔻。此时，施华蔻原先的所有人——一家汉堡家族企业已将公司出售给了赫斯特股份公司。若与施华蔻合并，拜尔斯道夫将在德国和奥地利的护发市场上占据领先地位。他们打算在此基础上将施华蔻发展成一个国际护发母品牌。但在审核了财务数据后，拜尔斯道夫于1995年夏决定不再提出收购要约。[91]不久后，总部设在杜塞尔多夫的汉高集团收购了施华蔻。

尽管拜尔斯道夫认为染发似乎超出了妮维雅母品牌的承受能力，但罗尔夫·库尼施认为完全可以将相关的专业技术转移到其他业务领域。1994年，库尼施接替汉斯-奥托·沃普克出任执行董事会主席，乌韦·沃尔夫（1943年出

妮维雅美妆系列 NIVEA Beauté 等化妆品有助于扩大妮维雅母品牌的影响力。
妮维雅广告宣传,阿拉伯国家,2002 年(左图);希腊,2001 年(右图)

生)负责管理化妆品事业部,后者延续了库尼施的发展路线。妮维雅美妆业务的市场营销经理英肯·霍尔曼-彼得斯告诉《食品报》:"我们的目标是将妮维雅品牌的核心竞争力——护理——延伸到彩妆领域,作为妮维雅彩妆产品独树一帜的标志。"[92] 八十年代在法国获得成功的 Liliane France 化妆品系列于 1996 年底升级为妮维雅彩妆系列 NIVEA Beauté。[93] 拜尔斯道夫希望借此将彩妆产品推向大众市场。Beauté 系列包括口红、眼线笔和指甲油等产品。经过比利时和法国两大市场的试销后,1998 年,Beauté 系列登陆德国市场,这场宣传攻势是"拜尔斯道夫历史上规模最大的上市活动"的组成部分。之后,集团继续将Beauté 系列推向国际市场,产品范围扩大到眼影和睫毛膏等产品。几乎在所有的电视频道和发行量最大的女性杂志上刊登的广告里都能见到妮维雅彩妆的宣传标语"妮维雅——关爱的色彩"。[94] 这场在业内掀起的广告大战让广告公司赚得钵满盆盈。1998 年,彩妆市场的广告支出翻了一番,超过了 1.7 亿马克。[95]

拜尔斯道夫很快便取得了 7% 的彩妆市场份额。德国化妆品事业部的总经理托马斯-伯恩德·夸斯(1952 年出生)表示,拜尔斯道夫"有望在'可预见的未来'成为该市场的第三名"。[96] 尽管拜尔斯道夫借助市场营销手段很快为 Beauté 彩妆系列缔造了高额销售业绩，却无法实现真正的盈利。尤其是在 1999 年以后，彩妆系列的销售额停滞不前。英肯·霍尔曼−彼得斯后来报告说，"这个品牌从未有过盈利"，只在瑞士市场上有利润。从采购到分销再到商店的产品储备，拜尔斯道夫的运营方式与彩妆快消品市场的工作节奏完全不同。另一方面，罗尔夫·库尼施认为，将妮维雅品牌重新定位成美妆产品是一个严重的错误。[97] 人们光盯着色彩，却遗忘了关爱。

相较于妮维雅彩妆系列，1991 年上市的妮维雅止汗除臭系列的发展情况更为喜人（图 7.3）。虽然除臭止汗系列并不直接归属于皮肤和面部护理产品门类，但拜尔斯道夫凭借其出色的技术和对这一细分市场的透彻了解，获得了成功。毕竟集团生产 8×4 系列止汗除臭剂已有近四十年的历史。在七八十年代，人们在个人卫生方面的诉求发生了显著变化。消费者在个人卫生用品上的花费

图 7.3 妮维雅品牌的全球总销售额。2002 年最重要的五个产品组和妮维雅彩妆 Beauté 系列，1992 年至 2002 年（以百万欧元为单位）*

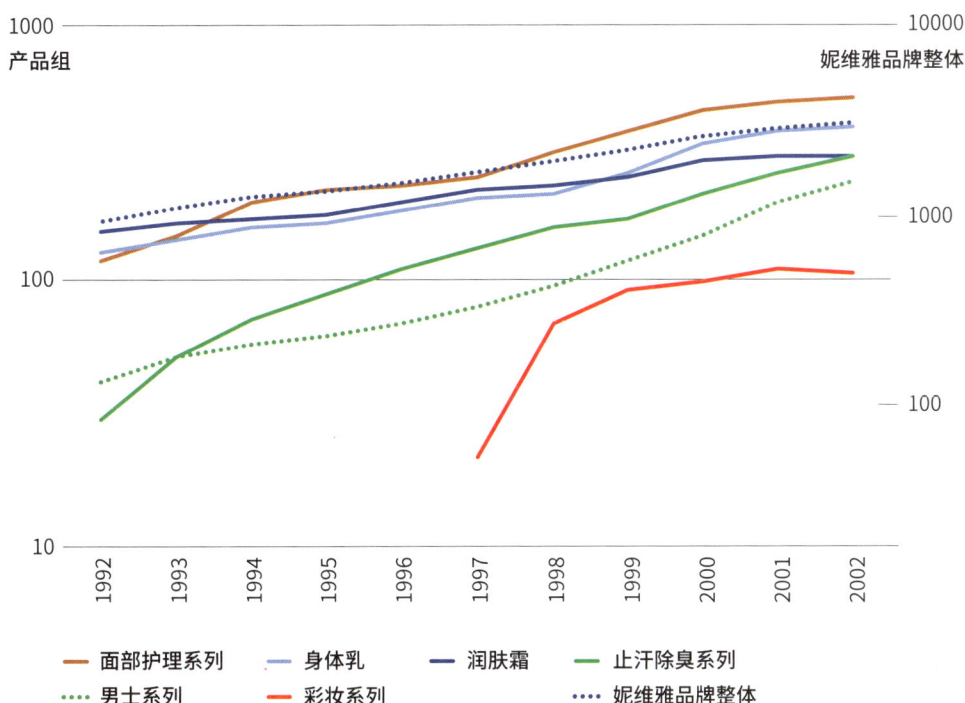

* 对数形式展现有助于比较增长率

资料来源：historical_data_1992_2002.xls（由托尔斯滕·芬克汇总数据，2018 年 3 月）

越来越多，[98] 个人卫生的社会感知也发生了很大变化（参见第六章"寻找新市场"一节）。妮维雅彩妆系列需要打开市场和明确市场定位，但妮维雅止汗除臭系列却无需定义新市场。因为除臭止汗剂不再被人们定义为香水类产品，而是作为日常身体护理的标准组成部分。妮维雅以亲肤、不含酒精的产品（如妮维雅止汗除臭膏）出色迎合了个人卫生领域的这一发展趋势，在 1995 年就建立起了德国市场上的领导地位。在此基础上，拜尔斯道夫拥有了自行塑造市场的能力。2003 年，妮维雅止汗除臭系列已成为妮维雅家族中第三大最重要的产品门类，并在十一个欧洲国家的市场中占据领导地位。[99]

深入细胞的皮肤科学基础研究

随着 1989 年的战略调整，拜尔斯道夫也决定将研究重点放在"治疗患病和受伤皮肤以及护理健康皮肤的产品"以及粘接技术，并于 1989 年将化妆品事业部和医疗器械事业部的研究部门整合为保罗-格尔森-乌纳研究中心。德莎则在德莎技术中心开展独立研究。[100]

皮肤病学、功效测试、毒理学评估和配方工艺（乳化）成为皮肤科学领域的研究重点。通过这一举措，拜尔斯道夫逐渐走近了科学研究的领域，公司与科学研究的合作也日益密切。研究中心还接受了德国联邦研究和技术部的一项研究任务，用于开发体外眼角膜上皮测试，以便将来能更好地避免在黏膜测试中进行动物实验。拜尔斯道夫公司在此类测试程序方面拥有很强的专业能力，因为自二十世纪七十年代末以来，拜尔斯道夫公司皮肤科学研究部门的负责人乌多·霍普就一直特别关注停止动物实验的问题。[101] 他的研究使许多动物实验变得多此一举，因此，他于 1995 年获得了德国联邦十字勋章。自霍普 1977 年加入拜尔斯道夫公司以来，公司就没有在化妆品产品研发过程中使用过动物实验。[102] 而药品部门的心血管药物，直到 1992 年仍属于医疗器械事业部的研究项目，依旧需依赖动物实验，当时还没有替代方案。

除了功效测试毒理学研究，皮肤病研究是第二个重点。自 1982 年起，拜尔斯道夫每两年便会颁发一次保罗-格尔森-乌纳皮肤病研究奖，以表彰国际上的杰出研究成果，奖金金额为 50000 马克。[103] 长期以来，拜尔斯道夫的研究主要集中在皮肤功能。二十世纪九十年代初以来，护肤品功效的实证研究越来越成为关注重点。实验室发展成为一个大型研究机构，其工作人员努力寻求与其他公司和高校科学家的交流，并在科学期刊和学术会议上发表他们的研究成果。[104] 拜尔斯道夫与汉堡大学附属埃彭多夫医院的合作尤为密切；1992 年，拜尔斯道夫出资在汉堡大学的实验皮肤病学专业设立了为期五年的基金教席。[105]

皮肤科学研究的第三个重点是乳剂和乳化等配方工艺。拜尔斯道夫在这一领域拥有出类拔萃的专业知识，因此也获得了公共科研项目。在纳米技术领域，公司与汉堡大学应用物理研究所合作，例如以滤光物质"追踪化妆品活性功效成分的透皮及递送直至单个皮肤细胞"。[106] 拜尔斯道夫的研究机构现已成为汉堡最大的研究机构之一，面对其实验设备，许多大学的研究人员难以望其项背。然而，深入研究是将新护理产品推向市场的先决条件。一方面是消费者的需求增加了，但最重要的是，作为德国市场的领导者，拜尔斯道夫无法承受向市场推出未经充分研发或有缺陷的产品所带来的风险。

医疗器械事业部的新策略？

当医疗器械事业部完成专注于皮肤健康领域的战略转移，事业部负责人乌尔里希·纳夫就退休了。之前领导过拜尔斯道夫法国公司的汉斯·迈耶-伯格多夫（1941 年出生）接任医疗器械事业部掌门，并被任命为公司执行董事会成员。五年后，托马斯-伯恩德·夸斯接替了他的职务。[107] 迈耶-伯格多夫于 1994 年 1 月掌管了这个"新"的医疗器械事业部。除了葡萄牙工厂关闭外，事业部已完成将生产基地集中在德国汉堡和西班牙阿亨托纳。现在，除了少数子公司的产品外，事业部的三大核心业务领域分别是：皮肤病学、伤口护理和静脉病学（皮肤血管性疾病）。

重组计划完成后，迈耶-伯格多夫认为需要为事业部制定新的发展方向。1994 年 10 月，他委托的理特企业咨询公司（Arthur D. Little）提出了一项计划，旨在使医疗器械事业部成为"保护和修复敏感、过敏、病变或受伤皮肤"领域的领先供应商。在三大业务领域中，公司应分别围绕优色林、汉莎创可贴和 Jobst 这三大旗舰品牌，打造市场领导地位；欧洲和美国的医药零售业被确定为销售重点。[108] 创新和外部增长应成为实现目标的手段。拜尔斯道夫也确实在每个业务领域都有新的产品推出。优色林的地位得以提高，因为它可以利用化妆品事业部皮肤研究的成果。在伤口护理领域，公司推出了新的 Cutinova 产品系列。此外，Jobst 也不断向市场推出改良产品，因为如果没有定期新产品的推出，就不可能在要求苛刻的欧洲和美国医疗健康市场上保持地位。毕竟，医疗器械事业部的主要目标市场如下：在伤口护理领域，公司在德国、奥地利、荷兰、西班牙和葡萄牙都拥有强大的影响力；在皮肤病产品领域，意大利[109]也被视为公司的重点市场。而在美国、法国和英国等大市场，竞争仍占据主导地位。想要在这些市场实现增长，似乎主要需通过收购的方式。[110]

1990 年，医疗器械事业部收购了世界排名第二的医用弹力袜和绷带生产商 Jobst，在血管性疾病领域占据了强势地位。1996 年，医疗器械事业部还收购了美国压力袜和绷带市场的领导者护多乐以及美国膏药品牌 Curad。执行董事会此前经过仔细的盈利分析，认为六年前收购 Jobst 是正确的战略决定。然而，人们对这些收购的预期过于乐观。[111]鉴于全球人口老龄化趋势，公司认为这一业务领域前景非常光明，并期望长期内可实现市场增长。拜尔斯道夫为护多乐和 Curad 支付了 2.2 亿马克，这反映了二十世纪九十年代中期收购成本的急剧增加。不过，对于 1994 年起担任执行董事会主席的罗尔夫·库尼施来说，这是一次"明智的收购"。收购符合公司的核心竞争力，提高了效率，并加强了公司在美国市场的贸易地位。[112]

鉴于收购护多乐需要大笔投资，拜尔斯道夫对此进行了谨慎的准备，其中包括在美国进行的为期一周的"尽职调查"。[113]这一程序也为拜尔斯道夫在收购方面树立了新的标准。1993 年底，君特·赫兹提出要求，今后在进行大额投资时需向监事会提交详细的投资计划和纳入事业部长期业务战略，这一方案在收购过程中发挥了作用。为了准备下一次监事会会议，执行董事会非常详细地评估了过去五年各个事业部的重大收购情况。分析结果表明，虽然并没有对像柔俪兰、莱珀妮或 Jobst 等品牌的收购产生质疑，但执行董事会认为公司原本可以，并且也有能力将收购准备工作做得更好。未来，公司将更加重视财务评估和后续成本，开展"尽职调查"，并考虑若不进行收购会发生什么情况，以及卖方出于什么原因愿意出售。[114]

进一步收购的重点是巩固已取得成功的业务领域，而非进军新市场。为此，公司寻找与医疗器械事业部新定义的核心业务相匹配的公司进行收购。在收购了意大利品牌 Bielastica 和匈牙利膏药生产商 Centerplast 之后，医疗器械事业部于 1998 年制定了雄心勃勃的目标，即成为德国医疗护肤领域的市场领导者，以及压力袜、绷带和矫形支撑系统的全球第二大生产商。[115]

专注西欧和美国市场的策略在事业部内部并非没有争议。那些对理特咨询公司的这项计划持保留意见的人中就包括前医疗器械事业部负责人乌尔里希·纳夫。1994 年秋季，执行董事会曾就未来医疗器械事业部的发展战略向他征求意见。在过去的数十年里，纳夫在东亚地区积累了丰富的经验，并于

1992 年受执行董事会委托，为拜尔斯道夫的所有三大事业部寻找在中国的发展机会。但不久之后，公司又决定每个事业部应该自行寻找发展道路。作为一名退休人员，纳夫以幽默的方式表示，他以"免费但不保证"的方式提供其见解：他认为拜尔斯道夫不应忽视欧洲市场，但公司现在应"坚定果敢"地开拓印度、中国、印度尼西亚和泰国等新兴的巨大市场。在那里，公司有望成为"与强生公司并驾齐驱的第二大企业"。[116]

早在 1993 年，纳夫就开始在中国建立了一家合资企业。在这个庞大的国家，产品种类可能不多，营销活动也可以限定在"销售点活动和促销"上。[117]但决定性的问题在于分销渠道。正如库尼施经过一场长时间的中国之行后所说的，在中国，他们需要从小规模做起，"而且必须与一家了解中国市场情况的本土伙伴合作"。[118]最终，在 1995 年，拜尔斯道夫常州公司成立，作为一家合资企业，面向中国市场供应汉莎创可贴卷装膏药和含药用活性成分的膏药。公司成立一年后不久，拜尔斯道夫通过增资获得了多数股权，但两年后不得不将 51% 的股权出售给中国三九药业集团，后者接手了企业的市场营销和销售。拜尔斯道夫的持股比例现已降至 23%。[119]医疗器械事业部未能成功为中国市场建立自己的销售渠道，因为所选的方式过于符合欧洲市场。想要与中国合作伙伴建立合资企业，需要与中方伙伴的合资企业开展更加紧密的本土合作。

然而，促使考虑部分出售中国公司股权的决定背后，不可忽视的一个重要因素是，医疗器械事业部遭遇了盈利状况的显著挑战。突然间，所有低利润板块都处于有待处理的地位。因为最大的经济问题出现在德国，此前德国一直是利润最丰厚的地区。1992 年颁布的《健康结构法》[120]带来的影响是，医院和医生都被要求进行预算编制和治疗费用的统一计费，而整体上治疗费用的私有化趋势给专业性业务带来了压力，同时"个人医疗保健"领域也开始疲软，再加上德国的经济整体情况也不容乐观。执行董事会认为这种经营状况是灾难性的。德国国内的销售增长在 1997 年明显低于通货膨胀率，因此，拜尔斯道夫公司突然产生了对是否应该继续开展医疗器械业务的质疑。在这种形势下，1997 年夏天爆发的"亚洲金融危机"造成东南亚经济濒临崩溃，拜尔斯道夫公司也预计会有相当大的货币损失。[121]

事业部的终结

二十世纪九十年代末，拜尔斯道夫发现自己处于一种近乎自相矛盾的尴尬

交付用于生产 Tesafilm 的橡胶，奥芬堡，2006 年

境地。通过收购波兰的妮维雅商标权，公司再次拥有了两代执行董事会五十年来一直期待的影响力范围。虽然德莎事业部的重组导致了高昂的成本，但经过五年多的时间，该事业部将首次迎来盈利。拜尔斯道夫公司拥有足够的财力进行更大规模的收购。1995 年，Herlitz 或 UHU 似乎被视为加强德莎消费品部门的合适品牌。在分拆制药业务和收购美国公司之后，医疗器械事业部有望得到良好发展。在法国，公司希望通过"Lutsia 实验室"进军医学皮肤护理市场，并进入药房业务。[122]

在欧洲这个拜尔斯道夫最主要市场，业务状况良好，自 1998 年以来在美国市场的业务更是表现优异。如今，偏偏德国市场的业务出现停滞，尤其是医疗器械事业部突然表现疲软。

1995 年，拜尔斯道夫决定主要在欧洲、北美和日本等高度发达的消费市场拓展业务，因为这些市场对化妆品和医疗器械有很强的购买力，而且工业发展水平很高，德莎在这些市场的经营也能获利。公司的目标是逐步壮大，并首先通过核心产品在东欧、亚洲和南美等新增长市场占据有利地位。为了加速扩张的步伐，并更好地考虑不同地区的情况，公司开始建立地区组织[123]，并在一定程度上延续了原有的结构：在二十世纪八十年代逐步解散的"海外事业部"曾经拥有类似的功能，后来，希望获得更多自主权的化妆品事业部、医疗器械事业部、药品事业部和德莎事业部完全接手了各自的海外业务。

执行董事会主席库尼施认为，执行董事会在更大规模的企业中必须扮演另一种不同的角色。1997 年夏天，公司召开了一次执行董事会闭门会议，他提出了公司新的发展方向，但直到 1999 年这些提议才被采纳进拜尔斯道夫公司的新战略。公司必须克服明显的离心力，因为各事业部有时甚至是对着干的，正如库尼施后来提到各事业部在中国成立公司时分头行事，不顾彼此。因此，执行董事会的工作首先必须着手解决这些基础性的问题。会议记录指出，执行董事会成员之间的合作不够始终一致，责任往往只停留在各自的部门范围内，而缺乏对整个公司的责任意识。这一问题归因于讨论不充分和缺乏共同评估。个别执行董事会成员的倡议未能得到足够的关注，且缺乏建设性的支持。[124]

因此，执行董事会的讨论涉及了 1974 年选择的事业部组织形式的固有问题，即执行董事会成员同时担任一个仅被视为独立的业务部门的负责人。只要一个事业部不断发展壮大，并对总体经营业绩做出积极贡献，就不会干涉另一个事业部的业务领域。在这种情况下，存在竞争，也存在人员争夺，但不存在制衡机制。[125]这得益于各事业部并没有独立核算。大家都知道，各事业部的营收水平不同，对利润的贡献也不一样。毕竟，人们原本就指望各事业部会遵循不同的经济周期发展，从而实现相互稳定。然而，到了二十世纪九十年代，日益加剧的全球化使这种组织形式受到质疑。全球市场的开放对各事业部产生了不同影响：化妆品事业部主要面临的是新兴市场的开拓，而德莎事业部则主要面临新的竞争对手。人们几乎不再指望不同的经济周期能够相互弥补，达到平衡。作为执行董事会，也无法再能置身事外不加干预。

1997 年 7 月的闭门会议上，执行董事会没有做出决定，使业务部门在财务上独立，或将它们转为子公司，或是解除执行董事会成员的事业部领导职责。不过，执行董事会希望个人和集体的责任能够更好地协调一致。对库尼施而言，重要的是进行开诚布公的讨论，并将精力集中在对整个公司而言重要的事情上：一切有助于盈利增长的事情上。[126]数周后，执行董事会将财务目标定为年销售额增长率为 7.5%，税后利润增长率为 5%。对于那些可以实现更多增长的品牌（如汉莎、Jobst、护多乐、优色林、妮维雅、莱珀妮、8×4 和德莎），应当增强它们的市场领导者地位，并且拓展到相邻市场和进行地域扩张。如果某个业务领域增长不足，则必须实现超过平均水平的盈利，否则将面临从公司中剥离。公司确定了将德国作为"利润和创新的引擎"的区域重点，其次是包括东欧在内的欧洲其他地区，接着是北美、亚洲，然后是南美地区。区域性导向应得到加强。计划通过创新和更快的实施来提高竞争力。各事业部对自身的利润和亏损负责，董事总经理对事业部的经营成功负有责任。库尼施不想就组织方面的议题展开讨论。在公司战略文件中，他坚持道："组织结构随经营业务而定。我们组织以业务流程为基础，而不是抽象的组织方案。"库尼施希望争取时间来准备必要的变革，若此时讨论组织结构的形式，只会引发矛盾冲突。[127]

与此同时，德国的零售业务也已从各事业部中剥离出来。在法国和意大利，这种工作模式已经存在一段时间了。从 1997 年秋季开始，新的消费品业务部门负责管理物流、生产、市场营销和销售，不论产品属于哪个事业部。

《食品杂志》引用了化妆品事业部德国业务负责人托马斯-伯恩德·夸斯的一段话："到目前为止，是在三个部门分别进行设计、开发、销售和管理。今后，将有一个核心部门，专注于终端消费者业务"，为此，"品牌消费品"成为核心焦点。[128]

然而，各事业部的利益分歧仍在进一步加剧。执行董事会在一年后总结道，各事业部都从不同的出发点出发，各自独立行事。化妆品事业部考虑的主要问题是为什么要照顾其他事业部，而医疗器械事业部和德莎事业部则不再相信他们还能在联合公司中找到适合自身发展的良好条件。唯一剩下的共同点似乎就是对拜尔斯道夫的"忠诚和家庭般的亲近感"。现在的问题是，是共同点还是差异性更能够影响公司？由于妮维雅的成功，对"品牌消费品"的关注显而易见，这一焦点涵盖了所有的化妆品事业部的业务活动，但在医疗器械事业部的业务中仅占 40%，在德莎事业部的业务中仅占 10%。然而，几乎所有拜尔斯道夫执行董事会成员的职业背景都在消费品行业。1998 年秋天，关于公司内部是"求同还是求异"的问题还未有答案。但库尼施强调，共同点必须与"可靠的增长前景"相结合。正因为各事业部的发展出现了分歧，他认为制定一个整体的拜尔斯道夫战略非常重要，无论是对于执行董事会本身，对于员工，还是对于"最迟在做出下一个投资决定时"的股东。[129]

在接下来的几周里，公司对先前的目标进行了复盘，并将其总结为"拜尔斯道夫战略"，用于内部交流沟通。执行董事会提高了财务目标，规定年销售额增长率至少为 8%，税前利润率至少为 10%，股本回报率至少为 15%。如未能实现这些目标，品牌和业务领域必须做到能够盈利，否则不得不面临公司将其剥离。在内部，执行董事会定义了两种特殊情况，即德莎事业部和专业伤口护理业务，其盈利模式与化妆品事业部有很大不同（图 7.4）。与此同时，将这两个部门分拆为独立子公司的准备工作已然开始。[130] 1999 年底，公司最终做出了一项政策性的决定，即"为德莎和医疗器械的专业业务"制定发展结构，"通过更好地考虑这些业务的特点来提升它们的成功业绩"。[131]

2001 年 1 月 1 日，德莎股份公司作为拜尔斯道夫股份公司的全资子公司独立出来。包括 Nopi 公司在内的所有劳动关系和德国德莎股份都转移到了这家新的股份公司。事实上，德莎随后确实取得了积极的发展。分拆在其中发挥了一定的作用，但已经推出的新产品理念也发挥了作用。例如，德莎签订了为手机提供模切型双面胶粘固定胶带的重要合同，这些薄膜产品很快也被用于 LCD 显示屏。福特汽车成为 Bodyguard® 品牌产品的新大客户。Bodyguard®

图 7.4　拜尔斯道夫集团 1999 年至 2003 年各事业部人均税前利润（以欧元为单位）

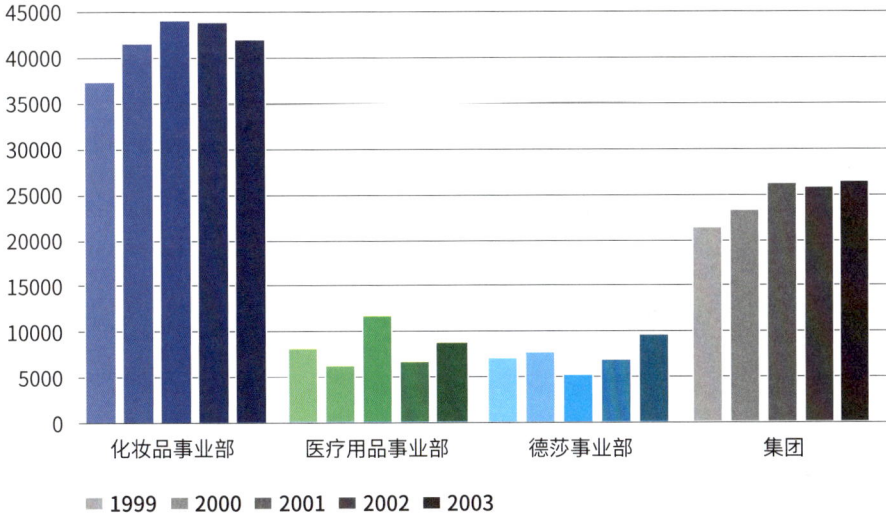

图 7.4　拜尔斯道夫集团 1999 年至 2003 年各事业部人均税前利润（以欧元为单位）

资料来源：根据 1999 年年度报告第 47 页、2001 年年度报告第 66 和 67 页以及 2003 年年度报告第 55 和 56 页数据信息计算

是一种用于保护新车和汽车零部件免受刮伤的薄膜产品。德莎公司与曼海姆大学以及海德堡大学的科学家通过成立 tesa scribos GmbH 公司共同合作，将 tesafilm® 德莎薄膜作为数字数据存储介质的概念开发成了创新的产品安全解决方案，即在专用标签上应用数字全息图的 Holospot 系统。2003 年，德莎再次计划在斯堪的纳维亚国家、中国、马来西亚和新加坡进行新的投资。[132]

促成专业伤口护理业务分拆的还有一股推动力：1999 年夏天，拜尔斯道夫与施乐辉再次重启谈判，后者于 1992 年出售妮维雅商标权时，获得了英国和其他国家的高额销售分成，从而确保了在这些地区的销售权。拜尔斯道夫希望通过获取施乐辉的销售权大幅提升利润率。为此，公司已准备好剥离专业伤口护理业务。整个交易涉及三个要素：拜尔斯道夫从施乐辉手中接管 Elastoplast 品牌以及整个妮维雅销售业务。作为英国、爱尔兰、加拿大、南非和澳大利亚的顶级品牌，Elastoplast 与汉莎类似，同属于消费者品牌。作为交换条件，施乐辉从医疗器械事业部接手专业伤口护理业务。此外，还成立了一家合资企业，即总部位于汉堡的倍思恩医疗有限两合公司（BSN medical GmbH & Co. KG），用于生产缓解静脉疾病产品、绷带和固定系统。在获得欧盟委员会的反垄断批准后，倍思恩医疗公司于 2001 年 4 月 1 日开始运营。[133] 该公司还接管了 Jobst 有限公司的股份。尽管进行了捆绑交易，拜尔斯道夫仍需支付 5000 万英镑（约合 7000 万欧元），以在全球范围内完全控制妮维雅品牌。[134]

　　类似于德莎或倍思恩医疗的独立运营模式，或许也会为一些较小的品牌创造新的机会。毕竟，因为位于哈里斯莱的 Nopi 工厂的管理层收购也被证明是企业的一个成功案例（参见上文"大力士项目"），拜尔斯道夫在东南欧也采取了类似的举措。自 1998 年以来，拜尔斯道夫创建了这些在法律上独立的公司，而奥地利公司则充当了中间控股公司，尽管这与平等对待所有子公司的原则相矛盾。控股公司的作用是开展新公司的协调工作和降低成本，这些新公司也与奥地利的 SAP 系统相连接。[135]对于品牌而言，可以设想类似的解决方案——即便不是作为独立公司，也可以作为负责盈亏的利润中心。

60 余年后的分手

　　2000 年初，拜尔斯道夫首席财务官彼得·舍费尔在"任职"近 21 年后退休。罗尔夫-迪特·施瓦布接替了这一职位，与舍费尔和库尼施一样，他也是从宝洁公司开启了职业生涯。施瓦布在公司已工作四年，最初作为审计员参与了德莎事业部的重组。他在动荡时期接任首席财务官一职。因为在 2000 年 4 月 13 日，新任德国安联股份公司首席财务官保罗·阿赫莱特纳在《法兰克福汇报》上宣布，安联集团计划剥离旗下所有工业投资。阿赫莱特纳的任务是加快安联脱离"德国股份公司"的步伐。当时安联持股最多的是在拜尔斯道夫，持股比例约为 38%。[136]

　　这一公告发布的背景是社会民主党籍财政部长汉斯·艾歇尔于 2000 年 2 月提交的一份法律草案，规定企业可以免税出售所持股权，从而筹集大量隐性储备资金。数十年来，尤其是银行和保险公司持有大量工业股权投资。尽管股价已经上涨，但收支平衡表中的账面价值并未相应调整。拜尔斯道夫公司的股价在阿赫莱特纳发布公告后大幅上涨，而此前它的走势与德国股票 DAX 指数相差无几。在美国所谓的"互联网泡沫"背景下，DAX 指数继续两周前开始的下跌趋势，到年底已较当年的最高点下跌了 20%，而拜尔斯道夫公司的股价却从 2000 年 4 月至 11 月中旬期间翻了一番（见图 7.5）。[137]然而，免税出售股权的规定直到 2002 年 1 月 1 日才开始生效，因为联邦政府推迟了该法律的生效时间，以便获得议会对计划中的税改方案的批准。

　　2000 年春季，尽管德国的并购浪潮愈发汹涌，但拜尔斯道夫公司执行董

打造全球护肤品集团

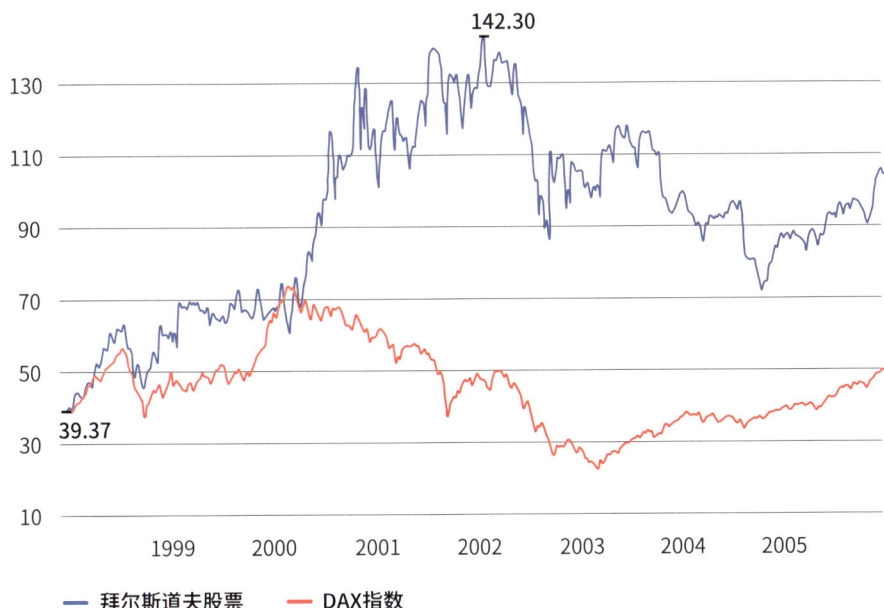

资料来源：http://www.boerse.de/chart-tool/Beiersdorf/DE0005200000_eur.

事会对阿赫莱特纳的采访并没有表现出特别的不安。尤其是在 2000 年 2 月，由于漫长的竞标战和股价飙升，沃达丰对曼内斯曼公司的"恶意收购"引起了轩然大波。在德国，一家如此大的企业在违背执行董事会意愿的情况下被收购，这是前所未有的。即使拜尔斯道夫公司的股价不断上涨，执行董事会会议上也没有对此进行过特别讨论。不过在接下来的几年里，这种情况将会改变。

　　2000 年，拜尔斯道夫制定了自己的收购计划，年度股东大会为此批准了 30 亿欧元的授权。公司对 Clearasil 品牌特别感兴趣，该品牌于 2000 年秋季有待出售。罗尔夫·库尼施认为，作为一个针对问题肌肤的品牌，Clearasil 对针对健康肌肤的妮维雅品牌来说是一个很好的补充。[138] 然而，Boots Healthcare International 最终在竞标中胜出。之后不久，拜尔斯道夫公司以 3300 万欧元的价格从 Boots 公司收购了 Onagrine 和 Nobacter 品牌，并通过这种方式获得了优色林在法国药房市场上的准入。2001 年 4 月，拜尔斯道夫以同样的方式顺利收购了威娜股份公司旗下的护发品牌 Marlies Möller。[139] 而其他收购计划未能得以实现，其中包括 UHU 等品牌。UHU 这个品牌被视为德莎的一个很好的补充，但是与品牌所有方根本没有可能达成协议。[140] 不过，收购计划最大的心仪对象是以染发剂闻名的美国品牌伊卡璐（Clairol）。拜尔斯道夫执行董事会愿意为此出价 40 亿美元，专门成立了一个八人项目团队，进行了六个月的收购准备工作，并请了一家美国投资银行进行了审查。然而，最终中标的是宝洁公司。拜尔斯道夫没有参加竞标程序，因为安联和奇堡在拜尔斯道夫监事会的代表对该品牌的价值评估比执行董事会愿意出的价格低了大约 10 亿欧元。尤其是保罗·阿赫莱特纳不愿意冒如此大的财务风险。[141]

2001 年 9 月 11 日纽约世贸中心遇袭后不久，安联通知拜尔斯道夫执行董事会，希望从这家位于汉堡的公司退出。对安联集团而言，这次袭击意味着超 15 亿欧元的净亏损，而出售拜尔斯道夫股份应该可以弥补这一损失。[142]

虽然拜尔斯道夫执行董事会之前就曾考虑过大股东可能产生的利益诉求，但从此刻起，执行董事会就要开始为公司的独立性而斗争。在 2001 年 8 月底关于大股东利益状况所做的一份备忘录中，人们仍认为安联对持续的高股价感兴趣，并希望能够在必要的情况下迅速出售其持股。安联会遵守现有的协议，但不希望有任何"干扰"，也不会同意任何增资计划。执行董事会推测，如果安联出售股份，同属公司所有者的克劳森家族将会为了"实现增值"而跟进。另一方面，奇堡公司希望继续积极参与拜尔斯道夫的业务。这家咖啡烘焙商对提高公司价值，并获得多数股权感兴趣。安联集团发布公告后，执行董事会对可能的出售方案进行了深入分析，讨论了投资拜尔斯道夫的原因、安联的各种出售可能性、可能对拜尔斯道夫感兴趣的竞争对手以及公司自身抵御不受欢迎买家的行动方案。执行董事会的全体成员都希望拜尔斯道夫保持独立，尤其是在他们看来，公司已经发展得很好。拜尔斯道夫的税后销售利润率达到 6%，明显高于汉高或威娜。2001 年，拜尔斯道夫非并购性增长是欧莱雅的两倍，是竞争对手联合利华、宝洁或雀巢的四倍。当时，分析师将拜尔斯道夫股票评为可靠的增长型投资，其价值在危机时期确实也得到了证明。[143] 尽管当时的股价已经高达约 127 欧元[144]，但在执行董事会看来，股价仍有可能大幅上涨。

根据这一评估，安联有多种选择，可为其带来不同数额的资金收益：与第二大股东奇堡联合出售，将涉及 30% 的股权收益，因为这将涉及拜尔斯道夫四分之三的多数股权。如果与克劳森家族联合出售，预计可获得 20% 的股权收益；如果由安联单独出售，则可能出现 10% 的一揽子收益。第一种和第三种方案之间的差额约为 10 亿欧元。如果部分出售给奇堡公司，使这家咖啡烘焙商获得拜尔斯道夫公司的多数股权，似乎也同样有理由获得 30% 的收益。[145]

　　所有主要的国际竞争对手都被视为潜在买家。然而，执行董事会认为在任何情况下都很难保持公司的独立性。在最有利的情况下，似乎也最多只能保留皮肤研究和部分市场营销职能。公司自身的行动选择似乎也受到了限制。收购行动以及快速出售德莎或倍思恩医疗公司几乎不予考虑。基于上届年度股东大会再次确认的一项决议，公司可以回购 10% 自己的股份。然而，这还不足以成为一个抵御收购的有效策略。一份执行董事会会议记录指出："在令人感到不快的措施中，应选择那些恶果影响最小的措施。"[146] 不过，公司也可以参与出售谈判进程的设计规划。毕竟，任何潜在买家和作为卖家的安联集团都必须确保拜尔斯道夫执行董事会不给出售计划亮红灯。即使是对买方至关重要的经济审查（"尽职调查"）也需要事先征得执行董事会的批准。但是，拜尔斯道夫执行董事会没有义务向竞争者公开账目；只有在发出正式的收购要约时才会提供。[147]

　　对安联来说，似乎可以选择几乎所有的方案。然而，2002 年 1 月 1 日，一部新的收购法生效。如果一个股东获得 30% 股份或相应增持已有股份，并且根据法律规定占据控股地位，那么他就有义务向所有股东发出收购要约。例如，如果欧莱雅希望收购安联持有的拜尔斯道夫打包股份（当时为 38.36%），潜在买家必须向所有其他股东提出以同样的价格收购他们的股份。这项新的法律规定是以出于更好地保护小股东的所有权而制定的，但同时也给予了在基准日期即新法实施之日已拥有控股地位的大股东特权。因此，拜尔斯道夫希望奇堡在年底前相应增持其股份（当时为 25.87%），以确保作为"既有案例"不受新法规的影响。奇堡公司执行董事会主席卢德格·斯塔比也采取了必要的步骤。截至 2001 年 12 月底，他持有的股份达到了所需的 30%。[148]

　　罗尔夫·库尼施希望避免长期的不确定性对拜尔斯道夫造成负面影响，因此寻求与主要的大股东进行对话，目的在于进一步了解股东们的意图，同时也是为了表达执行董事会的立场。库尼施也向安联提出了三种出售方案。在这种背景下，安联执行董事会主席亨宁·舒尔特-诺勒保证，他们公司正在寻求一种"持续让执行董事会参与的产业解决方案"。但库尼施也获悉，保罗·阿赫莱特纳已经委托他的前东家高盛为出售做准备工作。拜尔斯道夫管理层理应获得相应的激励政策。因此，库尼施也寻求了咨询建议，他从富而德律师事务所的拉尔夫·沃伯格律师以及德意志银行得到了所需的帮助。[149]

　　当时，保罗·阿赫莱特纳有意在可能的情况下将所持拜尔斯道夫的股份与奇堡一起出售。这是因为行业内的每家公司都对获得拜尔斯道夫的多数控股权感兴趣，以便可以掌控拜尔斯道夫公司并将其整合到自身的业务中。如果奇堡公司持有具有否决权的少数股权就可以阻止这种整合，奇堡借此占据强势地位。阿赫莱特纳的首选目标是欧莱雅；这家法国公司在完成这笔交易方面几乎不会遇到融资上的困难。媒体开始猜测向奇堡出售拜尔斯道夫股份的可能性，[150] 在拜尔斯道夫集团总部，对此的猜测也越来越多。为此，采取行动的必要性进一步加强。因此，库尼施在 2002 年 1 月底找到了拜尔斯道夫监事会中的安联集团代表，即主席汉斯·迈哈特和迪特哈特·布雷波尔。他们向库尼施保证，监事会会在可能的收购要约中以"延续品牌政策"和保留"成功的团队"作为评判标准。[151] 库尼施后来报告说，迈哈特"救了我们"。

监事会主席立即拜访了舒尔特–诺勒，并告诉他不会参与拜尔斯道夫的分拆。迈哈特还严词拒绝了竞争对手的"尽职调查"。他信任库尼施，并对当时的"出售狂潮"感到震惊。[152]

几天后，库尼施向安联提出了一项计划，该计划是在德意志银行的帮助下编写的，即在不久的将来将拜尔斯道夫股份公司纳入德国股票 DAX 指数，从而大幅提高其股权价值。这将在几年内为安联带来 100% 的账面收益，并"满足安联通过推动资本市场发展来分拆德国股份公司的全部预期"。[153] 计划的具体细节没有保留下来，但根据计划，安联保险集团可能会继续在一段时间内作为大股东为公司稳定做出贡献。这项计划中的一个组成部分可能是向奇堡公司进行部分股份出售。2002 年初，在从管理拜尔斯道夫养老基金的 TROMA 老年人及遗属基金会购入 4.66% 拜尔斯道夫股份后，安联持股达到 43.6%。[154] 奇堡公司可以通过收购 18.6% 的股份将自己的持股占比提高到近 50%，而安联仍将保有否决少数股权。

对于有意与奇堡公司联合出售股权的安联集团来说，最初欧莱雅被视为一个潜在买家。拜尔斯道夫执行董事会表示，如果潜在的收购方对维持公司的存续有什么想法，也愿意与各位买家进行洽谈。但是，执行董事会期望安联"非常仔细地审查所有提出的行动建议，并权衡它们是否符合公司利益"。[155] 罗尔夫·库尼施通过谈话沟通取得了一定成效，因为当奇堡公司的一位发言人在 3 月初表示，公司正在考虑增持拜尔斯道夫的股份时，[156] 安联表示愿意"讨论成为战略投标者的其他选择，包括向奇堡公司出售股份"。[157] 然而，奇堡公司发言人公开宣布了安联在 2001 年 11 月通过聘请高盛投资银行已向行业内部透露的信息：拜尔斯道夫正处于可出售状态。

公众开始疯狂猜测公司的未来，这让拜尔斯道夫公司在全球范围的员工忧心忡忡。媒体认为欧莱雅的兴趣最为浓厚。《星期日独立报》2002年5月报道，这一法国集团愿意出价130亿欧元收购拜尔斯道夫。[158] 库尼施偶尔还有财务董事施瓦布会与所有感兴趣的企业进行交谈：欧莱雅、宝洁、强生或联合利华，"他们都对此表现出浓厚的兴趣"。[159] 基于1999年制定的战略，库尼施和施瓦布指出，执行董事会将保持拜尔斯道夫的独立性视为一个根本的公司目标。因此，无论是对外还是对内的沟通，定调的第一句话总是"我们将依靠自己的积极主动来塑造拜尔斯道夫的未来"。[160]

库尼施对宝洁公司尤其持拒绝态度，宝洁公司于2002年9月公开表示有意收购拜尔斯道夫。[161] 库尼施本人曾代表宝洁公司积极参与了1987年对Blendax GmbH公司及其品牌Blend-a-med、Shamtu和Kamill的收购。1993年，位于美因茨的大部分生产被停止。库尼施确信知道，如果拜尔斯道夫被宝洁收购会发生什么："他们会拿走那些对他们有利的部分，而其余的部分将被清除。"他这样告诉一位美国女记者。[162] 这家美国集团早就对妮维雅产生了兴趣。1991年库尼施转投拜尔斯道夫时，他在宝洁公司时的老板就告诉他"没必要去那里，因为很快就会收购拜尔斯道夫，这是迟早的事"。[163]

2002年夏天，在实际的谈判层面上一片寂静，并未取得进展。然而，拜尔斯道夫正在考虑回购高达10%自家股份的可能性。通过子公司的分红、资产负债的转移以及设立中间公司等方式，公司认为可以筹集约10亿欧元的资金。[164] 一年半后，公司才得以依靠这些准备工作来抵御不受欢迎的收购企图。库尼施也努力与大股东安联和奇堡保持联系。2002年夏天，当慕尼黑律师莱因哈特·珀拉特（1948年出生）担任奇堡的执行董事会代理主席时，对话沟通的条件有所改善，也是因为他与阿赫莱特纳和安联的其他代表关系熟稔。7月底，执行董事会的会议记录提到："大股东之间终于进行了会谈。"[165] 停滞不前的原因也与奇堡的内部矛盾有关；新任主席应帮助消除这些冲突。几周后，与珀拉特有着密切联系并经常依赖与他的访谈来撰写报道的《德国金融时报》称，奇堡已向安联提议收购拜尔斯道夫的股份。珀拉特对该报说："我们的目标是在年底前取得结果。"当时奇堡开始对拜尔斯道夫和德莎公司进行更深入的分析。不过，这家咖啡烘焙商并未提出正式的收购要约，在接下来的几个月里，这一情况也未有改变。[166]

执行董事会方面，除了库尼施之外，主要是财务董事施瓦布处理这一事务，而其他执行董事会成员只被告知重要进展，但不知道每个具体细节。这是因为很少出现真正需要惊动全体执行董事会处理的新状况，即使在这段动荡时期"正常"的业务活动也仍在继续：德莎建立了自己的公司组织并投资了新技术；医疗器械事业部与丹麦康乐保公司（Coloplast A/S）就"凯必得（compeed）"品牌展开谈判；化妆品事业部在波兰建立了一家新公司，并准备向辉瑞公司提出要约，用于收购美国市场领导者露比黎登（Lubriderm）。拜尔斯道夫还为新的皮肤研究中心举行了封顶仪式，该中心计划于2004年落成揭幕。作为德国这种类型最大和最先进的中心，落成后为来自世界各地的650名科学家提供了最佳研究条件。[167] 最后，各事业部的解散、德莎公司的独立以及将医疗器械专业业务纳入倍思恩医疗[168]，都需要对整个公司进行全面重组。尽管如此，几乎没有一次执行董事会会议不讨论大股东范围内可能发生的变化。直到2002年12月，才有一整天的时间专门用于讨论拜尔斯道夫的实际战略和不再基于各事业部的新执行董事会结构。[169]

2002年9月，宝洁公司宣布有意收购拜尔斯道夫，这再次激起了媒体的兴趣，拜尔斯道夫股价在一周内上涨近35%。[170] 尽管库尼施再三告诉记者，拜尔斯道夫只能接受"延续我们成功模式"的买家，[171] 但鉴于见证了2000年3月沃达丰收购曼恩斯曼公司的案例中，曼恩斯曼执行董事会当时持反对态度，结果曼恩斯曼股价却创下新高，因此人们猜测库尼施的此番言论可能是为了炒作而将收购价格推高。莱因哈特·珀拉特也代表奇堡公司与所有潜在买家进行了交谈，但与之前的斯塔比一样，他公开表示希望增加自己的持股份额。《德国金融时报》援引他的话说，他"不相信会有一个此前未与我们达成一致的股东和我们并肩作战"。[172]

拜尔斯道夫执行董事会11月底的一份会议记录指出："僵局仍在延续。"[173] 安联希望出售其持有的全部拜尔斯道夫股份，奇堡只想收购部分股份，但不想出售自己持有的部分，并希望在任何变动中拥有参与决定权。当亨宁·舒尔特-诺勒2002年底卸任安联集团执行董事会主席一职时，库尼施希望此时能为安联集团打包股份的分拆留出回旋余地，而安联保险集团此前一直拒绝这一计划。根据这一方案，奇堡将从安联手中获得18%的股份，而安联将保留拜尔斯道夫26%的股份。拜尔斯道夫监事会主席迈哈特先生希望游说安联集团保持"冷静"，放弃对不需要增资的收购项目的封锁态度。毕竟，这至少使总额达20亿欧元的项目有得以实现的可能性。[174] 安联方面未能就拜尔斯道夫的未来发表明确声明。至少谣言暂时有所平息。

春季期间安联和奇堡的关系变得更加密切。这可能是因为在高价收购威娜公司之后，宝洁似乎退出了竞购者行列。[175] 无论如何，拜尔斯道夫执行董事

妮维雅在世界各地：河内的街景，越南，2005 年

会现在认为上述安联和奇堡的立场变化是"最有可能的发展"。在监事会内部将不会有任何变化。执行董事会和监事会将继续推进拜尔斯道夫的发展，不会在监事会或股东大会上阻挠决策，并支持不需要增资的战略收购。[176] 这与去年制定的计划相符，也可能是基于这样一种假设：在拜尔斯道夫股票被纳入德国股票 DAX 指数后，安联将出售其股份。德国证券交易所已将其列为"主板市场"准入，证明了其具备被纳入 DAX 指数的资格。

　　显然，有两个障碍阻碍了协议的达成。首先是奇堡控股股份公司所有者之间长期存在的矛盾，预计要到 2003 年 8 月 13 日的年度股东大会上才能解决。股东大会将做出决定收购共同所有者君特·赫兹和丹尼拉·赫兹在控股公司

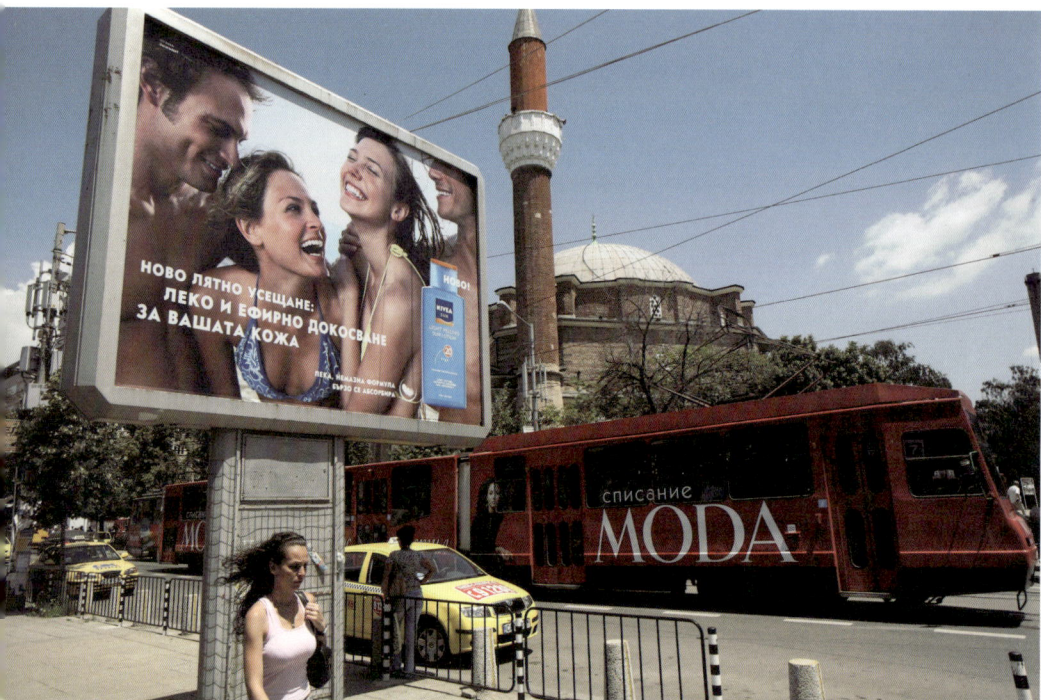

妮维雅在世界各地：索非亚的街景，保加利亚，2005 年前后

中的股份，从而使约阿希姆·赫兹、米夏埃尔·赫兹和沃尔夫冈·赫兹与他们的母亲一起成为唯一的所有者。在这种情况下，奇堡执行董事会无法进行重大投资谈判。[177] 第二个障碍在安联，仍然无法说服安联公司同意部分出售股份。在接受《法兰克福汇报》周日版采访时，罗尔夫·库尼施强调说，这些猜测对拜尔斯道夫来说没有任何帮助。公司的"时间和精力都浪费在了与我们业务无关的讨论上"。员工们"每次看到新的媒体报道都会再次感到恐慌"，而市场交易则试图利用这种不确定性。[178]

奇堡收购了君特·赫兹和丹尼拉·赫兹的股份后，其"战争基金"只剩下 10 亿欧元，此时媒体迅速找到了新的潜在收购者。这次联合利华和汉高也名列其中。宝洁公司的行动令人尤其深感不安。整个过程中，《金融时报》和《德国金融时报》一直在报道宝洁公司向安联提供非约束性报价以及与奇堡的谈判。由于反垄断问题，通过欧莱雅的收购变得不太可能。但宝洁公司似乎想将同时收购安联和奇堡的股份作为交易的前提条件。[179] 据《德国金融时报》报道，2003 年夏，"业内人士"认为"宝洁公司将开出非常高的战略性报价"，

打造全球护肤品集团

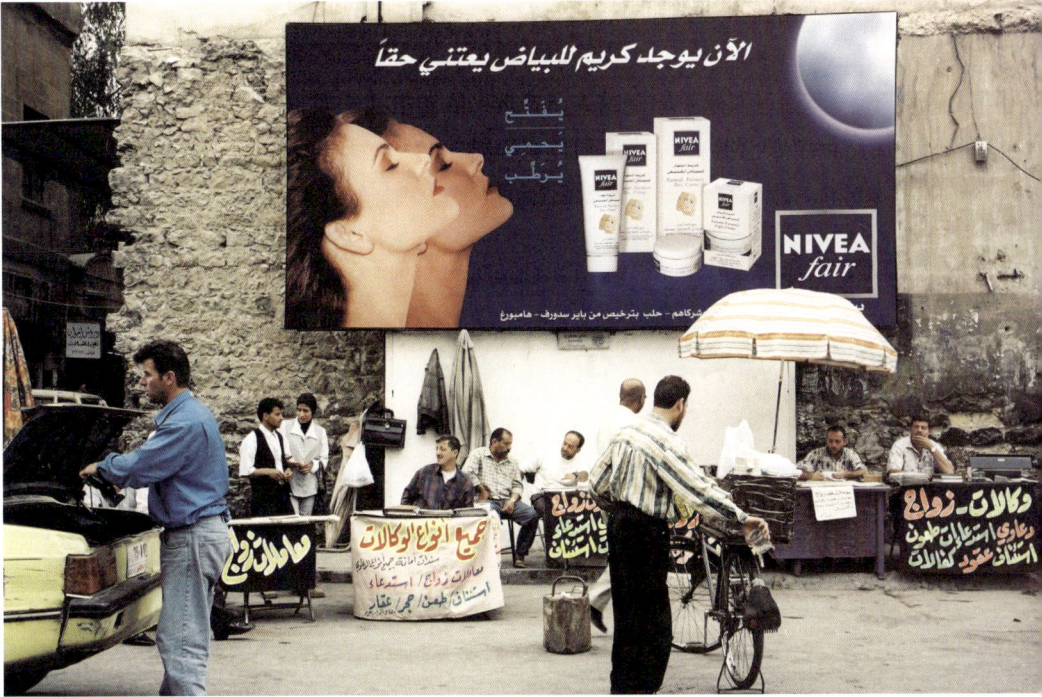

الآن يوجد كريم للبياض يعتني حقاً

妮维雅在世界各地: 大马士革的街景, 叙利亚, 2001 年

从而使其他公司无法与之匹敌。[180] 然而, 直到 2003 年秋天, 公司仍未收到正式的收购要约, 也没有进行具体的谈判。一年半后,《美国律师》杂志报道说, 宝洁公司董事会于 2003 年 10 月授权其首席执行官雷富礼向拜尔斯道夫公司提出收购要约。[181] 雷富礼本人在 10 月初接受《明镜周刊》采访时宣称, 他 "不确定" 拜尔斯道夫公司是否 "真的要出售", 并强调宝洁公司 "有史以来从未进行过恶意收购"。也许是他不想在竞价战中沦为失败者而黯然离场。无论如何, 罗尔夫·库尼施当时认为宝洁提出收购是完全有可能的。[182]

一个星期后, 新闻界突然发布重磅消息。根据各种不同的消息来源, 它们要么声称奇堡公司和汉堡市政府, 要么声称奇堡公司和德国北方银行 (HSH Nordbank), 已经向安联集团提交作为共同竞标者收购拜尔斯道夫打包股份的一份书面要约。[183] 汉萨市政府立即对此予以否认。然而, 这些报道并非完全空穴来风。仅仅十天后, 由奇堡控股公司、汉堡资产和股权管理有限公司 (HGV) 以及拜尔斯道夫的 TROMA 退休人员和遗属基金会组成的一个类似的联合体向安联集团及其资产管理公司提出了收购要约。出售协议于 10 月 23 日

拜尔斯道夫 50 年发展历程中的四任执行董事会主席，从左到右：格奥尔格·克劳森、赫尔穆特·克鲁泽、汉斯-奥托·沃普克、罗尔夫·库尼施（照片摄于 2011 年）

签订，但须经欧盟委员会反垄断审查后方可生效。奇堡公司收购了拜尔斯道夫公司 19.6% 的股份，HGV 公司收购了 10% 的股份，TROMA 公司收购了 3%。拜尔斯道夫股份公司打算通过已经在年度股东大会上批准的股票回购计划，收购高达 10% 的自家股票，并希望通过此举"给围绕公司根本性变革的种种猜测画上句号"。[184]

在协议签署的前一天，保罗·阿赫莱特纳要求立即会面并签署协议，否则安联将不得不寻求其他买家。这可能与《法兰克福汇报》所报道的宝洁公司正在准备的一份具体报价有关。拉尔夫·沃伯格认为，阿赫莱特纳和所有其他参与者一样都希望尽快了结这件事，这一点完全可以理解。各方的法律顾问在杜塞尔多夫和汉堡连夜开会准备合同文件，以便可以于 10 月 23 日早晨在汉堡签署。[185]

一周前，沃尔夫冈·佩纳和汉堡经济部部长古纳尔·乌尔达尔已于 10 月 14 日向德国《法兰克福汇报》表示，他们一段时间以来一直在"与汉堡的公司和投资者进行'积极谈判'",并正在"尽一切'可能'"保持拜尔斯道夫作为一家位于汉堡的独立公司。[186] 卡尔·阿尔布莱希特·克劳森是克劳森家族在拜尔斯道夫监事会的代表,他当时向德国《法兰克福汇报》声称,是他促成了与汉堡市政府的联系。[187] 由于奇堡坚持不愿接手超过19.6%的拜尔斯道夫股份,并且已经不得不通过贷款来为这部分投资的一部分融资,[188] 因此拜尔斯道夫需要寻找其他投资者。于是,德国北方银行也加入了谈判。最终,由奇堡、HGV和TROMA组成的联合体达成了收购协议,因此媒体也称之为"汉堡解决方案"。不过对于奇堡而言,这是一项基于商业理由的、有长期盈利前景的投资,而非一项地方政策倡议。

从汉堡市的角度来看,国际性的收购将损害该市作为商业中心的地位,过去几年受到因护发品牌施华蔻、航运公司赫伯罗特和烟草公司利是美被收购所带来的严重影响。拜尔斯道夫是汉堡最大的纳税户之一,缴税金额高达2亿欧元,而且约4800名在汉堡的拜尔斯道夫公司工作的员工直接和间接地为市政预算做出了至少同样多的贡献。汉堡资产和股权管理有限公司通过贷款为此次收购提供资金,但四年后出售了这一股份,获得7500万马克的利润,加上股息收入,足以弥补利息支出。[189] 如果市政府关注的是维护城市经济地位,那么TROMA基金则对稳定的资本投资感兴趣,以保障养老金的来源和收入安全。拜尔斯道夫股份公司明确解释了其回购股票的意图,是因为宝洁公司名声在外,会在"收购过程中对公司采取整合措施,这与拜尔斯道夫股份公司延续其非常成功的增长模式、维护其旗下品牌和对员工负责的利益不相符"。[190]

然而,此时德国联邦金融监管局介入,要审查该买家联合体是否应被视为一致行动的财团,这意味着它有义务向所有外部股东提出收购要约。另外,像美国对冲基金公司P. Schoenfeld和比利时Deminor International集团这样的外国投资者认为,他们作为少数股东的权利受到了侵犯,因为他们没有收到相应的收购要约。鉴于收购传言,他们购买了拜尔斯道夫的股份,意图从上涨的股价中获利。但当收购合同曝光、谣言终止后,拜尔斯道夫股价应声下跌近18%。这些"投资者"最终并没有获利,反而蒙受损失。[191] 2004年1月,联邦金融监管局结束调查,驳回了所有投诉:奇堡已持股超过30%(30.36%),而另外两家收购方基于所持股份数量,没有义务发出收购要约。联邦金融监管局还认为,这并不构成不允许的"一致行动",因为根据德国法律,单独签订一份联合购买协议本身并不构成"涉及该公司的协调一致行为"。[192] 收购协议明确规定,双方未就进一步的联合行动达成一致,也没有任何附属协议。因此，与联邦金融监管局一样，汉堡地区法院也于 2006 年作出裁决，就 Deminor 对 HGV 和 TROMA 提起的相关诉讼不予支持。[193]

克劳森家族在这起收购事件上获益更大。就在收购协议公布的当天，他们要求以与安联保险相同的价格向买家联合体转让其所持股份。克劳森家族计划用这约 5 亿欧元的收入收购德莎股份公司的多数股权。这一干预行为令所有参与方感到烦恼，似乎也危及了"汉堡解决方案"，尤其是拜尔斯道夫严词拒绝出售德莎。克劳森家族能提出这种要求，是因为有一份与安联集团签署的具有法律约束力的协议作后盾，根据协议规定，他们在 12 月中旬向安联出售 4.1% 的拜尔斯道夫股份，致使安联集团暂时重新持有了 7.7% 的拜尔斯道夫股份。而奇堡则收购了另外 0.5% 的拜尔斯道夫股份，将自身持股比例提高到 50.46%。[194] 通过出售一半的拜尔斯道夫持股，克劳森家族获利约 2.5 亿欧元。由于卡尔·阿尔布莱希特·克劳森是拜尔斯道夫监事会成员，因此必须申报出售股份的收益。如此一来，每股 135.41 欧元的拜尔斯道夫股票价格也随之被公之于众。[195] 其他买家支付的价格可能也在这个水平上下。

至此，股份出售终于得以完成，拜尔斯道夫公司也得以实施自己的股权回购计划。几天后，经监事会批准，执行董事会决定于 2003 年 12 月 22 日向股东公开发出回购最多 840 万股本公司股票的要约。每股 113.76 欧元的回购资金一半来自银行贷款，一半来自自有资金。在 2003 年 10 月 23 日签订的股份购买协议中，各缔约方达成共识，安联集团在其他缔约方的收购请求权基础上，可以确保将其持有的剩余大部分拜尔斯道夫股份进行出售。联邦金融监管机构对收购要约文件未提出异议。[196]

除了那些期望获利的少数股东外，所有相关方似乎都从最终达成的解决方案中获益。直到今日，即 2018 年夏季，奇堡一直持有这家具有吸引力的公司的多数股权，汉堡市得以保留拜尔斯道夫在汉堡的总部和工作岗位，TROMA 基金帮助公司确保未来的养老金支付，拜尔斯道夫保持了其独立性；安联保险也获得了非常可观的售价，比出售协议公布前的股价高出 18%。这种综合评价的前提是，公司也必须考虑社会利益。但《华尔街日报》持有不同看法，其 2004 年 2 月的文章中写道："当妮维雅面临风险时，德国老牌俱乐部纷纷开始采取行动。"[197]

谈判的细节、当时的气氛以及参与各方为维护自身利益而采用的方法，我们都不得而知。要对此进行更加准确的分析，需要查阅安联集团、奇堡、政策决定者以及宝洁公司的相关文件资料。或许未来有一天能够实现。这里主要描述的是对拜尔斯道夫面临被收购的看法，以及公司为维护独立性而进行的斗争。这种情况使时任执行董事会主席库尼施备感压力。为了保证公司的生存，他不得不在长达将近两年的时间里反复与有意向的收购者、投资银行、律师、大股东代表以及媒体记者讨论拜尔斯道夫的未来。公司法务和财务部门的许多员工在这一时期也付出了巨大的精力，不得不在晚上和周末时间处于待命状态，一连数月都是如此。当收购协议最终敲定并对外公布时，汉堡总部一片欢腾，但库尼施却在几周后回忆说，他当时感觉自己像被掏空似的，如同上次参加完国家考试一样。千斤重担终于从肩上卸下。[198]

后记

2004 年初，拜尔斯道夫股份有限公司争取独立的斗争尘埃落定。唯一的大股东奇堡控股股份公司（如今的马克辛投资集团 maxingvest）达到持有拜尔斯道夫公司 50% 以上的股份，从而在股东大会上拥有了多数地位。基于公司自 1998 年以来的良好发展，拜尔斯道夫执行董事会非常看好公司未来的发展前景。2004 年 1 月 9 日，一家美国报纸发表了对罗尔夫·库尼施关于"拜尔斯道夫十年计划"的采访，他在采访中概述了公司的未来前景。谈到妮维雅，他毫不谦虚地说："我认为我们可以在五年内实现销售额翻一番。"他这样的信心是有历史原因的，从 1990 年到 2002 年，妮维雅的销售额增长了五倍多。但实际上直到 2014 年，经过 10 年时间才实现了 2002 年收入的翻番，而不是 5 年。然而，在此期间，利润的增长远超销售额，而销售回报率从 2003 年的 6.5% 攀升到 2017 年的近 10%。或许一些其他东西对罗尔夫·库尼施而言很有价值，对公司来说更加重要——"我们经营的产品，"他强调，"是一项好业务，因为这些产品可以令人早上感觉神清气爽，这是一种积极的体验。"[1] 这不仅是对罗尔夫·库尼施产生的影响，而且在公司的每一个角落，我都感受到了这种积极的氛围和敬业的精神。

2004 年，是对公司"身份"极具挑战性的关键时刻。选择将本书章节结束在这一年，与本书所依据的历史编纂学方法相契合。尽管过去的决策或限制或拓宽了公司的可能性，但如同所有的历史进程，拜尔斯道夫所走的道路并不是必然的。回顾过去，公司的历史似乎打上了持续不断变化的经济、政治和文化因素、公司决策者以及消费者和竞争对手对公司供给的反应所带来影响的烙印。历史主角们必须考虑到具体的条件和可能性；他们针对未知未来的战略决策并未预先设定，而是基于他们自身的认知、解释，以及他们赋予事件的意义，这些意义还需与他人"协商"。出于这些原因，本书中主角们的行为既以目标为导向，又对结果持开放态度，因为最终实现的目标并不总是最初的既定目标。

每一位作者，包括学者，都会做出选择并且决定他叙事中的主题内容以及讲述的方式。为此，在这篇后记中，我对结构性和方法论的基础与决定进行了阐明，包括资料来源的选择、访谈的处理以及科学文献。最后，我将描述这本"企业传记"的诞生背景以及与出版项目委托方的合作。因为当位于科隆的企业史研究机构 Reder，Roeseling & Prüfer 询问我是否愿意作为作者书写拜尔斯道夫的故事时，我不想拒绝这样一个提议。这项任务委托也决定了出版物的类型：本书应该是讲述一家公司发展史的传记。

叙事建构

叙述精练，并且聚焦主题；此外，考虑到叙述应该满足学术上的要求，就会出现有些事情无法讲述的情况，因为没有相关可查阅的文件资料，并且也没有与之相符的相应回忆。但最重要的是，有些事情看起来很重要，有些则不然。因为既不可能也不期待在书中呈现 120 年（1882—2003 年）时间段内的所有发展和事件，也不计划以同样的篇幅来呈现这些发展和事件。早在第一次世界大战前，拜尔斯道夫就已经开展国际业务，根据年度报告，集团如今在69 个国家和地区设有自己的公司，这些公司的业务触及近 200 个国家和地区的客户（根据 2023 年年度报告，如今集团在全球拥有超过 160 个公司，2 万名员工）。在 1990 年前后，拜尔斯道夫拥有最大的产品多样性：为终端消费者提供化妆品、膏药和医疗辅助用品、药品以及胶带和粘合剂。公司以工业胶带、粘合剂和工艺流程解决方案赢得工业用户，向诊所和其他医疗机构提供医疗辅助用品，从绷带到外科手术用品直至人工髋关节等。每个市场都遵循不同的运行逻辑。即便是在 120 年的时间里在公司工作并且参与决定了公司发展的许多人，也不可能人人都能积极参与到某一个故事中。

本书中的核心是企业战略，考虑了促成和限制战略决策的财务可能性以及结果、架构和常规实践。因此，叙述更多地聚焦执行董事会层面的流程，关注度高于产品的营销、研发、生产或销售。出于同样的原因，位于汉堡的集团总部处于中心地位，而几乎所有值得特别关注的国内外子公司只能顺带提一下或进行示范代表性的处理。对于企业本身自己的书，一个重大主题原本应该是全球品牌在不同文化背景下和在各大洲的发展历程及经营实施。这一主题仅在国际品牌权的背景下并且作为实现协调统一的国际品牌管理的努力加以涉及，在图示中予以体现。然而，这些考虑清楚地表明，相关的营销手册大大简化了。[2]

所选择的关注主题使我们可以将拜尔斯道夫视为一家企业，超越妮维雅品牌的范围。因为人们对这一品牌已经非常熟悉（见"参考文献"），可以在消费者中很好地解释其取得的成功。然而，至今为止还没有科学的尝试来阐明拜尔斯道夫公司在经历了数次事关生存的挫折后仍然保持一家成功企业地位的原因。在某种方式上，本书也避免对此给出"解释"，因为本书选择了一种开放的叙事形式，分析结论以更具叙事性的形式加以呈现。但是，在文中提出了问题和假设，前言中概述了用于可能作为解释的出发点。读者可以从中得出自己的结论。

这个故事的主要角色是执行董事会和监事会成员、所有者和大股东，他们是留下了书面记录并对公司有着深远影响的人。然而，企业是一个有工作分工的社会组织，在研究、产品开发、生产和营销领域拥有众多员工，从前台接待到企业的医疗服务，这些员工为企业的成功或失败做出了贡献。因此，偶尔叙述主题也会包括工作时间、工资、劳动争议或公司的社会福利机构。但最重要的是关乎决策，在大型企业的决策准备工作中有非常多的人参与。自二十世纪九十年代初以来，拜尔斯道夫执行董事会主要关注基本问题，大多数决定都是基于专业部门的精心准备工作并且经过财务控制部门的严格审查。早在二十世纪六十年代，中层管理层对公司发展的影响程度就比描述中的要明显大得多。然而，执行董事会和监事会所扮演的角色对于跨度长达 120 年的叙述来说至关重要，这使得聚焦于这一管理层变得理所当然。因为正如执行董事会依赖于员工的前期工作，并且经过执行董事会决议尚未生产或销售任何产品一样，只有在执行董事会和监事会做出相应决定的情况下，计划才可以贯彻落实。此外，留存的资料来源限制了可能的视角，这一点将在下文中进一步予以描述。减少主角数量有时也是一种叙事手段，以便能够对复杂过程进行呈现。

公司自二十世纪初以来特别明显的国际化定位，德国历史上的重大政治事件和拜尔斯道夫生产供应的不同市场，是叙事上面临的最大挑战。在二十世纪，德国人经历了两场灾难性的世界大战、四种不同的政治体制、国家的分裂和两德统一。在这些时代背景条件下，连续性仅仅存在了很短的一段时间。在每次世界大战之后，拜尔斯道夫不得不重建几乎整个海外业务。在这方面，对战略决策和特定行为者的聚焦也被视为结构要素。

"企业传记"中的重大事件与重要的政治事件保持同步，[3] 这给描述带来了便利，除了 1945 年二战结束这一例外，结构上分为七章首先考虑了公司的内部变化，当然，这些变化在一定程度上也是政治进程的后果。时间顺序和主题焦点构成了叙事描述。在魏玛共和国的短暂时期，纳粹统治期间和二战后的重建时期没有长期的发展理念。行动的空间非常有限，决策往往遵循试错原则；战略是在过程中诞生的。化妆品、膏药、药品和胶带等不同的产品领域不可能总是获得同等的重要地位。同样，由于不同市场遵循其自己的逻辑，与执行董事会观点相符的纯粹按时间顺序的叙述是不予考虑的，执行董事会总是同时面临许多不同的挑战。德国国内以及海外的业务情况早已无法一口气讲完。考虑到同时性，并且为了避免重复，各章中按时间和主题排列的段落比通常学术文本中的段落要更短。

方法和资料来源

留存的资料来源、口头传承的故事，以及讲述自己亲身经历的过去岁月的时代见证者，这一切共同构成了一个公司的故事。然而，并非所有事件都被记录和保存下来。很多事物在当时看起来微不足道，而有些则因过于机密以至于没有任何书面记录留存。此外，拜尔斯道夫的许多文件也因受战争影响而被毁。每一份文件都是在特定的背景下创建的，并且有特定的用途。在会议记录中，记录者的主观性极大影响了记录内容和形式。同时，当代见证人的回忆和叙述同样带有个人色彩。在回忆时，每个人都根据自己的经历解释着公司过去的一部分，有时会突出不同的重点。最后，档案中"事物的秩序"（福柯）为历史学家提供了研究的可能性。[4]

书面资料来源

拜尔斯道夫公司拥有从公司成立到二十世纪九十年代初的大量文件收藏，

尽管自七十年代末开始文档数量有所下降。除此之外，公司还拥有产品和品牌收藏，并拥有一个极其丰富的图像资料库。

最重要的文件，监事会会议记录（1922—1995年）、执行董事会会议记录（1944/1945年，1956—1995年）、年度报告（1922—2017年）和德意志商品信托股份公司全面的审计报告（1929—1993年），在档案中几乎是留存完整的（有关缺漏，参见第六章注释）。直到1995年，档案中都保存有揭示性的、内容丰富的监事会和执行董事会会议记录，直接或间接地介绍了执行董事会内部以及与大股东代表的讨论和决定。至于1995年之后直至2004年3月的执行董事会会议纪要，则可在执行董事会办公室查阅。[5]

执行董事会会议记录是从1955年起才留存下来的，部分被提交给大股东和监事会的月度或季度报告（1925—1960年）所取代。在魏玛时期，公司执行董事会主席威利·雅各布森在1921年至1933年期间对美国进行了长达数月的八次访问，几乎每天都与在汉堡总部的各位执行董事会成员就重大问题进行通讯往来，因此在首席执行官外出期间的企业活动都有非常好的记录。最后，沃伯格档案馆基金会的大量关于拜尔斯道夫的藏品进一步丰富了公司资料。如果没有这些涉及往来信件、会议记录和笔记、对公司的评估以及沃伯格银行总经理战略考虑的丰富收藏，对于拜尔斯道夫在1919年至1949年期间历史的描写就只会留下空白点（从1950年开始，沃伯格档案馆中的资料留存数量减少[6]）。根据档案管理员的说法，在1938年至2003年期间作为拜尔斯道夫公司大股东的安联股份公司的档案馆中没有涉及拜尔斯道夫的文件资料。[7]

早在2014年，拜尔斯道夫股份公司就已经委托德国企业史研究会进行档案文献研究，在项目过程中，在汉堡国立档案馆、柏林联邦档案馆、德国商业银行档案馆、美国国家档案馆和瑞士联邦档案馆查阅并复制了重要文件。[8]此外，还使用了来自汉高集团档案馆的资料和诺因加默集中营纪念馆对强迫劳工的访谈资料。[9]安娜·梅尼拍摄的一部纪录片很好地展现了二十世纪六七十年代西班牙工人的生活。[10]

一个重要的参考资料是1960年创刊的企业员工杂志 *Hauskurier*，1992年至2009年更名为"拜尔斯道夫企业期刊"。[11]这些册子起初每两个月出版一期，报道公司的新业务领域和新产品、新工厂、新生产设施和技术，以及公司的活动，直至医疗保健服务和公司体育、企业大会等等许多事项，篇幅总计近6000页。

凭借这些资料，从1919年到八十年代末这段时期具备了良好的资料留存状况，而从公司成立到特罗普洛维茨时代结束这段时期，只有少量的资料被保存下来。然而，一个较大的问题是由档案的整理顺序引起的，从二十世纪六十年代初到 1990 年，担任 *Hauskurier* 杂志编辑的埃克哈德·考姆同时也负责档案工作。他既不是受过专业培训的档案管理员，也不是历史学者，没有按照档案管理员本应选择的来源原则来组织材料，而是根据日常需求和个人兴趣务实地对文件进行"归档"。[12] 在归档工作中，考姆将许多文件从其原始背景、公司的某个部门或执行董事会小组中抽离，根据他感兴趣的主题进行归档，而不考虑这些文件原先是由哪个部门使用的。为每个国家都创建了专门的文件夹，其中包含与该国有关的往来信件和文件资料。这样，如果您想了解拜尔斯道夫比利时公司的一些情况，就可以快速获取相关资料，但是企业的相关背景已经丢失，无法再重新构建哪些信息是在哪里收集的，谁负责哪些领域以及哪些决策是相关联的。大约一半的文件收藏与海外业务活动有关，因此，为了全面了解拜尔斯道夫在二十世纪六十年代初关注哪些主题，就必须查看每个国家的文件，因为不再有相关负责的执行董事会小组的文件。其他文件则完全脱离了它们的产生和使用背景，被归入诸如"普通"或"纳粹宣传"之类的文件夹中。

档案的整理顺序使本身良好的资料留存受到了影响。这种整理顺序仅仅在执行董事会和监事会层面，它才反映了公司内部的责任分工，并且常常需要在不同地点进行耗时的搜寻。例如，在此研究项目中，不可能查阅所有海外业务的文件。这种架构还引发一个问题，即尽管可以在资产负债表、年度报告和审计报告中进行时间点观察，但公司各事业部或个别部门（如研发或营销）较长期的发展只能偶尔被发现，而且在必要的情况下只能花很大的努力来重新构建。

对评价的可能性造成影响的不仅仅是"事物的秩序"，各个文件的用途也会产生影响。然而，只有在极少数情况下，这些文件的书写目的是为了在将来对回顾过去形成特定观点，通常更多的是采取销毁文件服务于这一目的，因此，这些文件是可以进行评价的。然而，执行董事会和监事会的会议记录始终作为正当理由的证明，它们记录更多的是结果，而不是有争议的讨论。由于撰写者会影响会议记录的记录内容和形式，所以两位执行董事会主席更倾向于自己撰写会议记录。

访谈

在这个出版项目的背景下，对十二名时代见证者进行了长达数小时的访谈，会谈纪要的样式是其原因之一。这些访谈有助于了解公司的组织结构和工作流程，更好地理解公司文件及其语言，并识别会谈纪要中没有提及的矛盾冲突。当然，时代见证者的讲述同样也会带有其特定的视角。在回忆中，每个人都会讲述与自己工作和生活息息相关的公司过往，而有些事情则可能从记忆中消失。之所以选择这些受访者（名单列在资料来源列表中），是因为他们以负责人的身份在公司或者为公司工作了很长一段时间[13]，而且身体健康状况仍然良好。此外，还参考了托尔斯滕·芬克自 2009 年以来与格奥尔格·克劳森等人的会议对话记录稿。

访谈对书面资料来源进行了补充。例如，访谈可以帮助我们以批判的眼光对待会议记录，并且从另一个视角来解读。访谈提供了必要的背景信息，以便我们更好地了解公司的工作流程，因此也需要不同的视角。只有当受访者报告亲身经历的事件，其叙述合乎情理，并且信息与书面资料来源或其他访谈不矛盾时，才会引用访谈内容。回顾性的评价也同样富有启发性，在文本中纳入此类评价时，已明确将其标识为回顾性评估。

分析

分析的出发点由公司执行董事会和管理层层面的留存文件构成，除少数例外情况外，所有重要的决定都在这个层面进行讨论。我们查阅了直至 1919 年的全部留存档案，因为当时既没有"特罗普洛维茨秘书办公室"，也没有"曼凯维茨秘书办公室"。在魏玛时期和纳粹时期，提交给大股东和监事会的月度和季度报告对于了解公司发展的基本特征提供了很大的帮助，沃伯格档案馆基金会涉及拜尔斯道夫的资料也起到了补充的作用。在调查经济上重要决定的过程中，提供查阅的 1929 年至 1993 年期间德意志商品信托股份公司的审计报告有很大帮助，总共调阅了其中的约 7000 页。除了资产负债表结果外，1922 年至 2004 年的年度报告提供了基本但最终还是相当表面的信息，尽管如此，依然可以通过执行董事会会议记录获得一定程度的总体情况概述。这些会议记录以最多 10 或 12 页的篇幅（加上附件）报告了 1956 年至 2003 年期间部分每周一次的会议情况（总共超过 15000 页）。相对而言，每年约召开四次的监事会会议的会议记录信息内容较少，直到 1974 年奇堡公司作为一位新的参与者亮相拜尔斯道夫公司的舞台。从这一时间点开始，提交给监事会的执行董事会报告、一些监事会成员提出的重大问题以及执行董事会成员的相应回答，可以令我们很好地了解公司的战略目标。自1995年之后的会议记录尚未移交给档案馆。

除了这些"系列性"的资料来源外，时间序列资料也有助于掌握企业经营发展的全貌（包括销售额、利润、员工人数、各部门的业务活动、国内外业务等）。这些时间序列资料是根据来自资产负债表和年度报告、月度和季度报告、德意志商品信托股份公司的审计报告以及奥斯卡·特罗普洛维茨的财务账簿中的信息编制的。档案中为数不多的序列资料通常缺乏来源信息，与所述文件进行了核对。时间序列资料指出了可能发生的动荡、业务变化、成功和不太成功的业务领域，有时还指出了危机情况，或者帮助制定了相应的假设，以便查阅会议记录和往来信件，这可能是为了调阅进一步的档案材料以及准备访谈。在本书附件的表格内，对主要概览进行了总结。

在这一总体概述、既定目标和现有资料的背景下，确定了每个章节的主题，以叙述的形式进行呈现。我在此介绍了本书的建构过程，旨在说明这本书并非"唯一"的拜尔斯道夫公司历史，而是一部基于充分证据、主题优先级、叙述决策以及有限存世史料的公司历史。这同样适用于任何历史著述。历史书籍应该是可信和准确的，但其对过往事实的呈现始终是一种诠释。

佐证和引用

来自档案资料或科学研究文献的文字引文和详细信息在注释中予以了标注，但不包括手册知识以及一般历史学和经济史数据。访谈引用自档案中留存的（原始）文本，带有页码信息或记录的时间码。填充词和语气词被删除，未加标注说明，在某些情况下，对文本进行了改写，以适应书面语的表达。被引用的段落得到了受访者的证实。[14] 即便是来自书面资料的引用，语法错误也会得到默认的修改调整，并且出于可读性的考虑，在无法对内容进行改动的情况下，会根据文本对语法进行仔细调整。这涉及在没有特别说明的情况下省略或替换个别字母。

出于篇幅原因，系列资料来源在注释中经常使用缩略语：例如，监事会会议记录有连续编号和会议日期（第100次监事会会议，1949年3月21日）进行说明佐证，并且放弃重复标明存档签名。缩略语在资料来源目录中加有解释，目录中也能找到存档签名。部分文件夹的标题繁琐而多余，这些标题偶尔会被简缩（见资料来源目录中的注释），但已被明确标识。

参考文献

本书主题定位的原因之一是，总体上来看，妮维雅品牌的知名度远远大于拜尔斯道夫公司的知名度。[15] 作为一个成功的全球品牌和广告传奇，妮维雅已经跻身国际营销文献 [16] 和历史研究文献，而关于拜尔斯道夫其他品牌的出版物相对较少。[17]

作为一家企业，拜尔斯道夫于 1915 年由授权代理人汉斯·格拉登维茨出版纪念文集庆祝奥斯卡·特罗普洛维茨执掌公司 25 周年，近 70 年以后，出版了纪念文集，庆祝公司成立 100 周年。[18] 在参考文献中，第一次世界大战前的"特罗普洛维茨时代"受到了迄今为止最大的关注。然而，在大多数情况下，企业家个人或艺术赞助人特罗普洛维茨占据了焦点位置。[19] 只要是在这种背景下对公司进行讲述，通常是基于埃克哈德·考姆撰写的特罗普洛维茨传记。传记经过精心编写，但没有注明参考资料来源，并打造了奥斯卡·特罗普洛维茨的神化形象：公司的历史看似就像公司所有者的历史一样。[20] 几乎所有关于拜尔斯道夫的参考文献都是基于格拉登维茨和考姆的出版物以及 1982 年的纪念文集，有时甚至重复了它们的错误。

本书中有两个关于拜尔斯道夫的话题得到了较为深入的研究。尤其是弗兰克·巴约尔致力于研究在纳粹上台掌权后的头几个月以及在汉堡犹太人被排斥的背景下公司所面临的威胁。[21] 然而，他提出的问题前提条件在于拜尔斯道夫本质上是作为一家受到威胁的公司出现的。研究中没有提到拜尔斯道夫是如何摆脱威胁的，也没有涉及如何在不特别迎合纳粹主义的情况下，很快就实现了业务的良好发展。这种关联在后来关于公司广告的研究中得到了证实。[22] 公司在被占领的荷兰参与雅利安化行动（见第五章）的情况至今为止尚不为人所知，这部分归因于档案结构的特殊性，部分归因于对监事会会议纪要的非批判性阅读。雅利安化不是基于反犹太主义的企业政策，而是基于作为一家企业生存的愿望。在此过程中，拜尔斯道夫确实利用了德国对荷兰的占领。几乎在同一时间，拉脱维亚的拜尔斯道夫被德国占领当局没收，因为公司在当地雇用了一名"犹太人"担任总经理。以上两个例子，以及为保持生产水平而招募强迫劳工的积极努力，表明了二战期间纳粹分子的迫害和参与纳粹统治之间的界限是多么狭窄。

第二个研究相对深入的主题是第一次世界大战前拜尔斯道夫在美国的业务，以及第一次和第二次世界大战后重建海外业务的众多努力。赫尔穆特·克鲁泽在他的回忆中将这个主题放在了中心位置，因此其值得一读的自传自然聚焦于他自己的行动。[23] 杰弗里·琼斯和克里斯蒂娜·卢宾斯基使学术界公开得以了解这一主题。他们的研究重点是威利·雅各布森的国际化战略、国际企业的建立、对两次世界大战期间政治风险的战略应对以及第二次世界大战后商标权的重建。[24] 拜尔斯道夫也在杰弗里·琼斯的大作《美丽战争》——一部国际美容产业史中占有一席之地。[25]

除了这些主题之外，拜尔斯道夫的市场营销和母品牌战略也引起了历史学家的兴趣，尤其是关于二十世纪七十年代初 Creme 21 和妮维雅两个品牌之间的"战斗"，拜尔斯道夫最终得以获胜。这些研究[26]的一大不足在于缺乏对整个公司所面临挑战以及当时已经采取措施的背景介绍。通过分析二十世纪六十年代公司的总体业务发展和市场营销的逐步调整的分析，可以更好地理解拜尔斯道夫为何对 Creme 21 的反应如此强烈，以及为什么可以击退财力雄厚的竞争对手汉高公司发起的进攻。此后不久，拜尔斯道夫实施（部分）事业部架构，务实聚焦于四个产品事业部，以及逐步扩大事业部权限的做法，甚至被纳入了组织架构研究。[27]

早在二十世纪九十年代，拜尔斯道夫的母品牌战略就已经在国际营销文献中广为人知。[28]然而，文献往往忽略了一个事实，即拜尔斯道夫试图扩展母品牌，但其在彩妆化妆品领域的拓展失败了，却在止汗除臭剂领域取得了成功。这一点值得进行更深入的分析，但是人们有理由相信，产品和进行拓展的文化背景之间的联系是起决定作用的。虽然在二十世纪末的德国没有取得成功，但是有可能在 25 年之后或者在其他地方大获成功。

学术研究读者或许偶尔会希望看到更多参考阅读材料。然而，很少有关于拜尔斯道夫开展经营业务所涉及市场的汇总参考文献。至今为止，膏药、胶带或护肤品还没有成为行业历史的素材，而品牌产品专家（如宝洁、联合利华和强生）则属于一类特殊的组织。此外，公司决策会对"企业传记"的格式产生影响。如果想将拜尔斯道夫与其他公司进行比较，那么需要设定更为狭窄的问题。杰弗里·琼斯撰写的美容行业令人赞叹的历史，[29]涉及数百万美元的业务，改变了对美容概念和身体形象的理解，已经被多次提及，但拜尔斯道夫并不全属于这个行业，公司也无法与行业巨头相比。拜尔斯道夫在各个市场开展业务，出于书稿篇幅所限，也不允许始终将竞争对手包括在内。在德国，汉高公司自二十世纪五十年代起将身体护理产品引入产品目录，体现出最多的相似可比之处。但是，最大的竞争来自海外市场，在某一个市场，竞争对手是高露洁棕榄、联合利华和宝洁，而在另一个市场面对的是强生或施乐辉，在第三个市场则是 3M，在第四个市场或许是先灵或拜耳。[30] 出于这些原因，书稿中将竞争对手的描写进行了概述，并且原则上抽象地将坚持各自独立战略的竞争者视为竞争对手，例外的是二十世纪七十年代的汉高公司和 2002 年至 2003 年的宝洁公司，当时它们被拜尔斯道夫视为严重威胁。

与出版项目委托方的合作

经原执行董事会主席赫尔穆特·克鲁泽介绍，自 2014 年底以来，企业史研究机构 Reder，Roeseling & Prüfer 与拜尔斯道夫就一个企业历史出版项目进行了商谈，并希望在 2015 年春季将我作为作者推荐给拜尔斯道夫公司。一百多年来，这家总部位于汉堡的公司在膏药、护肤品和胶带等产品领域取得了国际范围的成功，我很早就开始对公司历史产生了兴趣，此外，我也开始考虑一个处于学术研究与历史服务交集的研究项目。[31] 但在这种情况下，我对拜尔斯道夫的兴趣显然远远超过了其他任何兴趣。

参加首批会谈的除了本人之外，还有乌尔里希·施密特（至 2016 年担任拜尔斯道夫股份公司首席财务官，自 2011 年起任德莎公司监事会主席）、英肯·霍尔曼·彼得斯（企业传播副总裁）和托尔斯滕·芬克（企业传播、企业和品牌历史），2016 年起，刘峥嵘代表拜尔斯道夫执行董事会也加入了这一被称为"阅读小组"的项目组。参与人员包括作为项目发起人的赫尔穆特·克鲁泽以及负责项目管理的企业史研究机构代表塞维林·罗塞林和布丽塔·施蒂克。在这个范围有三次详细具体的会谈，涉及出版项目的总体概念和合作、对初稿手稿的讨论以及关于标题和出版地点的讨论，计划在初稿版本完成后再详细讨论出版地点的问题。2017 年夏天，决定将书稿交由 C. H. Beck 出版社出版。

从一开始，大家就持一致意见，没有兴趣进行一场对于大获成功的归纳讲述，而是希望有一个基于科学方法的有充分依据的叙述，其中应考虑到企业行为结果的开放性，并将主角们探寻保障成功的战略置于相关背景之中。对公司发展至关重要的议题，也包括失败，应得以涉及。除了战略问题外，重点还应放在公司治理的广泛领域，品牌和品牌管理以及研发等方面也是主要议题。目标是一本叙事性的、图文并茂的书，面对感兴趣的读者群，同时满足学术研究的要求。此外，大家共同指出，作者对文稿承担责任，文稿的可验证性由第三方给予保证。于是，我很高兴地在 2015 年秋天开启了这段颇具挑战的冒险旅程。

出于这些原因，有人可能会说作者在一定程度上依赖于拜尔斯道夫，因为没有公司的同意，这本书就无法面世。与此同时，拜尔斯道夫使之成为可能。因为只有在这一项目背景下，直到 2004 年的书面资料才能提供使用，此外，这样的安排还为与时代见证者进行充满信任的访谈创造了框架条件，这些时代见证者绝不是所有人都持相同的观点，他们也发表了批评意见。作为一名学者，对我来说，与拜尔斯道夫公司、企业史研究机构以及如今不再受雇于拜尔斯道夫或从未在拜尔斯道夫工作的时代见证者的合作是一次非常令人愉快的经历。自始至终毋庸置疑的是，我作为一名学者必须对文稿负责，因此也必须决定其内容。当然，"服务"意味着大量的沟通努力，以上所述决定都经与"阅读小组"的讨论，每位参与者都收到了各章节的文稿，以便他们提供反馈意见。在查阅资料的过程中，当发现由于档案整理的顺序和意外主题的出现，工作量明显大于最初计划假设的工作量时，很快就修改后的时间进度表和预期的文稿篇幅达成了一致。

所提到的来自拜尔斯道夫的参与者、访谈合作伙伴和公司法务部门阅读了初稿（或涉及访谈的段落），并发表了评论意见；在企业史研究机构，托马斯·普吕弗、塞维林·罗塞林和布丽塔·施蒂克发表了评论意见，并进行了书稿编辑工作。除了纠正错误和不准确表达之外，编辑工作中对文稿没有任何实质性的干预。众多读者的建议极大地帮助提升了书稿的质量。听取意见后，对一些主题进行了进一步的阐述，并补充解释了一些细节。我要特别感谢那些删除建议，因为这样可以使书稿更加精练。当我选择不采纳某些建议时，所有相关人员都尊重我的决定，对此我深表感激。

附录

第一章注释

1 *Deutsche Apotheker-Biographie: Beiersdorf* (1975), S. 40.
2 Die Festschrift erschien 1915: Gradenwitz, *Entwicklung* (1915).
3 Unna, *Nachruf Troplowitz* (1919), S. 26–27.
4 *Amtsblatt der Königl. Regierung zu Potsdam und der Stadt Berlin* Nr. 23 (6.6.1862), S. 167; „Genealogie des Neuruppiner Geschlechts BEIERSDORF [...] zusammengestellt von Reg.-Rat Fritz Beiersdorf [...]" (1933), BA 120 C. P. Beiersdorf u. Familie (künftig „Genealogie" (1993), BA 120); Kaum, *Beiersdorf I* (1975).
5 Gradenwitz, *Entwicklung* (1915), S. 5. Gradenwitz kam 1907 zu Beiersdorf und wurde 1908 Prokurist, ebd., S. 33.
6 Baedeker 1891, zit. nach Dahlmann, Lebenswelten (1994), S. 141. Hinweise auf dt. Unternehmer und Apotheker in Moskau in Chronik (1876), Register.
7 *St. Petersburgisches evangelisches Sonntagsblatt* (12.12.1871), S. 400 [http://dokumente.ios-regensburg.de/amburger/index.php?id=956].
8 *Königl. Preuß. Staats-Anzeiger* Nr. 335 (22.10.1870), S. 4225; zu Luhme & Co. *Pharmaceutisches Central-Blatt* 3 (15.9.1858), Nr. 41, S. 656; *Preis-Verzeichnis* (1856).
9 *Königl. Preuß. Staats-Anzeiger* Nr. 29 (3.2.1869), S. 503; Gründungsjahr nach Kuchejda, *150 Jahre Schmidt + Haensch* (2004).
10 *Königl. Preuß. Staats-Anzeiger* Nr. 335 (22.10.1870), S. 4225.
11 „Wem fällt in Preußen bei einer Subhastation einer verkäuflichen Apotheke die Konzession zu?" (RA Aronius an Oberpräsidium Berlin, 14.11.1896), in: *Apotheker-Zeitung* 11 (23.12.1896), Nr. 103, S. 979–81.
12 *Deutscher Reichs-Anzeiger und Königl. Preußischer Staatsanzeiger* Nr. 72 (23.3.1872), S. 1718; *Allgemeiner Wohnungs-Anzeiger Berlin* (1873), S. 732.
13 Kaum, *Beiersdorf I* (1975); für die Kinder vgl. „Genealogie" (1993), BA 120.
14 Ramdohr an Bürgermeister u. Präses des Medicinal-Collegiums Petersen (20.9.1880), Lomnitz an Ramdohr (29.10.1880) [StA HH 352-3 I. N. 3020, F. 19], BA 120 Apotheke Mühlenstraße; Kaum, *Beiersdorf I* (1975), S. 23.

15 Wischermann, *Wohnen* (1983); Wischermann, *Datensatz* (2011); Evans, *Tod* (1991). In Harvestehude, Rotherbaum und Uhlenhorst war es 5 bis 8 Mal höher, Koch, *Einkommenssteuer* (1895), Tab. 5, S. 8.

16 Beiersdorf an Hohen Senat in Hamburg (5.5.1881) [StA HH 352–3 I. N. 3331, F. 21–22], BA 120 Apotheke Mühlenstraße.

17 Beiersdorf an Medicinal-Collegium (18.10.1882) [StA HH 352–3 I. N. 4265, F. 23–24], BA 120 Apotheke Mühlenstraße.

18 Unna, *Unna* (1929) u. Holländer, *Lebenswerk* (1974 [ND 1990]). Das Hamburger Adressbuch führte Unna seit 1877 an der Dammtorstraße als Arzt für Chirurgie und Geburtshilfe auf, seit 1879 „Specialarzt für Hautkrankheiten". 1885 wurde auch seine Klinik für Hautkranke (Eimsbüttel, Parkallee 13) aufgeführt, *Hamburgisches Adreß-Buch* (1879), S. 383, (1885), S. 382.

19 Unna, *Unna* (1929), S. 79 u. Unna, *Nachruf Troplowitz* (1919), S. 26–27.

20 Kaum, *Menschen, Märkte, Marken, unveröff. Typoskript* (1990), S. 11–12. Gradenwitz, *Entwicklung* (1915), S. 6–7.

21 Beiersdorf an Troplowitz (5.6.1890), BA 120 Verkauf des Laboratoriums; Unna, *Unna* (1929), S. 15. Zur Kooperation von Beiersdorf und Mielck vgl. Gradenwitz, *Entwicklung* (1915) und Unna, *Unna* (1929).

22 Die dem Kautschuk ähnliche Pflanze diente damals vor allem als Isoliermaterial für Stromkabel, Obach, *Guttapercha* (1899).

23 Stepke, *Fertigung* (1989), S. 50–51; Kautschuk war ein wichtiges Handelsgut im Hamburger Hafen. Große Hamburger und Harburger Unternehmen wie die Phoenix AG und die New York Hamburger Gummi-Waaren Compagnie verarbeiteten Kautschuk.

24 Kaiserliches Patentamt, Patentschrift No. 20057 (8.11.1882).

25 Preisliste Nr. 1 (1882), BA M/P 134.

26 Beiersdorf an Troplowitz (5.6.1890), BA 120 Verkauf des Laboratoriums.

27 Beiersdorf an Troplowitz (3.6.1890), BA 120 Verkauf des Laboratoriums. Die Preisliste Nr. 2 (1884), BA M/P 134, nennt die *Deutsche Medicinische Wochenschrift* und die *Monatshefte für praktische Dermatologie*.

28 BA 2 Postkartensammlung; Stepke, *Fertigung* (1989), S 53.

29 Beiersdorf an Medicinal-Collegium (18.10. u. 14.12.1882, 16.6.1883) [StA HH 352–3 I. N. 4265, F. 23–24, I. N. 4265, F. 27, I. N. 4671, F. 30], BA 120 Apotheke Mühlenstraße.

30 Briefkopf, Beiersdorf an Troplowitz (3.6.1890), BA 120 Verkauf des Laboratoriums; Abschrift der Anmeldung Polizei-Amt Altona (9.6.1884) [Amtsgericht Hamburg Altona VII B 689 Testamentsakte Beiersdorf], BA 120 C. P. Beiersdorf u. Familie.

31 „Verzeichniss dermato-therapeutischer Präparate und Apparate nach Dr. P. G. Unna", Preisliste Nr. 2 (1884); Preisliste Nr. 3 (1887) sah ähnlich aus, war aber umfangreicher, BA M/P 134.

32 Beiersdorf an Troplowitz (5.6.1890) u. Abbildung (Inserat) auf Beiersdorf an Troplowitz (7.6.1890), BA 120 Verkauf des Laboratoriums.

33 Beiersdorf an Troplowitz (31.5. u. 5.6.1890), BA 120 Verkauf des Laboratoriums.

34 „Genealogie" (1933), BA 120 C. P. Beiersdorf u. Familie; *Altonaisches Adreßbuch* (1889), S. 182 u. (1890), S. 128. Das Parterre vermietete Beiersdorf, die I. Etage bezog er selbst.

35 Kaum, *Troplowitz* (1982), S. 29.

36 Kaum, *Menschen, Märkte, Marken, unveröff. Typoskript* (1990), S. 17.

37 *Pharmaceutische Zeitschrift* 35. Jg., Nr. 41, 21.5.1890, S. 318. Es ist nicht eindeutig, dass sich diese Annonce auf Beiersdorf bezog.

38 Beiersdorf an Troplowitz (31.5. u. 5.6.1890), BA 120 Verkauf des Laboratoriums.

39 Beiersdorf an Troplowitz (7.6.1890), BA 120 Verkauf des Laboratoriums.

40 Beiersdorf an Troplowitz (3.6.1890), BA 120 Verkauf des Laboratoriums.

41 Beiersdorf an Troplowitz (7.6.1890), BA 120 Verkauf des Laboratoriums. Erst 1896 verfügte Beiersdorf über einen Telefonanschluss; es war die ehemalige Nummer von Troplowitz, *Altonaer Adreßbuch* (1896), S. 10.

42 Unna, *Nachruf Troplowitz* (1919), S. 27.

43 „Punktation. Zwischen den Unterzeichneten […] ist am heutigen Tage nachstehender Kaufcontract unterschrieben und ausgefertigt worden", Altona (14.6.1890), BA 120 Verkauf des Laboratoriums.

44 Das gemeinsame Testament bestätigte die Mitgift in Höhe von 75.000 Mark. Der Eigentumstitel der Ehefrau war testamentarisch bekräftigt, Testament der Eheleute Oscar Troplowitz und Gertrude geborene Mankiewicz, 5. u. 17.4.1905, BA 121 NL Troplowitz. Testamente u. Erbscheine 1905/1919. Die Mitgift ist in der Vermögensaufstellung von G. Troplowitz zum 1.1.1905 aufgeführt, Geheim-Buch. Privat [Privat-Bilanz Troplowitz] 1899–1919, Bl. 55, BA St. I.

45 Troplowitz an Beiersdorf, Entwurf (12.8.1890); Beiersdorf an Troplowitz (13.8.1890), BA 120 Verkauf des Laboratoriums.

46 „Punktuation" (14.6.1890), BA 120 Verkauf des Laboratoriums.

47 Briefwechsel zw. Beiersdorf u. Troplowitz (14., 17., 25. u. 26.7.1890), BA 120 Verkauf des Laboratoriums; Kaum, *Troplowitz* (1982), S. 25–27; Finke, *Markenmacher* (2013), S. 29.

48 *Altonaisches Adreßbuch* (1891), S. 158; *Altonaer Adreßbuch* (1893), S. 159, (1894), S. 161; Kaum, *Troplowitz* (1982), S. 33.

49 1897 erwarb die Firma Beiersdorf das Patent DRP 73656; sie vertrieb die Produkte bis zum I. Weltkrieg ohne großen Erfolg als „Trola-Sohlen". Die Erben Beiersdorf und der Arzt Lütje erhielten zusammen 4.000 Mark u. 2,5% vom Umsatz, Kaufvertrag (12.5.1897), BA 120 C. P. Beiersdorf u. Familie.

50 „Wem fällt in Preußen bei einer Subhastation einer verkäuflichen Apotheke die Konzession zu?" (RA Aronius an Oberpräsidium Berlin, 14.11.1896), in: *Apotheker-Zeitung* 11 (23.12.1896), Nr. 103, S. 979–81; Erwiderung des Prozessgegners: *Apotheker-Zeitung* 11 (30.12.1896), Nr. 105, S. 1005. Der Anwalt bezifferte Beiersdorfs Verluste auf 100.000, der Gegner auf 40.000 Mark, vgl. Weiss, *Kampf* (1897); Doehl, *Antwort* (1898); Weiss, *Nachwort* (1898).

51 *Berliner Tageblatt*, Morgenausgabe Nr. 643 (18.12.1896), S. 6.

52 Nur 5% der Steuerpflichtigen erzielten ein Einkommen von 6.000 Mark, *Einkommensverhältnisse* (1904), S. 30, während Beiersdorf seinen Nettogewinn 1890 auf 15.000 Mark schätzte.

第二章注释

1 Unna, *Nachruf Troplowitz* (1919), S. 27.

2 Jones, *Beauty* (2010), S. 54–62.

3 Beiersdorf an Troplowitz, 3.6.1890, BA 120 Verkauf des Laboratoriums.

4 Soénius, *Mülhens* (1997); Junggeburth, *Stollwerck* (2014); Jones, *Beauty* (2010), S. 35, S. 46–49, S. 54.

5 Lt. Ferguson, *Paper* (2002 [1995]), S. 33, wurden 1913 38% der deutschen Exporte und 42% der Importe über den Hamburger Hafen verschifft.

6 Bis 1910 Staatsgrenzen von 1894, 1913 Staatsgrenzen von 1912; Statistisches Landesamt, *Handbuch 1920* (1921), S. 12.

7 Statistisches Landesamt, *Handbuch 1920* (1921), S. 244–46; für das steuerliche Pro-Kopf-Einkommen vgl. Wischermann, *Datensatz* (2011), Tab. 43.

8 Der Gesamtkaufpreis war nur wenig höher als der festgestellte Wert des Patents, Vertrag (17.9.1890), BA 120 Verkauf des Laboratoriums.

9 Beschreibung u. Zitat: Ansprache Troplowitz zum 25. Dienstjubiläum von H. Hansen (Jan. 1916), BA 151 Sammelakte (G–K). Hansen, Hermann.

10 Ansprache Troplowitz zum 25. Dienstjubiläum von H. Hansen (Jan. 1916).

11 Zitat: O. Troplowitz an Eltern (8.5.1892), L. Troplowitz an seine Kinder (29.2.1892), BA 120 Troplowitz und Sippe. Briefwechsel Vater–Sohn 1892 (Transkription); Troplowitz an Baupolizei Hamburg (13.4.1892), BA 202 Werk I. Grundstücke Unnastr. 1892–1989.

12 Nach den Genehmigungsunterlagen (BA 222) u. Bauunterlagen (BA 202) wurde 1892 eine „Dampfmaschine für Heiz- und Kochzwecke" eingebaut.

13 Vgl. Pierenkemper, *Finanzierung* (1990).

14 Entwurf der Hypothekarverträge, G. Mankiewicz an O. Troplowitz (5., 11. u. 13.7.1892), A. Mankiewicz an O. Troplowitz (11.7. u. 19.10.1892), BA 202 Werk I. Grundstücke Unnastr. 1892–1989. Eine Aufstellung zum 1.1.1905 führt die Mitgift (75.000 M) u. eine Hypothek (30.000 M) als Vermögen von G. Troplowitz auf, Geheim-Buch. Privat [Privat-Bilanz Troplowitz] 1899–1919, Bl. 55, BA St I. Email B. Kübel an T. Finke/BDF (5.2.2009), BA 151 Sammelakte (A–F). Chrambach, Fritz; vgl. a. Schlieker, *Sie kennen mich schon* (2012), S. 16.

15 Ansprache Troplowitz zum 25. Dienstjubiläum von H. Hansen (Jan. 1916), BA 151 Sammelakte (G–K). Hansen, Hermann.

16 Troplowitz an Baupolizei Hamburg (13.4.1892, 9.2.1895), BA 202 Werk I. Grundstücke Unnastr. 1892–1989; BA T I Baugeschichte Werk I. Erste Baustufe; Preisliste Nr. 5 (1893), Vorwort, BA M/P 134.

17 Für eine Beschreibung der Salbenstifte siehe Preisliste Nr. 5 (1893), S. 30, BA M/P 134.

18 P. Beiersdorf & Co. fand man nun mit Adresse, Telefonnummer und Bankverbindung im *Hamburger Adreß-Buch* (1892), u. (1894), S. 31, S. 567.

19 O. Troplowitz, „Was sind Pflastermulle?", *Pharmaceutische Zeitung* 36. Jg. (1891) Nr. 87, S. 683–84.

20 Preislisten Nr. 5 (1895) u., Nr. 6 (1898), BA M/P 134.

21 Vertrag mit Dr. Unna, P. A. 100964 (27.3.1896), BA 120 Verträge mit Paul Gerson Unna; Finke, *Markenmacher* (2013), S. 31–33.

22 Deutsches Reichspatent 79113, Gradenwitz, *Entwicklung* (1915), S. 17. Das Patent wurde auch in sechs weiteren Staaten bewilligt, Akte 1, Körper (18.10.1989), BA 220 Pharma Patente I. 1882–1961.

23 Preisliste Nr. 5 (1895), S. 29–31, BA M/P 134; Gradenwitz, *Entwicklung* (1915), S. 17; Stepke, *Fertigung* (1989), S. 64–77.
24 Jahres-Umsätze 1901–15, BA St I.
25 Allerdings machten die Dermatologen unterschiedliche Erfahrungen mit der Haltbarkeit; Stepke, *Fertigung* (1989), S. 49.
26 Stepke, *Fertigung* (1989), S. 61–62; Gradenwitz, *Entwicklung* (1915), S. 18–19; Kaum, *Troplowitz* (1982), S. 37–39; Jahres-Umsätze 1901–15, BA St I.
27 Troplowitz an Baupolizei Hamburg (9.2.1895), BA 202 Werk I. Grundstücke Unnastr. 1892–1989; weitere Dokumente in BA T I Baugeschichte Werk I. Zweite u. Dritte Baustufe; vgl. Gradenwitz, *Entwicklung* (1915), S. 30–31.
28 Jahres-Umsätze 1901–15, BA St I.
29 Sandgruber, *Traumzeit* (2013), S. 67.
30 http://www.colgate.com/app/Colgate/US/Corp/History/1806.cvsp; Preisliste Nr. 5 (1895), S. 29–30, BA M/P 134. Heute wird Kaliumchlorat wegen seiner toxischen Wirkung nur noch beschränkt eingesetzt.
31 König, *Werbefeldzüge* (1993); Röse, *Anleitung* (1900); *Schulzahnpflege* (1910–1937).
32 Preislisten Nr. 7 (1900), S. 21, Nr. 11 (1905), S. 76, BA M/P 134; Segrave, *America* (2010).
33 Börseneinführungsprospekt für Lehn & Fink Chemical Products Comp. (August 1925), BA 122 Lehn & Fink. US Streit 1925.
34 Abschrift des Vertrags v. 25.3.1893, BA 122 Lehn & Fink. Verträge 1893–1924.
35 Verträge v. 4./16.12.1903 u. 12./22.7.1909, BA 122 Lehn & Fink. Verträge 1893–1924; vgl. auch Jones/Lubinski, *Wider dem sauren Mund* (2010), S. 149–50.
36 Segrave, *America* (2010), S. 36–47; zu Pebeco: Olsen, *Brand Loyality* (1995), S. 264; Jones/Lubinski, *Wider dem sauren Mund* (2010), S. 150–51.
37 Hauptbuch 1910-19, Bl. 96-99, BA St. I; Umsatz/Reingewinn 1901–17 [vermutl. 1918], BA 241 Umsätze 1901–70. Gesamtsätze; „Aufstellung der bisher von Lehn & Fink erhaltenen Lizenzen" [vermutl. 1916], BA 122 Amerikareise Dr. Jacobsohn, Juni 1921.
38 Jahres-Umsätze 1901–15, BA St I.
39 Es gab in 30 Staaten Vertragshändler, „Herrn Dr. Mankiewicz" [ohne Datum 1912], BA 310 Umsätze 1908–45.
40 Auch Deutschland erhob Zölle auf kosmetische Produkte (1 bzw. 3 Mark pro kg), Zolltarifgesetz v. 25.12.1902, Gruppe 356 u. 358 (RGBl. 1902, S. 303); vgl. Riewert, *Kosmetische Mittel* (2005), S. 83.
41 „Herrn Dr. Mankiewicz" [ohne Datum 1912], BA 310 Umsätze 1908–45; Jacobsohn an Carlos Stein, Mexico (15.6.1921), BA 122 GLK, Amerikareise 1921; [Jacobsohn. Memorandum] Amsterdam, den 27.9.1933, BA 311 Ringfirmen, Grundsätzliches 1933–40.
42 Gradenwitz, *Entwicklung* (1915), S. 47, nennt weitere „Fabrikationsstellen". Zuverlässiger: [Jacobsohn. Memorandum] Amsterdam, den 27.9.1933, BA 311 Ringfirmen, Grundsätzliches 1933–40.
43 Balances P. Beiersdorf & Co. London Branch (1907–14) und Jahres-Umsätze 1901–15, BA St I. Vgl. auch Hagen, *Legislation* (1997), S. 376.
44 Preisliste Nr. 8 (1901), BA M/P 134. 1910 gab es weitere Zahlstellen und Konten in den Niederlanden, Russland, Italien und der Schweiz, Preisliste Nr. 14, 1910.
45 RA Berg (1988), BA 381 Dokumentation Grundsätzliches 1914-1981; Anstellungsvertrag als Geschäftsführer in Wien (Sept. 1914), BA 143 Jacobsohn, Willy.
46 Gradenwitz, *Entwicklung* (1915), S. 29–33; Lageplan 1913, ebd. Bauakten in BA T I Baugeschichte Werk I.
47 Eine Ausstellung im Jüdischen Museum Rendsburg (4.7.3.10.2010) trug den Titel „Oscar Troplowitz. Sozialer Unternehmer und Kunstmäzen"; Kaum, *Troplowitz* (1982).
48 Preisliste Nr. 16 (1914), BA M/P 134.
49 Beiersdorf an Troplowitz [ohne Datum Aug./Sept. 1890], BA 120 Verkauf des Laboratoriums; Tageslohn lt. Arbeitsordnung […] (6.7.1908), BA 153 Arbeitsordnungen 1908-68; Jacobsohn an C. Melchior (17.11. u. 24.11.1919), BA 122 WK.
50 Die früheste Zahlung ist für 1906 überliefert: Feststellung über das Gehalt (31.3.1907), BA 150 Lorenz, Martha; zum Weihnachtsgeld für Arbeiter vgl. „Die Entwicklung der chemischen Fabrik P. Beiersdorf & Co. […] 1882 bis 1938" (Typoskript 1938), BA BDFhist1938.1a; Kaum, *Troplowitz* (1982), S. 65.
51 1892 dauerte die tägliche Arbeitszeit von 7–19 Uhr, Troplowitz an Baupolizei Hamburg (13.4.1892), BA 202 Werk I. Grundstücke Unnastr. 1892–1989. „Entwicklung […] 1882 bis 1938", BA BDFhist1938.1a, S. 16; Jacobsohn an F. M. Warburg (3.5.1919): „Zur Entwicklung der Firma Beiersdorf" (22.4.1919), BA 122 WO; Arbeitsordnung (6.7.1908), BA 153 Arbeitsordnungen 1908-68; Anstellungsbedingungen u. Vertrag mit M. Lorenz (14./15.12.1910), BA 150 Lorenz, Martha.
52 Satzung der Unterstützungskasse (15.12.1906), BA St I.
53 Gradenwitz, *Entwicklung* (1915), S. 34.

54 Die Kantine war aufgrund von Platzmangel nur Beamten zugänglich, „Entwicklung [...] 1882 bis 1938", BA BDFhist1938.1a, S. 17. In den 1920er Jahren sollen die Arbeiter in einer Befragung für höhere Löhne statt des freien Mittagessens votiert haben, W. Karstens, „Die Firma einst und jetzt", *Hauskurier* 34 (1966), S. 10.

55 Bieber, *Streik* (1978); Grüttner, *Hafenarbeiterstreik* (1981).

56 „Entwicklung [...] 1882 bis 1938", BA BDFhist1938.1a, S. 17; Kaum, *Troplowitz* (1982), S. 66–67. Gradenwitz, *Entwicklung* (1915) nennt alle Sozialleistungen, aber keinen Urlaub.

57 Arbeitsordnung (6.7.1908), BA 153 Arbeitsordnungen 1908-68; Allg. Anstellungsbedingungen u. Vertrag mit M. Lorenz (14./15.12.1910), BA 150 Lorenz, Martha.

58 Ansprache Troplowitz zum 25. Dienstjubiläum von H. Hansen (Jan. 1916), BA 151 Sammelakte (G–K). Hansen, Hermann.

59 P. Beiersdorf & Co., StA HH 231-7 A1 Bd.10, No. 2686V, Bl. 63 u. 64; Gradenwitz, *Entwicklung* (1915), S. 33. Gradenwitz an Mankiewicz, 9.9.1918, BA 121 GLK 1918.

60 Gradenwitz, *Entwicklung* (1915), S. 24. Im April 1905 schied Mankiewicz aus dem Staatsdienst aus. Der Oberlandesgerichtspräsident, Geschäfts Nr. I6408, 29.4.1905 (Abschrift), BA 121 Mankiewicz, Otto Hanns, 1871–1918.

61 „Gesellschaftsvertrag vom 26.3.1906" (Abschrift), BA 121 Troplowitz und Mankiewicz als Gesellschafter.

62 Noch 1925 wird die Firma Beiersdorf als Verbandsadresse genannt, Stichert, Übersee-Jahrbuch (1922), Müller-Jabusch, *Handbuch* (1925). Mankiewicz war in vielen Funktionen tätig, u.a. als Aufsichtsrat der Transocean AG (Mankiewicz an Troplowitz (Karlsbad), 19.6.1916, BA 121 GLK 1916); Funktionen ohne Bedeutung für die Firma bleiben unberücksichtigt.

63 Rosenberg, *Vertrieb* (1913), S. 24–25; Markenverband, *Fünfzig Jahre Markenverband* ([1953]), S. 15–16, S. 68.

64 Preisliste Nr. 3 (1887), BA M/P 134.

65 Mielck an Unna (9.8.1904), Horn an Unna (10.8.1904), Troplowitz an Douglas (Aug. 1904), Amtsgericht Hamburg, Handelsregister Nr. 38938, 13.8.1904, Anzeige, *Dermatologisches Zentralblatt* (1904), Nr. 12, BA 121 Seifenfabrik Douglas.

66 Jahres-Umsätze 1901-15, BA St I.

67 Stepke, *Fertigung* (1989), S. 44–138, mit Produktbeschreibungen.

68 Preisliste Nr. 13 (1907), S. 62, BA M/P 134; Gradenwitz, *Entwicklung* (1915), S. 26.

69 Vgl. König, *Werbefeldzüge* (1993); zu Lehn & Fink: Segrave, *America* (2010), S. 36–47; Olsen, *Brand Loyality* (1995), S. 264.

70 Preisliste Nr. 8 (1901), BA M/P 134. Die Plakate waren vermutlich schlicht (vgl. Beiersdorf, *Verführung* (2013), S. 44) und künstlerische Lithographien („CITO" von H. Baluscheck, ebd., S. 43) eher Ausnahmen; zu den Reisenden siehe Kaum, *Menschen, Märkte, Marken, unveröff. Typoskript* (1990), S. 47.

71 Gradenwitz, *Entwicklung* (1915), S. 29–31.

72 Beiersdorf, *Verführung* (2013), S. 47–57; Finke, *Markenmacher* (2013), S. 34–38.

73 Beiersdorf, *Verführung* (2013), S. 41.

74 1900 bis 1907 schwankte der Anteil der Werbeausgaben am Umsatz zwischen 2,5 bis 6,2%, ab 1908 stieg er deutlich, Geheim-Buch [P.B. & Co.] 1899–1905, Geheim-Buch [Hauptbuch] 1906–1909 u. Hauptbuch 1910–1919, BA St I.

75 Griess, *Produkte* (2003), S. 460–61; Jones, *Blond* (2008); Jones, *Beauty* (2010), S. 54–58; Jones/Lubinski, *Managing Political Risk* (2012), S. 90.

76 Zu Materialien und Technik im ausgehenden 19. Jh.: Stepke, *Fertigung* (1989), S. 78–90.

77 Stepke, *Fertigung* (1989), S. 90–93; P. Runge, Eucerinum und seine therapeutische Verwendung, *Apotheker-Zeitung* 23. Jg. (1908), Nr. 61, S. 551–52.

78 BA 212 Eucerin (Mappe 6); Stepke, *Fertigung* (1989), S. 94–96; Jacobsohn an C. Melchior (17.11.1919), Anl.: Vertrag zw. Beiersdorf u. Lifschütz (Abschr.), Umsätze u. an L. gezahlte Beträge, SWA C-102009; Geheim-Buch. Privat [Privat-Bilanz Troplowitz] 1899-1919; Verträge und Abrechnungen, BA 212 Eucerin (Mappen 11, 12, 13).

79 [Aufstellung] Umsatz/Reingewinn 1901-17 [vermutl. 1918], BA 241 Umsätze 1901-70. Gesamtumsätze, Hauptbuch 1910-1919 (Reklame), BA St I; vgl. auch Griess, *Produkte* (2003), S. 457-59.

80 Zitate: Kaum, *Troplowitz* (1982), S. 71 u. 73.

81 Hauptbuch 1910-1919, Bl. 100-05, BA St I.

82 Nur Gradenwitz blieb der Militärdienst erspart. Behrens, Smielowski und Ohm wurden ab Sept. 1916 einberufen, Willy Jacobsohn bereits 1915, BA 121 GLK 1916, GLK 1917 und GLK 1918; BA 143 Jacobsohn, Willy.

83 Mankiewicz an Troplowitz (22. u. 25.1., 18.3.1916), Gradenwitz an Mankiewicz (Büro Erzberger), (29.1.1916), Troplowitz an Mankiewicz [ohne Datum Feb./März 1916], Gradenwitz an Troplowitz (24.8.1917), BA 121 GLK 1916 bzw. 1917.

84 Gradenwitz an Behrens (im Felde), (5.2.1917), BA 121 GLK 1917; Jacobsohn an C. Melchior (17. u. 24.11.1919), SWA C-102009; Cura, *Hautleim* (2010), S. 247.

85 Wochenbericht der GL 1.–8.1.1919 (11.1.1919), Anlage b, SWA C-102038.

86 Wochenberichte der GL 1.–8.1.1919 (11.1.1919), Anlage b, 30.1.–12.2. (15.2.1919), SWA C-102038.

87 Mankiewicz an Troplowitz (25.1. u. 1.6.1916), Gradenwitz an Troplowitz (Karlsbad), (29.5.2016), Troplowitz (Karlsbad) an Mankiewicz (1., 7. u. 10.6.1916), Behrens an P. Beiersdorf & Co. (20.12.1917), Mankiewicz an Gradenwitz (19.8.1918), Jacobsohn an Smielowski (1. u. 6.10.1918), Jacobsohn an Gradenwitz (22.10. u. 7.11.1918), BA 121 GLK 1916, 1917, 1918; Zweiwochenbericht der GL 20.3.–2.4.1919 (5.4.1919), BA 122 WO.

88 Jacobsohn an C. Melchior (17. u. 24.11.1919), SWA C-102009.

89 Hauptbuch 1910–19, Bl. 96–99, BA St. I.

90 „Gesellschaftsvertrag vom 26.3.1906" (Abschrift), BA 121 Troplowitz und Mankiewicz als Gesellschafter.

91 Vgl. die Korrespondenz 1916–17, BA 121 GLK 1916 bzw. 1917.

92 Die KG wurde zum 11.5./1.6.1918 gegründet und nach Mankiewicz' Tod am 31.3./ 5.4.1919 wieder zur Personengesellschaft, G. Troplowitz u. O. Mankiewicz an Amtsgericht Hamburg (11.5.1918), G. Troplowitz an Amtsgericht Hamburg (31.3.1919), BA 122 Troplowitz Nachlaß. Urkunden 1817–1930; P. Beiersdorf & Co., StA HH 231-7 A1 Bd.10, No. 2686V, Bl. 63 u. 64.

93 Bevor er am 1.1.1914 zu Beiersdorf kam und Geschäftsführer in Wien wurde (1.10.1914), leitete Jacobsohn die chem.-pharm. Abt. der Pearson & Co. GmbH, „Arbeitsvertrag zwischen der oHG P. Beiersdorf & Co. und Dr. Willi Jacobsohn (4.12.1913)" u. weitere Unterlagen in: BA 143 Jacobsohn, Willy.

94 Behrens an P. Beiersdorf & Co. (7.12.1917); Mankiewicz an Gradenwitz (16.8.1918), Mankiewicz (Bad Nauheim) an Jacobsohn (21.8.1918), BA 121 GLK 1917 bzw. 1918.

95 Gradenwitz an Mankiewicz (9.9.1918), Mankiewicz an Smielowski (25.9.1918), BA 121 GLK 1918; Anweisungen zur Geschäftsordnung: Mankiewicz an die Prokuristen (1.10.1918), BA 122 Interim 1918–20.

96 Notiz lt. Aufgabe v. M. M. Warburg, 27.10.1918, BA 122 WK.

97 Finke, *Ära Troplowitz* (2010), S. 35, listet mehr als 80 „neue" Produkte auf; die meisten waren für den wirtschaftlichen Erfolg bedeutungslos.

98 Matthes, *Förderer* (2013); Haug, *Sammlung* (2013). Zum politischen Engagement: Kaum, *Troplowitz* (1982).

第三章注释

1 Dokumentiert in SWA C-102003.

2 Jacobsohn musste beispielsweise 36.000 Mark Wertpapiere hinterlegen (9.1.1919), SWA C-102038.

3 Vgl. Geschäftsbericht 14.8.–24.9.1919, Abt. I, Bl. 5, BA 122 WO.

4 [Jacobsohn. Memorandum] Amsterdam, den 27.9.1933, BA 311 Ringfirmen Grundsätzliches, 1933–1940.

5 Federal Trade Commission, *Annual Report* (1920), S. 74.

6 Wochenbericht der Geschäftsleitung 1.–8.1.1919 (11.1.1919), Anlage b, SWA C-102038.

7 Zweiwochenbericht 20.3.–2.4.1919 (5.4.1919), BA 122 122 WO.

8 Geschäftsberichte 12.6.–9.7.1919 (12.7.1919), 14.8.–24.9.1919 (27.9.1919), BA 122 WO.

9 Zweiwochenbericht 20.3.–2.4.1919 (5.4.1919), BA 122 WO.

10 Geschäftsbericht 12.6.–9.7.1919 (12.7.1919), BA 122 WO.

11 Geschäftsbericht 14.8.–24.9.1919 (27.9.1919), BA 122 WO.

12 Geschäftsleitung an C. Melchior (30.12.1920), SWA C-102010; Geschäftsbericht der P. Beiersdorf & Co. GmbH 1920, BA 183.

13 Notiz f. d. Akte Beiersdorf lt. Aufg. C. Melchior (5.8.1921), BA 122 WK.

14 Jacobsohn an F. M. Warburg (3.5.1919) „Zur Entwicklung der Firma Beiersdorf" (Jacobsohn, 22.4.1919) [künftig Jacobsohn Memorandum 1919], BA 122 WO.

15 Vgl. Biechele, *Kampf* (1972); Crusius/Schiefelbein/Wilke, *Betriebsräte* (1978); Reckendrees, *„Stahltrust"-Projekt* (2000), S. 91100.

16 Zitate: Jacobsohn Memorandum 1919; Zweiwochenbericht der Geschäftsleitung 20.3.–2.4.1919 (5.4.1919), Anlagen: Reiseberichte, BA 122 WO; Notiz f. d. Akte Beiersdorf lt. Aufg. F. M. Warburg, 5.7.1919, SWA-C 102009.

17 Jacobsohn an M. M. Warburg & Co. (31.5.1919), BA 122 WO.

18 P. Beiersdorf & Co. GmbH. Geschäftsbericht 1920, BA 183.

19 Briefwechsel G. Troplowitz u. C. Melchior (10.11. u. 12.11.1919), SWA-102009.

20 Jacobsohn Memorandum 1919.

21 3,5 Mio. Mark bei Warburg; 700.000 Mark bei der Dresdner Bank, Geschäftsleitung an C. Melchior (14.9.1920), SWA C-102010.

22 Abschrift (8.10.1919) des not. Protokolls der Verhandlung v. 15.3.1919, Posen (18.3.1919), BA 121 TN Erbfall 1918; Jacobsohn an C. Melchior (6.1.1925), SWA C-102015.

23 Notiz f. d. Akte Beiersdorf lt. Aufg. F. M. Warburg (5.7.1919), SWA C-102003.

24 Zitat: Syndikatsnotiz (lt. Aufg. Melchior 8.7.1919), SWA C-102009; Gesellschaftsvertrag [Entwurf, 9.8.1919], BA 122 WO.

25 Zitate: M. M. Warburg an M. M. Warburg & Co. (13.7.1919 Auszug), M. M. Warburg an G. Troplowitz, 9.8.1919, SWA C-102009.

26 Pachtvertrag (17.2.1920), BA 181 Beiersdorf GmbH 1920–22(24).

27 Gesellschaftsvertrag Not.-Reg. No. 754 (17.2.1920), BA 181 Beiersdorf GmbH 1920–1922(24).

28 Vertrag zw. G. Troplowitz u. M. M. Warburg & Co. Not.-Reg. No. 1024 (4.3.1920, Zitate), Vertrag zw. G. Troplowitz u. E. Spiegelberg Not.-Reg. No. 1752 (7.4.1920), BA 181 Beiersdorf GmbH 1920–22(24).

29 Die Übertragung erfolgte durch Verträge der Testamentsvollstrecker von G. Troplowitz mit M. M. Warburg & Co. (4.9.1920), BA 181 Beiersdorf GmbH 1920–22(24), sowie zwischen M. M. Warburg & Co. u. E. Spiegelberg, Generalbevollmächtigter der Bank (23.12.1920), SWA C-102003.

30 Jacobsohn an C. Melchior (6.1.1925), SWA C-102015.

31 M. M. Warburg & Co. an die Deputation für Handel, Schiffahrt und Gewerbe (3.9.1920), StA HH 371-8 II S XXXIV 62a114; Notiz f. d. Akte Beiersdorf lt. Aufg. C. Melchior (4.9.1920), SWA C-102003; Briefwechsel zw. L. Alport u. C. Melchior (6. u. 7.9.1920), Geschäftsleitung an C. Melchior (14.9. u. 30.12.1920), Vertrag (16.11.1920), SWA C-102009.

32 Zitat: Testament G. Troplowitz (April 1919); Testament der Eheleute Troplowitz Nr. 519/05 (5. u. 17.4.1905), BA 121 TN Testamente und Erbscheine; Erbschein Amtsgericht Hamburg (18.1.1919), Erklärung v. Therese Mankiewicz, Valerie u. Leo Alport (15.3.1919), BA 121 TN Urkunden 1917–30.

33 Notiz f. d. Akte Beiersdorf lt. Aufg. C. Melchior (22.10.1920), SWA C-102003.

34 G. Troplowitz hatte den Juristen George Melchior beauftragt: G. Melchior an Troplowitz (22.7.1920, Abschr. in Jacobsohn an C. Melchior, 26.7.1920), BA 122 WK; Jacobsohn an G. Troplowitz (28.7.1920), BA 121 TN Urkunden 1917–30.

35 Notiz f. d. Akte Beiersdorf lt. Aufg. Spiegelberg (8.12.1920), SWA C-102003; Jacobsohn an Therese Mankiewicz (2.5.1921), BA 122 GLK Amerikareise 1921.

36 Jacobsohn an P. Beiersdorf & Co. AG (22.4.1921), BA 122 GLK Amerikareise 1921.

37 Erbvergleich [T. Mankiewicz, V. Alport, S. Pulvermacher, J. Chrambach, W. Chrambach, M. Chrambach, E. Chrambach] (21.9.1921), BA 121 TN Erbfolge 1919–24; Email B. Kübel an T. Finke/BDF (5.2.2009), BA 151 Sammelakte (A–F) Chrambach, Fritz.

38 Jacobsohn an G. Westberg (11.11.1920), SWA C-102010; Vertrag [T. Mankiewicz, V. u. L. Alport, S. Pulvermacher, Gruppe Chrambach] (21.9.1921), Aufstellung über G. Troplowitz' Nachlass, C. Behrens (10.6.1921), BA 121 TN Erbfolge 1919–24.

39 Die Vereinbarung wurde mehrfach revidiert; Beratung im Hause Warburg (13.7.1922), SWA C-102012; 3. AR-Sitzung (14.7.1922); Besprechung der Testamentsvollstrecker u. der Geschäftsleitung mit Vorschlag des Ausschusses (9.5.1923), BA 121 TN Erbfolge 1919–24; Behrens an Jacobsohn (9.2.1926), BA 121 TN Erbfolge 1925–50; Verteilungsplan (28.5.1925), Abrechnungen 1925–32, BA 121 TN Buchhaltung 1920–33.

40 „$1,000,000 Refunded to Former Enemies. Government Pays the Heirs of ‚Pebeco' Manufacturers. They are now Polish", New York Times (24.7.1923).

41 Jacobsohn an P. Beiersdorf & Co. AG (12.3.1924), BA 122 GLK Amerikareise 1923–24.

42 Betrifft: Verhandlungen mit dem U.S.A. Treasury Department über die Einkommenssteuer, W. Jacobsohn (19.11.1927), BA 121 TN Erbfolge 1927.

43 Chr. Behrens (2.9.1946), Anlage 2, Beiersdorf Inc. (22.8.–4.9.46); BA St I Markenrechte + Pilot; weitere Aufstellungen: BA 121 TN II Erbfall 1918, Erbfall 1920 (Abwicklung USA).

44 Ergebnis der Besprechungen (Gesell – Lehn & Fink, C. Melchior, G. Troplowitz, Jacobsohn 23., 24. u. 25.8.1919), SWA C-102009.

45 Besprechungen mit Plaut, Gesell u. Anwalt Lande (15., 16. u. 18.12.1919) lt. Aufg. C. Melchior (Zitat 15.12.1919), SWA C-102003.

46 Besprechungen mit Plaut, Gesell, Lande sowie G. Troplowitz u. Jacobsohn (in getrennten Zimmern) lt. Aufg. C. Melchior (20.12.1919), SWA C-102003; C. Melchior an Kuhn, Loeb & Co. (30.12.1919), SWA C-102009.

47 Vgl. zum folgenden Amerikabericht Dr. Jacobsohn 1921 (18 S. mit 5 Anl.), BA 122 GLK Amerikareise 1921; auch Amerikareisen 1923–24, 1926 u. 1927, sowie SWA C-102003, C-102004 u. C-10209 bis C-102016.

48 Notiz f. d. Akte Beiersdorf lt. Aufg. Melchior (16.9.1923), SWA C-102014.

49 Jacobsohn an C. Melchior (9.11.1925), SWA C-102016.

50 RA Briesen & Schrenk an P. Beiersdorf & Co. (12.3.1924, Abschrift), BA 123 Lehn & Fink. Grundsätzliches; Jacobsohn an P. Beiersdorf & Co. AG (12.3.1924), BA 1922 GLK Amerikareise 1923-24.

51 Notizen für Hrn. Spiegelberg, Jacobsohn (19.3.1924); Dulles an von Briesen (3.4.1924), SWA C-102015.

52 Zitat: Jacobsohn an C. Melchior (9.11.1925), SWA C-102016; Notiz zur Akte Beiersdorf lt. Aufg. Dr. Melchior (13.7.1925), SWA C-102004; Jacobsohn an P. Beiersdorf & Co. AG (19.3.1924), BA 122 GLK Amerikareise 1923–24; Jacobsohn an Spiegelberg (28.2.1926), BA 122 GLK Amerikareise 1926.

53 Notiz betr. Beiersdorf lt. Aufg. C. Melchior (15.11.1927), SWA C-102004.

54 Jones/Lubinski, *Wider dem sauren Mund* (2010), S. 158ff.; Olsen, *Brand Loyalty* (1995), S. 265.

55 Notiz f. d. Akten lt. Aufg. Liebmann (27.6.1922), SWA C-102004; mit der Chem. Fabrik Güstrow wurde eine Interessengemeinschaft vereinbart, 16. AR-Sitzung 9.5.1923.

56 Notiz für Hrn. Liebmann lt. Aufg. C. Melchior (28.3.1922), SWA C-102003; Gesellschaftsvertrag (1.6.1922), BA 181 Gründung der AG; Notiz für Hr. Spiegelberg lt. Aufg. Lehmann (29.7.1922), SWA C-102004; 15. AR-Sitzung 2.3.1923, Vorl. Bericht für das Geschäftsjahr 1924 [ohne Datum], BA 130.

57 Gesuch um Wiedereintragung der [...] Firma P. Beiersdorf & Co. GmbH (15.8.1922), BA 181 Beiersdorf GmbH 1920–22(24); Verträge betr. Verkaufs der Anteile an der GmbH (10.8.1922) an die AG, BA 121 TN Erbfolge 1919–24. Die GmbH wurde 1924 aufgelöst.

58 Jacobsohn an C. Melchior (6.1.1925), SWA C-102015; Jacobsohn an C. Melchior (30.3.1927), SWA C-102017; 23. AR-Sitzung 6.5.1927.

59 Notiz betr. Beiersdorf lt. Aufg. Spiegelberg (15.9.1930), SWA C-102005.

60 15. AR-Sitzung 2.3.1923.

61 Jacobsohn u. Behrens an C. Melchior (14.11.1922), SWA C-102013.

62 Geschäftsbericht 1923.

63 Fabrikationskonto [ohne Datum, Jan. 1925], SWA C-102004. Die Lebenshaltungskosten stiegen 1913–24 um 30,8%, Sensch, *Preisindizes* (1950-2008 [2008]), Tab. C.1.

64 Vorläufiger Bericht für das Geschäftsjahr 1924 [ohne Datum], BA 130.

65 Jacobsohn Memorandum 1919.

66 Geschäftsbericht 1923, DWT Prüfbericht 1931.

67 Aufstellung Fabrikationskonto 1924, 1925, 1926, 1927 (undatiert), SWA C-102004; Aufstellung Fabrikationskonto 1929 (undatiert, Jan. 1929), SWA C-102018; Sensch, *Preisindizes* (1950–2008 [2008]), Tab. C.1.

68 Geschäftsberichte 1925 und 1926 (Zitat).

69 31. AR-Sitzung 23.3.1931.

70 Jacobsohn an P. Beiersdorf & Co. (10.5.1921), BA 122 GLK Amerikareise 1921.

71 Jacobsohn an P. Beiersdorf & Co. (10.5.1921), BA 122 GLK Amerikareise 1921.

72 Jahres-Übersicht 1901–15, BA St I.

73 Preisliste Nr. 38 (1.1.1926), BA M/P 134; Carl Melchior an den Vorstand der P. Beiersdorf & Co. AG (9.12.1925), SWA C-1012016.

74 Zitat: Behrens an Jacobsohn (8.3.1924), Gradenwitz an Jacobsohn (21.2.1924), BA 122 GLK Amerikareise 1923–24.

75 Preise: Nivea Creme Nr. 368 u. Nr. 363, Leukoplast Nr. 510 u. Pebeco Nr. 650, Preisliste Nr. 16 (Aug. 1914); Preisliste Nr. 36 (1.4.1924), BA M/P 134.

76 Monatsbericht [künftig Monatsbericht] Dez. 1925.

77 „An unsere verehrte Kundschaft" (Rundschreiben an Kunden im Ausland, Mai 1924), BA 130 Ereignisse 1919–45; Jacobsohn an Spiegelberg (Entwurf 28.2.1926), BA 122 GLK Amerikareise 1926; Preislisten 1924–27, BA M/P 126, M/P 127.

78 Jacobsohn an Behrens (14.3.1924), BA 122 GLK Amerikareise 1923–24.

79 Monatsbericht Nov. 1925; C. Melchior an der Vorstand der Beiersdorf AG (9.12.1925), SWA C-102016.

80 Preislisten Nr. 37 (1.7.1925) u. Nr. 39 (Sept. 1927) BA M/P 134; Zeitungsausschnitt „Pebeco vor Gericht" (Juni 1926), SWA C-102004; Monatsberichte (jew. Dez. 1925–32).

81 Zitat: Monatsbericht Nov. 1932; Reklameausgaben 1.1.31.12.30 (Kosmetisch), BA 240 Etat u. Buchhaltung 1929–41; Pharma Abrechnungen; Preisliste Nr. 44 (Juli 1932) mit handschr. Eintragungen, BA M/P 134.

82 Gries, *Produkte* (2003), S. 462.

83 Gesamtergebnis der hauptsächlichsten Präparate im Jahr 1933 (darin auch die Angaben für 1932), BA 240 Etat u. Buchhaltung (1923) 1929–41. Pharma Etats; DWT Prüfbericht 1935, S. 2.

84 Gries, *Produkte* (2003), S. 462.

85 E. Kaum an Fr. Alert (17.5.1990), BA 232 Sparten und Produkte Kosmetik, Nivea Creme. Grundsätzliches 1; Interview mit G.W. Claussen (12.–26.2.2009, S. 14).

86 Jacobsohn an P. Beiersdorf & Co. (14.3.1924), BA 122 GLK Amerikareise 1923–24.

87 Schätzung anhand der Verkaufspreise für Nivea Creme Nr. 368 [lt. Preisliste Nr. 16 (Aug. 1914); Preisliste Nr. 36 (1.4.1924), BA M/P 134] und der Umsätze 1914 (Reg. Dr. M) u. 1924 (P. Beiersdorf & Co. an Lifschütz, 25.4.1925), BA 213 Mappe XIII.

88 Monatsbericht Juli 1925.

89 Abrechnung für 1925 u. Abrechnung für 1928, BA 213 (Mappe 13); Monatsbericht April 1929.

90 Reklame Ausgaben Hansaplast 1923-33 (undatiert), BA 240 Etat u. Buchhaltung (1923) 1929–41. Pharma Abrechnungen; Monatsberichte (jew. Dez. 1930-1932). Ähnliche Entwicklung bei Hansaplast elastisch und Elastoplast.

91 Chef-Besprechung 26.5.1930, Top 18, SWA C-102018.

92 Bericht über eine Aussprache zwischen den Firmen Güstrow, Grünau und Beiersdorf. Jacobsohn (8.6.1922), SWA C-102012.

93 Beiersdorf AG, *100 Jahre* (1982), S. 42; Monatsberichte 1925–32.

94 Notiz zur Akte Beiersdorf lt. Aufg. C. Melchior (20.1.1925), SWA C-102004.

95 Monatsbericht Sept. 1931; Preisliste Nr. 40 (1.1.1928), BA M/P 134.

96 Beiersdorf AG, *100 Jahre* (1982), S. 42–43; F&E Personalzahlen 1937-69, C&BH-1771-2005/06/ Burkhardt, BA 212 Forschungszentrum.

97 Gesamtergebnis der hauptsächlichsten Präparate im Jahr 1933 (Angaben für 1932), BA 240 Etat u. Buchhaltung (1923) 1929–41. Pharma Etats; Monatsberichte (jew. Dez. 1929–32); Tussipect: Monatsbericht Sept. 1932.

98 Geschäftsberichte 1922–33 (Bilanzen), Geschäftsbericht 1928; Amtlicher Kursbericht der Hamburger Wertpapierbörse (1.12.1928).

99 DWT Prüfberichte 1927–33; Jahres-Übersicht 1901–15, BA St I.

100 Monatsbericht Dez. 1927.

101 Umsatz 1930 u. 1931, Beiersdorf Niederlassungen u. Vertretungen, SWA C-102018.

102 Geschäftsbericht f. d. Zeit v. 14.8.–24.9.1919, BA 122 WO.

103 Monatsbericht Dez. 1929.

104 Zitat: Bericht über die Reise nach der Schweiz (31.8.–15.9.1919), Anl. zum Geschäftsbericht 14.8.–24.9.1919, Geschäftsbericht 12.6.–9.7.1919, BA 122 WO; Auszug aus dem Handelsregister des Kantons Thurgau, Journal 1918, No. 151, BA 402 Schweiz Gesamtgeschäft 1918–45.

105 Jones/Lubinski, *Managing Political Risk* (2012), S. 93.

106 C. Melchior an P. Beiersdorf & Co., 30.7.1919; M. M. Warburg an P. Beiersdorf & Co. (9.8.1919), SWA C-102009; Bericht über die Reise nach der Schweiz (31.8.–15.9.1919). Anl. zum Geschäftsbericht 14.8.–24.9.1919, BA 122 WO.

107 Zitat: [Jacobsohn. Memorandum] Amsterdam, den 27.9.1933, BA 311 Ringfirmen Grundsätzliches, 1933–40; vgl. auch Jones/Lubinski, *Managing Political Risk* (2012), S. 88; allg. Kobrak/Wüstenhagen, *International Investment* (2006); Reckendrees, *Business* (2013).

108 Zitat: [Jacobsohn. Memorandum] Amsterdam, den 27.9.1933, BA 311 Ringfirmen Grundsätzliches, 1933–40; DWT: Konstruktion der sog. Beiersdorf-Gesellschaften (1.6.1933).

109 Geschäftsleitung an C. Melchior (30.12.1920), SWA C-102010; Notiz f. d. Akte Beiersdorf lt. Aufg. C. Melchior (24.2.1920), SWA C-102003.

110 Betrifft: Bilanz Köln Langefeld (undatiert 1924), SWA C-102015.

111 Geschäftsbericht 1923.

112 Jacobsohn an C. Melchior (9.11.1920), SWA C-102016.

113 27. AR-Sitzung 22.3.1929.

114 Zitat: Notiz betr. Beiersdorf lt. Aufg. Liebmann (8.4.1929), Notiz betr. Beiersdorf lt. Aufg. C. Melchior (30.7.1929), SWA C-102005; zum politischen Hintergrund: Reckendrees, *Business* (2013). Zuvor hatten T. Smiełowski und M. Małuszek 1925 die Pebeco Wytwórnia Specyfików Beiersdorfa in Kattowitz gegründet; die Firma wurde 1929 gelöscht, Beiersdorf Polen, T. Finke (7.2.2012), BA History Factsheets.

115 DWT: Konstruktion der sog. Beiersdorf-Gesellschaften (1.6.1933).

116 Notiz betr. Beiersdorf lt. Aufg. H. Mayer (29.5.1929), SWA C-102005; Monatsbericht Juli 1931.

117 DWT: Einhaltung der Bestimmungen der Devisengesetzgebung bei Beiersdorf (31.5.1938). Zwei Firmen in Australien dienten allein dem Vertrieb.

118 DWT: Rechtslage der P. Beiersdorf & Co. AG im Verhältnis zu den ausländischen Beiersdorf-Gesellschaften (25.11.1933).
119 Paul M. Warburg, ein Bruder von Max Warburg, war Direktor der Bank. Sie fusionierte 1929 mit der Bank of the Manhattan Company, Kleßmann, *M. M. Warburg & CO* (1999).
120 Notiz betr. Beiersdorf lt. Aufg. H. Mayer (10.6.1931), SWA C-102005.
121 Monatsbericht Aug. 1930.
122 Monatsbericht Juli 1930.
123 Poiger, *Beauty* (2007), S. 57.
124 Monatsberichte Dez. 1930, Jan. u. Sept. 1931, Okt. 1932.
125 Monatsberichte Juli 1931, Juni 1932, Jan. u. Feb. 1933; Geschäftsberichte 1930 u. 1932.
126 Monatsbericht Dez. 1932.
127 Monatsbericht Nov. 1931.
128 DWT Prüfberichte 1930 bis 1934; „Einiges über die Firma P. Beiersdorf & Co. A.-G., Hamburg" (12.5.1933), BA 130 Politische Agitation II. Korrespondenz 1933–38. Nur im November und Dezember 1932 wurde an einigen Samstagen nicht gearbeitet.
129 Monatsberichte Juli 1931 u. Okt. 1932; DWT Prüfberichte 1930 bis 1934.
130 Monatsbericht Dez. 1932; Notiz f. d. Akte Beiersdorf lt. Aufg. Melchior (6.6.1932), SWA C-102005.
131 Monatsbericht Jan. u. Feb. 1933.
132 Vgl. Reckendrees, *Weimar Germany* (2014).
133 Notiz betr. Beiersdorf lt. Aufg. Spiegelberg (15.9.1930), SWA C-102005.
134 Monatsbericht März 1933.
135 Die erste Hetzschrift stammte von Queisser & Co., Hamburg (März 1933), BA 130 Politische Agitation IV.
136 *Apotheker-Zeitung* 27, 5.4.1933, S. 405; Wolf, *Zeichen* (1993), S. 186–88.
137 Barkai, *Boykott* (1987), S. 23–26; Genschel, *Verdrängung* (1966), S. 43–53.
138 Jacobsohn an Behrens „Für die Sitzung morgen" (7.4.1933), BA 143 Jacobsohn, Willy; Aufruf VDMA gegen die „internationale Greuel- und Boykotthetze" (30.3.1933), in: Gruner, *Verfolgung Bd. 1* (2008), Dok. 19, S. 105f.
139 Jacobsohn an Melchior (20.3.1933), SWA C-102020.
140 Zitate: „Notiz fuer die Aufsichtsratssitzung (Besprechung) am Sonnabend, dem 8. April 1933" (undatiert, 6. od. 7.4.), Jacobsohn an Behrens (7.4.1933), Behrens an Jacobsohn (8.4.1933), BA 143 Jacobsohn, Willy.
141 Claus Ungewitter wäre wohl keine gute Wahl gewesen; er trat am 1.5.1933 der NSDAP bei, Maier, *Chemiker* (2013), Fn.161.
142 Alle vorherigen Zitate: „Notiz fuer die Aufsichtsratssitzung (Besprechung) am Sonnabend, dem 8. April 1933" [ohne Datum, 6. od. 7.4.), BA 143 Jacobsohn, Willy; vgl. auch Jacobsohn an Melchior (20.3.1933), SWA C-102020.
143 Behrens an Jacobsohn (8.4.1933), BA 143 Jacobson, Willy; beteiligt waren Melchior, Westberg, Claussen und Behrens, Notiz betr. Beiersdorf lt. Aufg. v. C. Melchior (10.4.1933), SWA C-102005.
144 Personalausschuss (18.4.1933), BA 131 Aufsichtsrat. Personalausschuss, Verträge von Vorstandsmitgliedern [...], 1920–45.
145 Lembke, *Schafe* (2008), S. 180; „Einiges über die Firma P. Beiersdorf & Co. A.-G., Hamburg" (12.5.1933), BA 130 Politische Agitation II.
146 Das bekannteste Beispiel ist das Warenhaus Leonhard Tietz AG, wo bereits am 3. April die meisten Vorstands- und Aufsichtsratsmitglieder ,jüdischer' Herkunft zurücktraten; vgl. Münzel, *Mitglieder* (2006).

第四章注释

1 Briefwechsel zw. Jacobsohn u. Behrens (7. u. 8.4.1933), BA 143 Jacobsohn, Willy; „Ist unsere Firma ein rein deutsches Unternehmen im Sinne der NSDAP?" (Jacobsohn, 12.4.1933), BA 130 Pol. Agitation II; „Berufsbeamtengesetz": RGBl. 1933 I, S. 175–77.
2 Vgl. Warburg, *Aufzeichnungen* (1952), S. 146f.
3 Jacobsohn an C. Herzog (Entwurf, 26.2.1934), BA St I Markenrechte + Pilot. Briefe Jacobsohn an Herzog 1934–39.
4 Zitat: „Ist unsere Firma ein rein deutsches Unternehmen im Sinne der NSDAP?" (Jacobsohn 12.4.1933), BA 130 Pol. Agitation II; Aufsichtsrat (Melchior, Westberg) an Jacobsohn (24.4.1933), BA 143 Jacobsohn, Willy.
5 36. u. 38. AR-Sitzung 24.4. u. 16.6.1933; Claussen wurde 1937 Vorstandsvorsitzender, 61. AR-Sitzung 30.11.1937.

6   Personalausschuss (18.4.1933, Abschrift), BA 131 Aufsichtsrat. Personalausschuss, Verträge von Vorstandsmitgliedern [...], 1920-45.

7   P. Beiersdorf & Co. (Claussen, Behrens, Westberg u. Melchior) an Jacobsohn (4.10.1933), BA 143 Jacobsohn, Willy.

8   Vgl. Bajohr/Szodrzynski, *„Keine jüdische Hautcreme mehr benutzen!"* (1990); Bajohr, *„Arisierung"* (1997), S. 36–42; Griess, *Produkte* (2003), S. 477–85.

9   Eidesstattl. Versicherung H. Linnemann (28.7.1933) betr. ein Gespräch mit dem Lohmann Vertreter Geyer (21.2.1933), Lohmann an Beiersdorf (29.5.1933), Beiersdorf an RA Rüdiger (31.5.1933), BA 130 Pol. Agitation IV; Vertrag zw. P. Beiersdorf & Co. AG u. Lohmann A.-G. (12.7.1931), RA Rüdiger an Beiersdorf (9.6.1937), BA 280 Konkurrenten. Lohmann AG II.

10 Rundschreiben Queisser & Co. (Ende März 1933), Aktennotiz betr. ein Telefongespräch zw. Bremer u. Queisser (4.7.1933), BA 130 Pol. Agitation IV.

11 „Ist unsere Firma ein rein deutsches Unternehmen im Sinne der NSDAP?" (Jacobsohn 12.4.1933), BA 130 Pol. Agitation II.

12 NSDAP Reichsleitung. Kampfbund des gewerbl. Mittelstandes an Beiersdorf (15.5.1933), „Zur Abwehr! An unsere Geschäftsfreunde!" (Beiersdorf, Mai 1933), BA 130 Historisches 1933–45. Arisierung.

13 Lohmann A.-G. (25.4.1933), BA 130 Historisches 1933–45. Arisierung.

14 *Fridericus* Nr. 19 (Mai 1933), S. 7; ähnl. *Fridericus* Nr. 21 (Mai 1933), S. 7, BA 130 Pol. Agitation III; zum *Fridericus* vgl. Schilling, *Erbe* (2011), S. 310–18.

15 Nationalverband der deutschen Heilmittelindustrie, Vergleich zw. Wolo u. Beiersdorf [ohne Datum], Aktennotiz über ein Telefongespräch zw. Bremer u. Queisser (4.7.1933), Detectiv Martin-„Argus" an Beiersdorf, Ermittlungsberichte Nr. 1 u. 2 (26. u. 31.5.1933), BA 130 Pol. Agitation IV; Beschluss in Sachen Beiersdorf ./. Schulz (9.6.1933), Klage Beiersdorf ./. I. G. Mouson (9.6.1933), Vergleich zw. I. G. Mouson u. Beiersdorf (22.6.1933), Vergleich zw. Queisser u. Beiersdorf (21.6.1933), Rundschreiben Nr. 38 A/33 (26.6.1933), BA 130 Pol. Agitation II. Grundsätzliches.

16 Vierteljahresbericht an den Aufsichtsrat [künftig VJB] (15.7.1933).

17 „Die Nivea Creme Juden", *Der Stürmer* Jg. 11, Nr. 34, August 1933.

18 Behörde für Wirtschaft an Beiersdorf (6.10.1933) u. an die Reichspressestelle (6.10.1933), BA 130 Pol. Agitation II; Interview mit G.W. Claussen (12.–26.2.2009).

19 Claussen an Reg. Rat Hoffmann (28.8.1933), Bremer an den Reichswirtschaftsminister (2.9.1933) u. das Reichsministerium für Volksaufklärung und Propaganda (22.9.1933), Rücksprache betr. Stürmer-Artikel im Nationalverband u. im Reichsministerium (26. u. 27.9.1933), Bremer an die Schriftleitung des Stürmer (21.10.1933) u. an Reg. Dir. Schlotterer, Behörde für Wirtschaft (6.11.1933); Der Stürmer an Glückauf-Apotheke Hervest-Dorsten (30.12.1935), BA 130 Pol. Agitation III.

20 Industrie- u. Handelskammer Hamburg (27.8.1935), BA 130 Pol. Agitation II.

21 VJB (4.12.1933).

22 36. AR-Sitzung 24.4.1933; Hamburger Chef-Besprechung (10.4.1933), SWA C-102020; Notiz Beiersdorf lt. Aufg. Müller, 20.10.1931, SWA C-102005; Hamburger Chef-Besprechung (2.7.1935), SWA C-102021; die Angaben bei Jones, *Beauty* (2010), S. 124 sind nicht ganz korrekt.

23 38. AR-Sitzung 18.6.1933.

24 Notizen betr. Beiersdorf lt. Aufg. v. C. Melchior (10. u. 13.4.1933), SWA C-102005; 38. AR-Sitzung 16.6.1933; Warburg, *Zeiten* (1982), S. 284.

25 Ziegler, *Dresdner Bank* (2006); Wubbs, *International Business* (2008); Forbes, *Multinational Enterprise* (2004).

26 Jacobsohn an Doetsch (10.1.1934), SBAR E7160-07 1968-54 271 13 1, Beil. 1–31 zum Revisionsbericht Pilot AG Chemische Fabrik, Basel, Beil. 11.

27 Notiz für Herrn Brinckmann lt. Aufg. M. M. Warburg (23.3.1934), Notiz für Warburg lt. Aufg. Brinckmann (29.3.1934), SWA C-102005.

28 Notiz betr. Beiersdorf lt. Aufg. M. M. Warburg (4.4.1934), SWA C-102005.

29 Zitiert nach Bajohr, *Ausgrenzung* (2005), S. 482; vgl. Köhler, *„Arisierung"* (2005), S. 105–07.

30 Warburg, *Zeiten* (1982), S. 125–26; Köhler, *„Arisierung"* (2005), S. 328–37; Kleßmann, *M. M. Warburg & CO* (1999).

31 Notiz betr. Beiersdorf lt. Aufg. M. M. Warburg (31.3.1934), SWA C-102005.

32 Hamburger Chef-Besprechung (5.4.1934), SWA C-102021; 40. AR-Sitzung (5.4.1934).

33 Notiz f. d. Akte Beiersdorf (9.8.1934), SWA C-102005; Betr. ca. 500 Stück Beiersdorf–Aktien Herman A. Metz Nachlass (Br. 21.1.1936), SWA C-102006; 51. AR-Sitzung (30.1.1936).

34 Hans E. B. Kruse an Brinckmann (12.6.1937), BA 122 TN. Alport 1939–37; P. Beiersdorf & Co. AG lt. Aufg. Brinckmann (27.2.1936), Notiz betr. P. Beiersdorf & Co. AG (Amsterdam, 12.3.1936), Notiz betr. Beiersdorf über ein Gespräch mit V. Alport lt. Aufg. Meyer (14.4.1936), SWA C-102006; Notiz betr. P. Beiersdorf & Co. AG. Aktien/Alport (19.4.1950), SWA C-102035.

35 Zitat: P. Beiersdorf & Co. AG (Brinckmann, 21.1.1936), Notiz betr. Beiersdorf lt. Aufg. Sieveking (17.4.1937), SWA C-102006; 58. AR-Sitzung 2.4.1937.

36 Zur Deutsche Maizena-Werke AG (mit angestrengt „anti-imperialistischer" Diktion) Seifert, *Entwicklung* (1963), S. 229–43.

37 Die Angaben skizzieren die Lage im Frühjahr 1940: „Verteilung der Pebeco Stammaktien in der H.V. v. 16.5.1939" (Ischebeck, 13.11.1939); Notiz betr. Pebeco-H.V. (Ischebeck, 25.5.1940), Notiz betr. Beiersdorf (Wirtz, 28.4.1942), SWA C-102006; „Verteilung der Aktien von P. Beiersdorf & Co. AG" (30.5.1940), SWA C-102024; Notiz betr. P. Beiersdorf & Co. AG. Aktien/Alport (19.4.1950), SWA 102035.

38 P. Beiersdorf & Co. AG (Brinckmann, 30.5.1940), SWA C-102006.

39 [Jacobsohn], Hamburg, den 20.3.1933, BA 311 Grundsätzliches.

40 Jacobsohn, „Streng vertraulich! Geheim aufzubewahren! [...]", Amsterdam (8.4.1933), BA 311 Grundsätzliches.

41 „Ausführungen im Anschluss an die Besprechung in Hamburg" (20.–22.6.1933), Rundschreiben 1, Jacobsohn, Amsterdam (13.5.1933), BA 311 Grundsätzliches.

42 Zitat: Aufsichtsrat (Melchior) an Jacobsohn (19.5.1933), Jacobsohn an P. Beiersdorf & Co. AG (24.6.1933), BA 311 Grundsätzliches.

43 Briefwechsel zw. Jacobsohn u. Behrens (Aug.–Sept. 1933), Jacobsohn an Claussen (19.9.1933), BA 311 Grundsätzliches.

44 Besprechung in Paris (4. u. 5.10.1933), BA 311 Allg. Korrespondenz; Abschr. Nr. 2 (Claussen) u. Besprechung in Amsterdam (9. u. 10.10.1933), BA 311 Grundsätzliches.

45 DWT. „Zusammenfassung der ... Rechtsverhältnisse der Beiersdorf-Aktiengesellschaften" (6.6.1942).

46 Zitat: P. Beiersdorf & Co. an den Präsidenten des Landesfinanzamts (23.1.1934); M. M. Warburg & Co. (Liebmann) an Claussen u. Behrens (23.11.1933); P. Beiersdorf & Co. an das Reichswirtschafts-ministerium (6.1.1934) mit 2 Anlagen, BA 193 Devisenbewirtschaftung. Verhandlungen betr. Ringfirmen 1933–34.

47 Behrens an Jacobsohn (29.11.1933), „Entwurf Nr. 2", Besprechung Claussen, Behrens, Jacobsohn (Amsterdam 8.12.1933), BA 311 Allg. Korrespondenz.

48 Der Präsident des Landesfinanzamts Hamburg (Devisenstelle) an P. Beiersdorf & Co. AG (12.4.1934), BA 311 Allg. Korrespondenz.

49 Behörde für Wirtschaft an Claussen, persönlich (8.2.1934), BA 130 Pol. Agitation II.

50 Briefe v. Kruse (6.–17.4.1933) und P. Beiersdorf & Co. (Claussen, Behrens) an die Reichsstelle für Devisenbewirtschaftung (4.5.1934), Der Präsident d. Landesfinanzamts Hamburg an P. Beiersdorf & Co. (6.8.1934), Beiersdorf & Co. (Claussen, Behrens) an den Präsidenten d. Landesfinanzamts, BA 193 Devisenbewirtschaftung. Verhandlungen betr. Ringfirmen, 1933–34.

51 Jacobsohn an Beiersdorf (28.6.1933), BA 311 Grundsätzliches.

52 DWT. Einhaltung der Bestimmungen der Devisengesetzgebung bei Beiersdorf (31.5.1938), S. 45.

53 Zitate: Ausführungen im Anschluss an die Besprechungen in Hamburg (20.–22.6.1934), BA 311 Grundsätzliches.

54 Rundschreiben 1, Jacobsohn, Amsterdam (13.5.1933), BA 311 Grundsätzliches; vgl. auch Jones/Lubinski, *Managing Political Risk* (2012), S. 96–97.

55 Besprechung in Amsterdam (8.8.1934) u. Protokoll über die Besprechung (8.8.1934), BA 311 Verwaltungsausschuss-Protokolle; Vertrauliches Rundschreiben an die 13 Beiersdorf Firmen (17.8.1934), BA 311 Grundsätzliches. Bestätigung des Inhalts der Protokolle u. des Rundschreibens, 43. AR-Sitzung 23.8.1934.

56 Zusammenfassung aus den Aufzeichnungen über die Tagung in Amsterdam (10.–12.12.1934), BA 311 Verwaltungsausschuss-Protokolle.

57 Ebd.

58 Zitat: Notiz betr. Beiersdorf lt. Aufg. Brinckmann (21.6.1934), Betr. P. Beiersdorf & Co. AG (Brinckmann 19.7.1934); Notiz f. d. Akte Beiersdorf (Brinckmann, 9.8.1934), SWA C-102005.

59 Notiz für Brinckmann lt. Aufg. M. M. Warburg (11.3.1937), SWA C-102006.

60 Brinckmann glaubte, dass Claussen nicht über den für diese Aufgabe erforderlichen Takt verfüge, P. Beiersdorf & Co. (R. Br. 12.11.1942), SWA C-102006.

61 Memorandum betreffend den Entschluss der unterzeichneten 13 Firmen zur Gründung einer zentralen Verwaltungs-Gesellschaft in London (14.1.1936); DWT an P. Beiersdorf & Co. AG, 11.9.1939, BA 311 Grundsätzliches.

62 Notiz für Dr. Brinckmann lt. Aufg. M. M. Warburg (11.3.1937) handschr. Zusatz M. M. Warburg, SWA C-102006.

63 Zitat: Jacobsohn, Mitteilung Nr. 17/1937 (2.10.1937); Ausschuss-Sitzung 25.9.1937, BA 311 Verwaltungsausschuss-Protokolle.

64 Kurze Zusammenfassung über das Geschäftsjahr 1937 (Jacobsohn, 18.12.1937), BA 311 Verwaltungsausschuss-Protokolle.

65 Kruse an Industrie- u. Handelskammer Hamburg (18.2.1938), BA 143 Jacobsohn, Willy.

66 Jacobsohn an Herzog (Entwurf, 10.3.1938), BA St I Markenrechte + Pilot. Briefe Jacobsohn an Herzog 1934–39.

67 Vgl. die Briefe Jacobsohn an Herzog 1934–37, BA St I Markenrechte + Pilot.

68 Der Abschnitt basiert wesentlich auf den Vierteljahresberichten an den Aufsichtsrat (1933–38). Nur zusätzliche Quellen und Zitate sind nachgewiesen.

69 DWT Prüfbericht 1932, S. 3 u. 1938, S. 4.

70 VJB (10.1.1933); Preisliste 45 (1933), BA M/P 134.

71 DWT Prüfberichte 1936 u. 1939.

72 DWT Prüfberichte 1932, S. 3 u. 1938, S. 4.

73 VJB (15.5.1937), 56. AR-Sitzung 3.12.1936.

74 VJB (15.7.1935).

75 VJB (8.3.1937).

76 Beiersdorf AG an P. Jaskulla (21.9.1937), BA 260 Alster-Seifenfabrik.

77 DWT Prüfberichte 1929–39.

78 Zu Hintergründen und Auswirkungen: Spoerer, *Von Scheingewinnen* (1996).

79 VJB (4.12.1933, 31.10.1935).

80 „Kurze Zusammenfassung über das Geschäftsjahr 1937", Daten: Anl. II, BA 311 Verwaltungsausschuss-Protokolle, 1933–41; DWT Prüfbericht 1938, S. 5; Stundenlöhne ungelernter Arbeiter, Zusammenfassung aus den Aufzeichnungen über die Tagung in Amsterdam (10.–12.12.1934), BA 311 Protokolle.

81 Examination of W. Jacobsohn (19.7.1950) [Siskind, Wolf], BA St I Markenrechte + Pilot. 1932 wurden 400.000 US-$ Verlust abgeschrieben (etwa 1,7 Mio. RM), Behrens (25.11.1936), BA 421 Beiersdorf & Co. Inc. Bilanzen, Prüfungsberichte 1931–40.

82 DWT Prüfberichte 1934, Anl. 2; 1935, Anl. 2; 1936, Anh. S. 20; 1937, S. 13; 1938, S. 18; Monatslöhne geschätzt auf Basis der „Zusammenfassung aus den Aufzeichnungen über die Tagung in Amsterdam" (10.–12.12.1934), BA 311 Protokolle.

83 VJB (28.7.1937, 19.5. u. 12.11.1938); „Entwicklung der Chemischen Fabrik P. Beiersdorf & Co. [...] 1882 bis 1938", S. 17, BA BDFhist1938.1a; W. Karstens, „Die Firma einst und jetzt", *Hauskurier* 34 (1966), S. 10.

84 Enclosure sub I and Ie, Anl. z. Fragebogen des Military Government of Germany (6.8.1945), StA HH 221-11 Nr. I(c)1117; zur Vermögenskontrolle: StA HH 314-15 R1938 3421 (Sicherungsverfahren ./. Carl Claussen und Ehefrau).

85 Zitiert nach Bajohr, *Ausgrenzung* (2005), S. 482.

86 Vgl. Kap. 3; Jacobsohn an P. Beiersdorf & Co. (10.5.1921), BA 122 Amerikareise 1921.

87 Zu den ‚Spenden' von Beiersdorf siehe DWT Prüfberichte für 1935–45; Allgemein: Frese, *Betriebspolitik* (1991).

88 Military Government of Germany, Fragebogen (revidierte Form 1.1.1946), Dr. A. Simon (9.12.1946), S. 8, StA HH 221-11 Nr. 1608.

89 W. Karstens, „Die Firma einst und jetzt", *Hauskurier* 30 (1965), S. 10.

90 Ohm wurde 1929 wegen Überschuldung und Unzuverlässigkeit in den Ruhestand versetzt. Er hatte sich aktiv für den „Stahlhelm", eine Organisation der politischen Rechten, eingesetzt und durch autoritäres Verhalten im Betrieb polarisiert; Sitzungsprotokoll (25.11.1929), BA 131 Aufsichtsrat. Personalausschuss; W. Karstens, „Die Firma einst und jetzt", *Hauskurier* 28 (1965), S. 12.

91 „Einiges über die Firma P. Beiersdorf & Co. A.-G., Hamburg" (12.5.1933) BA 130 Pol. Agitation II.

92 Die Zahl von etwa 100 NSDAP-Mitgliedern basiert auf einem Abgleich verschiedener Aufstellungen in BA 132 Entnazifizierung 1945–50. Listen von Parteigenossen. Zur Entnazifizierung: Verwaltung Hansestadt Hamburg Landeswirtschaftsamt Sachgebiet „De" an P. Beiersdorf & Co. AG (4.5.1946); vor der Entnazifizierung bereits entlassene PG (31.5.1946), BA 132 Entnazifizierung 1945–50; Mitgliedszahlen der NSDAP Hamburg: Bajohr, *Zustimmungsdiktatur* (2008), S. 78.

93 „Einiges über die Firma P. Beiersdorf & Co. A.-G." (12.5.1933), BA 130 Pol. Agitation II; Geschäftsbericht 1933.

94 BA 130 Pol. Agitation V; Finke, *Beiersdorf* (2006), 48–58. *Der Arbeitskamerad* erschien bis 1943.

95 Geschäftsberichte 1934–1936 [Zitat]; Finke, *Beiersdorf* (2006), S. 35.

96 VJB (27.7.1938).

97 Entwicklung [...] 1882 bis 1938, S. 17 u. S. 18 [Zitat], BA BDFhist1938.1a.

98 Geschäftsbericht 1937 [Zitat]; VJB (27.6.1938); Finke, *Beiersdorf* (2006), S. 38–43.

99 Jacobsohn an P. Beiersdorf & Co. (10.5.1921), BA 122 Amerikareise 1921.

100 Poiger, *Beauty* (2007), S. 57; Peukert, *Weimarer Republik* (1987); Möhring, *Marmorleiber* (2004); Hau, *Cult* (2003).

101 Müller, *Anzeige* (1933), S. 92; vgl. auch Griess, *Produkte* (2003), S. 471.
102 Vgl. Schug, *Deutsche Kultur* (2011), S. 303; Poiger, *Beauty* (2007), S. 56.
103 Clausen an die Tolitag (21.1.1936), zit. nach Griess, *Produkte* (2003), S. 471.
104 VJB (29.4.1940 [Zitat] u. 7.8.1940); Geschäftsbericht 1939.
105 Die folgenden Umsatzanteile stammen aus den DWT Prüfberichten 1938–42. Für 1943–45 fehlen produktbezogenen Umsatzangaben.
106 VJB (15.11.1940).
107 VJB (10.11.1939, 29.4.1940).
108 VJB (29.4. u. 7.8.1940, 3.11.1941); Notiz für Brinckmann betr. P. Beiersdorf & Co. AG (Ischebeck, 15.5.1941), SWA C-102006.
109 Allg. vgl. Buchheim, *Mythos* (2010) mit weiterer Literatur; zur Fachgruppe Körperpflege siehe BarchB R13 XII-449-470 und BA 130 Bewirtschaftungsmaßnahmen im 2. Weltkrieg (Dr. Simon) 1941–45.
110 Claussen u. Behrens a. d. Mitglieder d. Aufsichtsrats (4.9.1941), SWA C-102024; VJB (20.4.1942); für Details: Schriftwechsel in BA 210 Einkauf Beschaffungsprobleme 1935–50.
111 VJB (3.11.1941, 20.4.1942); Akte betr. Diebstahl aus dem Schlaf- u. Aufenthaltsraum der Holländer, Eidelstedterweg 48 (Sept. 1943), StA HH 213-11 Nr. 2320 44. Friederike Littmann (http://www.zwangsarbeit-in-hamburg.de/ [Karte, zuletzt abgefragt 7.2.2018] führt ein Lager für „Westarbeiter" mit Küche für 18 Essensteilnehmer am Eidelstädter Weg 48 ohne Hinweis auf Beiersdorf auf.
112 Aufstellung per 30.6.1942 (Bartels, 2.7.1942), Aufstellung per Sept. 1942 (Bartels, 1.10.1942), BA 152 Personalstatistik 1924–87. Monatsübersichten; Beiersdorf (Werkluftschutzleiter) an die Werkluftschutzbezirksstelle Hamburg (2.8.1943), BA 130 Firmentagebuch 1919–45.
113 „Lohn-Nachweise für die Berufsgenossenschaft 1925–59 (1942)", BA 160 Soziales; für 1943 u. 1944 mit Eintragungen über die Zahl der Ausländer pro Kalenderwoche.
114 Aktennotiz über ein Ferngespräch mit Dr. Mohs, Posen (Simon, 29.6.1944), BA 391 Pebeco AG Posen 1943–45.
115 Berechnet nach den Jahresaufstellungen für 1943 u. 1944 in: „Lohn-Nachweise für die Berufsgenossenschaft 1925–59 (1942)", BA 160 Soziales.
116 Februar 1944, BA St I „Arbeitszettel" (Aug. 1938 - Juni 1945); Aufstellung per 31.3.1944 (undatiert), BA 152 Personalstatistik 1924–87. Monatsübersichten; Dr. Mß./Hv. (9.2.1945), BA 152 Personalstand. Gesamtaufstellungen 1924–46. Die Daten weichen im Einzelnen voneinander ab, Größenordnungen und Zeiträume sind ähnlich.
117 „Tagebuch 1.7.1943-31.3.1944" (2.7.1943), BA 130 Firmentagebuch 1919–45; allg. zu den Arbeitsbedingungen von „Fremdarbeitern": Spoerer, *Zwangsarbeit* (2001); Spoerer, *Differentiation* (2014); Herbert, *Fremdarbeiter* (1986).
118 Vertrauensratssitzung (3.2.1943), BA 130 Firmentagebuch 1919–45; Untersuchungsakte 32 K. (Kriminal-Posten Lokstedt) Tgb. Nr. 545/44 (1.4.1944), STA HH 213-11 Nr. 3140 44.
119 Notiz für Hrn. Claussen (31.1.1943), Bekanntgabe an die Belegschaft (Claussen, 8.2.1943), Vertrauensratssitzung (3.2.1943), BA 130 Firmentagebuch 1919–45.
120 VJB (5.8.1942, 16.10.1942, 21.4.1943); Sept. 1942 (Bartels, 1.10.1942), BA 152 Personalstatistik 1924–87 Monatsübersichten. Der Bestand 356-7 (Landesarbeitsamt HH, Arbeitsamt HH) im Staatsarchiv Hamburg war leider nicht benutzbar, StA HH (21.7.2016), Az.: 2582/2016.
121 Fragebogen LNM (10.6.2006), Archiv KZ Gedenkstätte Neuengamme.
122 VJB (16.10.1942).
123 G.W. Claussen erinnerte sich an Baracken in Lokstedt, Interview (12.-26.2.2009, S. 15).
124 Fragebogen Schpak, Anna Sseliwerstowna (26.12.2001), Archiv KZ Gedenkstätte Neuengamme.
125 Besprechung 2.5.1944, BA 131 Erweiterter Vorstand 1944/45.
126 Zu den Bedingungen der „Ostarbeiter" vgl. Herbert, *Fremdarbeiter* (1986), S. 87–95; Spoerer, *Differentiation* (2014), S. 50; Littmann, *Zwangsarbeiter* (2006); vgl. auch die Interviewsammlung: https://zwangsarbeit-archiv.de/archiv/de [zuletzt abgefragt 7.2.2018]
127 Besprechung 12.12.1944, BA 131 Erweiterter Vorstand 1944-45. Die Dokumentation von Friederike Littmann, http://www.zwangsarbeit-in-hamburg.de/ [Karte, zuletzt abgefragt 7.2.2018], nennt das Lager Werk III, Mathildenstraße 10 (bzw. 12/14): ein „unbewachtes Lager mit einer Baracke und 59 Personen auf dem Werksgelände". Eine Notiz (Philippi, 8.5.1943) und eine Mitteilung der Hamburger Bauverwaltung (12.5.1943) weisen auf eine „Mannschaftsbaracke" hin, BA 210 Grundstücksgeschichte Werk III.
128 Prokurist W. Mauß war NSDAP-Mitglied. Er wurde 1946 aufgrund einer Entscheidung der Entnazifizierungsstelle entlassen, Verwaltung Hansestadt Hamburg Landeswirtschaftsamt Sachgebiet „De" an P. Beiersdorf & Co. AG, 4.5.1946, BA 132 Entnazifizierung 1945–50.
129 Fragebogen Schpak, Anna Sseliwerstowna (26.12.2001), Archiv KZ Gedenkstätte Neuengamme.
130 Fragebogen LNM (10.6.2006), Archiv KZ Gedenkstätte Neuengamme.

131 Für Beispiele aus der Rüstungsindustrie vgl. Hopmann, *Zwangsarbeit* (1994).

132 Nov. 1942 (Bartels, 1.12.1942), BA 152 Personalstatistik 1924–87. Monatsübersichten.

133 „Arbeitszettel" (Sept. 1942–April 1945), BA St I; Mß./Hv. (13.7.1944), BA 152 Personalstatistik 1924–87. Monatsübersichten.

134 30.4.1945, BA 152 Personalstatistik 1924–87 Monatsübersichten.

135 „Arbeitszettel" (Sept. 1942–April 1945), BA St I.

136 Eigene Berechnung mittels der Aufstellungen für 1943 u. 1944, „Lohn-Nachweise für die Berufsgenossenschaft 1925–59 (1942)", BA 160 Soziales.

137 Für die allg. Angaben vgl. Spoerer, *Differentiation* (2014), S. 546–50.

138 Untersuchungsakte 32. K. (Kriminal-Posten Lokstedt) Tgb. Nr. 545/44 (1.4.1944), STA HH A213-11 Nr.3140 44. Dies entspricht der Angabe von Littmann, *Zwangsarbeiter* (2008), S. 234, nach der der Stundenlohn von Zwangsarbeitern etwa halb so hoch war wie der deutscher Arbeiter.

139 Besprechung 12.12.1944, BA 131 Erweiterter Vorstand 1944–45.

140 Fragebogen LNM (10.6.2006), Fragebogen Schpak, Anna Sseliwerstowna (26.12.2001), Archiv KZ Gedenkstätte Neuengamme.

141 Claussen an IHK Hamburg (Dr. M./To., 9.11.1939), BA 391 Pebeco AG Posen 1939; DWT. Konstruktion der sog. Beiersdorf-Gesellschaften (1.6.1933); zu den Problemen der deutschen Industrie in Polen vgl. Reckendrees, *Business* (2013).

142 Ruprecht an Behrens (Feldpost 3.10.1939), BA 391 Pebeco AG Posen 1939.

143 Zitat: Behrens an Passstelle Berlin (6.10.1939), Claussen an IHK Hamburg (Dr. M./To., 9.11.1939), BA 391 Pebeco AG Posen 1939; DWT Prüfbericht 1941, BA 391 Polen Treuhandberichte.

144 DWT Prüfbericht 1943, BA 391 Polen Treuhandberichte; Brinckmann, Notiz betr. Beiersdorf (28.3.1944), SWA C-102025.

145 Notiz f. d. Herren Claussen u. Simon (Bremer, 9.8.1944), Notiz Simon über den Anruf v. Turkewitsch (1.9.1944), Bericht über den Besuch in Posen (Simon, Claussen, Mohs 1.–15.3.1944), Dr. Mo./Ge. (20.3.1944), BA 391 Pebeco AG Posen 1944.

146 Bericht über das Geschäftsjahr 1941 (Wengel, 16.5.1942), BA 391 Pebeco AG Posen 1942.

147 Beiersdorf an Landeswirtschaftsamt Abt. „De." (24.6.1946), BA 132 Entnazifizierung 1945–50.

148 Besuch im Werk Posen, 13.–15.1.1943 (Simon, 19.1.1943), BA 391 Pebeco AG Posen 1943.

149 Oberstaatsanwalt an die Fa. Beiersdorf AG in Posen (14.4.1943), BA 391 Pebeco AG Posen 1943. Die Strafe von 8 Jahren wurde wegen doppelten Diebstahls verhängt.

150 Bericht betr. Rückzug aus Posen (Wengel, 7.2.1945), BA 391 Pebeco AG Posen 1945.

151 DWT. Konstruktion der sog. Beiersdorf-Gesellschaften (1.6.1933).

152 Außenhandelsstelle für Hamburg u. d. Nordmark an Beiersdorf (13.1.1941), BA 363 Lettland. Scheer Ind. AG Pilot 1929–44.

153 Vgl. *Lettland* (1993), S. 855.

154 Scheer konnte über Russland und Australien nach Kanada gelangen; Kaum (27.1.1989), BA 363 Lettland. Kurzdokumentation Lettland.

155 Beiersdorf an Reichsgruppe Industrie (4.12.1941), BA 363 Lettland. Scheer Ind. AG Pilot 1929–44.

156 Aktennotiz (Dr. Br./Ml. 8.1.1942), Chemie-Ost GmbH an Beiersdorf (5.2.1942), Vertrag zw. P. Beiersdorf & Co. AG u. W. Philipp (18.5.1942), Beiersdorf an die Volksdeutsche Mittelstelle (22.6.1942), BA 363 Lettland. Scheer Ind. AG Pilot 1929–44.

157 Vertraulich! Bericht über den Aufenthalt in Riga (Bremer, 22.10.1942), Bericht der Chemischen-pharmazeutischen Fabrik „Pilot", Riga (Philipp, 20.11.1944), BA 363 Lettland. Scheer Ind. AG Pilot 1929–44.

158 Behrens an Stuhlmacher (19.10.1940), BA 371 Beiersdorf N.V. Vorgänge 1940–44. Das Unternehmensregister geht auf Dekret 189/1940 (22.10.1940) zurück. Zur „Arisierung" niederländischer Unternehmen vgl. Dean, *Robbing* (2010), S. 267–77.

159 Stuhlmacher an P. Beiersdorf & Co. (31.10.1940 [Zitat] und 14.11.1940), BA 371 Beiersdorf N.V. Vorgänge 1940–44.

160 Zu Hans Plümer (1898–1961) siehe Aly/Happe/Heim, *Verfolgung Bd. 12* (2015), S. 403, Anm. 5.

161 Kruse an Industrie- u. Handelskammer Hamburg, z. Hd. Herrn Plümer Amsterdam (1.11.1940). Er bat, ihn über Herrn Kühn in der IHK zu informieren. Die Unterlagen leitete er an Claussen weiter (21.11.) und erhielt die Originale wieder zurück (22.11.1940), BA 371 Beiersdorf N.V. Vorgänge 1940–44.

162 Plümer an IHK Hamburg (16.11.1940), BA 371 Beiersdorf N.V. Vorgänge 1940–44.

163 „Aktennotiz. Betreffend Übernahme von Firmen", Stuhlmacher (26.11.1940), BA 371 Beiersdorf N.V. Vorgänge 1940–44.

164 Zitat: Aktennotiz Simon für Claussen (9.12.1940), Randglosse (Cl.), Stuhlmacher an P. Beiersdorf & Co. (13.12.1940), Stuhlmacher (Beiersdorf N.V.) an den Reichskommissar f. d. besetzten Niederl. Gebiete, Abt. Wirtschaftsprüfstelle, Den Haag (26.11.1940), BA 371 Beiersdorf N.V. Vorgänge 1940–44.

165 Aktennotiz DWT lt. Aufg. Matthiessen (4.1.1941), BA 371 Beiersdorf N.V. Vorgänge 1940–44.

166 Stuhlmacher an P. Beiersdorf & Co. (11.2.1941), BA 371 Beiersdorf N.V. Vorgänge 1940–44.

167 Stuhlmacher (Beiersdorf N.V.) an Reichskommissar, Wirtschaftsprüfstelle (30.1.1942), BA 371 Pento N.V. 1942–48.

168 Aktennotiz DWT (Matthiessen, 26.3.1942), Bericht über die technische Einrichtung der Fa. Pento-Kosmetik (Kolodziej, 31.3.1942), BA 371 Pento N.V. 1942–48. Zu Kolodziej vgl. Kaum, „Der Statthalter", *Hauskurier* 28 (1965), S. 7.

169 http://www.iisg.nl/ondernemers/ondernemers/ondernemer_1182.php.

170 Eröffnungsbericht u. Eröffnungsbilanz des Treuhänders der Pento Cosmetic (Matthiessen, Entwurf, 12.5.1942), BA 371 Pento N.V. 1942–48. Die Beiersdorf N.V. hatte 1939 einen Umsatz von 521.000 hfl., „Omzetten der Beiersdorf N.V." [ohne Datum], BA 371 Buchhaltungsakte Niederlande.

171 81. AR-Sitzung 12.5.1942.

172 Vertrag zw. RA Matthiessen (amtl. bestellter Treuhänder der Firma „PENTO COSMETIC", oHG) u. E. Stuhlmacher, Fa. Beiersdorf N.V. (Entwurf); Der Reichskommissar f. d. besetzten Niederl. Gebiete, AZ Nr. 1739/I 21/42 an Matthiessen (22.10.1942), BA 371 Pento N.V. 1942–48.

173 Aktennotiz betr. Pento (23.11.1942), P. Beiersdorf & Co. (Claussen, Behrens) an Beiersdorf N.V. (4.12.1942), Beiersdorf N.V. an P. Beiersdorf & Co. (21.12.1942), Besprechung mit Stuhlmacher (29.3.1944), BA 371 Pento N.V. 1942–48; VJB (21.4.1943, 29.4.1944); Fachgruppe Körperpflegemittel (26.2.1944), Anl. Verlagerungsliste für den Gau Hamburg, BArchB R13 XII-457, f. 195 u. f. 212.

174 Versand von „Pflastermaschinen" nach Hamburg: Korrespondenz 16.6.–26.9.1944, BA 371 Beiersdorf N.V. Vorgänge 1940–44; Claussen an Kierkemann (12.4.1944), BA 400 AB Sandström 1939–45.

175 Zitat: Notiz für Claussen (Mp. 7075/Dr. M./Pe.), 12.9.1945, BA 312 Ausland Allgemein. DWT-Korrespondenz v. a. Dr. Matthiessen 1933–62; Einträge Walter, Else u. Liesel Heynemann: http://bevrijdingsportretten.nl/.

176 „Vom Commis zum Mijnheer" (vier Teile), *Hauskurier* 54–57 (1969, 1970).

177 Beiersdorf an Werkluftschutzbezirksstelle Hamburg (2.8.1943), BA 130 Firmentagebuch 1919–45; VJB (10.8.1943).

178 VJB (10.8.1943, 29.4.1944); Dr. S./Me. (10.1.1944), BarchB R13 XII-453, Bl. 13.

179 An die Gefolgschaftsmitglieder in Hamburg (1.8.1943), Aktennotiz Simon (3.8.1943), Beiersdorf AG Posen an Beiersdorf Hamburg (3.8.1943), BA 391 Pebeco AG Posen 1943; der DWT-Prüfbericht 1943 der Beiersdorf AG Posen erwähnt für den 1.1.1944 8 dt. Arbeiter u. 17 dt. Angestellte, BA 391 Polen Treuhandberichte.

180 Besprechung 8.2.1944, BA 131 Erweiterter Vorstand 1944–45; DWT Hamburg an Amsterdam Betr. Beiersdorf/Holland-Verlagerungen (Matthiessen, 25.2.1944), BA 312 Ausland Allgemein. DWT-Korrespondenz 1933-45.

181 Schadensbilanz: Beiersdorf an die Feststellungsbehörde Hamburg (9.9.1943); Aktennotiz [Kriegsschaden v. 24./25.7.1943] (5.1.1945), BA 131 Kriegsschäden 1943.

182 Unterlagen für eine „Totengedenktafel für die Opfer des 2. Weltkriegs" (21.2.1968), BA 152 Sterbefälle. 1941–90.

183 Stellungnahme des Aufsichtsrats (Entwurf, 2.11.1944) [vermutl. Hans E. B. Kruse], Hans E. B. Kruse an Claussen (20.11.1944), SWA C-102025; Fragebogen Military Government of Germany (6.8.1945), StA HH 221-11 Nr. I(c)1117; Interview mit G.W. Claussen (12.–26.2.2009, S. 6 u. 9); 87. AR-Sitzung 7.11.1944.

184 Interview mit Georg W. Claussen (11.6.1990, S. 6), BA 143 Claussen, Georg W.

第五章注释

1 Wildt, *Traum* (1986), S. 25; Ahrens, *Briten* (2011), S. 45–53, 102. Die Militärregierung setzte im Februar 1946 auch die Abgeordneten der Bürgerschaft ein; die erste Wahl folgte im Herbst 1946, Wildt, *Neubeginn* (1997).

2 Bahnsen, *Hanseaten* (2015), S. 317. Kruse legte sein Amt im Nov. 1945 nieder. Er schien den Briten als Vizepräses der Handelskammer (1935–42) „zu sehr mit der Nazizeit verbunden" gewesen zu sein, obschon Kruse nie NSDAP-Mitglied war, Petersen an A. Frowein (28.11.1945), lt. Bahnsen, *Hanseaten* (2015), S. 329, Bielfeldt, *Werden* (1980), S. 115.

3 Ahrens, *Briten* (2011), S. 84; Hohlbein, *Hamburg 1945* (1985); Wildt, *Traum* (1986), S. 47–57.

4 VJB (16.8.1945).

5 Ohne das bis 1957 unter französischer Verwaltung stehende Saarland.

6   Wildt, *Beginn* (1994); Wildt, *Wohlstand* (1996); Reckendrees, *Konsummuster* (2007).
7   C. Telschow (Wissenschaftliches Institut der AOK) an D. Wallburg/K. Zok (E-Mail 10.1.2017), [Arzneiverordnungs-Report 1985 u. 1989], BA 240 Pharma Novodigal.
8   Production Survey (24.9.1945), BA 132 Untersuchungen zur Produktion.
9   VJB (16.8.1945).
10   Besprechungen 4.6.1945 (Mauß 6.7.1945) u. 2.8.1945 (Simon 3.8.1945), „Fabrikationsliste No 1" (16.11.1945), BA 140 Erweiterter Vorstand. Ergänzungen; VJB (16.8.1945).
11   Anl. zur Sitzung des Erweiterten Vorstands [künftig Erweiterter Vorstand] (23.10.1945), BA 140.
12   Erweiterter Vorstand 23.10.1945, 11.11.1947; VJB (1946 u. 20.4.1947).
13   Erweiterter Vorstand Nov. 1945, Jan.-Juli 1946 [Zitate: 12.6. u. 17.7.1946].
14   Erweiterter Vorstand Mai, Juli u. Oktober 1946, Feb., Mai, u. Juni 1947, VJB (17.10.1946, 20.4. u. 15.8.1947); Geschäftsbericht 1947.
15   Erweiterter Vorstand 5.11.1946.
16   Erweiterter Vorstand 22.4. u. 9.12.1947, 27.1.1948.
17   Erweiterter Vorstand 13.11.1945, 22.1.1946.
18   Erweiterter Vorstand 2.12.1947, 13.1.1948; Kindercreme durfte hergestellt werden, da sie als Arzneimittel galt, Erweiterter Vorstand 11.4. u. 23.7.1946.
19   Erweiterter Vorstand Dez. 1945 – April 1946 [Zitat 20.3.1946].
20   VJB (22.4. [Zitat] u. 25.7.1948).
21   Notiz für Brinckmann betr. P. Beiersdorf & Co. (Niemeyer, 18.10.1945) über ein Gespräch mit Max Albrecht, SWA C-102006.
22   Zitat: Notiz betr. Beiersdorf & Co. über ein Gespräch zw. Kruse, Dircks, Claussen u. Brinckmann am 18.12.1945 (Brinckmann, 18.12.1945), Notiz betr. P. Beiersdorf & Co. (Brinckmann, 11.4.1945), SWA C-102006.
23   Geschäftsbericht 1944 (18.10.1945) vorgelegt zur Hauptversammlung (17.1.1946), BA 183; DWT Prüfbericht für 1944.
24   Maizena hatte 1938 ein Paket Beiersdorf-Aktien aus dem Besitz von Valerie Alport erworben (vgl. Kap. 4); zu Dircks vgl. Finger/Keller/Wirsching, *Dr. Oetker* (2013).
25   Notiz betr. Beiersdorf & Co. Gespräch zw. Kruse, Dircks u. Brinckmann am 7.12.1945 (Brinckmann, 7.12.1945), SWA C-102006.
26   Notiz betr. Beiersdorf & Co. Gespräch zw. Kruse, Dircks, Claussen u. Brinckmann am 18.12.1945 (Brinckmann, 18.12.1945), SWA C-102006.
27   Notiz über P. Beiersdorf & Co. (lt. Aufgabe E. M. Warburg, 22.5.1962), SWA C-102027; Interview mit G.W. Claussen (12.-26.2.2009, S. 7).
28   Laut telefonischer Auskunft der Archivarin Barbara Eggenkämper (22.6.2016 u. 31.5.2017) verfügt das Archiv der Allianz AG nicht über Unterlagen oder Briefwechsel betr. Beiersdorf.
29   „Ungefähre Aktionärsliste der Fa. P. Beiersdorf & Co. A.G., Hamburg, nach dem Stande von etwa Anfang 1946", SWA C-102025; Marcard & Co. an Brinckmann, Wirtz & Co. (13.12.1954), SWA C-102026; vgl. auch Kap. 4. Jones, *Beauty* (2010), S. 179, nimmt fälschlich an, dass das Unternehmen durch zwei Familiengruppen kontrolliert worden sei.
30   Kersten/Scherzberger/Buch an Beiersdorf (22.12.1949), BA 122 TN. Alport 1949–50; allgemein vgl. Goschler, *Wiedergutmachung* (1992), S. 69, S. 91ff.
31   Beiersdorf an RA Buch (Bremer 24.2.1950 [Zitat]), Brinckmann an Claussen (9.1. u. 15.2.1950), BA 122 TN. Alport 1949–50; 102. AR-Sitzung 7.3.1950.
32   Kruse an Brinckmann, Wirtz & Co. (27.10.1950), Brinckmann an Claussen (9.1. u. 15.2.1950), BA 122 TN. Alport 1949–50.
33   Zum Rechtsstreit mit der Maizena, die „ihren" Anteil nicht begleichen wollte: „Betr. P. Beiersdorf & Co.-Aktien Frau Valerie Alport" (Niemeyer, 9.5.1955), SWA C-102036.
34   Notiz betr. P. Beiersdorf & Co. (Brinckmann, 2.7.1962), SWA C-102027. Die eigenen Aktien waren nicht stimmberechtigt, und über die Stimmen der Pensionsstiftungen entschied die Mehrheit der Beiersdorf-Aktionäre.
35   Interview mit G.W. Claussen (12.-26.2.2009, S. 9–10).
36   BA 311 Ringfirmen. Allg. Korrespondenz 1938–39; Kurzes Exposé über Pilot-Aktien (Doetsch, 1.6.1948), SBAR E2001E 1967-113 9471; Aktienbesitz (1.9.1925), SWA C-102016.
37   DWT. Konstruktion der sog. Beiersdorf-Gesellschaften (1.6.1933); DWT. Rechtslage der P. Beiersdorf & Co. AG im Verhältnis zu den ausländischen Beiersdorf-Gesellschaften (25.11.1933).
38   Zitat: DWT. Einhaltung der Bestimmungen der Devisengesetzgebung bei Beiersdorf (31.5.1938); Akten-Vermerk (Bud./Eb. 28.4.1933), BA 193 Devisenbewirtschaftung;

39 National Archives RG 131 Office of Alien Property. No. 711 Beiersdorf, P. & Co. Docket Files 1940–60, Box 199: Beiersdorf, P. & Co. 711A; DWT Prüfbericht Pilot AG (1947), Beil. 19: British Consulate Basel an Doetsch (19.8.1943); Pilot AG an Eidgenössisches Politisches Department (27.3.1946), SBAR E2001E 1968-84 2844.

40 Englisch-amerikanische schwarze Liste (23.8.1943), Notiz Mp. 7075/Pilot A.G. (2.11.1943), BA 312 Ausland Allg. DWT-Korrespondenz 1933–45.

41 Bei der Einreise in die USA änderte Jacobsohn die Schreibweise seines Namens zu „Jacobson".

42 Investigation Report NY 5-434-A (25.2.1943) Re: P Beiersdorf Inc. and Duke Laboratories Inc., NA RG 131, No. 711, Box 199: 711A.

43 Notiz. Mp. 7075/Betrifft: Auslands-Ringfirmen (12.9.1946), SWA C-102025.

44 Matthiessen an Doetsch (27.8.1939), Empfangsanzeige Schweizer Kreditanstalt (21.3.1940), Wells Fargo an Doetsch (23.5., 24.7. u. 1.10.1940), Doetsch an Wells Fargo (15.6.1940), DWT Prüfbericht Pilot AG (1947), Beil. 17–18, 23–28, SBAR E2001E 1968-84 2844; vgl. auch Jones/Lubinski, *Managing Political Risk* (2012), S. 98–104.

45 Vereinbarung zw. Doetsch u. Claussen (24.2.1940), SBAR E2001E 1967-113 9471.

46 Chem. Fabrik Pilot AG an Eidgenössisches Politisches Department (13.5.1946), SBAR E2001E 1968-84 2844. Zu Doetsch' Haltung auch Jones/Lubinski, *Managing Political Risk* (2012), S. 104–05.

47 Jacobson an Doetsch (24.8.1945), SBAR E2001E 1968-84 2844.

48 Jacobson an Doetsch (14.3.1946), SBAR E2001E 1968-84 2844.

49 Zitat: Eidgenössisches Politisches Department an Schweizer Verrechnungsstelle (10.7.1946), Schweizerische Verrechnungsstelle an Minister Stucki [...] (9.6.1948); DWT Prüfbericht Pilot AG (1947); DWT Prüfbericht Pilot AG (1947), Beil. 21 u. 31: Notarielle Erklärungen von Brinckmann (18.3.1947) u. Doetsch (28.4.1947), SBAR E2001E 1968-84 2844.

50 An A&I Branch Att. W. Halstead Koy FIN/ZON/HAM/ 22603/48 (undatierte Antwort auf ein Schreiben v. 29.8.1947), BA 132 Untersuchung der Alliierten Behörden [...]; Bericht Matthiessen (7.2.1945), „Beiersdorf. Vertraulich Besitzverhältnisse" u. Protokoll über die Aussprache v. 5.7.1945, Notiz Mp. 7075/Betr. Auslands-Ringfirmen (12.9.1946), SWA C-102025; Examination of Dr. Willy Jacobson (19.7.1950), S. 40, BA St I Markenrechte + Pilot.

51 Foreman-Peck, *Smith & Nephew* (1995), S. 129–32; Dokumentation Großbritannien (13.8.1988), S. 8, BA 340.

52 Kruse, *Wagen* (2006), S. 111-12 u. 139; Jones/Lubinski, *Managing Political Risk* (2012), S. 108.

53 BA 338 Norwegen. Gesamtgeschäft 1924–45 Alf Nölke; Kruse, *Wagen* (2006), S. 115 u. 145.

54 VJB (1948 u. 18.2.1949); DWT Prüfberichte 1949, 1951 u. 1952.

55 112. AR-Sitzung 15.5.1953.

56 Für die Haushaltsausgaben: Reckendrees, *Consumption Patterns* (2007), Datenreihe T2-317 Titel 5020003; allg. Wildt, *Wohlstand* (1996); Reckendrees, *Konsummuster* (2007).

57 VJB (4.11.1958).

58 E. Kaum, „In memoriam Christoph Behrens", *Hauskurier* 8 (1961), S. 2.

59 112. u. 117. AR-Sitzung 15.5.1953 u. 28.6.1954; Vorstand 1.7.1958; Interview mit G.W. Claussen (12.–26.2.2009, S. 6, 9 u. 42); E. Kaum, „Genau im Kleinen - Wesentlich im Großen. In memoriam Alfred Simon", *Hauskurier* 129 (1978), S. 5.

60 128. AR-Sitzung 13.6.1958; Vorstand 28.11.1956, 6.6.1961.

61 Interview mit G.W. Claussen (12.–26.2.2009).

62 Geschäftsberichte 1952–62; „Eine kostbare Aktien-Seltenheit", *Die Zeit*, 22.7.1960.

63 Am 31.12.1961 waren es 3.999 Beschäftigte, doch im Winter wurde die Zahl der Aushilfskräfte reduziert, DWT Prüfbericht 1962, S. 8.

64 E. Kaum, „Sicherheit in alten Tagen", *Hauskurier* 2 (1960), S. 1–3; Vorstand 20.11.1956, 15.12.1959.

65 Die Marken der tesa-Produktfamilie werden seit 1961 einheitlich kleingeschrieben.

66 VJB (13.5., 6.8.1954).

67 VJB (9.5. [Zitat], 9.8.1951, 11.2. u. 15.5.1952); Vorstand 22.8.1957; Produkt-Umsätze Inland 1953–72 (Kosmetik), BA St I.

68 W. Bongard: „Marke in Blau", *Die Zeit*, 4.5.1962.

69 Produkt-Umsätze Inland 1953–72 (Umsatz Kosmetik), BA St I.

70 VJB (10.8.1953); Vorstand 23.10. u. 13.11.1956, 25.6.1957, 18.11.1958, 10.3.1959 u. 21.7.1961 [Zitat].

71 Kirchberg (1908–1999) leitete die Abteilung bis Anfang der 1970er Jahre. „Ein Stück tesa-Story", *Hauskurier* 83 (1973), S. 6–7.

72 Unser Tesa-Geschäft, H. Kirchberg (8.11.1956), BA 4 BDFhist1956.1; 50 Jahre tesa. Die Geschichte einer Marke, H. Eckert (2.4.1986), BA 4; tesa SE, *tesa. 75 Jahre* (2011).

73 Produkt-Umsätze Inland 1953–72 (Tesa), BA St I.

74 Vorstand 20.8. u. 11.12.1958 [Zitat], 9.4.1958 u. 11.2.1959.

75 Vorstand 5. u. 12.8.1958, 14.7.1959; Zitat: VJB (4.11.1958).
76 Vorstand 4.2.1959.
77 Vorstand 17.2.1959.
78 Zu Dolezalek siehe https://de.wikipedia.org/wiki/Carl_Martin_Dolezalek mit weiterführender Literatur [letzter Aufruf 16.2.2018].
79 Vorstand 29.4. [Zitat], 9.4., 25.7.1958; VJB (7.8.1959).
80 VJB (10.2.1955).
81 Vorstand 17.2.1959 [Zitat], 24.3.1959.
82 VJB (2.3.1953, 10.2.1954); Vorstand 8.1.1957, 4.11.1958.
83 Vorstand 3.9.1957; VJB (Aug. 1957 – Nov. 1959).
84 Vorstand 18.12.1956, 16.3. u. 10.5.1960; Aktennotiz. Sitzung des Vorstands mit Hrn. Stockmann (20.5.1960), BA 140 Vorstandssitzungen. Anlagen 1958–60.
85 Vorstand 1.2. [Zitat], 19.7. u. 1.10.1957, 11.3. u. 15.4.1958, 27.1.1959.
86 „Export" (6.11.1948), BA 310 Ausland Allg. Umsätze 1948–58.
87 Zitat: VJB (15.8.1952); Auslandsgeschäft 1951 (18.3.1952, Herrn Claussen. Betr. Auslandsgeschäft (13.9.1956), BA 310 Ausland Allg. Umsätze 1948–58.
88 Umsatzentwicklung der Auslandsfabrikation (7.9.1956), BA 310 Ausland Allg. Umsätze 1948–58; Interview mit H. Kruse (22.8.2015 #01:59:00).
89 127. AR-Sitzung 19.11.1957.
90 Export 1958 nach Ländergruppen (10.8.1959), BA 310 Ausland Allg. Umsätze 1948–58.
91 DWT Prüfbericht 1962, S. 5.
92 Doetsch-Benziger an Jacobson (4.5.1950), BA 311 Briefwechsel Jacobson-Doetsch 1950-55.
93 115. AR-Sitzung 17.11.1953. Zu den Gesellschaftern zählte der Geschäftsführer der ehem. Beiersdorf N.V., Stuhlmacher (vgl. Kap. 4); 1965 nahm die Firma wieder den alten Namen an, BDF-Auslandsgesellschaften (11.8.1993).
94 129. AR-Sitzung 15.7.1958; DWT Prüfbericht 1956, S. 5; Vorstand 5.3. u. 19.6.1957, 7.12.1960. Die Phanex GmbH wurde 1963 in Beiersdorf GmbH umbenannt (DWT Prüfbericht 1962). „tu felix Austria': Unsere neue Fabrik in Wien", *Hauskurier* 20 (1963), S. 4–5; Kruse, *Wagen* (2006), S. 117.
95 „Warenzeichen [...] auf den Namen der Firma PILOT A.G. [...]" [1946], BAR E2001E 1968-84 2844.
96 Notiz für Brinckmann (Doetsch-Benziger, 28.2.1952), BA 311 Briefwechsel Jacobson-Doetsch 1950-55.
97 Jacobson an Kruse (17.12.1952), BA 311 Briefwechsel Jacobson-Doetsch 1950–55.
98 Briefwechsel zw. Kruse u. Doetsch-Benziger (8/1953–1/1954; Kaufvertrag zw. Doetsch-Benziger + Doetsch-Martensz u. P. Beiersdorf & Co. (Entwurf 8.1.1954), BA St I Markenrechte + Pilot; DWT Prüfbericht 1958, S. 5; 115. AR-Sitzung (17.11.1953).
99 Kruse an Doetsch-Benziger (6.5.1955), SWA C-102026; Jones/Lubinski, *Managing Political Risk* (2012), S. 105.
100 Zitat: Kruse, *Wagen* (2006), S. 124, S. 132; Doetsch-Benziger an Jacobson (4.4.1950), Notiz für Brinckmann (Doetsch-Benziger (28.2.1952), BA 311 Briefwechsel Jacobson-Doetsch 1950–55; Doetsch-Benziger an Kruse (17.9.1953), BA St I Markenrechte + Pilot.
101 Kaufverträge Beiersdorf S. A. u. J. Péloille bzw. S.A.R.L. Brema (30.11.1948 u. 17.12.1949), „Warenzeichen NIVEA Frankreich" (DrK/Lü. 5.4.1972), BA 331 Nivea S. A. Grundsätzliches.
102 Eine Datierung der Transaktionen ist nicht möglich; Wolf an Beiersdorf S. A. (6.11.1950), Kruse an Jacobson (22.11.1950), Notiz für Brinckmann (Doetsch-Benziger, 28.2.1952), Jacobsohn an Gustin (20.10.1952), Doetsch-Benziger an Jacobson (31.12.1952), BA 311 Briefwechsel Jacobson-Doetsch 1950–55; Doetsch-Benziger an Kruse (17.9.1953), BA St I Markenrechte + Pilot; Kruse, *Wagen* (2006), S. 126–32; Jones/Lubinski, *Managing Political Risk* (2012), S. 107–08.
103 Interview mit G.W. Claussen (12.–26.2.2009, S. 21); Interview mit H. Kruse (8.1.2014 #1:47:00); Kruse, *Wagen* (2006), S. 118, S. 138.
104 Vorstand 22.7.1958; DWT Prüfberichte 1960, S. 4 u. 5, 1962, S. 5; Interview mit G.W. Claussen (12.–26.2.2009, S. 19); BDF-Auslandsgesellschaften (11.8.1993); Kruse, *Wagen* (2006), S. 133, 145–46 u. 151–53.
105 Vorstand 6.12.1957, 21.1., 13.5., 18.6. u. 5.8.1958, 10.3. u. 21.4.1959.
106 115. AR-Sitzung 17.11.1953.
107 Vorstand 4.6., 2.7. u. 26.11.1957, 8.7.1958; Dokumentation Großbritannien (13.8.1988), S. 10–11, BA 340; vgl. auch Jones/Lubinski, *Managing Political Risk* (2012), S. 109, und Jones, *Beauty* (2010), S. 224.
108 Betr. Besprechung bei Smith & Nephew in London, 11. u. 12.11.1958 (Roesner, 14.11.1958), BA 233 Kosmetik allgemein 1930–83. 1962 bemühte sich S&N um eine Beteiligung an Beiersdorf, wurde aber vom Bankhaus Brinckmann, Wirtz & Co. abgewiesen, Notiz betr. Smith & Nephew [...] lt. Aufg. v. E. Warburg (27.3.1962), SWA C-102027.
109 VJB (7.8.1959); Dokumentation Großbritannien (13.8.1988), S. 11, BA 340.

110 Aktennotiz über Besprechungen bei S&N, 24. u. 25.8.1959 (Grünwald, 26.8.1959), BA 233 Kosmetik allgemein 1930–83.

111 Bellack (S&N) an Roesner (Übersetzung 25.1.1960), Besprechung zw. S&N u. Beiersdorf, 24. u. 25.3.1960 (Übersetzung 14.4.1960), Aktennotiz über Besprechungen bei S&N (24. u. 25.3.1960, Grünwald 28.3.1960), BA 233 Kosmetik allgemein 1930–83; Kruse, *Wagen* (2006), S. 159–60; allgemein zu S&N: Foreman-Peck, *Smith & Nephew* (1995).

112 Vgl. die lebendige Darstellung bei Kruse, *Wagen* (2006), S. 123–48, die meisten Informationen sind durch Archivunterlagen bestätigt; Vorstand 16.1.1961.

113 DWT Prüfbericht 1962, S. 4; Kruse, *Wagen* (2006), S. 149; Interview mit H. Kruse (8.1.2014, #1:53:00).

114 BDF-Auslandsgesellschaften (11.8.1993) S. A. Beiersdorf N.V. u. BDF Nivea S. A.; Kruse, *Wagen* (2006), S. 133–34, S. 149–52.

115 DWT Prüfbericht 1962, S. 5; Vorstand 25.7.1962, 29.7.1964; BDF-Auslandsgesellschaften (11.8.1993) Beiersdorf de Mexico S. A., Mexiko City, Nivea S.A.I.C., Buenos Aires; Beiersdorf Chile S. A.; Kruse, *Wagen* (2006), S. 142–43, S. 151–52.

116 Vorstand 10.7., 18.8., 30.10.1969. BDF-Auslandsgesellschaften (11.8.1993) Beiersdorf de Centroamerica S. A.; Beiersdorf Portugesa Lda.; Kruse, *Wagen* (2006), S. 136–37 u. 150–51; Interview mit H. Kruse (22.8.2015 #02:04:00).

117 Vorstand 28.5.1964; BDF-Auslandsgesellschaften (11.8.1993) Beiersdorf India Ltd.

118 Vorstand 27.1., 28.4. u. 20.5.1966; Kruse, *Wagen* (2006), S. 153–56.

119 Vorstand 7.7.1965, 16.10. u. 24.11.1966; BDF-Auslandsgesellschaften (11.8.1993) Beiersdorf A/S, Oslo; Kruse, *Wagen* (2006), S. 156–58, S. 160–61.

120 Vorstand 24.7.1962.

121 Vorstand 12.11.1964; für weitere Details vgl. Kruse, *Wagen* (2006), S. 132, 142, 182–83. Vgl. auch Jones/ Lubinski, *Managing Political Risk* (2012), S. 108.

122 Vorstand 25.4., 14.5., 7.11.1968; Aktennotiz betr. Besuch der GESPAR (DrK/Hy 29.11.1968), BA Nivea S. A. Grundsätzliches; DWT Prüfberichte 1968, Anhang II, S. 13 u. 1969, Anhang II, S. 9.

123 Vorstand 19.4.1974; Geschäftsbericht 1974, S. 9; Übernahmepreis geschätzt mit Angaben aus *The Financial Times* (3.9.1974), S. 18.

124 Siehe: Dokumentation Großbritannien (13.8.1988), S. 8, BA 340. Das tesa-Geschäft führte Beiersdorf in einer eigenen Gesellschaft; Vorstand 5.12.1963. In Australien war Beiersdorf an der Martin & Co. Ltd. beteiligt (Pflaster und Krankenhausartikel); 1967 wurde daraus eine Mehrheitsbeteiligung. Die Firma wurde 1968 zur Beiersdorf Ltd. und nahm auch das tesa-Geschäft wahr, vgl. Kruse, *Wagen* (2006), S. 166.

125 Vorstand 18.4.1963, 27.7.1967, 25.4., 23.8. u. 7.11.1968; DWT Prüfbericht 1969, Anhang zum Bericht II, S. 9.

126 Vorstand 9.8.1961; Kruse, *Wagen* (2006), S. 124.

127 Vorstand 16.5.1963 [Zitat]; Geschäftsberichte 1962 u. 1968; „Unser Auslandsgeschäft 1967" (undatierter Bericht für die 157. AR-Sitzung 6.12.1967), BA 310 Ausland Allgemein 1949–69.

128 DWT Prüfbericht 1968, Anlagen: Anl. 3; Berlin an Stödter u. E. M. Warburg, Anlage zum Brief v. 6.9.1973: „Einige Gedanken für Gespräche mit dem Aufsichtsrat über die neue Organisation der Leitung von Beiersdorf [...]", S. 4, SWA F10-2108.

129 Vorstand 8.2.1968.

130 „Am Alten Platz", *Hauskurier 13* (1962), S. 2.

131 „Ein dicker Goldrand", Die Zeit 5.7.1963.

132 G. Lüdtke, „Maßgeschneidert", *Hauskurier 15* (1962), S. 4–5; Vorstand 20.3.1962; Betr. Verlagerung weiterer Produktionsgebiete nach Offenburg, Aktennotizen über Besprechungen am 25.5. u. 30.6.1964, BA St I Vorstand. Anlagen 1964.

133 Vorstand 3.1.1961; K. Voigt, „Planvolles Hin und Her. Die Aufgaben unseres Einkaufslagers", *Hauskurier 10* (1961), S. 2–4.

134 Vorstand 7.11.1961, 13.2.1962; H. Votsch, „Spitzel oder Freund. Die Aufgaben des Arbeitsstudienbüros", *Hauskurier 1* (1960), S. 4–6; „Draußen und Drinnen". Betriebsversammlung 30.9.1964, *Hauskurier 25* (1964), S. 2–3.

135 Vorstand 31.8.1961, 25.7.1962, 4. u. 23.7.1963; H. J. Schwarz, „Aus 52 wird 12", *Hauskurier 20* (1963), S. 2–3; W. Eichholz, „Das große Einmaleins", *Hauskurier 18* (1963), S. 10–12.

136 J. Richter, „Unser Werk III in Lokstedt", *Hauskurier 1* (1960), S. 11–14; E. Kaum, „Das Lager Stuttgart", *Hauskurier 3* (1960), S. 5–7; „Billbrooks New Look", *Hauskurier 21* (1963), S. 6–7; „Offenburgs zweiter Frühling", *Hauskurier 28* (1965), S. 3; „Fortschritte am Bötelkamp", *Hauskurier 35* (1966), S. 2.

137 Vorstand 22.1., 19.7.1957, 3.4., 15.5., 29.7., 18.8.1959, 3.4.1963. „Das Experiment". Betriebsversammlung 8.4.1964, *Hauskurier 23* (1964), S. 2–5. „Draußen und Drinnen". Betriebsversammlung 30.9.1964, *Hauskurier 25* (1964), S. 2–3; BMA, *Statistische Übersichten* (1999), S. 120.

138 Vorstand 9.8.1960, 25.5. u. 7.12.1961.
139 Vorstand 3.1., 1.7.1958.
140 Vorstand 6.7. u. 13.10.1961, 13.2. u. 16.3.1962.
141 Vorstand 13.4., 30.7.1962; *Hauskurier* Nr. 14 (1962), S. 1.
142 E. Gerstenhauer, „Carmen und Pilar im neuen Heim", *Hauskurier* 35 (1966), S. 5; Menny, *Von Spanien nach Eimsbüttel* (2010), bes. S. 19–25.
143 Vorstand 27.9., 4. u. 10.10.1961, 13.2. u. 14.6.1962 [Zitat].
144 Vorstand 11.10.1959 [Zitat], 7.12.1960, 31.10.1961.
145 Vorstand 13.2.1958, 21.2. u. 14.8.1962. Zunächst Tischtennis und Leichtathletik, Fußball und Schach, später kamen Turnen und Gymnastik hinzu.
146 Vorstand 7.12.1960.
147 Vorstand 5.9.1961.
148 Vorstand 27.9., 4. u. 10.10., 31.10.1961 [Zitat].
149 Vorstand 14.11.1961 [Zitat].
150 Vorstand 29.10.1963 [Zitat], 3.7.1962, 28.5.1964, 10.3. u. 12.8.1965.
151 Vorstand 16.6.1962; Produkt-Umsätze Inland 1953–72, BA St I. Als Deflator wurde Sensch, *Preisindizes* (1950-2008 [2008]) verwendet.
152 Der Nettogewinn betrug 1964 40-50 Mio. DM, die Dividendensumme 8,5 Mio. DM, E. M. Warburg an F. Bohl (22.3.1965), SWA C-102028. Die bisher von Brinckmann ausgefüllte Funktion des stellvertretenden Aufsichtsratsvorsitzenden übertrugen Claussen und die Allianz dem ehemaligen Vorstandsmitglied Simon. Warburg wurde zugesagt, 1967 den stellv. Vorsitz zu übernehmen, Notizen betr. Beiersdorf lt. Aufg. E. Warburg (6.6.1961) SWA-C-102027 und (20.6.1966), SWA-C-102029.
153 Produkt-Umsätze Inland 1953–72, BA St I, Deflator: Sensch, *Preisindizes* (1950-2008 [2008]).
154 Vorstand 6.12.1966 [Zitat]; Besprechung über die Produktionskapazität am 23.11.1966 (25.11.1966), BA 140 Vorstandssitzungen Anlagen 1966; Vorstand 21.7.1966 u. 20.1.1967.
155 Vorstand 16.2. u. 2.3.1967.
156 „Gewinne kaum zu verstecken", *Die Zeit* 2.7.1965; 1965 sollten 35 Mio. DM aufgebracht werden, Vorstand 25.2.1965; Beiersdorf AG, Hamburg (8/90), Historisches Archiv der Commerzbank (HAC) 500-5870-202.
157 Vorstand 8.6.1966 [betr. Investitionen in den nächsten Jahren (Siemes, 9.6.1966)].
158 „Fünf Jahre Chemische Werke Offenburg GmbH" (ohne Datum [1966]); „Betr. Klebestifte der 2. Preisstufe. Aktennotiz über eine Besprechung am 22.3.1966", BA St I Vorstand. Anlagen 1966.
159 Vorstand 11.4., 10.7., 6. u. 15.8., 14. u. 28.11.1963.
160 Vorstand 24.8.1967, 27.2.1969.
161 Vorstand 17.4.1964.
162 8×4-Stifte und die Sprays „Herb & Frisch" u. „tabac"; Vorstand 14. u. 21.11.1963.
163 Vorstand 13.4. u. 9.5.1962.
164 Vorstand 6.6.1961, 20.11.1962 [Zitat], 9.1.1963, 28.10.1965.
165 Vgl. Berghoff, *Marketinggeschichte* (2007), Schwarzkopf/Griess, *Dichter* (2010).
166 Vorstand 13.4.1962, 1.8.1963.
167 Vorstand 7.11.1961, 11.1. u. 13.4.1962, 23.4. u. 11.12.1964, 7.10.1965, 3.5. u. 6.7.1967, 8.2.1968 [Zitat].
168 Vorstand 12.3.1963.
169 Zitate Vorstand 15.9. u. 2.12.1966.
170 Vorstand 11.6., 7.7., 20.8.1964.
171 Der Werbeetat betrug 1 Mio. DM für 1967, Vorstand 30.1.1964, 2.12.1965, 22.6.1967; Gerstl, *Anthropomorphisierung* (2014), S. 46–47.
172 Der Vorstand befasste sich nicht in einer Sitzung damit, allerdings mag die Studie ähnlich vertraulich behandelt worden sein wie Umsatzziffern; eine zweite Studie von Bergler (1969) wurde diskutiert, Vorstand, 10.4.1969.
173 Produkt-Umsätze Inland 1953–72, BA St I; Deflator: Sensch, *Preisindizes* (1950-2008 [2008]).
174 Bergler/Haupt/M. Hambitzer, *NIVEA* (1967), S. 1, BA 4BDFhist1967.1; vgl. auch Schröter, *Erfolgsfaktor* (1995), S. 1006–07.
175 Bergler/Haupt/M. Hambitzer, *NIVEA* (1967), S. IV.
176 Bergler/Haupt/M. Hambitzer, *NIVEA* (1967), S. IV, S. 13.
177 Bergler/Haupt/M. Hambitzer, *NIVEA* (1967), S. III–XI, S. 122.
178 Vorstand 2.3.1962, 31.1.1963.
179 H. E. B. Kruse an F. Bohl (13.4.1961), Brinckmann an Bohl (15.5.1961), Aktennotiz für Herrn Eric Warburg (H. E. B. Kruse 21.5.1963), BA 359.2 Sammlung H. Kruse; Claussen an Warburg (14.8.1961), SWA C-102027.
180 Vorstand 20.8.1964, 12.1.1965 [Zitat].

181 „Therapiewoche und Cordegon", *Hauskurier* 10 (1961), S. 8; W. Hansen, „Moleküle. Das Wunder des Kleinen", *Hauskurier* 13 (1962), S. 10–11; Vorstand 30.4.1964; „Altes und Neues von Pharma Beiersdorf. Pantona. Zaubertrank für Abgespannte", *Hauskurier* 27 (1965), S. 6.

182 „Bericht über die Eindrücke während eines mehrwöchigen Aufenthalts in der Pharmazeutischen Abteilung [...]" 23.5.–2.7.1960, (H. Berlin 24.7.1960), BA 173 Unternehmensstruktur. Vorgänge 1918–74; Vorstand 19.9., 5.10.1962.

183 Vorstand 3.1.1961.

184 Vorstand 3.1.1961, 8.2. u. 20.3.1962.

185 Vorstand 12.3.1964; betr. Ausschüsse/Mitglieder (1.12.1966), BA St I Vorstand. Anlagen 1966.

186 Vorstand 17.4. u. 23.4.1964 [Zitat]. Umsatzdaten: Produkt-Umsätze Inland 1953–72, BA St I.

187 Vorstand 30.4.1964 [Zitat], 12.11.1964.

188 Vorstand 15.4.1965.

189 Vorstand 25.5.1965 [Zitate], 24.6., 29.7., 5. u. 15.8., 2.9.1965.

190 Vorstand 14.10.1965 [Zitat]; „Betreff Organisation der Pharma " (Siemes 5.10.1965), BA 140 Vorstandssitzungen Anlagen 1965.

191 Vorstand 2.12., 9.12.1965 [Zitat].

192 Vorstand 3.2., 2.12.1966; W. Krüger, „Novodigal ein neues Herzmittel", in: *Hauskurier* 36 (1966), S. 10; F. Burmeister, „Novodigal [...]", *Hauskurier* 107 (1976), S. 13.

193 Vorstand 20.5., 13.6.1966, 13.7.1967 [Zitat].

194 Vorstand 12.1. 1968, 6.6.1968 [Zitat].

195 Vorstand 8.2.1968.

196 Claussen an Behrens, Berlin, Kruse, Siemes, Engelhardt (18.11.1968), BA 140 Vorstandsprotokolle; vgl. die Forderung von H. Kruse, die Unruhe durch einen neuen Vorstandsbeschluss zu beseitigen, „Betr.: Organisationsform Spartengliederung" (DrK/Hy 13.11.1968), BA St I Vorstand Anlagen 1968.

197 Kruse an Claussen (2.9.1969), BA 359.2 Sammlung H. Kruse; lt. Kruse, *Wagen* (2006), S. 164–65, wurde sogar über die Ablösung von Claussen diskutiert.

198 Zur Person siehe Otto, *Stödter* (2013).

199 Produkt-Umsätze Inland 1953–72, BA St I; Reckendrees, *Consumption Patterns* (2007), bes. Reihe T2-315. 5020001.

第六章注释

1 Vgl. Beiersdorf Geschäftsberichte 1949–68.

2 Sachverständigenrat, *Jahresgutachten 1990/91* (1991), Tab. 2, S. 324.

3 183. AR-Sitzung 26.11.1975.

4 „P. Beiersdorf & Co. AG, Hamburg / Unternehmensanalyse" (Industriebüro-Finanzanalysen, 11.2.1972), HAC 500/17599-2000, Bd. 1.

5 Zum kulturellen Wandel vgl. u.a. Siegfried, *Time* (2006) u. Siegfried, *1968* (2018); Produkt-Umsätze Inland 1953–72 (Kosmetik), BA St I, BA St I.

6 Kosmetik-Ausschuss: „Eigene Zielsetzung und erforderliche Maßnahmen" (Streng vertraulich, 24.2.1969), BA 233 Kosmetik Allgemein 1930–83.

7 Protokoll der Pilot-Tagung in Bad Homburg (2. u. 3.4.1969), BA 303 Diverses. Flops; „Tasmin-Beratungsdienst", *Hauskurier* 50 (1969), S. 7.

8 Kartte, *Markenartikel* (1978), S. 77.

9 Vorstand 30.10.1969, 13.4.1972; „Eine neue Serie für Schönheitspflege", *Hauskurier* 68 (1971), S. 10–11.

10 Betr. Marketing Konzeption PILOT (28.8.1968), Protokoll der Pilot-Tagung in Bad Homburg (2. u. 3.4.1969) [Zitat], BA 303 Diverses. Flops.

11 Vorstand 5.8.1971, 2. u.3.11.1972, 30.8.1973; Produkt-Umsätze Inland 1953–72 (Kosmetik), BA St I. Tasmin wurde 1976 in der BRD aufgegeben.

12 Zitat: Vorstand 30.4.1971; „Entwurf zur Besprechung in der Sitzung am 9.4.1970" (G. Claussen 6.4.1970), BA St I Vorstand. Anlagen 1970.

13 167. AR-Sitzung 20.11.1970, VJB an den AR 4.2.1972.

14 Hilger, *Amerikanisierung* (2004), S. 163–64.

15 Ausschnitt *Handelsblatt* 21.10.1969, „Schönsein mit Creme 21. Bundeseinführung der Henkel-Khasana GmbH" (Blätter vom Hause 3/70), Kellner an Neumann (13.8.1975), Konzernarchiv Henkel (KAH) C3813.

16 H. Schmitz: „Kein Problem für die Creme de la Creme", *W&V* (3.11.1978), S. 18–22 (KAH C3813).

17 Kruse an Claussen (30.11.1970), BA 359.2 Sammlung H. Kruse. Es ist unklar, ob der Brief abgesendet wurde.

18 „Der Handel lebt von Aktionen. Ein Model für Creme 21", *Wir vom Verkauf* (1971) Nr. 1, S. 4–5, KAH C3813; Beiersdorf an Numata/Kao Soap, 6.1.1972 („Dokumentation" Kaum 18.11.1988, S. 41), BA 353 Japan. Dokumentation.

19 Vgl. auch Schröter, *Erfolgsfaktor* (1995), dort z. T. falsche Datierungen.

20 VJB an den AR 2.2.1971. Rehorn, *Positionierung* (1976).

21 Marketing-Modell SC 1 (5.11.1970), BA 232. Produkte und Sparten. Nivea Creme.

22 Vorstand 28.1.1971, 4.7. [Zitat] u. 13.7.1972.

23 Vorstand 3.12.1970 (Zitat), 7.1.1971.

24 Rehorn, *Positionierung* (1976), S. 63; zu Doyle Dane Bernbach (DDB) vgl. Samuel, *Thinking Smaller* (2012).

25 Vorstand 18.2.1970.

26 Werbemappe NIVEA 1970-1971, BA PMA 12.

27 Marketing-Modell SC 1 (5.11.1970), BA 232 Produkte und Sparten. Nivea Creme; 167. AR-Sitzung 20.11.1970.

28 Vorstand 9.6.1971, 7.9.1972; Henkel Marktanteile: „Hautcreme gesamt. BRD Lebensmittel und Facheinzelhandel" (GFK, undatiert), S. 5, KAH C3813; Zitate: Rehorn, *Positionierung* (1976), S. 64.

29 167. u. 168. AR-Sitzung 20.11.1970, 25.5.1971 (Zitate).

30 Hautcreme Gesamtmarkt 1971 lt. Nielsen (versch. undatierte Aufstellungen), KAH C3813; 171. AR-Sitzung 23.11.1971, S. 6; *Hauskurier* 88 (1974), S. 2.

31 Interview mit J. Peddinghaus (2.8.2016, S. 8).

32 Vorstand 28.10.1971.

33 „Geplante Änderungen im Verkauf Kosmetik, Pharma u. Pflaster" (Wöbcke, 24.11.1971), BA 243 Vertrieb. Verkaufspolitik 1925–71; Interviews mit P. Schäfer (10.10.2014 #00:52:40) u. J. Peddinghaus (2.8.2016, S. 17).

34 Zitat: Vortragsskizze „Situation + Zukunft unseres Pflastergeschäfts" (U. Nafe, 23.2.1973), BA 359.2 Sammlung U. Nafe; Vorstand 28.10.1971; betr. veränderte Anreize für Pharma-Vertreter vgl. Interview mit U. Nafe (5.7.2016, S. 6–7).

35 Vorstand 19.10.1972, 2.2.1973; Naturalrabatte und Ergebnisrechnung Spray (18.4.73, 16.4.1973), BA St I Vorstand. Anlagen 1973.

36 Vorstand 19.7.1973 (Zitat).

37 *Dynamik im Handel* (1982), H. 3, S. 43; allg. Banken, *Strukturwandel* (2007).

38 Vorstand 28.10.1971; „Geplante Änderungen im Verkauf Kosmetik, Pharma u. Pflaster" (Wöbcke, 24.11.1971), BA 243 Vertrieb. Verkaufspolitik 1925–71; Zitat: Interview mit H. Kruse (8.1.2014, S. 38).

39 Vorstand 5.9.1968, 21.4., 9. u. 15.11.1972; 162., 167. u. 171. AR-Sitzung 30.4.1969, 20.11.1970, 23.11.1971.

40 Vorstand 24.5.1962, 28.5.1964, 21.3.1967, 1.2.1968 (Zitat), 2.3.1971.

41 Aus Forschung und Entwicklung (Engelhardt 10.6.1970), BA St I Vorstand. Anlagen 1970.

42 „Forschung morgen und übermorgen", *Hauskurier* 44 (1968), S. 8–9; Vorstand 21.11.1969; 167. AR-Sitzung 20.11.1970; „In diesen Tagen", *Hauskurier* 65 (1971), S. 2.

43 Planung des Pharma-Geschäfts für zehn Jahre, Vorstand 13.1.1972; 190. AR Sitzung 7.12.1977.

44 Vorstand 4.7.1972; vgl. Kap. 5 „Organisatorischer Reformbedarf?"

45 Vorstand Juli, Okt. u. Nov. 1970, 10.3.1971 (Zitat).

46 Vorstand 26.10.1972.

47 Einführung eines einheitlichen Führungsstils im Sinne des Harzburger Modells (Schwartz 11.8.1969), BA 173 Unternehmensstruktur 1918–74.

48 Vorstand 19.1., 28.10.1970; Gesprächsthemen (1.4.1970), BA St. I Vorstand. Anlagen 1970; zum Harzburger Modell vgl. Saldern, *Harzburger Modell* (2009).

49 Organisationsplan P. Beiersdorf u. Co. Stand: Juni 1960 (29.6.1960); Betr. Hauptabteilung 62/tesa (1.8.1968), BA 173 Unternehmensstruktur 1918–74.

50 Vorstand 6.6., 25.7.1968, 22.1.1970; Schröter, *Erfolgsfaktor* (1995).

51 Gedanken über Organisations- und Führungsfragen (Schwartz 26.3.1970), Betr. Organisationsplan. Anlage (30.11.1970), BA 173 Unternehmensstruktur 1918–74; Aktennotiz (3.12.1970), BA St I Vorstand. Anlagen 1970.

52 Vgl. Booz-Allen & Hamilton, *Herausforderungen* (1973); Kleinschmidt, *Blick* (2002), S. 260–75; Hilger, *Amerikanisierung* (2004), S. 219–24.

53 Vorstand 18.9.1972, 18.1.1973. Die AR-Protokolle Nr. 171–79 (1972–74) sind weder im Archiv noch in der Rechtsabteilung oder den Vorstandsbüros von B. überliefert.

54 Notiz. Betr.: Bericht Booz, Allen & Hamilton (E. M. W., 28.11.1973), SWA F10-2018. Der Bericht selbst war nicht auffindbar.

55 180. AR-Sitzung, 29.11.1974.

56 Notiz für die Herren Inhaber Betr. Beiersdorf AG (lt. Aufgabe von E. Warburg, 17.7.1973), SWA F10-2018.

57 Vertraulich. Ergebnisprotokoll der Vorstandssitzung v. 24.8.1973 (Peddinghaus, 24.8.1973), SWA F10-2018.

58 Vertraulich. Ergebnisprotokoll der Sitzung des Präsidiums des Aufsichtsrats der Beiersdorf AG v. 3.9.1973 (J. P., 4.9.1973), SWA F10-2018.

59 „Einige Gedanken für Gespräche mit dem Aufsichtsrat über die neuc Organisation der Leitung von Beiersdorf …" (H. Berlin, ohne Datum [6.9.1973]), Berlin an Stödter u. Warburg (6.9.1973), Notiz. Betrifft: Neuorganisation des Vorstands der Beiersdorf AG (St./W. 7.9.1973); Briefwechsel Stödter-Warburg (7.9.1973); SWA F10-2018.

60 Notiz. Betr.: Bericht Booz, Allen & Hamilton (E. M. W., 28.11.1973), SWA F10-2018.

61 Vorstand 26.11., 20.12.1973, 9. u. 18.1.1974 (betr. Informationsabend für leitende Angestellte), 1.3., 9. u. 26.4., 25.8., 26.9.1974; Booz-Allen & Hamilton an Beiersdorf AG (Peddinghaus, 2.9.1974), BA 173 Planung zu Organisation und EDV 1974–75.

62 Zitiert nach Bleicher, *Organisation* (1981), S. 293.

63 180. AR Sitzung, 29.11.1974; Geschäftsverteilungsplan für den Vorstand der Beiersdorf AG (1.7.1977), BA 359.2 Sammlung H. Kruse.

64 Kruse, *Wagen* (2006), S. 188–89.

65 Zitat: Aktennotiz (Ponto, 9.3.1972), Betr.: Beiersdorf AG, Hamburg (Ponto, 13.3.1972), HAC-500-17599-2000, Bd. 1.

66 Aktenvermerk. Gespräch mit Herrn Claussen (Ponto, 25.8.1972), HAC-500-17599-2000, Bd. 1.

67 Zitat: Notiz für die Herren Inhaber (lt. Aufgabe E. M. Warburg, 9.5.1973); Briefwechsel Stödter-Warburg (18. u. 29.5.1973), SWA F10-2018; Aktennotiz. Beecham Group Ltd. – Allianz (Seidel 21.3.1973), Herrn Ponto. Betr. Beiersdorf (Schuldt, 15.5.1973), HAC 500-17599-2000 Bd. 1; „Contrato 'Pool'" (14.4. u. 9.5.1973), BA 181 Paketwechsel 1925–87.

68 Ahrens/Gehlen/Reckendrees, *Deutschland AG* (2013).

69 Zitat: G. W. Claussen an M. M. Warburg-Brinckmann, Wirtz & Co. (15.2.1974), SWA F10-2018; Vorstand 8.2.1974.

70 „Verdienen an Kaffee und Nivea", *Die Zeit* 22.2.1974.

71 Tchibo Frisch-Röst-Kaffee AG, 1988 Tchibo Holding AG, seit 2007 Maxingvest AG.

72 181. AR-Sitzung 29.4.1975. Die Hauptversammlung am 12.6.1975 beschloss die notwendige Satzungsänderung (§ 10).

73 180. u. 181. AR-Sitzung 29.11.1974 (Marktanteile), 29.4.1975 (Ergebnis).

74 183. AR-Sitzung 26.11.1975.

75 Vorstand, 27.9. u. 4.10.1973.

76 „Marktlücke zwischen den Zähnen. Die Werbeschlacht der Zahncreme-Produzenten wird immer härter", *Die Zeit* 21.10.1978; „Selten Seife", *Der Spiegel* Nr. 10 (1968), S. 78–80; 183. AR-Sitzung 26.11.1975.

77 Siehe Kapitel. 5, Anm. 7.

78 VJB an den AR 23.4.1975, 10.2.1976.

79 186. AR-Sitzung 24.11.1976.

80 Zitat: *Hauskurier* 167 (1984), S. 11; allg. vgl. Melzer/Steinbeck, *Wohnungsbau* (1983), S. 20; Saldern, *Stube* (1995); Reckendrees, *Konsummuster* (2007).

81 Die Kleinschreibweise setzte sich seit Sommer 1978 durch.

82 Perspektiven des BDF Geschäftes – Ziele, Maßnahmen und Pläne des Unternehmens und seiner Produktsparten (Vorstand 20.2.1978).

83 VJB an den AR, 11.11.1975 (Zitat), 183. AR-Sitzung 26.11.1975; Pharma-Konzeption, Vorstand 18.8.1976.

84 Perspektiven des BDF Geschäftes – Ziele, Maßnahmen und Pläne des Unternehmens und seiner Produktsparten (Vorstand 20.2.1978).

85 Interview mit U. Nafe (5.7.2016, S. 10); *Hauskurier* 88 (1974), S. 2; *Hauskurier* 118 (1977), S. 2. Die Sparte wurde zum 1.7.1977 gegründet.

86 Geschäftsbericht 1986, S. 22.

87 VJB an den AR 10.2.1976; Interview mit U. Nafe (5.7.2016, S. 10).

88 181. AR-Sitzung 29.11.1974.

89 199. u. 200. AR-Sitzung 24.11.1980, 5.5.1981; 203. u. 222. AR-Sitzung 30.11.1982, 29.11.1988.

90 190. AR-Sitzung 7.12.1977; Krankenversicherungs-Kostendämpfungsgesetz v. 27.6.1977, BGBl. I (1977), S. 1069ff.

91 Vorstand 29.11., 8.12.1978, 29.6. u. 10.10.1988; Interviews mit J. Peddinghaus (2.8.2016, S. 43) u. U. Nafe (5.7.2016, S. 19).

92   Vorstand 7.10.1970, 14.10. u. 2.12.1971, 6.3.1973. Für Menstruationskapseln vgl. „Tassaway – aufregend neu – beruhigend sicher", *Hauskurier* 76 (1972), S. 15.

93   In Italien wurden mit geringerem Erfolg Mölnlycke-Damenbinden verkauft, Vorstand 9.5.1979; „medical-Ausstellung", *Hauskurier* 170 (1984), S. 10.

94   186., 190. u. 193. AR-Sitzung 24.11.1976, 7.12.1977 (Zitat), 30.11.1978; *Hauskurier* 107 (1976), S. 6; *Hauskurier* 113 (1976), S. 20.

95   „Auf „gepflasterten" Wegen in neue Gebiete", *Hauskurier* 185 (1987), S. 10–11.

96   Vorstand 16.7., 21.8., 18.10.1979, 17.1., 11.7.1980, 11.1.1982; 196. AR-Sitzung 14.11.1979. Die Beteiligung wurde 1983 auf 75% aufgestockt.

97   „Knochenzement", *Hauskurier* 170 (1984), S. 12–13; „S+G Implants, Lübeck: Anatomische Knie- und Hüftgelenke", *Hauskurier* 171 (1984), S. 10–12; „Der „Mutter" Freude: Die Tochter S+G Implants", *Hauskurier* 176 (1986), S. 4; *Hauskurier* 182 (1987), S. 6.

98   204., 205. u. 206. AR-Sitzung 6.5. u. 29.11.1983, 26.4.1984. Dies betraf bspw. Stominal (zur Versorgung künstlicher Darmverschlüsse) und Conforma (in den BH einsteckbare Brustprothese aus Silikon. „CONFORMA Brustprothesen", *Hauskurier* 182 (1987), S. 13.

99   „Ballon-Katheter", *Hauskurier* 140 (1980), S. 13; „medical-Ausstellung", *Hauskurier* 170 (1984), S. 10–13; Vorstand 11.6., 30.9.1981, 25.11.1982, 5.8.1983, 14.10.1986.

100 199., 200., 203., 222. AR-Sitzung 24.11.1980, 5.5.1981, 30.11.1982, 29.11.1988.

101 208. u. 209. AR-Sitzung, 28.11.1984 (Zitat), 7.5.1985.

102 191. u. 193. AR-Sitzung 11.5. u. 30.11.1978; 204. AR-Sitzung 6.5.1983.

103 186. AR-Sitzung 24.11.1976.

104 Vorstand 19.4.1974, 13.10.1982, 13.9.1984; „Junges Makeup aus dem Supermarkt", *Hauskurier* 98 (1975), S. 13.

105 186., 190., 191., 194. AR-Sitzung 24.11.1976 (Gewinnspannen), 7.12.1977 (Zitat), 11.5.1978, 8.5.1979 (Marktanteile).

106 Vorstand 18.12.1978, 19.4., 25.7.1979, 29.2.1980; 190., 194. u. 203. AR-Sitzung 7.12.1977 u. 8.5.1979, 30.11.1982; *Hauskurier* 138 (1979), S. 2.

107 Vorstand 20.10.1983, 15. u. 29.3.1984; 215. AR-Sitzung 12.5.1987.

108 Vorstand 30.3., 16.6.1972, 14.3., 6.11.1974.

109 Interview mit J. Peddinghaus (2.7.2014, S. 29).

110 190. AR-Sitzung 7.12.1977 (Zitat); 181. u. 186. AR-Sitzung 29.4.1975, 24.11.1976.

111 Vgl. die ausführlichen Diskussionen im Aufsichtsrat, 187–189. u. 193. AR-Sitzung 31.1., 12.5., u. 7.12.1977, 30.11.1978, und das Interview mit J. Peddinghaus (2.8.2016, S. 23–27).

112 Vorstand 21.8.1975.

113 181. u. 194. AR-Sitzung 29.11.1975, 8.5.1979; Personalkostensteigerung lt. DWT Prüfbericht 1981.

114 191. AR Sitzung 11.5.1978.

115 1978 4,6 Mio. kg u. 1979–82 5,3 bis 5,5 Mio. kg, Entwicklung Mengenabsatz, BA 232 Produkte und Sparten. Nivea Creme (Creme 21).

116 184. AR-Sitzung 6.4.1976.

117 U. a. übernahm Kao 1979 Helena Rubinstein, 1987 Andrew Jergens; vgl. zum Folgenden auch die lebendige Darstellung bei Kruse, *Wagen* (2006), S. 169–72; allg. zu Kao: Sworsky/Salamie, *Kao* (2006); Jones, *Beauty* (2010), S. 88, 92, 265.

118 Geschäftsberichte 1972, S. u. 1974, S. 12; 183. AR-Sitzung 26.11.1975; Vorstand 10.9.1974, 24.11.1977 u. 15.10.1986; BDF-Auslandsgesellschaften (11.8.1993) Beiersdorf Japan K. K. Der japanische medical-Vertrieb lag bei der Heise Co. Ltd., an der B. sich 1972 mit 50% beteiligte; für tesa gründete man 1975 die tesa-oji zusammen mit dem Papierkonzern Oji-Paper Co. Diese Aktivitäten wurden 1984 in der BDF Japan K. K. zusammengefasst.

119 „In Japan schneller", *Hauskurier* 139 (1979), S. 4.

120 Maruta/Kao Soap an Kruse, 10.9.1976 („Dokumentation" Kaum 18.11.1988, S. 45), BA 353 Japan; Vorstand 21.9.1976.

121 Alfred Heyn GmbH, Parfümerie Royal, Guhl AG, Basel, Sauerwald-Chemie GmbH (Produktionsbetrieb in Berlin), vgl. *Hauskurier* 138 (1979), S. 2.

122 Briefwechsel Kruse-Maruta 1976-79, Beiersdorf an Maruta/Kao Soap 19.1.1979, Kao an Beiersdorf 5.3.1979, Notiz Wöbcke über Gespräche in Tokio 12.3.1979 („Dokumentation" Kaum 18.11.1988, BA 353 Japan); Vorstand 14.12.1978, 11.1., 22.2., 14.4. u. 12.9.1979, 21.5.1981, 20.10.1986; Kruse, *Wagen* (2006), S. 207–08.

123 Beiersdorf an Maruta, 20.2.1980, Beiersdorf an Kao 16.4.1980, Kruse u. Wöbcke an Maruta, 10.1.1981 („Dokumentation" Kaum 18.11.1988), BA 353 Japan; Vorstand 30.4.1980, 2.9.1982.

124 205. u. 222. AR-Sitzung 29.11.1983 u. 29.11.1988.

125 Metz hatte mit der Übernahme von 400.000 RM Aktien zur Gründung der P. Beiersdorf & Co. AG beigetragen; 1937 verkaufte seine Witwe ihre Aktien.
126 DWT: „Zusammenfassende Darstellung über die formellen und materiellen Rechtsverhältnisse der sechzehn zum Auslands-Ring gehörigen Beiersdorf-Gesellschaften [...] Dezember 1938", S. 10–12, BA St. I Markenrechte + Pilot; „Investigation Report NY 5-434-A" (25.2.1943) Re: P. Beiersdorf Inc. und Duke Laboratories Inc., „Re: Chemische Fabrik Pilot A.G. [...] P. Beiersdorf & Co., A.G. [...] Beiersdorf & Co., Inc., [...]" (7.2.1945), National Archives RG 131, No. 711, Box 199, 711A.
127 Nivea, Hansaplast, Leukoplast, Aolan, Aquaphor, Cordigan, Pandigal, Basis, Eucerin, Eucerite, Elastoplast, Tricoplast, Lassolastic.
128 Briefwechsel zw. Kruse u. Jacobson (13. u. 26.1.1954), BA St. I Markenrechte + Pilot.
129 Claussen an Herzog (4.6.1952), BA St. I Markenrechte + Pilot.
130 Beiersdorf an den Bundesminister für Wirtschaft (Bremer, 3.3.1953), BA St. I Markenrechte + Pilot.
131 Vorstand 14.8.1969; Kruse, *Wagen* (2006), S. 138–41.
132 Vorstand 4.11.1958, 14.4.1971; Ludwig, *Herausforderungen* (2016), S. 112–13; Kruse, *Wagen* (2006), S. 141, 160.
133 Vorstand 4.10.1968, 22. u. 28.7.1971; 171. AR-Sitzung 23.11.1971 (Zitat); Kruse, *Wagen* (2006), S. 173–74.
134 Vorstand 28.7. u. 28.10.1971, 17.2. u. 9.11.1972, 15.1., 7.6. u. 16.8.1973; Schätzung und Gegenüberstellung des Aufwands und Ertrags bei Übernahme der Duke Laboratories (28.12.1972), Kruse an Stracke/Bankhaus M. M. Warburg-Brinckmann, Wirtz & Co (26.6.1973), BA St. I Markenrechte + Pilot; Kruse, *Wagen* (2006), S. 173–74; Ludwig, *Herausforderungen* (2016), S. 114–15.
135 Casson, *Entrepreneuership* (2010).
136 Nivea Creme. Entwicklung 1981 nach Ländern, BA 232 Produkte und Sparten. Nivea Creme; Vorstand 27.8.1981, 21.5.1984, 13.9.1984; 198., 222. u. 226. AR-Sitzung 13.5.1980, 29.11.1988 u. 21.11.1989.
137 Vorstand 27.1.1977 u. 21.5.1984.
138 Vgl. dazu auch Szobi, *Lizenz- und Gestattungsproduktion* (2017).
139 171. u. 193. AR-Sitzung 23.11.1971, 30.11.1978. Vorstandsprotokolle betr. Indonesien (22.12.1977, 8.2.1978, 21.5.1981), Thailand (29.6., 20.10.1978, 4.12.1980), Philippinen (29.5.1981), China (11.3., 8.12.1982, 20.6.1983), Osteuropa (12.8.1982). „China to Make Nivea Cream under Accord with 2 Firms", *The Wall Street Journal* (24.2.1984).
140 Vorstand 11.4.1974.
141 Vorstand 28.10.1971, 8.7. (Zitat) u. 14.7.1983. Von den Entsorgungsmöglichkeiten für Produktionsabfälle auf Deponien in der DDR machte man in dieser Zeit so wie viele andere deutsche Unternehmen allerdings Gebrauch (Vorstand 17.3.1982).
142 193. AR-Sitzung 30.11.1978; Geschäftsbericht 1971–80, z. B. 1980, S. 14.
143 Vorstand 11.1.1979, 17.4.1980; Vorstand 5.8.1982.
144 BDF Auslandsgesellschaften, 11.8.1993.
145 1973 Großbritannien, Irland, Dänemark, 1981 Griechenland, 1986 Spanien, Portugal.
146 Vorstand 2.9.1971.
147 205. AR-Sitzung 29.11.1983.
148 Vorstand 20.10.1973.
149 Vorstand 9.5., 21. u. 26.9.1978, 28.11.979, 8.5.1980. Zu Italien vgl. den Schriftwechsel zw. Kruse u. Beyer 1972–78, Bericht über den Besuch in Brembate u. Mailand (Peddinghaus, 25.9.1975), Dokumentation des Italiengeschäfts (Kaum 1987/88), BA 350 Italien. Grundsätzliches, Dokumentation, Memoranden.
150 Vorstand 6.6.1981, 11.3. u. 9.9.1982, 11.4.1983.
151 Vorstand 12.2.1976; 190. u. 191. AR-Sitzung 7.12.1977, 11.5.1978 (Zitat); Werbekosten: Vorstand, 17.11.1977; Hinweis von U. Schmidt (25.1.2018).
152 Vorstand 14.9.1972.
153 Vorstand 9.5.1977.
154 Vorstand 10.2.1977.
155 Vorstand 10.7., 15.8.1975, 23. u. 30.9., 17.11.1977, 7.3., 18.4., 9.5.1978.
156 Vorstand 17.5., 2.6., 8.8., 9.11.1978, Anlagen zur Vorstandssitzung: „Ergebnis der ersten Zwischenbesprechung mit SUB" 21.11.1978.
157 Vorstand 16.8.1979, 20.4.1983.
158 Vorstand 29.8., 9.9., 9.10.1980, 22.4.1981; 196. AR-Sitzung 14.11.1979.
159 211. AR-Sitzung 12.11.1985; Interview mit J. Peddinghaus (2.7.2014, S. 20–21).
160 Interview mit J. Peddinghaus (2.8.2016, S. 31) u. Interview mit P. Schäfer (16.10.2015, S. 9–10).
161 224. AR-Sitzung 28.6.1989; Vorstand 18.1.1988.
162 180. AR Sitzung, 29.11.1974.

163 Siehe dazu die Interviews mit B. Brede (16.10.2015, S. 20) u. J. Peddinghaus (2.8.2016, S. 9–10); vgl. auch „Banges Zittern", *Der Spiegel* Nr. 4 (1979), S. 32–33.

164 Interview mit P. Schäfer (16.10.2015, S. 4); 196. AR-Sitzung 14.11.1979.

165 Interview mit P. Schäfer (10.10.2104 #0034:20, 16.10.2015, S. 7) u. Interview mit J. Peddinghaus (2.8.2016, S. 11 u. 14).

166 U. Schmidt an Schäfer (25.10.1996) mit einer Kostenrechnung für medical (Mai 1987), BA 359.2 Sammlung U. Schmidt.

167 Vorstand 16. u. 19.5.1980; Interview mit P. Schäfer (16.10.2015, S. 9–10) u. Interview mit J. Peddinghaus (2.8.2016, S. 11 u. 14).

168 Vorstand 30.8.1973, 14.3.1974, 7.1.1976, 11.11.1977; Interview mit J. Peddinghaus (2.8.2016, S. 9–10 u. 36–37). 1973 wurde ein „Arbeitskreis Nachwuchskräfte" eingerichtet.

169 Interview mit U. Nafe (5.7.2016, S. 16).

170 Vorstand 5.7.1979.

171 Zitat: Interview mit J. Weiland (E. Kaum, 8.11.1984), BA 430 Corporate Identity. Grundsätzliches I; Vorstand 13.2.1975; Notizen von Claussen, Kern, Kruse, Berlin, Mohs, Wöbcke (April/Mai 1975), BA 431 Unternehmenskultur ... Unternehmensphilosophie 1975–1976.

172 „Unternehmensphilosophie" (10.5.1976), BA 431 Unternehmenskultur ... Unternehmensphilosophie 1975–1976.

173 Peddinghaus, *Personalentwicklung* (1981).

174 Briefing zur Abgabe eines Angebots für die Schaffung eines Unternehmens-Erscheinungsbildes (12.11.1974), BA 430 Corporate Identity II; Einstellung der Bevölkerung zu verschiedenen Firmennamen (20.4.1976), BA 243 Bekanntheit von Beiersdorf; Vorstand 26.9.1974, 4.8., 30.9. u. 6.10.1976; J. Weiland: „Was haben Labello und tesaflex gemeinsam? ...", *Hauskurier* 99 (1975), S. 10–11.

175 Zu Henri Kay Henrion (Heinrich Fritz Kohn) vgl. Brook/Shaughnessy, *FHK henrion* (2013).

176 Briefing zur Abgabe eines Angebots ... (12.11.1974), BA 430 Corporate Identity II.

177 J. Weiland: „Programmpunkte", *Hauskurier* 112 (1976), S. 4; Vorstand 6.10.1977, 27.11.1978, 15.2.1979; PR-Programm zur Begleitung der Informations- und Einführungsphase der CI, J. Walter Thompson Public Relations (9.1.1978), BA 430 Corporate Identity II.

178 Vorstand 11.7.1980, 10. u. 24.1981, 23.12.1981, 14.1.1982; Kruse, *Wagen* (2006), S. 203–04.

179 DWT Prüfberichte 1969 u. 1973, 1981, S. 9.

180 Vorstand 5.5.1971; Gleitende Arbeitszeit (14.11.1971), BA St. I Vorstand. Anlagen 1971; „Vom Gleiten und Ausgleiten", *Hauskurier* 94 (1974), S. 13.

181 Geschäftsbericht 1986, S. 27.

182 Vorstand 16.9.1974, 25.10.1977.

183 *Hauskurier* 181 (1986), S. 3; Vorstand 17.12.1986.

184 Zitat: G. Käding u. H.-P. Schröder: „Zum Jahreswechsel 1986/87", *Hauskurier* 181 (1986), S. 3; Vorstand 27.4.1987.

185 201. AR-Sitzung 1.12.1981 (Zitat); 208. AR-Sitzung 8.11.1984.

186 Vorstand 14.10.1971, 2.9.1976; Vorstand 20.10.1983.

187 Vorstand 25.11.1982, 6.1.1983.

188 Vorstand 26.9. u. 25.10.1985.

189 Vorschlag der Personalentwicklung Zentrale Forschung und Technik, Vorstand 16.1. u. 23.1.1986.

190 Vorstand 2.9.1971 (Zitat), 22.12.1971.

191 Vgl. die „Materialien zur Analyse von Opposition (MAO)"; für Beiersdorf: http://www.mao-projekt.de/ BRD/NOR/HBG/Hamburg_Beiersdorf.shtml.

192 Vorstand 13.5.1971, 24.1.1974; 181. AR-Sitzung 29.4.1975; der Vorstand diskutierte das Thema 3 Jahre später erneut (Vorstand 8.6.1977).

193 197. AR-Sitzung 27.11.1979; BVG 1.3.1979 (1 BvR 532,533/77, 1 BvR 419/78, 1 BvL 21/78); OLG Hamburg 23.07.1982 (11 U 179/80), 25.05.1984 (11 U 183/83); BGH 28.02.1983 (II ZR 168/82).

194 191., 192., 194., 197. AR-Sitzung 11.5., 30.11.1978, 8.5., 27.11.1979.

195 Vorstand 6.7.1978, 11.10.1979, 19.8.1982; „Mit Larylin gewappnet in den Winter", *Hauskurier* 186 (1987), S. 12.

196 Vorstand 19.8., 23.9., 21.10., 8.12.1982, 17.2., 3.3., 7.4.1983.

197 205., 208., 209., 219. AR-Sitzung 29.11.1983, 28.11.1984, 7.5.1985, 10.5.1988. „Die neue Medikamenten-Familie der Beiersdorf AG: Tablinen", *Hauskurier* 173 (1985), S. 13.

198 219. AR-Sitzung 10.5.1988.

199 Bundesregierung, *Gesundheitsreformgesetz* (1988); 219. AR-Sitzung 10.5.1988; Vorstand 25.9.1989.

200 Vorstand 31.10.1988; 222. AR-Sitzung 29.11.1988.

201 219. AR-Sitzung 10.5.1988.

202 Vgl. die Interviews mit J. Peddinghaus (2.7.2014, 2.8.2016).

203 206. u. 208. AR-Sitzung 26.4., 28.11.1984; Vorstand, 28.7.1983. Eine Kooperation mit der Firma Henkel, deren tipp-ex-Produkte tesa in Frankreich verkaufen wollte, wurde von der Europäischen Wettbewerbsbehörde untersagt, „Entscheidung der Kommission vom 10.7.1987 ..." (IV/31.192 - Tipp-Ex), Amtsblatt Nr. L 222 v. 10/08/1987.
204 Vorstand 13.4.1987; 215. AR-Sitzung 12.5.1987.
205 206. AR-Sitzung 26.4.1984, BA St. I, Vorstand, 28.7. u. 6.12.1993; Interview mit J. Peddinghaus (2.8.2016); Geschäftsbericht 1986.
206 Vorstand 22.10.1985.
207 Kruse. Überlegungen zur zukünftigen Zusammensetzung des Vorstandes (10.10.1985), BA 359.2 Sammlung H. Kruse. Das Schriftstück richtete sich vermutlich an den Aufsichtsratsvorsitzenden und die Großaktionäre.
208 „betr. tesa-Strategie" (Kruse, 29.4.1986).
209 Vorstand 13.5.1986.
210 215. AR-Sitzung 12.5.1987.
211 Controlling medical. Ergebnis der Vollkostenrechnung (11.5.1987), BA 359.2 Sammlung U. Schmidt; Hinweis von U. Schmidt (25.1.2018).
212 227. AR-Sitzung 25.4.1990.
213 KAO wollte damals um jeden Preis in den USA vertreten sein und erhielt den Zuschlag; 218. AR Sitzung 31.3.1988; Vorstand 5.4.1988; Kruse, *Wagen* (2006), S. 211–12.
214 203., 205., 212. AR-Sitzung 30.11.1982, 29.11.1983, 24.4.1986; Vorstand 29.8.1980.
215 Vorstand 3.12.1981; 203. AR-Sitzung 30.11.1982.
216 198., 200. 202., 211. u. 212. AR-Sitzung 13.5.1980, 5.5.1981, 4.5.1982, 211. AR-Sitzung 12.11.1985, 24.4.1986; Werbemappen Limara, BA PMA 112; Vorstand 6.8.1990 (Ist u. Plan-Ergebnisse, 1.1.–31.7.90 u. Gesamtjahr).
217 Vorstand 25.8.1983, 1.3., 29.3.1984; Dachmarke: 202. AR-Sitzung 4.5.1982.
218 „Internationale cosmed-Marketing-Tagung Berlin '85", *Hauskurier* 173 (1985), S. 15.
219 222. AR-Sitzung 29.11.1988.
220 Vorstand 6.8.1990 (Ist u. Plan-Ergebnisse, Markengruppen 1.1.–31.7.90 u. Gesamtjahr).
221 222. AR-Sitzung 29.11.1988.
222 Vorstand 2.2.1983, 4.7.1985.
223 Vorstand 2.11.1987, 12.9.1988 (Zitat), 18.9.1989; „NIVEA Creme jetzt auch in der DDR", *Hauskurier* 194 (1989), S. 5; siehe auch Szobi, *Lizenz-und Gestattungsproduktion* (2017).
224 Vorstand 30.10.1988, 30.1., 14.11.1989 (Ablehnung des Fusionsvorschlags).
225 Wöbcke, „Die Internationale Steuerung des BDF-Konzerns" (Referat. Internationale Führungskräfte-Tagung, 24.4.1989), BA 359.2 Sammlung H.-O. Wöbcke; Geschäftsberichte 1969 u. 1989.
226 Vorstand 14.1., 15.4.1982.
227 Geschäftsberichte 1987 und 1988.
228 Vorstand, 6.1. u. 9.2.1987.
229 Vorstand 13.11.1969; Interview mit B. Brede (16.10.2015).
230 „intertesa '84", *Hauskurier* 170 (1984), S. 14.
231 Vorstand 29.6.1986; Geschäftsberichte 1979 und 1989.
232 Vorstand 25.7., 29.7., 1.8., 15.8., 30.8., 5.9., 12.9., 21.11.1988; 222. AR-Sitzung 29.11.1988; Hinweise von H. Kruse (8.8.2017) u. U. Schmidt (25.6.2017).
233 223. AR-Sitzung 9.5.1989; Vorstand 12.12.1988 (Kao).
234 Vorstand 2.4.1991 (Anlagen: Key figures – Jahresabschluß 1989).
235 212. AR-Sitzung 24.4.1986.
236 Wöbcke, „Wie nun weiter?" (26.4.1989), BA 359.2 Sammlung H.-O. Wöbcke.
237 Interviews mit P. Schäfer (10.10.2014 #01:01:43, 16.10.2015, S. 19); vgl. zum Folgenden Wöbcke, „Das Gesamtprojekt BDF Unternehmensentwicklung" (Referat. Internationale Führungskräfte Tagung, 24.4.1989), BA 359.2 Sammlung H.-O. Wöbcke.
238 Interview mit P. Schäfer (16.10.2015, S. 21).
239 Interview mit U. Nafe (4.7.2014 #01:16:30).
240 Strategien für die Weiterentwicklung der Beiersdorf-Gruppe (Pressegespräch am 3. Mai 1989 in Hamburg), BA 431 Unternehmenskultur, Unternehmensstrategie und -philosophie.
241 223. AR-Sitzung 9.5.1989.

第七章注释

1 Die Gesamtkapitalrendite stieg sogar von 4 auf 8,9%. Die positive Entwicklung setzte sich weiter fort, 2016 betrug der Gewinn 727 Millionen Euro, die Umsatzrendite 10,8%, die Gesamtkapitalrendite 13,1% und die Eigenkapitalrendite 15,5%; Geschäftsbericht 1989, S. 48–52, 2003, S. 50–51, 2016, S. 27 u. S. 33.

2 Laut Auskunft der Archivarin B. Eggenkämper (22.6.2016 u. 31.5.2017) verfügt das Archiv der Allianz AG nicht über Unterlagen oder Briefwechsel betr. Beiersdorf. Eggenkämper/Modert/Pretzlik, *Die Allianz* (2015), ist hinsichtlich Beiersdorf nicht ergiebig.

3 „Allianz-Konzern: Schierens absolute Herrschaft. Nur einer sagt, wo's langgeht", Der Spiegel Nr. 32 (1991), S. 84–86.

4 Interview mit R. Kunisch (26.2.2016), S. 4 (Zitat), S. 22.

5 Geschäftsbericht 2016, bes. S. 24–32.

6 Vgl. Kap. 6 „Von der Markenvielfalt zur Dachmarke"; Szobi, *Lizenz-und Gestattungsproduktion* (2017); „Beiersdorf interested in Soviet Market", *Ecotass* 11.7.1988.

7 Vorstand 14.6.1989; Hauskurier 194 (1989), S. 10 u. 11; „Die Vernünftige", *Brandeins* Nr. 6 (2001); Interview mit K.-P. Wittern (9.9.2015).

8 Aufgabenverteilung und personelle Besetzung des Vorstands (H. Kruse 21.10.1986), BA 359.2 Sammlung H. Kruse; Vorstand 5. u. 12.9.1988; „In Memoriam Heinrich Lührs", *Beiersdorf Journal* 226 (1997), S. 4.

9 Vorstand 12.2.1990; 228. AR-Sitzung, 18.6.1990; „Führungswechsel bei tesa", *Beiersdorf Journal* 276 (2008), S. 7; die tesa AG heißt heute tesa SE.

10 Vorstand 8.1., 20.2. u. 28.3.1990.

11 227., 228. u. 230. AR-Sitzung, 25.4., 28.6. u. 27.11.1990; Vorstand 6.8.1990.

12 Information U. Schmidt 25.6.2017. Als Gothaplast in Westdeutschland tätig wurde, erwirkte Beiersdorfs Rechtsabteilung wegen Namensähnlichkeit mit Beiersdorfs Hühneraugenpflaster Guttaplast eine Unterlassungsverfügung. Nach einer Intervention des stellvertretenden SPD-Vorsitzenden W. Thierse zog Beiersdorf die Verfügung sofort zurück, „Bonner Kulisse", *Die Zeit* Nr. 14 (1992), ZEIT ONLINE http://www.zeit.de/1992/14/bonner-kulisse.

13 Vorstand 2.7. u. 4.12.1990, 2.4.1991 (Zitat); 233. AR-Sitzung 26.11.1991.

14 Zitate: Vorstand 2.4.1991 u. 1.6.1992; Vorstand 27.7.1992, 238. AR-Sitzung 24.11.1992.

15 Vorstand 1.6. u. 9.12.1992.

16 Wöbcke. „Wie nun weiter?" (Referat auf der Internationalen Führungskräfte Tagung 26.4.1989), BA 359.2 Sammlung H.-O. Wöbcke.

17 Vorstand 25.10.1989, 8.1. u. 12.2.1990.

18 „Neu in Nordamerika: Nivea Visage", *Hauskurier* 185 (1987), S.7; „NIVEA Visage. Anspruchsvolle Gesichtskosmetik entwickelt von der Beiersdorf Hautforschung", *Beiersdorf Journal* 198 (1990), S. 9.

19 Vorstand 12. u. 23.3.1990, 227. AR-Sitzung 25.4.1990; „JUVENA – die schöne neue BDF Tochter", *Beiersdorf Journal* 196 (1990), S. 10.

20 Vorstand 18.2., 15.3., 2.4.1991; 232. AR-Sitzung 20.6.1991.

21 Vorstand 21.12.1990 u. 4.11.1991; Wöbcke u. Nafe an Leitende Angestellte u. Geschäftsführer der Tochtergesellschaften (24.4.1991), BA 140 Entwicklung seit 1990. Mitteilungen des Vorstands.

22 Vorstand 22.1., 4.3., 2.4., 3.6., 15.7., 16.9., 4.11.1991; 233. u. 234. AR-Sitzung 26.11.1991, 24.3.1992.

23 234. AR-Sitzung 24.3.1992; Vorstand 9.7.1992; Geschäftsbericht 1998, S. 43; Interview mit U. Nafe (4.7.2014 #01:39:30).

24 Strategien für die Weiterentwicklung der Beiersdorf-Gruppe (Pressegespräch 3. Mai 1989), BA 431 Unternehmenskultur, Unternehmensstrategie und -philosophie; Vorstand 22.11.1990, 5.3. u. 26.8.1991, 6.4. u. 18.5.1992, 24.1. u. 10.10.1994 (Anl.: Restrukturierungsmaßnahme medical 1994/95); Geschäftsbericht 1991, S. 37, 1992, S. 39.

25 Interview mit U. Nafe (4.7.2014 #00:51:52).

26 „Jobst: Die medipharm Sparte expandiert", *Beiersdorf Journal* 197 (1990), S. 10 (Zitat); „Mit Jobst weltweit an die Spitze. Phlebologie – Ein Milliardenmarkt", *Beiersdorf Journal* 202 (1991), S. 8; 227. u. 228. AR-Sitzung 25.4. u. 18.6.1990, Vorstand 28.2. u. 25.10.1989, 7.3. u. 14.5.1990.

27 Interview mit U. Nafe (4.7.2014 #1:30:30).

28 Performance-Konzept (Zwischenbericht 13.10.1989: tesa Welt 19871993 Kapitalrendite bzw. Umsatzrendite), BA St. I Vorstandsprotokolle 1989.

29 Strategien für die Weiterentwicklung der Beiersdorf-Gruppe (Pressegespräch 3. Mai 1989), BA 431 Unternehmenskultur, Unternehmensstrategie und -philosophie.

30 Vorstand 21.1.1988; 217. u. 218. AR-Sitzung 24.11.1987 u. 10.5.1988.

31 Vorstand 18.2.1991 (Anl. „BER Beiersdorf-Gruppe Welt Sparte tesa", 15.2.1991).

32 217., 219. u. 230. AR-Sitzung 24.11.1987, 10.5.1988 u. 27.11.1990 (Zitate).
33 Zitat: 230. AR-Sitzung 27.11.1990; Vorstand 25.6.1990 (Anl. „Status-Bericht tti" Steinmeyer, 28.6.1990), 6.4.1994 (Anl. Nachrechnung Akquisition tti u. Anl. Investitionsprogramm der Beiersdorf AG …, 7.4.1994), 18.12.1995 (Vorlage: tti. Teilweiser Forderungsverzicht durch Beiersdorf AG); Information U. Schmidt 25.6.2017.
34 226. AR-Sitzung 21.11.1989.
35 Geschäftsbericht 1989, S. 24.
36 Vorstand 1.10.1991 (Entwicklungstrend zu Massenmärkten in tesa Hauptgeschäftsfeldern); Geschäfts-bericht 1992, S. 24, 1994, S. 28–29; zur Umweltleitlinie u. Zielen vgl. Geschäftsbericht 1989, S. 29.
37 235. AR-Sitzung 28.4.1992 (Zitat), Vorstand 6.4.1992, 17.8.1993 (Anl. Entwicklung der Sparte tesa: Statusbericht 8/93), 13.9. u. 13.12.1993 (Anl. betr. Entlassungen und Abfindungen); „Bessere Zukunft durch Innovation und höhere Produktivität", *Beiersdorf Journal* 206 (1992), S. 20.
38 Vorstand 22.2.1993 (Bericht über tesa Regionalmeetings) u. 18.10.1993.
39 Vorstand 18.10.1993, 8.3.1994 (Verkauf des Industrie-Klebstoffgeschäfts).
40 Zitat: 243. AR-Sitzung 26.4.1994; Vorstand 4.3.1991 (Japan-Geschäft).
41 243. u. 244. AR-Sitzung 26.4. u. 14.6.1994; Vorstand 11.11.1993 (Anlagen), 13.6., 18.7. (Anlagen) u. 22.8.1994, 29.1.1996 (Brasilien).
42 Vorstand 15.6. u. 2.11.1998; „Auf festem Boden. tesa Jahrespressekonferenz", *Beiersdorf Journal* 231 (1999), S. 20–21; Information U. Schmidt 25.6.2017.
43 „Beiersdorf arbeitete an Tesa-Problemen", *LZ* 23.5.1997.
44 Interview mit R. Kunisch (26.2.2016).
45 U. Schmidt an Schäfer (25.10.1996), BA 359.2 Sammlung U. Schmidt.
46 Vorstand 3.6. u. 12.8.1996, 13.1.1997 (Anl. „Herkules – Business Definition" u. „Projekt Herkules") u. 21.3.1997; „Schock in den Tesa Werken" u. „Tesa verliert mehr als 1000 Stellen", *Hamburger Abendblatt* 24.4. u. 22.5.1997; „Vieles ist schon umgesetzt. Interview mit tesa-Chef Dieter Steinmeyer …", *Beiersdorf Journal* 225 (1997), S. 2–4.
47 http://www.logotape.de/ [Zugriff am 31.5.2017]. Das Modell wurde für den für Beiersdorf unprofitablen Etikettenbereich später in vielen Ländern übernommen, Information U. Schmidt 25.6.2017. „Neue Struktur für das tesa Industriegeschäft in Mexiko", *Beiersdorf Journal* 228 (1998), S. 6. Power-Strips werden seit 2009 in Offenburg gefertigt.
48 „Tesa-Sparte strafft gesamtes Sortiment", *LZ* 6.2.1998.
49 Vorstand (Klausur) 17.2.1997.
50 Vorstand 5.5. u. 20.5.1997; Vorstand (Klausur) 4.9.1998; „Europa-Dialog", *Beiersdorf Journal* 227 (1998), S. 3.
51 „Kulturschock", *Hamburger Abendblatt* 15.9.1998.
52 Siehe den Überblick von Dieter, *Asienkrise* (1998).
53 Geschäftsberichte 1993, S. 27, 1994, S. 11, 1996, S. 22, 1999, S. 21 u. 39.
54 Personalverringerung ohne Konsolidierungseffekte, Vorstand 24.5.1993 (Anl. Projekt Wella, P. Schäfer, 17.5.1993).
55 Vorstand 2.4.1991 (Anl. Key Figures Jahresabschluß III), 8.2., 29.6., 4.8. u. 28.9.1992; 13.12.1993 (Steinmeyer Vorlage), 7.10.1994.
56 Vorstand 24.1.1994 (Anl. Production close down Portugal), 11.7.1994 (Betriebsergebnis-Ranking), 27.11.1995; Geschäftsbericht 1994.
57 Vorstand 14.2.1994 (Europäischer Betriebsrat, Anlage); Richtlinie 94/45/EG des Europäischen Rates v. 22.9.1994, Amtsblatt L 254, 30.9.1994; „Europa-Dialog aufgenommen", *Beiersdorf Journal* 216 (1995), S. 7; *Beiersdorf Journal* 227 (1998), S. 3; Jaeger, *Europäischer Betriebsrat* (2011).
58 Geschäftsbericht 1991, S. 29.
59 Geschäftsbericht 1993, S. 6–7; Information U. Schmidt 25.6.2017.
60 Vorstandssitzung (Klausur, 24.3.1993, Anl. 24.3.1993/6/7/8).
61 Geschäftsbericht 1999, S. 24.
62 Vorstand 5.11.1990 (Anlage); *Beiersdorf Journal* 200 (1991), S. 7.
63 Vorstand 2.11.1992, 24.1.1994 (Übersicht zum aktuellen Stand des Gesundheitsförderungs-programms); *Beiersdorf Journal* 203 (1992); 216 (1995).
64 *Beiersdorf Journal* 229 u. 230 (1998), 233 (1999); 245 (2002), 250 (2003). Die BKK Beiersdorf fusionierte 2016 mit der DAK Gesundheit.
65 Interview mit P. Schäfer (10.10.2014 #01:15:00).
66 Vorstand 20.12.1993 u. 28.11.1994; siehe auch Geschäftsbericht 1999, S. 67, „Allianz stockt Beiersdorf-Anteil auf", *FAZ* Nr. 18 (22.1.2002), S. 16.
67 Vorstand 13.5. u. 16.8.1991 (Zitat), 16.9.1991, 27.4.1992.

68 Der Preis betrug 46,5 Mio. £ (Kurs nach Abwertung des brit. Pfunds 2,42 DM); Vorstand 1.6., 13.7. u. 27.7.1992; 238. u. 242. AR-Sitzung 24.11.1992, 2.2.1994.

69 Der Kaufpreis betrug 5 Mio. DM. Die Hälfte erhielt die Mira SA zur Modernisierung ihrer Anlagen, um künftig in Lizenz für Beiersdorf fertigen zu können; 238. AR-Sitzung 24.11.1992; Vorstand 4.11.1991, 10.5.1993.

70 241. AR-Sitzung 30.11.1993, Vorstand 4.11.1991, 17.10. u. 12.12.1994, 22.5.1995, 19.2., 11.3. u. 9.12.1996, 27.6. u. 20.10.1997; Geschäftsberichte 1997 u. 1998; „Wiedersehen an der Warte. Die neue Gesellschaft Beiersdorf-Lechia in Poznań", *Beiersdorf Journal* 227 (1998), S. 6–7.

71 R. Kunisch, Vorwort. Geschäftsbericht 1998, S. 8–9.

72 Blazejewski/Dorow, *Managing organizational politics* (2003).

73 Geschäftsbericht 1992, S. 16; 1995, S. 46; 2001, S. 36.

74 „Internationale cosmed-Marketing-Tagung Berlin '85", *Hauskurier* 173 (1985), S. 15; Vorstand 6.6.1994 (Anl. Nielsen Marktanteile Deutschland).

75 „Chancen durch Wandel", *Beiersdorf Journal* 259 (2005), S. 5; Interview mit R. Kunisch (26.2.2016), S. 19; Interview mit K.-P. Wittern (9.9.2015).

76 „Wie war das eigentlich 1991–2005? Die spannenden NIVEA-Jahre um die Jahrtausendwende", ms. R. Kunisch (Juni 2014), S. 3, BA 359.2 Sammlung R. Kunisch.

77 Aktennotiz betr. Kosmetik-Geschäft (25.5.1973), BA St. I Vorstand Anlagen, vgl. auch Kap. 6.

78 „Visionen und Strategien. Die cosmed-convention in München …" *Hauskurier* 211 (1994), S. 16.

79 Interview mit I. Hollmann-Peters (12.7.2016).

80 Vorstand 21.12.1990 (Anl. Principles for the Cooperation …, 13.12.1990) u. 22.3.1993 (BER BDF-Gruppe TG's mit dem höchsten Betriebsergebnis 1992), 28.6.1993; Geschäftsbericht 1991, S. 8, 1994, S. 46.

81 Geschäftsbericht 1994, S. 10.

82 Interview mit P. Schäfer (10.10.2014, #01:38:20).

83 Schölermann u.a., *Wirksamkeit* (1999).

84 „Dem Traum von faltenfreier Haut einen Schritt näher", *Beiersdorf Journal* 229 (1998), S. 14, „Von Q10 bis Eucerin", *Beiersdorf Journal* 231 (1999), S. 12.

85 Vorstand 10.6.1998 (Anl. Complaints on NIVEA Visage); Interview mit K.-P. Wittern (9.9.2015).

86 Siehe auch Kunisch, *Brand-Stretching* (2001).

87 Zitat: Cosmed Strategy 1992, BA 359.2 Sammlung R. Kunisch; Interview mit I. Hollmann-Peters (12.7.2016); „Wandel im Vierteltakt", *Beiersdorf Journal* 266 (2006), S. 9–12.

88 Interview mit K.-P. Wittern (9.9.2015).

89 Vorstand (Klausur), 3.4.1995 (Anl. Marktanteile Deutschland 1-8/1994).

90 Vorstand 24.5.1993 (Anl. Projekt Wella, Schäfer 17.5.1993), 19.6.1995.

91 Vorstand (Klausur), 3.4.1995 (Anlagen), BA St. I.

92 „Erst kommt die Farbe, dann die Pflege", *LZ* 18.9.1998.

93 Der Produktbereich geht auf die Übernahme der Firma Lesourd s.a. zurück, *Hauskurier* 175 (1985), S. 9; „Dekoratives für Augen, Lippen, Nägel, Gesicht …" *Hauskurier* 184 (1987), S. 12; Geschäftsbericht 1996, S. 25.

94 *Beiersdorf Journal* 227 (1998), S. 12; U. Vongher, „Farben auf dem Vormarsch", *LZ* 18.9.1998.

95 B. Will, „Gigantisches Wachstum", *LZ* 5.3.1999.

96 „Nivea beschert Beiersdorf erneut Wachstumsrekord", *LZ* 26.2.1999.

97 Interview mit I. Hollmann-Peters (12.7.2016), S. 6; Interview mit R. Kunisch (26.2.2016), S. 4.

98 Die Ausgaben eines deutschen Vier-Personenhaushalts für „Verbrauchsgüter der Körperpflege" (Sammelbezeichnung des Statistischen Bundesamtes) betrugen 1974 noch weniger als 21 DM, 1982 waren es fast 39 DM und 1990 etwa 49 DM, Reckendrees, *Consumption Patterns* (2007), S. 20 u. S. 29, Preisreihe T2-315.

99 „cosmed-Sparte wächst zweistellig", *Hauskurier* 215 (1995), S. 15; „NIVEA Deo wird 10 Jahre alt Happy Birthday!", *Hauskurier* 241 (2001), S. 19; „Beiersdorf: Immer nah am Verbraucher", Präsentation zur Bilanzpressekonferenz 30.3.2004, BA 359.2 Sammlung R. Kunisch.

100 Geschäftsbericht 1989, S. 12 (Zitat) u. S. 18, 1991, S. 12.

101 *Hauskurier* 158 (1982), S. 16–17; 181 (1986), S. 5; *Beiersdorf Journal* 211 (1994), S. 25.

102 *Beiersdorf Journal* 225 (1995), S. 20. Zur vorherigen Praxis siehe z.B. Schönmann, Walter: „Vom Aberglauben zum Tierversuch", *Hauskurier* 12 (1962), S. 12–13; Jowe: „Tierversuche", *Hauskurier* 154 (1981), S. 7.

103 *Beiersdorf Journal* 232 (1999), S. 4.

104 Interview mit K.-P. Wittern (9.9.2015).

105 Vorstand 3.2.1992; Bürgerschaft der Freien und Hansestadt Hamburg, 16. Wahlperiode, Drucksache 16/983, 9.6.1998: „Stellungnahme des Senats zur dem Ersuchen der Bürgerschaft vom 25./26./27. Mai 1992 (Drucksache 14/835)".

106 Geschäftsbericht 1996, S. 15 u. S. 16 (Zitat).
107 *Beiersdorf Journal* 234 (1999), S. 4–5.
108 Vorstand 31.10.1994 (Anlagen).
109 *Beiersdorf Journal* 222 (1996), S. 10–12.
110 1995 prüfte man die Übernahme der britischen JAM PLC mit einem Hansaplast ähnlichen Portfolio, Vorstand 31.1. u. 20.3.1995, Juni-August 1996.
111 Vorstand 6.4.1994 (Anl. Wirtschaftlichkeit der Jobst-Akquisition Zeitraum 1990–1993/94–1996, Business Development medical, 6.6.1994).
112 *Beiersdorf Journal* 220 (1996), S. 3; Geschäftsbericht 1995, S. 17; „Beiersdorf kauft größte Pflastermarke der USA", *Hamburger Abendblatt* 3.1.1996.
113 Vorstand 18.4., 28.8. (Anlagen), 18.9., 6.11. (Anlagen), 18.12.1995.
114 241. AR-Sitzung 30.11.1993 (Übernahme der italienischen Restiva S. A.).
115 Vorstand 18.11.1998 (Projekt Tristan), 8.3.1995 (Anl. 4.3.1995), 31.7.1995 (Anl. 26.7.1995), 4.11.1996 (zu Centerplast); *Beiersdorf Journal* 222 (1996), S. 10–12, 223 (1997), S. 8.
116 U. Nafe, „Überlegungen zur medical-Strategie" 21.11.1994, BA 359.2 Sammlung U. Nafe.
117 Vorstand 1.2. u. 22.2.1993. U. Nafe, „Überlegungen zur medical-Strategie" 21.11.1994 (Zitat), BA 359.2 Sammlung U. Nafe.
118 Vorstand 26.4., 28.6. u. 13.7.1993, 20.12.1993 (Zitat), 9.5.1994.
119 Geschäftsbericht 1995, S. 29; Vorstand 18.7.1994 (Anlagen), 24.7.1995 (Anl. Reisebericht China, Meyer-Burgdorf); 29.1.1996 u. 30.3.1998; *Beiersdorf Journal* 228 (1998), S. 8.
120 Gesetz zur Sicherung und Strukturverbesserung der gesetzlichen Krankenversicherung.
121 Vorstand 12.6.1995, 25.11.1996, März–Dez. 1997; Geschäftsbericht 1997; Dieter, *Asienkrise* (1998).
122 Vorstand 14.9.1995; Vorstand Mai–Aug. 1996; Geschäftsbericht 2003, S. 89.
123 Vorstand (Klausur) 19.12.1995 (Strategie der Leitenden/Regionalsteuerung).
124 Vorstand (Klausur) 23.7.1997, 1.2.1999; „Beiersdorf Strategy – Internal Document" (Kunisch 26.4.1999), BA 359.2 Sammlung R. Kunisch; Interview mit R. Kunisch (26.2.2016), S. 16.
125 Vgl. die Interviews mit H. Kruse, R. Kunisch, U. Nafe, J. Peddinghaus und P. Schäfer.
126 Vorstand (Klausur) 23.7.1997.
127 Zitat: Anl. „Beiersdorf Strategy Draft" (Kunisch 28.10.1997), Vorstand (Klausur) 15.12.1997; Interview mit R. Kunisch (26.2.2016).
128 „Beiersdorf mit komplett neuer Struktur", LZ 2.10.1997.
129 Vorstand (Klausur, Protokoll Kunisch) 4.9.1998.
130 Vorstand 1.2.1999 (Anl. Beiersdorf Strategy, 25.1.1999 u. Strategy Executional Guidelines, 2.2.1999); Vorstand 13.9., 6. u. 13.12.1999, 10.1.2000.
131 Vorstand 20.12.1999.
132 Vorstand 21.8.2000 (Anl. Organisationsentwicklung und Kommunikation tesa, Entwurf 19.7.2000), 18.9. u. 20.11.2000, 15.1., 20.10. u. 19.11.2001, 17.4.2003; Geschäftsbericht 2000, S. 13, 31–32 u. 37, 2001, S. 54.
133 Case No COMP/JV.54 - SMITH & NEPHEW / BEIERSDORF / JV, Regulation (EEC) No 4064/89 Merger Procedure (http://ec.europa.eu/competition/mergers/cases/decisions/jv54_en.pdf).
134 Vorstand 23.8. u. 15.11.1999, 29.5., 13.6., 14.8. (Anl. Meeting Report 4.8.2000), 30.10. u. 20.11.2000; Geschäftsbericht 2000, S. 9, 12, 26 u. 38. 2006 erwarb S&N den BSN medical-Anteil von Beiersdorf.
135 Vorstand 16.11.1998 (Vorlage: U. Schmidt). Die CEE Holding war zunächst für Slowenien, Kroatien, Serbien, Bulgarien, Rumänien, Moldawien, Bosnien, Mazedonien und Österreich zuständig, 2006 kamen Ungarn, Tschechien und Slowakei hinzu, Information U. Schmidt 25.6.2017.
136 Dieses Kapitel basiert auf den Vorstandsprotokollen, Interviews mit Rolf Kunisch und Ralph Wollburg sowie einer Auswertung der sehr umfangreichen, aber spekulationsgespickten Zeitungsberichterstattung. Die hier präsentierte Perspektive ist die eines von einer Übernahme bedrohten Unternehmens. Eine vollständige Analyse würde auch Zugang zu vorbereitenden Dokumenten und auch den Unterlagen der Eigentümer (insbesondere der Allianz und Tchibo) und der an einer Übernahme interessierten Unternehmen erfordern.
137 Tageskurse können ab 1991 auf http://www.boerse.de/WKN 520000 abgerufen werden.
138 M. Drier: „Beiersdorf's 10-Year Plan", *Women's Wear Daily* 9.1.2004.
139 „Beiersdorf füllt die Kriegskasse", *Hamburger Abendblatt* 16.5.2000; Vorstand 9.10.2000, 12.2., 2. u. 9.4., 21.5.2001; „Beiersdorf achète Onagrine et Nobacter à Boots", *Les Echos* 4.7.2001.
140 Vorstand 26.2., 19.3., 5.6., 2. u. 9.7.2001, 30.9.2002.
141 Vorstand 23. u. 30.10.2000, 17., 26. u. 30.4., 7.5.2001. Die große Differenz könnte dadurch zustande gekommen sein, dass Beiersdorf nach einem Kauf mit P&G konkurrierte. P&G konnte bei einem Kauf erhebliche Synergieeffekte realisieren.
142 Interview mit R. Kunisch (26.2.2016), S. 4; Allianz AG. Geschäftsbericht 2002, S. 3.

143 Vorstand 8.10.2001 (Anl. Interessenlage der Großaktionäre, 30.8.2001[Zitate] u. Anl. Gründe für Investition in Beiersdorf).

144 Der Kurswert ist nicht unmittelbar mit dem heutigen zu vergleichen, da die Aktien im Juli 2006 im Verhältnis 1:3 gesplittet und dadurch der Wert der einzelnen Aktie auf ein Drittel des vorherigen reduziert wurde.

145 Vorstand 8.10.2001 (Anl. Optionen der Allianz zum Beiersdorf).

146 Vorstand 15.10.2001 (Zitat), 19.2.2001, 8.10.2001 (Anl. Potentielle Internationale Erwerber).

147 Interview mit R. Wollburg (5.12.2017), S. 12.

148 Vorstand 5.11.2001 (Vorlage 1.11.2001); Beteiligungsangaben nach den Pflichtmeldungen, *Börsenzeitung* Nr. 12, 20.1.1999, S. 10, *Börsenzeitung* Nr. 72, 16.4.2002, S. 23.

149 Zitat: Vorstand 4.2.2002 (Anl. Historische Entwicklung); Interview mit R. Wollburg (5.12.2017), S. 5; Interview mit R. Kunisch (26.2.2016), S. 5.

150 „2002 könnte für die Familie Herz zum Schicksalsjahr werden", *FAZ* Nr. 3, 4.1.2002, S. 19.

151 Vorstand 4.2.2002 (Anl. Historische Entwicklung); Interview mit R. Kunisch, S. 23.

152 Kunisch Interview, S. 25; vgl. auch Interview mit R. Wollburg (5.12.2017).

153 Vorstand 4.2.2002 (Anl. Was erreicht der Plan „blossom").

154 „Allianz stockt Beiersdorf-Anteil auf" und „Vorsorge à la Allianz", *FAZ* Nr. 18, 22.1.2002, S. 16 u. S. 24; *Börsenzeitung* Nr. 72, 16.4.2002, S. 23.

155 Vorstand 4.2.2002 (Anl. Indicated Action Alliance, 6.2.2002 (Zitat) u. Anl. Historische Entwicklung).

156 „Tchibo hat Interesse am Beiersdorf-Anteil", *FAZ* Nr. 58, 9.3.2002, S. 18 und „Pöllath folgt Staby bei Tchibo", *FAZ* Nr. 97, 26.4.2002, S. 23.

157 Vorstand 11.3.2002.

158 „Die Allianz müht sich mit ihren großen Industriebeteiligungen", *FAZ* Nr. 105, 7.5.2002, S. 24; „Übernahmegerüchte um Beiersdorf", *FAZ.NET* 20.5.2002; „Kaufgerüchte beflügeln Beiersdorf-Kurs", *FTD* 21.5.2002.

159 Interview mit R. Kunisch (26.2.2016), S. 22–23.

160 Vorstand 1.2.1999 (Anl. Beiersdorf Strategy, 25.1.1999); Interview mit R. Kunisch (26.2.2016), S. 20.

161 „Procter & Gamble greift nach NIVEA", *FAZ.NET* 23.9.2002.

162 M. Drier: „Beiersdorf's 10-Year Plan", *Women's Wear Daily* 9.1.2004; zu Blendax siehe: „Der Konsumgüter-Multi Procter & Gamble hat es geschafft: Blendax wird amerikanisch", *Der Spiegel* 10.08.1987.

163 Interview mit R. Kunisch (26.2.2016), S. 4 u. 24.

164 Vorstand 17.6.2002 (Strategie; Anl. 12.6.2002).

165 Vorstand 3. u. 10.6.2002, 29.7.2002 (Zitat); S. Claussen, „Tchibo bekommt neuen Übergangschef", *FTD* 7.5.2002.

166 „Tchibo dringt auf Entscheidung über Beiersdorf bis Jahresende", *FTD* 29.8.2002; Vorstand 2.9. u. 14.10.2002.

167 „Beiersdorf rüstet sich für die Zukunft", *Beiersdorf-Journal* 246 (2002); „State of the art", *Beiersdorf-Journal* 256 (2004).

168 Siehe oben „Das Ende der Sparten".

169 Vorstand 12.12.2002; dazu auch die Sitzungen am 17.4. und 12.5.2003.

170 Vgl. „P&G eyes controlling stake in Beiersdorf", *FT* 23.9.2002; „Procter & Gamble greift nach NIVEA", *FAZ.NET* 23.9.2002; „Multinationals face family to get the cream", *FT* 24.9.2002. Kurswert am 19.9. 2002 82,25 und am 27.9. 110,55 Euro, http://www.boerse.de/ WKN 520000.

171 „Die Köpfe hinter den Kursen: Ein selbstbewußter Markenartikler", *FAZ* Nr. 248, 25.10.2002.

172 „Tchibo dringt auf Entscheidung über Beiersdorf bis Jahresende", FTD 29.8.2002; vgl. auch „Tchibo wartet bei Beiersdorf auf ein Signal der Allianz", *FAZ* Nr. 145, 26.6.2002, S. 18; „Tchibo bekräftigt Interesse an Beiersdorf", *FTD* 26.6.2002.

173 Vorstand 4.11.2002, 18.11., 25.11.2002 (Zitat).

174 Vorstand 6.1.2003 (das Gespräch mit Meinhardt fand am 30.12.2002 statt).

175 „Bei Beiersdorf immer noch eine Hängepartie", *FAZ* Nr. 66, 19.3.2003, S. 20.

176 Vorstand 24.3.2003 (Anl. Vorschlag. Veröffentlichung), 31.3.2003.

177 „Geschwister-Fehde unter den Tchibo-Anteilseignern beigelegt", *FAZ* Nr. 144, 25.6.2003, S. 15.

178 „Wir können für zwei Milliarden Euro Firmen kaufen", *Frankfurter Allgemeine Sonntagszeitung* Nr. 29, 20.7.2003, S. 29.

179 „Beauty in the eye of the buyer", *FT* 19.3.2003 (vgl. auch *FTD* 2.10., 30.10. u. 3.12.2002).

180 „Henkel prüft Einstieg bei Beiersdorf", *FTD* 27.8.2003; „Tchibo move leads to talk of Beiersdorf bid", *FT* 19.8.2003.

181 Für den angeblichen P&G Beschluss siehe M. D. Goldhaber: „Merger Meisters. Minority shareholders got creamed in two recent cosmetics deals", *American Lawyer* 26, No. 4, 1.4.2004.

182 „Wir müssen innovativer sein" (Interview mit P&G Alan G. Lafley), DER SPIEGEL Nr. 41, 6.10.2003, S. 102; Vorstand 6.10.2003.

183 „Bieterkampf um Beiersdorf. Die Landesbank soll helfen", *SPIEGEL ONLINE* 13.10.2003, 15:17 Uhr; „Control of Beiersdorf Is at Center of Offer. Tchibo, City of Hamburg Bid for an Allianz Stake In Effort to Thwart P&G", *WSJE* 13.10.2003.

184 Vorstand 3.11.2003 (An. Q&A Tchibo/Beiersdorf. Projekt Blue Jay HMQ & A031029 Dok. Nr. 478.376); Zitat: Öffentliches Erwerbsangebot in Form eines Teilangebots der Beiersdorf Aktiengesellschaft, 22.12.2003, S. 18–19. www.bafin.de/SharedDocs/Downloads/DE/Angebotsunterlage/beiersdorf. pdf?__blob=publicationFile. [künftig Erwerbsangebot 22.12.2003].

185 Interview mit R. Wollburg (5.12.2017); siehe auch „Freshfields defends dual role on Allianz-Beiersdorf disposal", *The Lawyer* 3.11.2003.

186 „Tchibo findet Partner für Erwerb der Beiersdorf Mehrheit", *FAZ* Nr. 238, 14.10.2003, S. 16.

187 „Das Schachspiel um Beiersdorf hat erst begonnen", *FAZ* Nr. 241, 17.10.2003, S. 24.

188 Tchibo Holding Aktiengesellschaft. Unvollständiger Verkaufsprospekt EUR 700.000.000 4,5% Schuldverschreibung WKN AODLWN, 17.9.2004.

189 Bürgerschaft Freie und Hansestadt Hamburg 18. Wahlperiode, Drucksache 18/5951, 16.3.2007; „Hamburg ist Aktien los", *Manager Magazin* 17.1.2007, http://www.manager-magazin.de/ unternehmen/artikel/a-460475.html.

190 Erwerbsangebot 22.12.2003, S. 19.

191 J. C. Schwarz: „Wertpapieraufsicht prüft Beiersdorf-Verkauf an Tchibo", *Reuters – Nachrichten auf Deutsch* 24.10.2003; „Groups challenge Tchibo deal", *FT* 6.11.2003; Kurse 21. u. 29.10.2003, www.börse. de WKN 520000.

192 Zitat: „Kritik an der Bafin-Entscheidung im Fall Beiersdorf", *FAZ* 26.1.2004; „Amerikanischer Investor legt sich mit Beiersdorf an", *FAZ* 8.12.2003; „Kein Pflichtangebot an Beiersdorf-Aktionäre", *Süddeutsche Zeitung* 24.1.2004; Reuters News 23.1.2004.

193 Interview mit R. Wollburg (5.12.2017), während des Interviews las Wollburg die entsprechende Passage vor; LG Hamburg v. 16.10.2006 (412 O 102/04), *Zeitschrift für Wirtschaftsrecht* 2007, S. 427. Die Schwelle für ein „acting in concert" war im deutschen Recht sehr hoch, vgl. Faden, *Pflichtangebot* (2008).

194 Tchibo Holding Aktiengesellschaft. Unvollständiger Verkaufsprospekt [...] WKN AODLWN, 17.9.2004, S. 24.

195 „Claussen Clan to Sell 4,5% in Beiersdorf to Current Hldrs", *Dow Jones International News* 17.12.2003. Zur Einordnung des Kurswerts in Relation zum heutigen Wert (1:3) siehe Fn. 140 oben.

196 Erwerbsangebot 22.12.2003, S. 17–21; Vorstand 15.12.2003, 9.2.2004 (Vorlage 6740 v. 6.2.2004); Geschäftsbericht 2003, S. 4.

197 E. Taylor, S. Ellison: „Smooth Operation: With Nivea at Risk, Old German Clubs Swing Into Action", *The Wall Street Journal* 19.2.2004.

198 M. Drier: „Beiersdorf's 10-Year Plan", *Women's Wear Daily* 9.1.2004.

后记注释

1 Melissa Drier, „Beiersdorf's 10-Year Plan", Women's Wear Daily 9.1.2004 (Übers. AR).

2 Vgl. mit Bezug auf NIVEA zum Beispiel Kotler/Armstrong, *Principles* (2010); Kapferer, *New strategic brand management* (2012); De Pelsmacker/Geuens/Van den Bergh, *Marketing communications* (2007); Blakeman, *Integrated marketing communication* (2018).

3 Der Tod von Oscar Troplowitz mit dem Kriegsende und der ersten Demokratie in Deutschland, die weitgehende Verselbständigung des Auslandsgeschäfts mit der Machtübertragung an die Nationalsozialisten, der Fokus auf Profitabilität und ein Wechsel des Vorsitzes in Vorstand und Aufsichtsrat mit dem Kollaps der DDR und der deutschen Einigung 1989 und 1990.

4 Vgl. auch Schwarzkopf, *What is an archive* (2012).

5 Ein nach dem Tod von Hellmut Kruse im Sommer 2018 an das Beiersdorf-Archiv übergebenes Konvolut (ca. 1 lfd. Meter) konnte nicht mehr genutzt werden. Kruse hatte mehrfach erklärt, über keine besonderen Beiersdorf-Unterlagen zu verfügen.

6 Der Gesamtumfang dürfte etwa 6.000 Blatt umfassen.

7 Emailanfrage und Telefongespräche mit B. Eggenkämper, 22.6.2016 u. 31.5.2017.

8 Michael Bermejo: *Ergebnisbericht*. Archivrecherche im Rahmen des Projekts „Geschichte der Beiersdorf AG", GUG Gesellschaft für Unternehmensgeschichte, Frankfurt 23.1.2014, BA GUG Dokumentation, BA Stahlschrank 3.

9   Weitere Bestände wurden im Nationalarchiv Estland (ERA.916.3.574–916.3.583) und im Staatsarchiv Poznań (53/1277/0/-/735; 53/1277/0/-/1–53/1277/0/-/9, 53/690/0/2.2/44, 53/690/0/2.2/45) ermittelt sowie einzelne Beiersdorf betreffende Akten in den Staatsarchiven Belgiens, Kroatiens, der Niederlande, Norwegens, Portugals und Ungarns. Im Schweizer Bundesarchiv (J2.357-01#2016/17#265*, Credit Swiss, gesperrt) und im Bundesarchiv Berlin (RW 21-49/1; DL 226/231) sind weitere Einzelakten zu finden, die aufgrund der Angaben in den Findmitteln kaum neue Erkenntnisse erwarten ließen.

10 Menny, *Spanien* (2010).

11 Erst *Haus-Kurier*, dann *Hauskurier*, ab 1992 *Beiersdorf Journal* bzw. *Beiersdorf JOURNAL. Das internationale Mitarbeiter Magazin.*

12 Kaum wollte „die" Unternehmensgeschichte von Beiersdorf 1880 bis 1945 verfassen, ist aber daran gescheitert, vgl. Kaum, *Menschen, Märkte, Marken, unveröff. Typoskript* (1990). Nach seinem alters-bedingten Ausscheiden blieb die Dokumentensammlung weitgehend ohne Betreuung, daher nimmt der Umfang der schriftlichen Quellen für die Zeit ab Mitte der siebziger Jahre kontinuierlich ab. Die heutige Abteilung Corporate & Brand History übernahm Thorsten Finke im Jahr 2007.

13 Besonders lange waren Burghard Brede (38 Jahre), Ulrich Nafe (35 Jahre) und Hellmut Kruse (34 Jahre) bei Beiersdorf beschäftigt.

14 Änderungs- oder Streichungswünsche gab es nicht, wohl aber einzelne präzisierende Erläuterungen.

15 Beiersdorf AG, *NIVEA Creme* (2011); *NIVEA* (2013); Brennan, *Beiersdorf AG* (2000); Brennan/Tradii, *Beiersdorf AG* (2012).

16 Siehe zum Beispiel: Kotler/Armstrong, *Principles* (2010); Kapferer, *New strategic brand management* (2012); De Pelsmacker/Geuens/Van den Bergh, *Marketing communications* (2007); Blakeman, *Integrated marketing communication* (2018).

17 Cura, *Leukoplast* (2009); Cura, *Hautleim* (2010); und zu Pebeco: Jones/Lubinski, *Wider dem sauren Mund* (2010).

18 Gradenwitz, *Entwicklung* (1915); Beiersdorf AG, *100 Jahre* (1982).

19 Hamburger Kunsthalle, *Oscar Troplowitz* (2013) mit den Aufsätzen: Beiersdorf, *Verführung* (2013); Dahlmann, *Unternehmer* (2013); Haug, *Sammlung* (2013); Finke, *Markenmacher* (2013) u. Matthes, *Förderer* (2013); siehe auch Finke, *Ära Troplowitz* (2010).

20 Kaum, *Troplowitz* (1982).

21 Bajohr/Szodrzynski, *„Keine jüdische Hautcreme mehr benutzen!"* (1990); Bajohr, *„Arisierung"* (1997); Bajohr, *Ausgrenzung* (2005).

22 Hansen, *Bild* (1998); Gries, *Produkte* (2003); Gries, *Produktkommunikation* (2008); Poiger, *Beauty* (2007); Schug, *Deutsche Kultur* (2011); Swett, *Selling* (2013).

23 Kruse, *Wagen* (2006). Leider verzichtet auch Kruse auf Quellenangaben, doch die meisten Fakten lassen sich durch Archivmaterial bestätigen.

24 Jones/Lubinski, *Managing Political Risk* (2012); Jones/Lubinski, *Wider dem sauren Mund* (2010) v. a. zu Pebeco in den USA. Für eventuelle Vergleiche interessant: Cramer, *Rückkehr* (2010). Zum versuchten Aufbau des USA-Geschäfts in den 1950er Jahren auch Ludwig, *Herausforderungen* (2016).

25 Jones, *Beauty* (2010); siehe auch Jones, *Blond* (2008).

26 Schröter, *Erfolgsfaktor* (1995); Gries, *Produkte* (2003).

27 Bleicher, *Organisation* (1981).

28 Vgl. z. B. den ‚Marktführer' im Marketing: Kotler/Armstrong, *Principles* (2010) oder Kapferer, *New strategic brand management* (2012); zur Dachmarkenstrategie siehe auch Kunisch, *Brand-Stretching* (2001).

29 Jones, *Beauty* (2010).

30 Nur für wenige dieser Unternehmen gibt es fundierte Studien, die einen Vergleich für jeweils begrenzte Themen ermöglichen würden [Jones, *Renewing Unilever* (2005), zu Schering: Kobrak, *National cultures* (2002), Foreman-Peck, *Smith & Nephew* (1995)]. Die Literatur zu Colgate-Palmolive [Foster, *Story* (1975)] sowie Johnson & Johnson [Foster, *Company* (1986)] ist kaum für Vergleiche geeignet. Für 3M und Henkel fehlen nach meiner Kenntnis Gesamtdarstellungen, die Bayer-Geschichte ist zwar gut untersucht, doch gilt dies weniger für deren Pharmageschäft [Bartmann, *Tradition* (2003); Cramer, *Rückkehr* (2010); Cramer, *Markenartikel* (2014)].

31 Seit zwei Jahrzehnten wird „Geschichte" immer häufiger „als Geschäft" betrieben. Viele Historikerinnen und Historiker sind heute Marktakteure, die Unternehmen mit historischen Dienstleistungen führen oder für entsprechende Agenturen arbeiten. Sie haben sich so wie das Kölner Geschichtsbüro auf Bücher und Ausstellungen spezialisiert, schreiben für kommerzielle Geschichtsmagazine und auch für Produzenten von TV-Formaten und Filmen. Dieser Kontext wirft spannende neue Fragen auf: Wie wirken kommerzielle Interessen auf geschichtswissenschaftliche Arbeit und deren Resultate? Sollte das Studium darauf vorbereiten? Können – beziehungsweise wie können – Dienstleistung und wissenschaftliche Unabhängigkeit miteinander vereinbart werden? Vgl. auch Reckendrees, *Was du darfst, darf ich auch?* (2011).

表1 · 保罗·拜尔斯道夫公司, 1890年至1920年 (1000马克为单位)

年份	资产负债合计	自有资本 %	净利润	其中 Pebeco 授权合同	利润提取	销售额	其中海外[1]	1905年起牙膏: Pebeco	Leuko-plast	妮维雅香皂和1912年起润肤霜	合计[2]	其中工人[2]
1890											11	8
1895											25	14
1900			61.1								47	36
1901			26.1			400.5				11.7	[55]	
1902			18.7			447.3				14.2	[61]	
1903			156.7		13.4	536.0				15.1	[76]	
1904	771.7	70.6	157.2		34.3	659.0				20.4	[107]	
1905	882.1	75.6	199.2	0.4	77.6	814.1		60.1		30.2	130	99
1906	1429.2	80.1	220.1	4.0	101.4	932.5		73.7	244.6	34.0	149	[112]
1907	1479.5	85.1	244.2	9.2	130.2	1138.6		96.4	312.7	39.8	190	[141]
1908	1537.1	86.1	395.6	19.4	331.2	1442.4	608.1	130.0	408.0	48.4	197	[149]
1909	1676.0	86.6	597.9	39.0	470.2	1712.9	780.2	163.9	495.4	62.3	219	[168]
1910	1877.0	83.9	665.8	81.3	542.4	2078.2	1042.7	216.3	635.5	71.0	241	188
1911	2431.7	86.5	1024.8	141.3	495.2	2721.0	1389.9	309.0	824.0	84.5	321	[249]
1912	2684.2	89.1	1229.8	235.1	943.2	3420.2	1735.1	416.9	1042.5	186.5	400	[316]
1913	3089.6	88.2	1461.1	422.9	1126.1	4158.0	1960.5	602.5	1241.4		459	[358]
1914	3823.2	88.5	1946.4	560.1	1289.3	4658.5	1160.9	900.4			507	396
1915	3868.1	87.7	2165.4	775.5	1962.4	5229.5		1219.0	1227.7	330.3	495	396
1916	3617.9	85.0	2073.4	1048.9	2389.7	4840.1		1529.7			493	[384]
1917	3043.6	80.6	984.7	1253.0	1608.0	4600.7		2284.0			455	[351]
1918	3189.9	82.2	376.4	[261.6][3]	208.1	3983.0					399	
1919	7151.7	65.8	507.2	0.0	46.5							
1920			383.6	0.0							584	473

1 包括伦敦分公司
2 包括总监; = [] 借助工资总额计算得出
3 一月至三月的权益要求, 未包含

附录

表2　保罗·拜尔斯道夫股份公司，1924年至1948年（1000帝国马克为单位）

年份	资产负债合计	自有资本 %	净利润[4]	已分配利润	销售额[5]	其中海外	化妆品	膏药	制药	德莎	年份	年均员工人数
1924[1]	11166	98.5									1922	641
1924	4222	82.6	201	165	5369	1295					1923	510
1925	4604	75.8	327	264	6818	1564					1924	627
1926	4744	74.1	411	297	7137	1471					1925	673
1927	5671	62.4	740	330	9321	1737					1926	无数据
1928	5533	67.4	824	330	11443	1746					1927	767
1929	8253	73.4	913	330	14399	2124					1928	868
1930	8475	72.0	1016	500	14669	2114					1929	1016
1931	9033	68.2	800	350	14950	2373					1930	1056
1932	8558	72.4	951	328	13837	1913					1931	1138
1933	8818	75.4	1060	469	14018	1701					1932	1271
1934	9445	73.2	1173	375	14910	1297	9047	5092	748		1933	1280
1935	10512	70.5	1249	375	16602	1122	9906	5629	1040		1934	1403
1936	11188	67.7	1374	376	18506	1257	10539	5936	1517	513	1935	1603
1937	12206	65.9	1421	376	19377	1582	10183	6899	1582	713	1936	1752
1938	13674	65.6	1601	376	23402	1741	12807	8128	1598	869	1937	1973
1939	14972	66.9	869	376	27258	1684	15376	8810	1931	1141	1938	2044
1940	20850	77.2	861	376	22748	1202	10092	9331	1866	1459	1939	1879
1941	21193	78.6	865	376	22667	1207	6158	12489	2042	1898	1940	1686
1942	23128	73.9	820	376	22554	747	5515	12787	2293	1959	1941	1570
1943	24300	73.6	817	376	20919	874	无数据	无数据	无数据	无数据	1942	1435/109[3]
1944	27696	64.6	0	0	19178	945	无数据	无数据	无数据	无数据	1943	1052/142[3]
1945	26948	66.4	-367	0	6997	173	1550	3584	1542	319	1944	1055/122[3]
1946	22751	78.7	783	376	10618	0	2254	5883	1909	572	1945	788
1947	23064	78.3	416	376	12629	29	3585	6053	2295	667	1946	782
1948[2]	24021	75.2	1905	0	17500	284	5600	7849	2836	1206	1947	883
											1948	935

[1] 1924年1月1日开业资产负债金额，金马克

[2] 1948年6月20日

[3] 强迫劳工（"外国人"，"波兰人"，"东欧劳工"，"平民劳工"，"战俘"）

[4] 不含折旧和准备金的利润，1932年：净营业利润，1938年：扣除折旧和税收后的收益

[5] 根据德意志商品信托公司1929年的报告，出售给客户的销售额，不含海外公司的销售，考虑了退货，打折降价和其他优惠券等因素。海外公司1934—1944年期间的销售额在54.2万和114万帝国马克区间

表3　保罗·拜尔斯道夫股份公司以及拜尔斯道夫股份公司，1949年至1989年和集团销售额1953年至1989年（100万马克为单位）

集团销售额³：[1949—1952 股份公司]，[1949—1969 "海外"]
销售额² 按产品领域或事业部 [1949—1973股份公司]，1975—1989集团
员工人数

年份	资产负债合计	自有资本 %	收益	年度净收益 利润	年度净收益 其中股权²	集团销售额³ 合计	集团销售额³ 西德	集团销售额³ 海外"海外"	化妆品	医疗器械	药品	德莎	员工人数 股份公司	员工人数 集团	年份
1949	21	73.6		0.6	0.0	[30]	[29]	[1]	[16]	[9]	[4]	[2]	1259		1949
1950	24	65.9		0.8	0.0	[39]	[38]	[2]	[19]	[11]	[4]	[5]	1563		1950
1951	30	55.7		0.8	0.0	[52]	[49]	[3]	[25]	[13]	[5]	[8]	1667		1951
1952	37	46.6		1.0	0.0	[62]	[58]	[4]	[30]	[16]	[5]	[10]	1882		1952
1953	42	44.1		1.3	0.0	71	66	11	[32]	[18]	[7]	[13]	2116		1953
1954	49	38.4		1.4	0.1	82	74	15	[35]	[19]	[9]	[18]	2353		1954
1955	58	37.0		1.7	0.1	95	86	18	[37]	[22]	[12]	[24]	2757		1955
1956	62	34.7		2.1	0.1	110	99	23	[42]	[24]	[14]	[29]	3024		1956
1957	74	35.8		2.1	0.2	127	114	27	[47]	[25]	[19]	[35]	3386		1957
1958	77	34.7		2.5	0.2	137	130	30	[52]	[27]	[21]	[42]	3532		1958
1959	89	25.3		4.2	0.2	155	154	36	[63]	[31]	[23]	[50]	3783		1959
1960	99	49.1		4.6	0.2	179	169	45	[67]	[32]	[25]	[60]	3808	ca. 5008	1960
1961	98	51.0		5.3	0.3	195	187	51	[77]	[35]	[24]	[66]	3892	ca. 5349	1961
1962	112	55.0		7.4	0.2	276	198	78	[84]	[38]	[25]	[74]	4130	ca. 5891	1962
1963	125	53.6		8.4	0.5	311	215	96	[95]	[38]	[27]	[83]	4228	ca. 6267	1963
1964	140	54.0		8.9	0.9	343	234	109	[109]	[38]	[18]⁴	[94]	4401	ca. 6724	1964
1965	144	58.9	18.4	9.2	6.4	369	247	122	[115]	[39]	[18]	[102]	4359	ca. 6945	1965
1966	179	62.7	37.5	9.4	3.0	404	263	141	[126]	[40]	[15]	[108]	4454	ca. 7401	1966
1967	205	69.3	25.2	12.7	2.7	442	278	164	[129]	[43]	[18]	[108]	4300	ca. 7531	1967
1968	231	66.3	30.3	12.1	6.1	502	300	203	[141]	[47]	[21]	[132]	4699	8297	1968
1969	293	60.4	29.8	15.3	4.4	564	331	233	[151]	[51]	[24]	[154]	4963	8945	1969

年份											化妆品	膏药	药品	德莎		
1970	340	56.0	24.3	4.0	12.6	618	357	199		62	[154]	[55]	[28]	[171]	5204	9525
1971	366	55.5	25.9	3.5	13.5	672	382	217		73	[170]	[60]	[33]	[190]	5190	9690
1972	380	56.8	26.1	4.0	13.4	730	410	237		84	[177]	[72]	[37]	[204]	5442	10149
1973	403	57.1	29.0	4.8	14.9	806	454	256	5	91	[190]	[75]	[42]	[232]	5437	10723
1974	453	53.9	29.8	5.5	15.3	940	493	305	23	119	443	189	58	358	5391	11212
1975	482	54.1	34.2	4.2	17.7	1048	535	336	27	149	510	212	63	407	5136	11013
1976	530	52.9	39.3	3.6	20.3	1196	607	377	38	174	553	241	71	463	5341	11640
1977	608	48.1	30.8	5.1	18.8	1327	657	406	57	207	573	250	78	513	5526	12171
1978	618	47.7	29.9	5.7	18.8	1414	685	446	58	226	617	280	83	585	5545	12568
1979	689	44.1	25.7	6.4	18.8	1565	735	528	62	240	716	335	93	637	5731	12913
1980	756	44.2	33.0	9.0	21.0	1780	814	615	76	275	870	409	96	668	5758	13062
1981	805	42.7	33.8	10.7	24.8	2043	866	688	100	389	940	445	100	686	5789	13305
1982	894	46.9	34.7	12.9	28.3	2171	916	752	119	384	1003	493	101	752	5847	13411
1983	992	42.4	41.1	10.8	29.7	2349	999	822	137	391	1153	559	117	822	5867	13600
1984	1044	42.3	50.5	14.0	32.9	2652	1104	911	169	468	1269	604	139	891	6001	14227
1985	1114	41.4	49.8	13.7	34.6	2904	1207	1023	195	478	1298	615	146	925	6250	14906
1986	1147	47.3	57.1	23.4	33.6	2983	1285	1109	168	421	1368	636	151	929	6308	15595
1987	1198	49.4	57.3	28.3	34.7	3084	1349	1164	155	416	1463	714	156	1112	6488	16067
1988	1339	47.2	62.2	24.4	35.0	3445	1425	1343	211	467	1572	907		1314	6612	17998
1989	1464	45.3	66.5	42.4	38.5	3793	1457	1479	358	499		907			6328	17644

至1974年：化妆品　膏药　药品　德莎

¹ 自1969年起合并资产负债表

² 在年度净收益中包含来自股权的收益（税前）

³ 德国国内销售额加上出口额，不含"半成品"

⁴ Wick品牌授权许可终止造成销售额下降

表4 拜尔斯道夫集团 1989年至 2017年 (100万欧元为单位)¹

年份	资产负债合计	自有资本 %	息税前收益	收益	已分配利润	市值	销售额 合计	德国	欧洲	美国	非/亚/澳²	化妆品³	医疗器械	德莎	股份公司	集团	年份
1989	1306	37.5	139	52	20		1939	[745]	1501	(abw.Gruppierung)		804	463	672	6328	17644	1989
1990	1451	37.1	147	60	26	1609	2021	[814]	1616	264	142	896	487	638	6081	17842	1990
1991	1516	36.3	182	75	28	1690	2295	[901]	1787	331	176	1070	561	664	6094	18079	1991
1992	1521	39.3	188	81	28	1417	2328	[916]	1832	338	175	1145	556	627	5514	16899	1992
1993	1583	42.1	206	92	31	1825	2435	[910]	1849	370	216	1280	557	598	5178	16796	1993
1994	1680	43.8	212	106	34	2180	2634	[954]	1953	385	296	1424	582	628	5120	17357	1994
1995	1803	42.9	240	116	37	2158	2733	[1030]	2080	347	306	1488	593	652	4991	17975	1995
1996	1864	45.8	235	120	43	3268	2954	[1050]	2196	455	303	1573	711	670	4897	17881	1996
1997	2004	43.8	248	72	43	3350	3215	[1062]	2329	556	330	1751	753	711	4767	16777	1997
1998	2406	46.8	291	166	52	4939	3347	[1192]	2550	544	253	1980	735	632	4581	16417	1998
1999	2702	48.0	339	175	60	5599	3638	[1194]	2687	630	321	2242	768	628	4496	16065	1999
2000	2981	48.9	389	226	84	9366	4116	[1217]	2855	832	429	2590	858	668	4588	16590	2000
2001	3247	50.4	466	285	109	10710	4542	[1256]	3183	903	456	2955	915	672	3282	17749	2001
2002	3298	52.4	472	290	118	8912	4742	[1286]	3410	819	513	3167	882	693	3252	18183	2002
2003	3310	55.3	455	301	121	8081	4435	包含在欧洲内	3329	638	468	3739		696	3023	18664	2003
2004	2701	38.2	483	302	121	7190	4546		3388	635	523	3840		706	2841	16492	2004
2005	2907	44.5	531	335	129	8736	4776		3498	687	591	4041		735	2853	16796	2005
2006	3496	51.2	477	668	136	12378	5120		3717	738	665	4327		793	2862	17172	2006
2007	3884	53.3	616	442	159	13356	5507		3909	782	816	4661		846	2882	21101	2007
2008	4468	55.1	797	567	204	10584	5971		4090	832	1049	5125		846	1978⁴	21766	2008
2009	4594	57.4	587	380	159	11574	5748		3767	851	1130	5011		737	1938	20346	2009

员工人数, 12月31日

年份														
2010	5095	57.3	583	326	159	10466	5571	3450	932	1189	4698	873	1932	19128	2010
2011	5275	57.2	431	259	159	11043	5633	3414	993	1226	4696	937	1912	17666	2011
2012	5596	56.2	698	454	159	15594	6040	3417	1149	1474	5048	992	1800	16605	2012
2013	5798	58.7	820	543	159	18557	6141	3390	1092	1695	5103	1038	1844	16708	2013
2014	6330	57.5	796	591	159	16990	6285	3421	1116	1748	5209	1076	1911	17398	2014
2015	6873	61.1	962	671	159	21208	6686	3447	1243	1996	5546	1140	1971	17659	2015
2016	7573	61.8	1015	727	159	20311	6752	3461	1252	2039	5606	1146	1984	17934	2016
2017	8205	62.5	1088	689	159	24671	7056	3568	1307	2181	5799	1257	2102	18934	2017

1 1998年调整采用国际会计准则（IAS）；自2003年起，德恩医疗公司不再列入损益统计表，而是作为投资股权计算

2 非洲、亚洲、澳大利亚

3 自2003年起，消费产品；也包括以前医疗器械领域经营的产品

4 2008年1月1日，汉堡拜尔斯道夫制造公司（BMH）分开

表1资料来源：保罗·拜尔斯道夫公司1899—1905年秘密账簿（第1页），1906—1909年主账簿，1910—1919年主账簿，1901—1915年销售额，所有信息；拜尔斯道夫档案St I；销售额和净利润1901—1917年（无日期，1918），德国国内和国外年度销售额（净额）列表，1924—1949年（无日期，1950），总销售额；拜尔斯道夫档案241销售额1901—1970年。拜尔斯道夫公司迄今为止获得的许可证清单1901—1970年，拜尔斯道夫档案122书信往来。雅各布森博士1921年6月），拜尔斯道夫档案122书信往来。雅各布森博士1921年美国之行；1890年和1895年员工人数根据"协议草案……"阿尔伯特纳，特罗普洛维茨给汉堡当局的报告出售实验室；1895年2月9日），拜尔斯道夫档案202—1乌纳大街大地1892—1989年，BAT I厂建造历史一期建设工程

1900—1918年员工人数根据格拉登维茨、发展计划（1915），第33页和"拜尔斯道夫化工厂1882—1938年的发展"，拜尔斯道夫档案BDFhist1938.1a，第9—10页

表2资料来源：1927—1948年德意志商品信托公司审计报告；1920—1929年主账簿，1920—1961年资产负债表，拜尔斯道夫档案St I；德国国内年度销售额（净额）列表，1913年，1924—1949年（无日期，1950），拜尔斯道夫档案241销售额1901—1970年。总销售额

表3资料来源：1949—1990年年度报告；"拜尔斯道夫销售额历史"（6721-Lke，1999年7月19日），拜尔斯道夫档案241销售额1901—1970年。总销售额

拜尔斯道夫员工，无日期（1989年6月）拜尔斯道夫档案152。1947—1987年人事状况总列表，1949—1973年、1981—1987年

4 2008年1月1日，拜尔斯道夫商品信托公司审计报告；德意志商品信托公司审计报告

表4资料来源：1989—2017年年度报告（人力资源规划和分析），拜尔斯道夫股份公司审计报告2018年8月20日

说明：1989年以前的文件。年度报告和德意志商品信托公司审计报告会有所不同。在考虑合理性和一致性的情况下对数据进行采用，个别数据根据百分比计算得出

拜尔斯道夫股份公司监事会，1922—2004

Alport, Leo	1922 — 1933	副主席
Ammer, Dieter	2003 — 2009	
	2004 — 2008	主席
Bierich, Dr. Marcus	1979 — 1990	
	1987 — 1990	主席
Bohl, Dr. Franz	1950 — 1969	
Boysen, Wilfried	1996 — 2002	
Brede, Burghard*	1979 — 1994	
Buhse, Margret*	1994 — 2004	
Breipohl, Dr. Diethart	1992 — 2005	
Brinckmann, Dr. Rudolf	1934 — 1961	副主席
Chrambach, Fritz	1922 — 1928	
Claussen, Carl	1922 — 1933	
Claussen, Georg W.	1979 — 1989	
	1979 — 1987	主席
Claussen, Dr. Carl Albrecht	1999 — 2004	
Claussen, Oskar	1971 — 1975	
Diembeck, Dr. Walter	1999 — 2012	
Dircks, Erwin	1939 — 1953	
Ebeling, John*	1953 — 1961	
Fack, Reinhold*	1923 — 1926	
Fahlbusch, Detlef*	1994 — 1999	
Ganschow, Frank*	2004 — 2009	
Ganschow, Max*	1961 — 1979	
Haase, Alfred	1969 — 1972	
Herz, Günter	1974 — 2003	
	1990 — 2003	副主席
Herz, Michael	自 2004	
Holland, Rainer*	1999 — 2004	
Holst, Walter*	1979 — 1994	
Honsel, Bernd	1996	
Käding, Günther*	1989 — 1999	副主席
Kaempfe, Dr. Hasso	1993	
Karstens, Wilhelm*	1933	
Kiausch, Manfred*	1979 — 1989	副主席
Kleinwächter, Hans-Georg*	1979 — 1984	
Krause, Jürgen*	1989 — 2005	
	1999 — 2005	副主席
Kruse, Hans E. B.	1933 — 1968	
	1934 — 1968	主席
Kruse, Dr. Hellmut	1989 — 1994	
Lehr, Karl*	1931 — 1932	
Leo, Dr. Martin	1922 — 1933	
Lorenzen, Walter*	1961 — 1965	
Mälzer, Gustav*	1994 — 1997	

Mahlert, Dr. Arno	2004 — 2009	
	2008 — 2009	副主席
Meinhardt, Dr. Hans	1996 — 2004	主席
Melchior, Dr. Carl	1922 — 1933	主席
Miebach, Peter H.	1993 — 1996	
Müller von Blumencron, Dr. Kurt	1956 — 1958	
Nieber, Thomas*	自 2003	
Ost, Klaus*	1969 — 1979	
Otto, Hans	1933 — 1953	
Pastuszek, Dr. Horst	1979 — 1992	
Pöllath, Dr. Reinhard	自 2002	
	2004 — 2008	副主席
	自 2008	主席
Pommerening, Dr. Dieter J.	1992 — 1993	
Ranft, Norbert*	1999 — 2003	
Reinhard, Carl*	1923 — 1926	
Rotert, Otto*	1965 — 1969	
Rousseau, Manuela*	自 1999	
Runge, Dr. Paul	1933 — 1953	
Sälzer, Dr. Bruno E.	2004 — 2006	
Schiefer, Dr. Friedrich	1984 — 1992	
Schieren, Dr. Wolfgang	1972 — 1996	
	1974 — 1990	副主席
	1990 — 1996	主席
Schwarz, Josef	1933 — 1934	纳粹党企业组织负责人
Simon, Dr. Alfred	1958 — 1967	
	1961 — 1967	副主席
Stödter, Dr. Rolf	1968 — 1984	
	1968 — 1979	主席
Stracke, Dr. Hans	1990 — 1999	
Stutter, Detlef*	2003	
Tomaschewski, Gustav*	1930	
Ungerath, Kurt*	1984 — 1999	
Warburg, Eric M.	1961 — 1974	
	1967 — 1974	副主席
Werschy, Paul*	1953 — 1961	
Westberg, Dr. Gustav	1922 — 1956	
Westberg, Olaf	1968 — 1971	
	1975 — 1979	
Wiechert, Joachim-Hans*	1979 — 1994	
Willmann, Eugen*	1979 — 1989	
Wiswe, Dr. Detlef*	1997 — 1999	
Wöbcke, Hans-Otto	1994 — 2004	

* 雇员代表
资料来源: 保罗·拜尔斯道夫股份公司以及拜尔斯道夫股份公司年报; 工商登记册申报材料

拜尔斯道夫股份公司执行董事会，1922—2004

Behrens, Christoph	1922 — 1954	
Behrens, Werner	1958 — 1967	候补董事
	1967 — 1974	
Berlin, Dr. Helmut	1961 — 1967	候补董事
	1967 — 1975	
Bremer, Dr. Hans	1947 — 1955	候补董事
	1955 — 1957	
Claussen, Carl	1933 — 1954	主席
Claussen, Georg W.	1953 — 1954	候补董事
	1954 — 1979	
	1954 — 1957	发言人
	1957 — 1979	主席
Detert, Dr. Dirk H.	1985 — 1986	候补董事
	1986 — 1991	
Engelhardt, Dr. Friedrich	1967 — 1970	候补董事
	1970 — 1974	
Gradenwitz, Dr. Hans	1922 — 1933	
Hansen, Hermann	1922 — 1931	
Jacobsohn, Dr. Willy	1922 — 1933	主席
Kern, Dr. Peter	1975 — 1978	
Kleinschmidt, Peter	2003 — 2010	
Knappertsbusch, Dr. Peter	1979 — 1988	
Kriens, Bernhard	1989 — 1991	候补董事
Kruse, Dr. Hellmut	1961 — 1963	候补董事
	1963 — 1989	
	1975 — 1979	副主席
	1979 — 1989	主席
Kunisch, Dr. Rolf	1991 — 2005	
	1994 — 2005	主席
Ladendorf, Dr. Kurt-Friedrich	1985 — 1986	候补董事
	1986 — 1989	
Lührs, Heinrich	1987 — 1991	
Meyer-Burgdorf, Hans H.	1994 — 1999	
Mohs, Dr. Martin	1970 — 1974	候补董事
	1974 — 1984	
Mohs, Dr. Paul	1955 — 1957	候补董事
	1957 — 1967	
Nafe, Dr. Ulrich	1977 — 1978	候补董事
	1978 — 1993	
Ohm, Max	1922 — 1929	候补董事
Opgenoorth, Dr. Werner	1991 — 2003	
Peddinghaus, Jürgen	1975 — 1977	候补董事
	1977 — 1984	

Quaas, Thomas-Bernd	1999 — 2012	
	2005 — 2012	主席
Roesner, Georg	1956 — 1957	候补董事
	1957 — 1961	
Schäfer, Dr. Peter	1980 — 1981	候补董事
	1981 — 2000	
Schwalb, Rolf-Dieter	2000 — 2006	
Siemes, Dr. Wolfgang	1965 — 1967	候补董事
	1967 — 1969	
Simon, Dr. Alfred	1930 — 1938	候补董事
	1938 — 1958	
Smielowski, Thaddäus	1922 — 1942	
Steinmeyer, Dieter W.	1990 — 1991	候补董事
	1991 — 2003	
Unna, Dr. Eugen	1922 — 1933	
	1945 — 1947	
Wöbcke, Hans-Otto	1974	候补董事
	1974 — 1994	
	1988	副主席
	1989 — 1994	主席
Wölfer, Uwe	1994 — 2005	

资料来源：保罗·拜尔斯道夫股份公司以及拜尔斯道夫股份公司年报；工商登记册申报材料

拜尔斯道夫股份公司执行董事会名誉主席

| Claussen, Georg W. | 1989 — 2013 |

资料来源

1. In den Anmerkungen verwendete Abkürzungen und Fundort im Beiersdorf-Archiv, sofern nicht in der Anmerkung angegeben

AR-Sitzung = Protokolle der Aufsichtsratssitzung
  1922–45 in BA 130
  1946–80 in BA 133
  1981–95 in BA St I
BA St I = BA Stahlschrank I
BA St I Markenrechte + Pilot = BA St I Verlust/Rückkauf Markenrechte + Pilot Schweiz.
BA T I = BA Tresor I
BA 122 WK = BA 122 Warburg Copies
BA 122 WO = BA 122 Warburg Originals
BDF Auslandsgesellschaften (11.8.1993) = BDF-Auslandstochtergesellschaften/ Kommentare von
  Dr. Kruse zur Firmengeschichte (Grützner, 11.8.1993), BA 359.2 Sammlung H. Kruse
DWT-Prüfbericht = Revisionsbericht (bzw. Prüfbericht) Deutsche Waren-Treuhand AG für das Jahr …
  1927–42 in BA 191
  1945–73 in BA 192
  1981–2003 in BA 358
DWT. Einhaltung der Bestimmungen der Devisengesetzgebung bei Beiersdorf (31.5.1938)
  = Deutsche Waren-Treuhand AG. Bericht über unsere Prüfung hinsichtlich der Einhaltung der Bestimmungen der Devisengesetzgebung bei der Firma P. Beiersdorf & Co. AG (31.5.1938), BA St I Verlust/
  Rückkauf Markenrechte + Pilot Schweiz.
DWT. Konstruktion der sog. Beiersdorf-Gesellschaften (1.6.1933) = Deutsche Waren-Treuhand
  AG. Bericht betr. P. Beiersdorf & Co. Aktiengesellschaft Hamburg über die Konstruktion der sog.
  Beiersdorf-Gesellschaften (1.6.1933), BA St I Verlust/Rückkauf Markenrechte + Pilot Schweiz.
DWT. Rechtslage der P. Beiersdorf & Co. AG im Verhältnis zu den ausländischen Beiersdorf-
Gesellschaften (25.11.1933) = Deutsche Waren-Treuhand AG. Bericht über unsere Prüfung der Rechtslage der P. Beiersdorf & Co. AG, Hamburg, im Verhältnis zu den ausländischen Beiersdorf-Gesellschaften
  (25.11.1933), BA St I Verlust/Rückkauf Markenrechte + Pilot Schweiz.
Erweiterter Vorstand = Protokolle des Erweiterten Vorstands 1945–47 in BA 140
Geschäftsbericht = Geschäftsbericht der P. Beiersdorf AG bzw. der Beiersdorf AG (für das Jahr …)
  1922–2004 in BA 183
GLK = Geschäftsleitungskorrespondenz bzw. Korrespondenz der Geschäftsleitung
Monatsbericht = Monatsbericht an die Großaktionäre 1925–33 in BA 130
Revisionsbericht Pilot AG (1947) = Schweizer Verrechnungsstelle. Audit Report on Chemische Fabrik
  Pilot A.G., Basel (2.5.1947), SBAR E7160-07 1968-54 271 13 1.
TN = Troplowitz Nachlass
VJB = Vierteljahresbericht an den Aufsichtsrat
  1933–45 in BA 130
  1945–78 in BA 133 [ab 1960 große Lücken]
Vorstand = Protokoll der Vorstandssitzung
  1956–81 in BA 140 (von 1960–81 Doppelablage)
  1960–95 in BA St. I (von 1960–81 Doppelablage)
  1996–2004 im Vorstandsbüro der Beiersdorf AG
Wochenbericht = Wochenbericht der Chemischen Fabrik P. Beiersdorf & Co. an Frau Dr. Troplowitz &
  M. M. Warburg & Co.
Zweiwochenbericht =Zweiwochenbericht der Chemischen Fabrik P. Beiersdorf & Co. an Frau Dr. Troplowitz & M. M. Warburg & Co.

Die zum Teil wortreichen und umständlichen Bezeichnungen der Ablagemappen in den einzelnen
Archivfächern werden oft in verkürzter Form benannt, sie sind aber eindeutig bestimmt.

Beispiele
a) „BA Fach 120 Entwicklung 1880–1918. Carl Paul Beiersdorf 1836–1896 und Familie" wird zu: BA 120 C. P.
  Beiersdorf u. Familie. Erläuterung: alle Mappen in Fach 120 tragen den Titel „Entwicklung 1880–1918".
b) „BA 350 Ausland Italien. Grundsätzliches, Dokumentation, Memoranden" wird zu: BA 350 Dokumentation. Memoranden. Erläuterung: alle Mappen in Fach 350 betreffen Italien.

2. Zitierte Archivalien

BA = Beiersdorf Dokumentenarchiv Fach Nrn: 2, 4, 120, 121, 122, 130, 131, 133, 140, 143, 150, 151, 152, 153, 160, 162, 163, 172, 181, 183, 191, 192, 193, 202, 210, 212, 220, 222, 232, 233, 240, 243, 280, 303, 311, 328, 331, 358, 359, 363, 371, 380, 391, 400, 402, 421, 430

BA PMA = Beiersdorf Produkt- und Markenarchiv Schrank: 12, 112

BArchB = Bundesarchiv Berlin R8 VIII-25; R13 XII-449 – R13 XII-470

HAC = Historisches Archiv der Commerzbank AG HAC 500-17599-2000 Bd. 1

KAH = Konzernarchiv der Henkel AG KAH C3813

National-Archives = United States of America National Archives RG 131, No. 711, Box 199, 711A: RG 131 Office of Alien Property. No. 711 Beiersdorf, P. & Co. Docket Files 1940-60, Box 199: „Beiersdorf, P. & Co. 711A" [die Akte ist als Kopie im Beiersdorf-Archiv vorhanden]

SBAR = Schweizerisches Bundesarchiv E2001E 1967-113 9471; E2001E 1968-84 2844; E7160-07 1968-54 271 13 1

StA HH = Staatsarchiv Hamburg StA HH 221-11; StA HH 213-11; StA HH 314-15; StA HH 314-15 R 1940 0708

SWA = Stiftung Warburg Archiv C-102001, C-102003, C-102004, C-102005, C-102006, C-102009, C-102010, C-102011, C-102012, C-102013, C-102014, C-102015, C-102016, C-102017, C-102018, C-102019, C-102020, C-102021, C-102024, C-102035, C-102038, F10-2018

3. Interviews (im Beiersdorf-Archiv vorhanden)

Burghard Brede (16.10.2015), A. Reckendrees
Georg W. Claussen (12.–26.2.2009), T. Finke
Georg W. Claussen (11.6.1990), B. Meyer
Dr. Winfried Grützner (22.1.2016), B. Stücker
Inken Hollmann-Peters (12.7.2016), A. Reckendrees
Dr. Hellmut Kruse (8.1.2014), T. Finke
Dr. Hellmut Kruse (22.8.2015), A. Reckendrees, S. Roeseling & B. Stücker
Dr. Hellmut Kruse (5.4.2016), A. Reckendrees & B. Stücker
Dr. Rolf Kunisch (26.2.2016), B. Stücker
Dr. Ulrich Nafe (4.7.2014), T. Finke
Dr. Ulrich Nafe (5.7.2016), B. Stücker
Jürgen Peddinghaus (2.7.2014), T. Finke
Jürgen Peddinghaus (2.8.2016), A. Reckendrees
Dr. Peter Schäfer (10.10.2014), T. Finke
Dr. Peter Schäfer (16.10.2015), A. Reckendrees & B. Stücker
Dr. Ulrich Schmidt (9.8.2015), A. Reckendrees & B. Stücker
Jochen Weiland (8.11.1984), E. Kaum
Jochen Weiland (15.7.2016), B. Stücker
Prof. Dr. Klaus-Peter Wittern (9.9.2015), A. Reckendrees & B. Stücker
Dr. Ralph Wollburg (5.12.2018), A. Reckendrees

4. Mitarbeiterzeitung

Hauskurier (1960–1990)
    1960–64: Haus-Kurier. Mitteilungen für die Beiersdorf-Familie
    1964–69: Haus-Kurier. Die Zeitschrift der Beiersdorfer
    1970–82: Hauskurier. Die Zeitschrift der Beiersdorfer
    1982–90: Hauskurier
Beiersdorf Journal (1990–2009)
    1990–2002: Beiersdorf Journal
    2002–09: Beiersdorf JOURNAL. Das internationale Mitarbeiter Magazin

5. Zeitungen und Zeitschriften

Economist (1949–2007)
Financial Times (1949–2007)
Financial Times Deutschland (1999–2007)
Frankfurter Allgemeine Zeitung (1949–2007)
Handelsblatt (1991–2007)
Lebensmittelzeitung (1996–2007)
Der Spiegel (1948–2007)
Die Zeit (1950–2007)
Zeitungsdatenbank: Factiva.

参考文献

150 Jahre Industrie- und Handelskammer Aachen, Aachen: 1954.

Ahrens, Michael: *Die Briten in Hamburg. Besatzerleben 1945-1958* (Forum Zeitgeschichte Bd. 23), Hamburg: Dölling und Galitz 2011.

Ahrens, Ralf/Gehlen, Boris/Reckendrees, Alfred: Die Deutschland AG als historischer Forschungsgegenstand, in: *Die „Deutschland AG". Historische Annäherungen an den bundesdeutschen Kapitalismus*, hg. v. R. Ahrens/B. Gehlen/A. Reckendrees, Essen: Klartext 2013, S. 7-28.

Allgemeiner Wohnungs-Anzeiger nebst Adreß- und Geschäftshandbuch für Berlin, dessen Umgebungen und Charlottenburg auf das Jahr 1873, Berlin: 1873.

Altonaer Adreßbuch, Altona: H.W. Hübner & Co. [1891-1901].

Altonaisches Adreßbuch Altona: H.W. Hübner & Co. [1884-1891].

Aly, Götz/Happe, Karja/Heim, Susanne: *Die Verfolgung und Ermordung der europäischen Juden durch das nationalsozialistische Deutschland 1933-1945, Bd. 12: West- und Nordeuropa Juni 1942-1945*, München: Oldenbourg 2015.

Bahnsen, Uwe: *Hanseaten unter dem Hakenkreuz. Die Handelskammer Hamburg und die Kaufmannschaft im Dritten Reich*, Kiel u. Hamburg: Wachholtz 2015.

Bajohr, Frank: *„Arisierung" in Hamburg. Die Verdrängung der jüdischen Unternehmer, 1933-1945*, Hamburg: Christians 1997.

Bajohr, Frank: Von der Ausgrenzung zum Massenmord. Die Verfolgung der Hamburger Juden 1933-1945, in: *Hamburg im „Dritten Reich"*, hg. v. Forschungsstelle für Zeitgeschichte in Hamburg, Göttingen: Wallstein 2005, S. 471-518.

Bajohr, Frank: Die Zustimmungsdiktatur. Grundzüge nationalsozialistischer Herrschaft in Hamburg, in: *Hamburg im „Dritten Reich"*, hg. v. Forschungsstelle für Zeitgeschichte in Hamburg, Göttingen: Wallstein 2008.

Bajohr, Frank/Szodrzynski, Joachim: „Keine jüdische Hautcreme mehr benutzen!" Die antisemitische Kampagne gegen die Firma Beiersdorf 1933/34, in: *Die Juden in Hamburg. Wissenschaftliche Beiträge der Universität Hamburg zur Ausstellung „Vierhundert Jahre Juden in Hamburg"*, hg. v. A. Herzig, Hamburg: Dölling u. Galitz 1990, S. 515-26.

Banken, Ralf: Schneller Strukturwandel trotz institutioneller Stabilität. Die Entwicklung des deutschen Einzelhandels 1949-2000, in: *Jahrbuch für Wirtschaftsgeschichte/Economic History Yearbook* 48 (2007) Nr. 2, S. 117-45.

Barkai, Avrazham: *Vom Boykott zur Entjudung: Der wirtschftliche Existenzkampf der Juden im Dritten Reich 1933-1943*, Frankfurt a. M.: Fischer 1987.

Bartmann, Wilhelm: Zwischen Tradition und Fortschritt: Aus der Geschichte der Pharmabereiche von Bayer, Hoechst und Schering von 1935-1975, Stuttgart: Franz-Steiner Verlag 2003.

Beiersdorf AG: *100 Jahre Beiersdorf 1882-1982*, Hamburg: Hans Christians Druckerei 1982.

Beiersdorf AG: NIVEA Creme: 100 Jahre Hautpflege fürs Leben, 2011.

„Beiersdorf, C. Paul", in: *Deutsche Apotheker-Biographie, Band I*, hg. v. W.-H. Hein/H.-D. Schwarz, Stuttgart: Wissenschaftliche Verlags-Gesellschaft 1975, S. 40.

Beiersdorf, Leonie: Verführung durch Kunst. Werbegraphik und Werbefilme unter Troplowitz, in: *Oscar Troplowitz. Ein Leben für Hamburg*, hg. v. Hamburger Kunsthalle, Hamburg: Hatje & Cantz 2013, S. 40-59.

Berghoff, Hartmut (Hg.): *Marketinggeschichte: Die Genese einer modernen Sozialtechnik*, Frankfurt a. M.: Campus 2007.

Bergler, R./Haupt, K./M. Hambitzer, (arbeitsgruppe für psychologische marktanalysen): NIVEA. Grundlagen, Image und Werbemittel von R. Bergler, W. Beck, D. Timmer, H. Sturm, 1967.

Bieber, Hans-Joachim: Der Streik der Hamburger Hafenarbeiter 1896/97 und die Haltung des Senats, in: *Zeitschrift des Vereins für Hamburgische Geschichte* 64 (1978), S. 91-148.

Biechele, Eckhard: *Der Kampf um die Gemeinwirtschaftskonzeption des Reichswirtschaftsministeriums im Jahre 1919: Eine Studie zur Wirtschaftspolitik unter Reichswirtschaftsminister Rudolf Wissell in der Frühphase der Weimarer Republik*, Berlin: Diss. Freie Universität 1972.

Bielfeldt, Hans: *Vom Werden Groß-Hamburgs. Citykammer, Gauwirtschaftskammer, Handelskammer. Politik und Personalia im Dritten Reich*, Hamburg: Christians 1980.

Blakeman, Robyn: *Integrated marketing communication: creative strategy from idea to implementation*, Lanham: Rowman & Littlefield 2018.

Blazejewski, Susanne/Dorow, Wolfgang: Managing organizational politics for radical change: the case of Beiersdorf-Lechia S. A., Poznań, in: *Journal of World Business* 38 (2003) Nr. 3, S. 204-23.

Bleicher, Knut: Beiersdorf AG, in: *Organisation - Formen und Modelle*, Wiesbaden: Gabler 1981, S. 285-93.

BMA, Bundesministerium für Arbeit und Sozialordnung (Hg.): *Statistische Übersichten zur Sozialpolitik in Deutschland seit 1945*, Verfasser Hermann Berié, Bonn 1999.

Booz-Allen & Hamilton: *Herausforderungen des deutschen Managements und ihre Bewältigung* (Schriften der Kommission für wirtschaftlichen und sozialen Wandel 5), Göttingen: Otto Schwartz 1973.

Brennan, Gerald E.: Beiersdorf AG, *International Directory of Company Histories*, vol. 29 (2000), S. 49–53.

Brennan, Gerald E./Tradii, Mary: Beiersdorf AG, *International Directory of Company Histories*, vol. 137 (2012), S. 84–91.

Brook, Tony/Shaughnessy, Adrian (Hg.): *FHK henrion: the complete designer*, London: unit editions 2013.

Buchheim, Christoph: Der Mythos vom „Wohlleben". Der Lebensstandard der deutschen Zivilbevölkerung im Zweiten Weltkrieg, *Vierteljahrshefte für Zeitgeschichte* 58 (2010) Nr. 3, S. 299–328.

Bundesregierung, Die: Entwurf eines Gesetzes zur Strukturreform im Gesundheitswesen (Gesundheitsreformgestz GRG), *Drucksachen des Deutschen Bundestages* 11. Wahlperiode (1988) Nr. 11/2493.

Casson, Mark: *The entrepreneur: An economic theory*, Totowa/New Jersey: Barnes & Noble 1982.

Casson, Mark: Entrepreneurship: theory, institutions and history. Eli F. Heckscher Lecture, 2009, in: *Scandinavian Economic History Review* 58 (2010) Nr. 2, S. 139–70.

Chronik der Evangelischen Gemeinden in Moskau. Zum dreihundertjährigen Jubiläum der Evangelisch-Lutherischen St. Michaels-Gemeinde zusammengestellt von A. W. Fechner, Bd. II, Moskau: Deubner 1876.

Cramer, Tobias: *Die Rückkehr ins Pharmageschäft: Marktstrategien der Farbenfabriken vorm. Friedr. Bayer & Co. in Lateinamerika nach dem Ersten Weltkrieg*, Berlin: wvb 2010.

Cramer, Tobias: *Der geborene Markenartikel: Eine komparative Unternehmensgeschichte des Arzneimittelmarketings und dessen Regulierung in Deutschland vor dem Zweiten Weltkrieg*, Berlin: wvb 2014.

Crusius, Reinhard/Schiefelbein, Günter/Wilke, Manfred (Hg.): *Die Betriebsräte in der Weimarer Republik: Von der Selbstverwaltung zur Mitbestimmung*, Berlin: Olle & Wolter 1978.

Cura, Katrin: Leukoplast und Nivea – 125 Jahre Beiersdorf – Forschung, Marketing und Produktion in der Anfangszeit, in: *Hamburgs Geschichte einmal anders: Entwicklung der Naturwissenschaften, Medizin und Technik, Teil 2*, hg. v. G. Wolfschmidt, Norderstedt: [Books on demand] 2009, S. 105–24.

Cura, Katrin: *Vom Hautleim zum Universalklebstoff. Zur Entwicklung der Klebstoffe*, Diepholz: Verlag für Geschichte der Naturwissenschaften und der Technik 2010.

Dahlmann, Dittmar: Die Lebenswelten deutscher Unternehmer in Moskau vom Beginn des 19. Jahrhunderts bis zum Ausbruch des Ersten Weltkrieges, in: *Nordost-Archiv* III (1994) Nr. 1, S. 133–63.

Dahlmann, Jesko: Der innovative Unternehmer: Ein Entrepreneur im Sinne Schumpeters, in: *Oscar Troplowitz: Ein Leben für Hamburg*, hg. v. Hamburger Kunsthalle, Hamburg: Hatje & Cantz 2013, S. 60–73.

De Pelsmacker, Patrick/Geuens, Maggie/Van den Bergh, Joeri: *Marketing communications: A European perspective*, Harlow: Pearson education 2007.

Dean, Martin: *Robbing the Jews. The Confiscation of Jewish Property in the Holocaust, 1933–1945*, Cambridge: Cambridge University Press 2010.

Dieter, Heribert: *Die Asienkrise: Ursachen, Konsequenzen und die Rolle des Internationalen Währungsfonds*, Marburg: Metropolis-Verlag 1998.

Doehl, R.: *Offene Antwort auf eine öffentliche Anfeindung. Erwiederung auf die Schrift des Ger.-Ass. Dr. jur. H. Weiß: „Der Kampf ums Recht und der deutsche Apothekerstand"*, Berlin: Mickisch 1898.

Eggenkämper, Barbara/Modert, Gerd/Pretzlik, Stefan: *Die Allianz. Geschichte des Unternehmens 1890–2015*, München: C.H. Beck 2015.

Die Einkommensverhältnisse der hamburgischen Bevölkerung in den Jahren 1866 bis 1901, in: *Statistik des Hamburgischen Staates, Heft XXII*, hg. v. Statistisches Bureau der Steuerdeputation, Hamburg: Otto Meissner 1904, S. 25–38.

Evans, Richard J.: *Tod in Hamburg. Stadt, Gesellschaft und Politik in den Cholera-Jahren 1830–1910*, Reinbek bei Hamburg: Rowohlt 1991.

Faden, Christoph: *Das Pflichtangebot nach dem Wertpapiererwerbs- und Übernahmegesetz (WpÜG)*, Göttingen: Cuvillier Verlag 2008.

Federal Trade Commission (Hg.): *Annual Report of the Federal Trade Commission of the Fiscal Year Ended June 30, 1920*, Washington: Government Printing Office 1920.

Ferguson, Niall: *Paper and Iron. Hamburg Business and German Politics in the Era of Inflation, 1897–1927*, Cambridge: Cambridge University Press 2002 [1995].

Finger, Jürgen/Keller, Sven/Wirsching, Andreas: *Dr. Oetker und der Nationalsozialismus. Geschichte eines Familienunternehmens 1933–1945*, München: C.H. Beck 2013.

Finke, Thorsten: *Die P. Beiersdorf & Co. AG im Nationalsozialismus. Interne Gleichschaltung und Neu-orientierung der Werbekommunikation (unveröff. MA-Arbeit)* Universität Hamburg 2006.

Finke, Thorsten: Die Ära Troplowitz - Unternehmensgeschichte der Firma Beiersdorf 1890-1918, in: *Oscar Troplowitz. Sozialer Unternehmer und Kunstmäzen, Ausstellung im Jüdischen Museum Rendsburg 4.7.-3.10.2010*, hg. v. C. Walda, o.O.: Schleswig Holsteinische Landesmuseen Schloss Gottorf 2010, S. 22-35.

Finke, Thorsten: Der Markenmacher. Die Unternehmensstrategie von Oscar Troplowitz, in: *Oscar Troplowitz. Ein Leben für Hamburg*, hg. v. Hamburger Kunsthalle, Hamburg: Hatje & Cantz 2013, S. 26-39.

Forbes, Neil: Multinational Enterprise, ‚Corporate Responsibility' and the Nazi Dictatorship, in: *Contemporary European History* 16 (2004) Nr. 2, S. 149-67.

Foreman-Peck, James: *Smith & Nephew in the Health Care Industrie*, London: Edward Elgar 1995.

Foster, David R.: *The Story of Colgate Palmolive*, New York: The Newcomen Society 1975.

Foster, Lawrence G.: *A Company that Cares: One Hundred Year Illustrated History of Johnson & Johnson*, Johnson & Johnson 1986.

Frese, Matthias: *Betriebspolitik im „Dritten Reich". Deutsche Arbeitsfront, Unternehmer und Staatsbürokratie in der westdeutschen Großindustrie 1933-1939*, Paderborn: Schöningh 1991.

Genschel, Helmut: *Die Verdrängung der Juden aus der Wirtschaft im Dritten Reich*, Göttingen: Musterschmidt-Verlag 1966.

Gerstl, Doris: Zur Anthropomorphisierung von Tieren in der Heilmittelwerbung, in: *Mitteilungen des Regensburger Verbunds für Werbeforschung - RVW. Schwerpunkt: Werbung und Medizin* 2 (2014), S. 42-54.

Goschler, Constantin: *Wiedergutmachung. Westdeutschland und die Verfolgung des Nationalsozialismus (1945-1954)*, München: R. Oldenbourg 1992.

Gradenwitz, Hans: *Die Entwicklung der Firma P. Beiersdorf & Co. Hamburg bis zum 1. Oktober 1915*, Hamburg 1915.

Gries, Rainer: *Produkte als Medien: Kulturgeschichte der Produktkommunikation in der Bundesrepublik und der DDR*, Leipzig: Leipziger Unversiätsverlag 2003.

Gries, Rainer: *Produktkommunikation: Geschichte und Theorie*, Wien: UTB. facultas wuv 2008.

Gruner, Wolf (Bearb.): *Die Verfolgung und Ermordung der eutropäischen Juden durch das nationalsozialistische Deutschland 1933-1945*, Bd. 1, München: R. Oldenbourg 2008.

Grüttner, Michael: Der Hamburger Hafenarbeiterstreik 1896/97, in: *Streik. Zur Geschichte des Arbeitskampfes in Deutschland während der Industrialisierung*, hg. v. K. Tenfelde/H. Volkmann, München: C.H. Beck 1981, S. 143-61.

Hagen, Antje: Patents Legislation and German FDI in the British Chemical Industry before 1914, in: *Business History Review* 71 (1997) Nr. 3, S. 351-80.

Hamburger Adreß-Buch, Hamburg: Hermann's Erben [1888-1906].

Hamburger Kunsthalle (Hg.): *Oscar Troplowitz: Ein Leben für Hamburg*, Hamburg: Hatje & Cantz 2013.

Hansen, Claudia: *Das Bild der Frau in der Produktreklame und Kunst: Kulturdokumente des Beiersdorf-Firmenarchivs*, Tostedt: Attikon 1998.

Hau, Michael: *The cult of health and beauty in Germany. A social history, 1890-1930*, Chicago: University of Chicago Press 2003.

Haug, Ute: "Das kunstsinnige Ehepaar". Die Sammlung Oscar und Gertrud Troplowitz, in: *Oscar Troplowitz. Ein Leben für Hamburg*, hg. v. Hamburger Kunsthalle, Hamburg: Hatje & Cantz 2013, S. 142-61.

Herbert, Ulrich: *Fremdarbeiter. Politik und Praxis des „Ausländer-Einsatzes" in der Kriegswirtschaft des Dritten Reiches*, Berlin u.a.: Dietz Nachf. 1986.

Hilger, Susanne: *Die „Amerikanisierung" deutscher Unternehmen nach dem Zweiten Weltkrieg*, Stuttgart: Steiner 2004.

Hohlbein, Hartmut: *Hamburg 1945: Kriegsende, Not und Neubeginn*, Hamburg: Landeszentrale für Politische Bildung 1985.

Holländer, Alfred: *Das Lebenswerk von P. G. Unna*, Hamburg: Beiersdorf AG 1974 [1990].

Hopmann, Barbara u.a.: *Zwangsarbeit bei Daimler-Benz* (Zeitschrift für Unternehmensgeschichte Beiheft), Stuttgart: Steiner 1994.

Jaeger, Rolf: *Europäischer Betriebsrat. Was man wissen sollte*, Hans-Böckler-Stiftung: Dezember 2011.

Jones, Geoffrey: *Renewing Unilever: transformation and tradition*, Oxford: Oxford University Press 2005.

Jones, Geoffrey: Blond and Blue-Eyed? Globalizing Beauty, 1945-1980, *Economic History Review* 61 (2008) Nr. 1, S. 125-54.

Jones, Geoffrey: *Beauty Imagined. A History of the Global Beauty Industry*, Oxford: Oxford University Press 2010.

Jones, Geoffrey/Lubinski, Christina: Wider dem sauren Mund. Beiersdorfs US-Geschäft mit der Zahnpasta Pebeco, in: *Hamburger Wirtschaftschronik*, Neue Folge Bd. 9, hg. v. S. Tode/F. Hatje, Hamburg: Hanseatischer Merkur 2010, S. 141-65.

Jones, Geoffrey/Lubinski, Christina: Managing Political Risk in Global Business: Beiersdorf 1914–1990, in: *Enterprise and Society* 13 (2012) Nr. 1, S. 85–119.

Junggeburth, Tanja: *Stollwerck 1839–1932: Unternehmerfamilie und Familienunternehmen*, Stuttgart: Steiner 2014.

Kapferer, Jean-Noel: *The new strategic brand management: Advanced insights and strategic thinking*, London et al.: Kogan page publishers 2012.

Kartte, Wolfgang: Markenartikel und Wettbewerbsordnung, in: *Markenartikel heute*, hg. v. C.-A. Andreae u.a., Wiesbaden: Gabler 1978, S. 49–84.

Kaum, Ekkehard: Wer war dieser Paul Beiersdorf? in: *Hauskurier* 100 (1975), S. 23.

Kaum, Ekkehard: *Oscar Troplowitz. Forscher, Unternehmer, Bürger. Eine Monographie*, Hamburg: Günter Wesche 1982.

Kaum, Ekkehard: Menschen, Märkte, Marken: Von der Apotheke zur Aktiengesellschaft 1880–1945 (unveröffentl. Typoskript), 1990.

Kleinschmidt, Christian: *Der produktive Blick: Wahrnehmung amerikanischer und japanischer Management- und Produktionsmethoden durch deutsche Unternehmer 1950–1985*, Berlin: Akademie 2002.

Kleßmann, Eckart: *M. M. Warburg & CO. Die Geschichte eines Bankhauses*, Hamburg: Dölling und Galitz 1999.

Kobrak, Chris/Wüstenhagen, Jana: International Investment and Nazi Politics: The Cloaking of German Assets Abroad 1936–1945, in: *Business History* 48 (2006) Nr. 3, S. 399–427.

Kobrak, Christopher: *National cultures and international competition: The experience of Schering AG, 1851–1950*, Cambridge: Cambridge University Press 2002.

Koch, G.: Die Einkommenssteuer im Hamburger Staate in den Jahren 1883 bis 1892, in: *Statistik des Hamburgischen Staates* XVII (1895), S. 2–48.

Kotler, Philip/Armstrong, Gary: *Principles of Marketing*, London: Pearson education 2010.

Kruse, Hellmut: *Wagen und Winnen. Ein hanseatisches Kaufmannsleben im 20. Jahrhundert*, Hamburg: Die Hanse/EVA 2006.

Kuchejda, Mathis: *150 Jahre Schmidt + Haensch*, Berlin: SH 2004.

Kunisch, Rolf: Brand-Stretching: Chancen und Risiken. Erfahrungen aus der Praxis, in: *Erfolgsfaktor Marke: Neue Strategien des Markenmanagements*, hg. v. R. Köhler u. a., München: Franz Vahlen 2001, S. 150–55.

Köhler, Ingo: *Die „Arisierung" der Privatbanken im Dritten Reich. Verdrängung, Ausschaltung und die Frage der Wiedergutmachung*, München: C.H. Beck 2005.

König, Gabriele: Werbefeldzüge – Keine billige Reklame, in: *In aller Munde. Einhundert Jahre Odol*, hg. v. M. Scheske/M. Roth/H.-C. Täubrich, Dresden: Edition Crantz 1993, S. 140–57.

Lembke, Hans H.: *Die schwarzen Schafe bei den Gradenwitz und Kuczinski. Zwei Berliner Familien im 19. und 20. Jahrhundert*, Berlin: Trafo 2008.

Lettland, in: *Enzyklopädie des Holocaust. Die Verfolgung und Ermordung der europäischen Juden*, Bd. 2, hg. v. E. Jäckel, Berlin: Argon 1993, S. 854–57.

Littmann, Friederike: *Ausländische Zwangsarbeiter in der Hamburger Kriegswirtschaft 1939–1945*, Hamburg: Dölling und Galitz 2006.

Littmann, Friederike: Zwangsarbeiter in der Kriegswirtschaft, in: *Hamburg im „Dritten Reich"*, hg. v. Forschungsstelle für Zeitgeschichte in Hamburg, Göttingen: Wallstein 2008.

Ludwig, Corinna: *Amerikanische Herausforderungen: Deutsche Großunternehmen in den USA nach dem Zweiten Weltkrieg*, Frankfurt: Peter Lang 2016.

Maier, Helmut: *Chemiker im „Dritten Reich": Die Deutsche Chemische Gesellschaft und der Verein Deutscher Chemiker im NS-Herrschaftsapparat*, Weinheim: Wiley-VCH 2013.

Markenverband (Hg.): *Fünfzig Jahre Markenverband*, Mainz: Erasmusdruck Max Krause [1953].

Matthes, Olaf: „... und es fiel auf gutes Erdreich": Förderer, Mitgestalter, Mäzen, in: *Oscar Troplowitz: Ein Leben für Hamburg*, hg. v. Hamburger Kunsthalle, Hamburg: Hatje & Cantz 2013, S. 86–101.

Melzer, Manfred/Steinbeck, Wolfgang: *Wohnungsbau und Wohnungsversorgung in den beiden deutschen Staaten – ein Vergleich* (Beiträge zur Strukturforschung 74), Berlin: Duncker & Humblot 1983.

Menny, Anna: *Von Spanien nach Eimsbüttel: Ein Interviewprojekt zu spanischer Migration*, Hamburg: Galerie Morgenland/Geschichtswerkstatt Eimsbüttel 2010.

Müller-Jabusch, Maximilian: *Handbuch des Öffentlichen Lebens. Staat, Politik, Wirtschaft, Verkehr, Kirche, Presse*, Leipzig: K. F. Koehler 1925.

Müller, Curt: Die Anzeige im neuen Staat, in: *Die Reklame* 26 (1933) Nr. 12, S. 392–96.

Münzel, Martin: *Die jüdischen Mitglieder der deutschen Wirtschaftselite 1927–1955: Verdrängung-Emigration-Rückkehr*, Paderborn: Schöning 2006.

Möhring, Maren: *Marmorleiber. Körperbildung in der deutschen Nacktkultur (1890–1930)*, Köln u.a.: Böhlau 2004.

NIVEA, in: *Encyclopedia of Global Brands*, vol. 2, Detroit: St. James Press 2013, S. 769–72.

Obach, Eugen: *Die Guttapercha*, Dresden: Steinkopff & Springer 1899.

Olsen, Barbara: Brand Loyalty and Consumption Patterns: The Lineage Factor, in: *Contemporary Marketing and Consumer Behavior. An Anthropological Sourcebook*, hg. v. J. F. Sherry, Thousand Oaks: Sage 1995, S. 245-81.

Otto, Martin: Rolf Conrad Wilhelm Stödter, in: *Neue Deutsche Biographie* 25 (2013), S. 385-86.

Peddinghaus, Jürgen: Personalentwicklung bei Beiersdorf, in: *Hauskurier* 153 (1981), S. 3.

Peukert, Detlef J. K.: *Die Weimarer Republik: Krisenjahre der Klassischen Moderne*, Frankfurt: Suhrkamp 1987.

Pierenkemper, Toni: Zur Finanzierung von industriellen Unternehmensgründungen im 19. Jahrhundert – mit einigen Bemerkungen über die Bedeutung der Familie, in: *Zur Geschichte der Unternehmensfinanzierung*, hg. v. D. Petzina, Berlin: Duncker & Humblot 1990, S. 69-98.

Poiger, Uta: Beauty, Business and German International Relations, in: *WerkstattGeschichte* 45 (2007), S. 53-71.

Preis-Verzeichnis chemischer, pharmaceutischer, physikalischer, meteorologischer, mineralogischer, medicinisch-chirurgischer Instrumente, Geräthschaften und Apparate [...] von W. J. Rohrbeck Firma: J. F. Luhme & Co. New-York, Berlin, Wien, Berlin: Rudolf Gaertner 1856.

Reckendrees, Alfred: *Das „Stahltrust"-Projekt: Die Gründung der Vereinigte Stahlwerke A. G. und ihre Unternehmensentwicklung 1926-1933/34*, München: C. H. Beck 2000.

Reckendrees, Alfred: Consumption Patterns of German Households. A time series of current household accounts, 1952-98, *Cologne Economic History Paper* (2007) Nr. 2.

Reckendrees, Alfred: Konsummuster im Wandel. Haushaltsbudgets und Konsum 1952-98, in: *Jahrbuch für Wirtschaftsgeschichte/Economic History Yearbook* (2007), Nr. 2, S. 29-61.

Reckendrees, Alfred: Was du darfst, darf ich auch? Reflektionen zum Thema Wissenschaft, Unternehmensgeschichte und Auftragsforschung, in: *AKKUMULATION* 31 (2011), S. 11-17.

Reckendrees, Alfred: Business as a Means of Foreign Policy or Politics as a Means of Production? The German Government and the Creation of Friedrich Flick's Upper Silesian Industrial Empire (1921-1935), in: *Enterprise & Society* 14 (2013) Nr. 1, S. 99-143.

Reckendrees, Alfred: Weimar Germany: The first open access order that failed?, in: *Constitutional Political Economy* 26 (2015), S. 38-60.

Rehorn, Jörg: Positionierung zwischen flop und flight, in: *Absatzwirtschaft* (1976) Nr. 10, S. 63-67.

Riewert, Kerrin: *Kosmetische Mittel vom Kaiserreich bis zur Zeit der Weimarer Republik. Herstellung, Entwicklung und Verbraucherschutz*, http://www.sub.uni-hamburg.de/opus/volltexte/2005/2296/index. html: Dissertation Universität Hamburg 2005.

Rosenberg, Ernst: *Der Vertrieb pharmazeutischer und kosmetischer Spezialitäten in Deutschland*, Berlin: Georg Reimer 1913.

Röse, Carl: *Anleitung zur Zahn- und Mundpflege*, 3. völlig umgearb. Aufl., Jena: Fischer 1900.

Sachverständigenrat: Jahresgutachten 1990/91 des Sachverständigenrates zur Begutachtung der gesamtwirtschaftlichen Entwicklung, *Drucksachen des Deutschen Bundestages*, 11. Wahlperiode (1991) Nr. 11/8472.

Saldern, Adelheid von: Von der „guten Stube" zur „guten Wohnung". Zur Geschichte des Wohnens in der Bundesrepublik Deutschland, in: *Archiv für Sozialgeschichte* 35 (1995), S. 227-54.

Saldern, Adelheid von: Das „Harzburger Modell". Ein Ordnungssystem für bundesrepublikanische Unternehmen, 1960-1975, in: *Die Ordnung der Moderne. Social Engineering im 20. Jahrhundert*, hg. v. T. Etzemüller, Bielefeld 2009, S. 303-29.

Samuel, Lawrence R.: Thinking Smaller: Bill Bernbach and the Creative Revolution in Advertising of the 1950s, in: *Advertising & Society Review* 13 (2012) Nr. 3.

Sandgruber, Roman: *Traumzeit für Millionäre: Die 929 reichsten Wienerinnen und Wiener im Jahr 1910*, Wien: Styria 2013.

Schilling, Karsten: *Das zerstörte Erbe. Berliner Zeitungen der Weimarer Republik im Porträt*, Norderstedt: [Books on demand] 2011.

Schlieker, Gisela: *Sie kennen mich sicher schon! Mein Leben mit dem Maler Hänner Schlieker*, Berlin: Pro BUSINESS 2012.

Schröter, Harm G.: Erfolgsfaktor Marketing: Der Strukturwandel von der Reklame zur Unternehmenssteuerung, in: *Wirtschaft Gesellschaft Unternehmen. Festschrift für Hans Pohl zum 60. Geburtstag*, hg. v. W. Feldenkirchen/F. Schönert-Röhlk/G. Schulz, Stuttgart: Franz Steiner 1995, S. 1099-127.

Schug, Alexander: *„Deutsche Kultur" und Werbung – Studien zur Geschichte der Wirtschaftswerbung von 1918 bis 1945* (Q-Serie Nr. 13), https://www.oapen.org/download?type=document&docid=382633, Berlin: Humboldt-Universität zu Berlin 2011.

Schwarzkopf, Stefan: What is an archive - and where is it? Why business historians need a constructive theory of the archive, in: *Business Archives* (2012) Nr. 105, S. 1-9.

Schwarzkopf, Stefan/Gries, Rainer (Hg.): *Ernest Dichter and Motivation Research. New Perspectives on the Making of Post-War Consumer Culture*, Basingstoke: Palgrave Macmillan 2010.

Schölermann, A. u. a.: Klinische und biophysikalische Wirksamkeit einer neuen, Coenzym Q10 enthaltenden Antifaltencreme (Eucerin Q10 Active), in: *Hautarzt* 50 (1999) Nr. (Suppl. 1), S. 87.

Schulzahnpflege. Monatsschrift des Deutschen Zentralkomitees für Zahnpflege in den Schulen, 1910-1937.

Segrave, Kerry: *America brushes up. The use and marketing of toothpaste and toothbrushes in the twentieth century*, Jefferson, N.C.: McFarland & Co. 2010.

Seifert, Herbert: Die Entwicklung der Familie von Alvensleben zum Junkerindustriellen, in: *Jahrbuch für Wirtschaftsgeschichte* (1963) Nr. 4, S. 209-43.

Sensch, Jürgen: Histat-Datenkompilation online: Preisindizes für die Lebenshaltung in Deutschland 1924 bis 2001; Verbraucherpreise seit 1881. ZA8290 Datenfile Version 1.0.0, 1950-2008 [2008].

Siegfried, Detlef: *Time is on my side: Konsum und Politik in der westdeutschen Jugendkultur der 60er Jahre* (Hamburger Beiträge zur Sozial- und Zeitgeschichte, 41), Göttingen: Wallstein 2006.

Siegfried, Detlef: *1968: Protest, Revolte, Gegenkultur*, Stuttgart: Reclam 2018.

Soénius, Ulrich S.: Mülhens, Fabrikanten von Kölnisch Wasser, in: *Neue Deutsche Biographie*, Bd. 18, Berlin: Duncker & Humblot 1997, S. 299-303.

Spoerer, Mark: *Von Scheingewinnen zum Rüstungsboom. Die Eigenkapitalrentabilität der deutschen Industrieaktiengesellschaften 1925-1941*, Stuttgart: Steiner 1996.

Spoerer, Mark: *Zwangsarbeit unter dem Hakenkreuz. Ausländische Zivilarbeiter, Kriegsgefangene und Häftlinge im Deutschen Reich und im besetzten Europa 1939-1945*, Stuttgart u. München: DVA 2001.

Spoerer, Mark: Social Differentiation of Foreign Civilian Workers, Prisoners of War, and Detainees in the Reich, in: *Germany and the Second World War. Vol. IX/II: German wartime society 1939-1945. Exploitation, interpretations, exclusion*, hg. v. J. Echternkamp, Corby: Oxford University Press 2014, S. 487-579.

Statistisches Landesamt (Hg.): *Statistisches Handbuch für den Hamburgischen Staat 1920*, Hamburg: 1921.

Stepke, Oliver: *Die Fertigung dermatologischer Präparate in Hamburg von 1871-1918*, Diss. Universität Hamburg: Typoscript 1989.

Stichert, Friedrich (Hg.): *Hamburger Übersee-Jahrbuch. Hrsg. in Verbindung mit dem Überseeklub Hamburg*, Hamburg: Hamburger Übersee-Jahrbuch G.m.b.H. 1922.

Swett, Pamela E.: *Selling under the Swastika: Advertising and Commercial Culture in Nazi Germany*, Stanford: Stanford University Press 2013.

Sworsky, Mary F./Salamie, Daniel E.: Kao Corporation, in: *International Directory of Company History*, vol. 79, hg. v. J. P. Pederson, Detroit: St. James Press 2006, S. 225-30.

Szobi, Pavel: Lizenz-und Gestattungsproduktion westdeutscher Unternehmen in der ČSSR und der DDR, *Jahrbuch für Wirtschaftsgeschichte/Economic History Yearbook* 58 (2017) Nr. 2, S. 467-87.

tesa SE: *tesa. 75 Jahre Tradition Trends Technologie*, Hamburg: 2011.

Unna, Paul G.: Nachruf von Dr. Paul G. Unna, Hamburg, in: *Dem Andenken von Dr. Oscar Troplowitz und Dr. Hanns Otto Mankiewicz zum 27. April 1919 [erster Todestag von O. Troplowitz]*, Hamburg: 1919, S. 26-30.

Unna, Paul G.: Paul Gerson Unna, in: *Die Medizin der Gegenwart in Selbstdarstellungen*, Bd. 8, hg. v. L. R. Grote, Leipzig: Meiner 1929, S. 175-219.

Warburg, Eric M.: *Zeiten und Gezeiten. Erinnerungen*, Hamburg: Hans Christians 1982.

Warburg, Max M.: *Aus meinen Aufzeichnungen*, Glückstadt: J. J. Augustin 1952.

Weiss, Hans: *Der Kampf ums Recht und der deutsche Apothekerstand*, Berlin: Mickisch 1897.

Weiss, Hans: *Nachwort zu: Der Kampf ums Recht und der deutsche Apothekerstand*, Berlin: Mickisch 1898.

Wildt, Michael: *Der Traum vom Sattwerden. Hunger und Protest. Schwarzmarkt und Selbsthilfe*, Hamburg: VSA 1986.

Wildt, Michael: *Am Beginn der „Konsumgesellschaft". Mangelerfahrung, Lebenshaltung, Wohlstandshoffnung in Westdeutschland in den fünfziger Jahren*, Hamburg: Ergebnisse-Verlag 1994.

Wildt, Michael: *Vom kleinen Wohlstand. Eine Konsumgeschichte der fünfziger Jahre*, Frankfurt a. M.: Fischer 1996.

Wildt, Michael: Zweierlei Neubeginn: Die Politik der Bürgermeister Rudolf Petersen und Max Brauer im Vergleich, in: *Die zweite Chance. Der Übergang von der Diktatur zur Demokratie in Hamburg 1945-1949*, hg. v. U. Büttner/B. Nellessen, Hamburg: Katholische Akademie Hamburg 1997, S. 41-61.

Wischermann, Clemens: *Wohnen in Hamburg vor dem Ersten Weltkrieg*, Münster: F. Coppenrath Verlag 1983.

Wischermann, Clemens: *Wohnen in Hamburg vor dem Ersten Weltkrieg. Datensatz ZA 8474*, 1.0.0, Köln: GESIS Datenarchiv 2011.

Wolf, Mechthild: *Im Zeichen von Sonne und Mond: Von der Frankfurter Münzscheiderei zum Weltunternehmen Degussa AG*, Frankfurt a. M.: o.V. 1993.

Wubbs, Ben: *International Business and National War Interests: Unilever between Reich and Empire 1939-1945*, New York: Routledge 2008.

Ziegler, Dieter: *Die Dresdner Bank und die deutschen Juden*, Bd. 2 (Die Dresdner Bank im Dritten Reich), München: R. Oldenbourg 2006.

图书在版编目（CIP）数据

德国拜尔斯道夫百年史：全球品牌妮维雅、德莎和
汉莎是如何创立的？ /（德）阿尔弗雷德·雷肯德雷斯
(Alfred Reckendrees) 著；雷开霆等译. -- 上海：文
汇出版社，2024. 10. -- ISBN 978-7-5496-4336-3

Ⅰ. F451.667

中国国家版本馆 CIP 数据核字第 2024ZT7472 号

德国拜尔斯道夫百年史：
全球品牌妮维雅、德莎和汉莎是如何创立的？

著　　者 （德）阿尔弗雷德·雷肯德雷斯 (Alfred Reckendrees)
译　　者 雷开霆　周卫东　董勤文　史　静
责任编辑 徐曙蕾
装帧设计 红　红

出版发行 🅜 文匯出版社
　　　　　上海市威海路 755 号
　　　　　（邮政编码 200041）

照　　排 南京理工出版信息技术有限公司
印刷装订 上海颛辉印刷厂有限公司
版　　次 2024 年 10 月第 1 版
印　　次 2024 年 10 月第 1 次印刷
开　　本 710×1000　1/16
字　　数 400 千
印　　张 23

ISBN 978-7-5496-4336-3
定　　价 189.00 元